知识产权
典型案例
解析

主　编　李雷霆　张晓津
副主编　王　虎

知识产权出版社
全国百佳图书出版单位
—北京—

图书在版编目（CIP）数据

知识产权典型案例解析/李雷霆，张晓津主编. —北京：知识产权出版社，2020.5（2021.4 重印）
ISBN 978-7-5130-6887-1

Ⅰ.①知… Ⅱ.①李… ②张… Ⅲ.①知识产权法—案例—中国 Ⅳ.①D923.405

中国版本图书馆 CIP 数据核字（2020）第 067186 号

内容提要

本书精选了 2015 年以来在专利、商标、著作权、不正当竞争领域有代表性的 48 个案例，在对案情和判决结果、裁判理由进行简要叙述的基础上，重点对案例所涉及的法理依据、法律法规规定、在先判例的借鉴等方面，进行深入、细致、清晰的阐述。本书既可作为企业经营管理人员、法律实务工作者的案头参考资料，也可作为专家学者、学生研习知识产权法的案例素材。

责任编辑：阴海燕 崔 玲　　　　　　责任印制：刘译文

知识产权典型案例解析
ZHISHI CHANQUAN DIANXING ANLI JIEXI

主　编　李雷霆　张晓津
副主编　王　虎

出版发行：知识产权出版社有限责任公司	网　　址：http://www.ipph.cn		
电　　话：010-82004826	http://www.laichushu.com		
社　　址：北京市海淀区气象路 50 号院	邮　　编：100081		
责编电话：010-82000860 转 8693	责编邮箱：laichushu@cnipr.com		
发行电话：010-82000860 转 8101	发行传真：010-82000893		
印　　刷：北京九州迅驰传媒文化有限公司	经　　销：各大网上书店、新华书店及相关专业书店		
开　　本：787mm×1092mm　1/16	印　　张：21.5		
版　　次：2020 年 5 月第 1 版	印　　次：2021 年 4 月第 2 次印刷		
字　　数：420 千字	定　　价：98.00 元		
ISBN 978-7-5130-6887-1			

编辑委员会

Contents 目 录

❖ 商 标 ❖

❖　专　利　❖

❖　著作权　❖

❖　　**不正当竞争**　　❖

商　标

驰名商标在相同或类似商品上的司法保护问题

——评耐克公司诉国家工商行政管理总局商标评审委员会、第三人洛江超盛鞋业公司商标权无效宣告请求行政纠纷案

◎ **关键词**

驰名商标　主观恶意　混淆误认

◎ **裁判要点**

现有证据能够证明引证商标一在"服装、鞋、帽"商品上在诉争商标申请注册日之前已达到驰名程度，应被认定为驰名商标。根据 2013 年修正的《中华人民共和国商标法》（以下简称"2013 年《商标法》"）第四十五条第一款的规定，对恶意注册的，驰名商标所有人不受五年的时间限制。

2001 年修正的《中华人民共和国商标法》（以下简称"2001 年《商标法》"）第十三条的相关规定旨在给予驰名商标较之于一般注册商标更强的保护，在不相同或者不相类似商品上复制、摹仿或者翻译他人已经在中国注册的驰名商标的情况应适用 2001 年《商标法》第十三条第二款，在同一种或者类似商品上复制、摹仿或者翻译他人已经注册的驰名商标的情况亦可适用 2001 年《商标法》第十三条第二款的规定。

◎ **相关法条**

2013 年《商标法》第四十五条第一款，2001 年《商标法》第十三条第二款

◎ **案件索引**

一审：（2015）京知行初字第 4577 号
二审：（2016）京行终 4133 号

◎ **当事人**

原告：耐克创新有限合伙公司（以下简称"耐克公司"）

被告：国家工商行政管理总局商标评审委员会（以下简称"商标评审委员会"）❶

第三人：泉州市洛江超盛鞋业有限公司（以下简称"洛江超盛鞋业公司"）

◙ **基本案情**

诉争商标系第 3275213 号图形商标，该诉争商标由洛江超盛鞋业公司于 2002 年 8 月 15 日向国家工商行政管理总局商标局（以下简称"商标局"）❷ 提出注册申请，并于 2005 年 7 月 14 日被核准注册，核定使用在第 25 类"服装、鞋、袜、领带、腰带"商品上，经续展，该商标专用权期限至 2025 年 7 月 13 日。

引证商标一系第 991722 号图形商标，由耐克国际有限公司于 1995 年 10 月 9 日向商标局提出注册申请，并于 1997 年 4 月 28 日被核准注册，核定使用在第 25 类"服装、鞋、帽"商品上，经续展，该商标专用权期限至 2017 年 4 月 27 日。2015 年 9 月 15 日引证商标一转让至耐克公司名下。

引证商标二系第 146655 号图形商标，由耐克国际有限公司于 1979 年 7 月 28 日向商标局提出注册申请，并于 1981 年 5 月 15 日被核准注册，核定使用在第 25 类"运动衣"商品上，经续展，该商标专用权期限至 2021 年 5 月 14 日。2015 年 9 月 15 日引证商标二转让至耐克公司名下。

引证商标三系第 147621 号图形商标，由耐克国际有限公司于 1979 年 7 月 28 日向商标局提出注册申请，并于 1981 年 6 月 30 日被核准注册，核定使用在第 25 类"运动鞋（胶底球鞋）"商品上，经续展，该商标专用权期限至 2021 年 6 月 29 日。2015 年 9 月 15 日引证商标三转让至耐克公司名下。

耐克公司于 2014 年 5 月 23 日就诉争商标向商标评审委员会提出无效宣告请求，其主要理由为：耐克公司的勾图形商标经过使用与宣传，具有较高的知名度，已达到驰名商标的程度。耐克公司请求认定引证商标一为使用在第 25 类"服装"等商品上的驰名商标。诉争商标的申请注册是对耐克公司驰名商标的恶意复制和摹仿。诉争商标与引证商标一、引证商标二、引证商标三构成使用在同一类或类似商品上的近似商标。洛江超盛鞋业公司违反诚实信用原则，属于不正当竞争。诉争商标的申请注册易引起消费者的混淆误认，造成不良社会影响。综上，耐克公司请求依据

---

❶ 根据 2019 年 2 月 14 日国家知识产权局第二九五号公告，原国家工商行政管理总局商标局、商标评审委员会、商标审查协作中心整合为国家知识产权局商标局，原国家工商行政管理总局商标评审委员会等机构名称不再使用。如无特别说明，本书中"商标评审委员会"指"原国家工商行政管理总局商标评审委员会"；"商标局"指"原国家工商行政管理总局商标局"。

❷ 同❶。

2013 年《商标法》第七条、第十条第一款第（八）项、第十四条、第三十条、第四十四条第一款的规定宣告诉争商标无效。2015 年 3 月 30 日，商标评审委员会作出商评字〔2015〕第 26932 号《关于第 3275213 号图形商标无效宣告请求裁定书》（以下简称"被诉裁定"），认为综合耐克公司在案证据不足以全面反映在诉争商标申请注册前，引证商标一已具有驰名商标所应有的广泛影响力和知名度。根据 2013 年《商标法》第四十五条第一款的规定，诉争商标于 2005 年 7 月 14 日获准注册，而耐克公司申请撤销诉争商标的日期为 2014 年 5 月 23 日，此期间已经超过 5 年，关于耐克公司依据 2001 年《商标法》第二十八条的规定请求撤销诉争商标的主张，商标评审委员会不予支持。因此裁定：诉争商标予以维持。

耐克公司不服被诉裁定，向北京知识产权法院提起诉讼称：耐克公司提交的在案证据可以证明引证商标一达到驰名商标的程度，应被认定为驰名商标；洛江超盛鞋业公司明知耐克公司及其图形商标的存在，仍利用耐克公司及其商标的良好声誉和极高知名度牟取不正当利益，具有主观恶意；诉争商标于 2005 年 7 月 14 日注册，虽然已注册超过 5 年，但考虑到洛江超盛鞋业公司注册诉争商标存在恶意，以及引证商标系驰名商标，应适用 2013 年《商标法》第四十五条第一款的相关规定，诉争商标应予撤销；诉争商标与耐克公司在先注册并具有较高知名度和显著性的引证商标在构图要素、视觉效果、主体特征等方面上十分相近，已构成使用在相同或类似商品上的近似商标，诉争商标的注册和使用极易造成相关公众对商品来源的混淆或误认，违反了 2001 年《商标法》第二十八条的规定；洛江超盛鞋业公司利用耐克公司及其商标的良好声誉和较高知名度谋取不正当利益，其行为违反了诚实信用原则，破坏了正常的商标注册管理秩序，有损公共利益和公平竞争的市场秩序，易造成不良影响，故诉争商标的申请注册违反了 2013 年《商标法》第七条以及 2001 年《商标法》第十条第一款第（八）项、第四十一条第一款的规定。请求法院撤销被诉裁定，并责令被告重新作出裁定。

回 判决结果

一审判决：第一，撤销被告商标评审委员会作出的商评字〔2015〕第 26932 号关于第 3275213 号图形商标无效宣告请求裁定；第二，被告商标评审委员会于判决生效后针对原告耐克公司就第 3275213 号图形商标提出的无效宣告请求重新作出裁定。

二审判决：驳回上诉，维持原判。

◎　**裁判理由**

该案中，在案证据能够证明引证商标一在"服装、鞋、帽"商品上在诉争商标申请注册日之前已达到驰名程度，应被认定为驰名商标。商标评审委员会关于引证商标一在诉争商标申请注册前未取得驰名商标所具有的广泛影响力和知名度的认定有误。

洛江超盛鞋业公司申请注册了数个与耐克公司勾图形商标近似的商标，且在其网站以及贝哥天猫旗舰店大量出售的运动鞋和休闲鞋上使用与耐克公司勾图形商标以及与其他知名商标相近似的商标，表明洛江超盛鞋业公司在其商品上使用诉争商标时存在明显抄袭和摹仿他人知名商标的主观恶意。诉争商标于 2005 年 7 月 14 日获准注册，耐克公司提出无效宣告请求的时间为 2014 年 5 月 23 日，虽然超过了 5 年，但是耐克公司的引证商标一为驰名商标，且洛江超盛鞋业公司申请注册诉争商标具有主观恶意，因此，耐克公司请求商标评审委员会宣告诉争商标无效不应受到 5 年的时间限制。

对于在同一种或者类似商品上复制、摹仿或者翻译他人已经注册的驰名商标是否可以适用 2001 年《商标法》第十三条第二款规定的问题，北京市高级人民法院的在先判决中已对此作出过认定。在北京市高级人民法院（2011）高行终字第 271 号上诉人商标评审委员会与被上诉人安琪酵母股份有限公司、原审第三人定陶县安箕富强酵母有限公司商标争议行政纠纷行政判决书中，北京市高级人民法院认定如下："《商标法》第十三条的相关规定旨在给予驰名商标较之于一般注册商标更强的保护，《商标法》第十三条第二款已规定'就不相同或者不相类似商品申请注册的商标是复制、摹仿或者翻译他人已经在中国注册的驰名商标，误导公众，致使该驰名商标注册人的利益可能受到损害的，不予注册并禁止使用'，在相同或者类似商品上，驰名商标亦应得到相应的保护。"

该案中，诉争商标与引证商标一、引证商标二、引证商标三构成近似商标。诉争商标核定使用的"服装、鞋、袜、领带、腰带"商品与引证商标一核定使用的"服装、鞋、帽"商品构成类似商品。鉴于引证商标一在"服装、鞋、帽"商品上具有极高知名度，在诉争商标申请注册前达到了驰名的程度。诉争商标核定使用商品的相关公众应当知晓耐克公司勾图形商标的存在，在此情况下，若允许诉争商标注册使用，必将导致相关消费者对商品的来源产生混淆误认。且引证商标一经过耐克公司的使用宣传，已与其形成唯一对应关系，洛江超盛鞋业公司的使用行为利用了引证商标一的市场声誉，占用了耐克公司因付出努力和大量投资而获得的利益成果，减弱了驰名商标的显著性，致使驰名商标注册人权益受到损害，故诉争商标应当被宣告无效。因此，商标评审委员会认为诉争商标的申请注册未违反 2001 年《商标法》第十三条的裁定有误。

诉争商标的申请注册未违反 2001 年《商标法》第二十八条、2013 年《商标法》第七条、2001 年《商标法》第四十一条第一款规定。诉争商标本身不会对我国政治、经济、文化、宗教、民族等社会公共利益和公共秩序产生消极、负面影响，故诉争商标并未违反 2001 年《商标法》第十条第一款第（八）项的规定。

回 **案例解析**

根据该案的现有证据，耐克公司提交了宣传方面的证据，包括在网站、报纸及期刊中关于明星代言耐克公司的产品、赞助中国体育活动、耐克公司产品广告宣传、耐克公司知名度、耐克公司勾图形商标的新闻报道，可以证明在诉争商标申请注册前耐克公司已对引证商标一在全国范围内进行了持续广泛的宣传和使用，并在相关公众中取得了较高的知名度，耐克公司提交的各大媒体报纸对在中国大陆开设零售店、销售业绩稳步增长的报道以及引证商标一受保护的记录证据，耐克公司在中国的生产厂家的列表节选，在中国大陆的销售区域以及专卖店、特许经销商列表以及 2001 年至 2010 年对仿冒耐克公司产品的工商打假记录，足以证明引证商标一在诉争商标申请注册前已取得驰名商标所具有的广泛影响力和知名度。

2001 年《商标法》第十三条第二款仅规定了在不相同或者不相类似商品上复制、摹仿或者翻译他人已经在中国注册的驰名商标的情况，但并未规定在同一种或类似商品上复制、摹仿或者翻译他人已经在中国注册的驰名商标的情况。洛江超盛鞋业公司申请注册了数个与耐克公司勾图形商标近似的商标，且在其网站以及贝哥天猫旗舰店大量出售的运动鞋和休闲鞋上使用与耐克公司勾图形商标以及其他知名商标相近似的商标，表明第三人在其商品上使用诉争商标时存在明显抄袭和摹仿他人知名商标的主观恶意。根据相关规定，耐克公司提出无效宣告请求的时间虽然超过了 5 年，但是耐克公司的引证商标一为驰名商标，且洛江超盛鞋业公司申请注册诉争商标具有主观恶意，因此，耐克公司请求商标评审委员会宣告诉争商标无效不应受到 5 年的时间限制。

该案援引了北京市高级人民法院在先判例的相关认定，即 2001 年《商标法》第十三条第二款的规定同样适用在同一种或者类似商品上复制、摹仿或者翻译他人已经在中国注册的驰名商标的情况，最大限度地保护驰名商标权利人的合法权利。诉争商标核定使用商品的相关公众应当知晓耐克公司勾图形商标的存在，在此情况下，若允许诉争商标注册使用，必将导致相关消费者对商品的来源产生混淆误认。该案中，诉争商标为图形商标，其本身不会对我国政治、经济、文化、宗教、民族等社会公共利益和公共秩序产生消极、负面影响，故诉争商标并未违反 2001 年《商标法》第十条第一款第（八）项的规定。2001 年《商标法》第四十一条第一款规定的"以欺骗手段或者其他不正当手段取得注册"，涉及的是撤销商标注册的绝对事由，一般是指损害公共秩序或者公共利益，或者妨碍商标注册管理秩序的商标注册行为。该案中，现有证据不能证明诉争商标的申请注册存在上述情形。

因此，法院判决撤销商标评审委员会作出的商评字〔2015〕第 26932 号关于第 3275213 号图形商标无效宣告请求裁定，并针对原告耐克公司就第 3275213 号图形商标提出的无效宣告请求重新作出裁定。

（撰稿人：范晓玉　张晓津）

驰名商标认定要件的适用顺序

——评大众汽车公司诉商标评审委员会、第三人永旺公司商标权无效宣告请求行政纠纷案

◎ **关键词**

驰名商标 混淆 显著性

◎ **裁判要点**

判断诉争商标是否构成 2001 年《商标法》第十三条第二款之情形，原则上应首先确定请求保护的商标是否达到驰名状态。如果诉争商标明显未构成对引证商标的复制、摹仿或翻译，或者从商品的关联程度等因素可以确认诉争商标获准注册的结果不会导致误导公众并可能损害引证商标权利人利益的结果，则无须对引证商标是否构成驰名作出审查和认定。

大众汽车股份公司的引证商标构成驰名商标，诉争商标的注册利用驰名商标的市场声誉，无偿占用原告大众汽车股份公司因付出努力和大量投资而换来的知名度的利益成果，冲淡相关公众对引证商标与大众公司提供的商品之间的固有联系，从而减弱驰名商标的显著性，进而损害原告作为驰名商标权利人的利益。因此，诉争商标的注册申请违反了 2001 年《商标法》第十三条第二款的规定。

◎ **相关法条**

2001 年《商标法》第十三条第二款、第十四条，《最高人民法院关于审理涉及驰名商标保护的民事纠纷案件应用法律若干问题的解释》第二条第一款、第十条，《最高人民法院关于审理商标授权确权行政案件若干问题的规定》第十一条

◎ **案件索引**

一审：（2015）京知行初字第 5098 号

◎ **当事人**

原告：大众汽车股份公司（以下简称"大众公司"）

被告：商标评审委员会

第三人：五原县永旺工贸有限责任公司（以下简称"永旺公司"）

◎ **基本案情**

诉争商标为第 9923074 号"咏威及图"商标，于 2011 年 9 月 2 日提出注册申请，于 2012 年 12 月 21 日被商标局核准注册，核定使用在第 19 类"防火水泥涂料、防火用水泥涂盖层、非金属耐火建筑材料、耐火纤维、耐火砖、瓦"商品上，注册人为永旺公司，专用期限至 2022 年 12 月 20 日。

引证商标一为国际注册第 708041 号"VW 及图"商标，于 1998 年 1 月 2 日在德国首次申请，于 1998 年 7 月 1 日完成基础注册，于 1998 年 7 月 2 日被商标局核准注册，核定使用在第 12 类"车辆，陆、空、海用运载器及它们的部件，包括汽车及其部件，陆地车辆用的发动机"商品上。

引证商标二为第 205770 号"VW 及图"商标，于 1983 年 7 月 20 日提出注册申请，于 1984 年 3 月 15 日被商标局核准注册，核定使用在第 12 类"车辆及其组成部件和备件"商品上，注册人为大众公司。经续展，其专用期限至 2024 年 3 月 15 日。

针对诉争商标，大众公司于 2013 年 10 月 29 日提出撤销注册申请，请求依据 2001 年《商标法》第十三条第二款、第十四条的规定，撤销诉争商标的注册。大众公司提交了以下主要证据：①大众公司的企业介绍；②大众公司的商标注册信息和许可合同；③引证商标持续使用的证据；④大众公司 2005—2010 年的会计报表和审计报告；⑤大众公司的相关经济指标和企业规模证据；⑥权威机构对大众公司产品和品牌的排名；⑦大众公司的销售网络及捐款赞助证据；⑧大众公司及其产品的广告宣传；⑨大众公司及其产品的公众知晓程度；⑩大众公司及其产品获得的荣誉；⑪行政裁定、判决和处罚维权记录；⑫引证商标在其他国家或地区被认定为驰名商标的裁定。

2015 年 6 月 4 日，商标评审委员会作出被诉决定。商标评审委员会在该裁定中认为：驰名商标认定采取按需认定原则。诉争商标由"咏威"文字和图形组成，其"咏威"文字为诉争商标的主要认读部分，大众公司请求认定驰名的国际注册第 708041 号"VW 及图"商标和第 205770 号"VW 及图"商标与诉争商标的图形部分在构图、整体视觉等方面存在一定的区别，且诉争商标核定使用的第 19 类耐火砖等商品与引证商标一、引证商标二核定使用的第 12 类车辆等商品在功能、用途、消费对象、销售渠道等方面区别明显。

因此，诉争商标注册使用在第 19 类耐火砖等商品上不会误导公众及损害大众公司的合法权益，未构成对大众公司引证商标的复制、摹仿。大众公司认为诉争商标的注册违反 2001 年《商标法》第十三条第二款规定的理由不能成立。因此，依据 2013 年《商标法》第四十五条第二款和第四十六条的规定，决定诉争商标予以维持。

大众公司不服，向北京知识产权法院提起诉讼称：第一，大众公司明确主张请求认定引证商标一、引证商标二为驰名商标，被告并未对此进行审查，没有认定请求保护的商标是否达到驰名状态。第二，大众公司的在先引证商标在诉争商标申请日之前确已构成驰名商标。第三，诉争商标标识本身与在先商标标识高度近似，是对在先商标的复制、摹仿。第四，诉争商标指定使用的商品"耐火纤维"与大众公司生产的和请求认定驰名商标所指向的商品具有使用上的关联性，会造成跨类混淆；诉争商标在其他指定使用商品上的获准注册会淡化驰名商标的显著性，致使驰名商标注册人的利益受到损害。综上，诉争商标的注册违反 2001 年《商标法》第十三条第二款的规定，被诉裁定认定事实不清，适用法律错误，故请求法院撤销被诉裁定，判令被告重新作出决定。

大众公司在诉讼阶段提交了商评字〔2016〕第 11959 号无效宣告请求裁定书，用以说明引证商标一、引证商标二在其他类似案件中被认定为驰名商标；最高人民法院（2015）知行初字第 112 号行政判决书，用以说明只有在商标显著性不强、商品跨度过大的情况下才无须对商标是否构成驰名的问题先作出认定；北京知识产权法院（2015）京知行初字第 1159 号行政判决书，用以说明在驰名商标的司法保护实践中可以同时适用"跨类混淆"和"淡化"。对于法院询问的北京市高级人民法院（2011）高行终字第 630 号行政判决，大众公司同意该判决中关于"只有在对在先注册的商标是否驰名作出判断的前提下，才能确定 2001 年商标法第十三条第二款有无适用的可能与必要"的认定。

◎ 判决结果

一审判决：第一，撤销被告商标评审委员会作出的商评字〔2015〕第 40019 号关于第 9923074 号"咏威及图"商标无效宣告请求裁定；第二，被告商标评审委员会针对第 9923074 号"咏威及图"商标重新作出商标无效宣告请求裁定。

◎ 裁判理由

被告商标评审委员会基于其认为诉争商标不构成对引证商标的摹仿、复制或翻译，不会误导公众而损害商标注册人的利益，进而认为不需要对商标是否达到驰名状态进行判断，其审查逻辑本身并无错误。但仍需对其认定诉争商标不构成对引证商标的摹仿、复制或翻译，不会误导公众而损害商标注册人的利益是否正确进行判断，进而判断其适用法律是否正确。

引证商标核定使用的商品为车辆等商品，涉及的相关公众范围较广，涵盖了诉争商标的大部分相关公众，在诉争商标核定的商品上复制、摹仿、翻译该类商品上的驰名商标，有可能误导公众而损害商标注册人的利益，而诉争商标的图形部分与引证商标的图形构成相近似。因此，该案不属于对驰名状态进行审查的例外情形，应首先对引证商标是否达到驰名状态进行判断。

大众公司提交的会计报表、品牌排名、广告宣传、获得的荣誉、维权记录等证据可以证明，大众公司长期将引证商标用于其生产的汽车产品上。大众公司的系列产品在同行业排名以及同类产品中位居前列，销售区域广，销售数量多，涉及金额高，获得了诸多荣誉。同时，大众公司还投入了大量资金，通过多种形式，在全国范围内对标有引证商标的产品进行了持续、广泛的宣传。综上，大众公司提交的证据可以证明两引证商标在诉争商标申请注册前已经为相关公众所广泛知晓，构成使用在汽车等商品上的驰名商标。北京知识产权法院对大众公司的引证商标构成驰名商标的事实予以确认。

虽然诉争商标由汉字"咏威"及图形构成，按照中国相关公众的认读习惯，汉字部分为其显著部分。但其图形部分与大众公司构成驰名的引证商标在图形构成上基本相同，仅字母比例和虚实部分不同，构成对驰名商标的摹仿。

尽管诉争商标核定使用的"防火水泥涂料"等商品与引证商标赖以驰名的"汽车"等商品有所差异，但由于汽车已成为出行的必需品之一，其相关公众的范围较广。引证商标通过大众公司的使用和宣传，已成为社会公众广为知晓的已注册驰名商标，应给予较宽范围的保护。诉争商标的相关公众在看到与大众公司的驰名商标近似的标识时会与大众公司核定使用在汽车商品上的驰名商标建立联系。诉争商标的注册利用驰名商标的市场声誉，无偿占用原告大众公司因付出努力和大量投资而换来的知名度的利益成果，冲淡相关公众对引证商标与大众公司提供的商品之间的固有联系，从而减弱驰名商标的显著性，进而损害原告作为驰名商标权利人的利益。因此，诉争商标的注册申请违反了2001年《商标法》第十三条第二款的规定，被告对此认定错误。

◎ **案例解析**

对该问题的主要争议在于驰名商标的按需认定原则和保护范围要与驰名程度相适应之间的冲突。《最高人民法院关于审理涉及驰名商标保护的民事纠纷案件应用法律若干问题的解释》第二条第一款规定了驰名商标按需认定的原则，即当事人以商标驰名作为事实根据，人民法院根据案件具体情况，认为确有必要的，对所涉商标是否驰名作出认定。驰名商标的认定遵循按需认定的原则是为了防止当事人单纯地获取驰名商标的司法认定，不正当地追求法律保护以外的其他意义，在商标确权的过程中也应遵循这一原则。《最高人民法院关于审理商标授权确权行政案件若干问题的意见》第十一条规定："对于已经在中国注册的驰名商标，在不相类似商品上确定其保护范围时，要注意与其驰名程度相适应。对于社会公众广为知晓的已经在中国注册的驰名商标，在不相类似商品上确定其保护范围时，要给予与其驰名程度相适应的较宽范围的保护。"即驰名商标在不相同或不相类似的商品上依法获得跨类保护的范围不是统一和固定的，而与其驰名程度密切相关。因此，在商标确权过程中，要在遵循按需认定原则的前提下，对商标驰名的程度进行审查。

具体而言，2001 年《商标法》第十三条第二款规定了驰名商标跨类保护的条件，其中每一个条件均为必要不充分条件，缺少任何一个条件都可以否定该条的适用。但是，由于商标的驰名程度会影响其他条件的认定，故在不能确定地否定其他条件时，应当首先对商标是否达到驰名状态进行判断。结合《最高人民法院关于审理涉及驰名商标保护的民事纠纷案件应用法律若干问题的解释》第十条规定，在确定驰名商标跨类保护的范围时，相关公众的知晓程度只是需要考虑的因素之一，如果从商品的关联程度等因素出发，可以确定商标达不到获得保护所需要的范围，则可以不对商标是否达到驰名状态进行认定。如果商标有可能达到获得保护所需要的范围，还需要审查相关公众的知晓程度加以确认，则应当首先对商标是否达到驰名状态进行认定，再根据上述各因素确定驰名商标的跨类保护范围。

判断是否构成 2001 年《商标法》第十三条第二款之情形，原则上应首先确定请求保护的商标是否达到驰名状态，如果诉争商标明显未构成对引证商标的复制、摹仿或翻译，或者从商品的关联程度等因素可以确认诉争商标获准注册的结果不会导致误导公众并可能损害引证商标权利人利益的结果，则无须对引证商标是否构成驰名作出审查和认定。上述两判决结论虽有差异，但均系根据上述原则结合具体案件情况得出的结论，法院亦依据这一原则进行审查。

判断是否构成对驰名商标的摹仿、复制或翻译，与判断商标近似的标准并不相同。驰名商标由于其知名度高，显著性强，对其提供的保护强于普通商标。

（撰稿人：范晓玉　崔　宁）

北京知识产权法院首例在行政诉讼中开出伪证罚单

——评福建千川商贸有限公司诉商标评审委员会、
第三人李某等商标撤销复审行政纠纷案

◎ **关键词**

商标使用　伪造证据

◎ **裁判要点**

第三人提交了产品检验报告、销售发票、户外广告登记证、清真食品准营证等一系列证据材料，用以证明诉争商标于指定期间内存在真实、有效、合法的商业使用。但经法院核实，上述证据均为伪造，不能证明诉争商标的实际使用情况。同时，法院对 2 位第三人伪造证据、妨碍诉讼的行为在（2015）京知行初字第 1165 号罚款决定书中分别作出了罚款 1 万元的处罚决定。

◎ **相关法条**

2001 年《商标法》第四十四条第（四）项

◎ **案件索引**

一审：（2015）京知行初字第 1165 号

◎ **当事人**

原告：福建千川商贸有限公司（以下简称"福建千川公司"）

被告：商标评审委员会

第三人：李某、白某伟

◎ **基本案情**

诉争商标系第 1486278 号"家家 JIAJIA 及图"商标，由案外人北京家佳康饮料食品有限公司于 1999 年 6 月 10 日在第 29 类"肉、鱼片、水果罐头、蛋、牛奶制品、食用油、水果色拉、加工过坚瓜子、食物蛋白"商品上申请注册，于 2000 年 12 月 7 日获得核准注册。2010 年，经商标局核准，诉争商标转让至案外人白某某名下。2014 年 3 月 13 日，经商标局核准，诉争商标转让至第三人李某、白某伟名下。

2014 年 4 月 11 日，商标局就福建千川公司针对诉争商标提出的 3 年停止使用撤销申请，作出撤 201307092 号关于第 1486278 号"家家 JIAJIA 及图"注册商标连续 3 年停止使用撤销申请的决定，决定诉争商标予以撤销。

第三人李某不服，于法定期限内向商标评审委员会提出撤销复审申请。其主要理由为：诉争商标于 2010 年至 2012 年期间一直持续使用，不存在连续 3 年未使用的事实，故请求对诉争商标予以维持。并提交了以下证据：（1）经公证的吴忠家家食用油厂营业执照，该证据显示诉争商标原持有人白某某为吴忠家家食用油厂的经营者。（2）经公证的包装印刷合同及收据。（3）经公证的产品检验报告（检验报告的编号分别为 J2011－03－191、W2012－03－0305、W2013－01－0089、F2012－11－0448、W2012－03－0372），其中，第 J2011－03－191 号检验报告有明显修改痕迹。（4）经公证的购销合同。（5）经公证的销售发票。（6）经公证的诉争商标持有人身份证明。（7）经公证的宁夏今恒农业科技开发有限公司（以下简称"宁夏今恒公司"）营业执照、生产许可证、诉争商标协议书和企业名称变更核准通知书，其中营业执照显示李某为宁夏今恒农业科技开发有限公司的法定代表人；诉争商标协议书记载，白某某将诉争商标转让给李某和白某伟；企业名称变更核准通知书显示银川康乐福农业开发有限公司（以下简称"银川康乐福公司"）于 2012 年 7 月名称变更为"宁夏今恒公司"。（8）经公证的质量监督局意见。（9）经公证的银工商兴一广审字（2013）第 150 号户外广告登记证［公证书号为（2014）宁银国信证字第 4619 号］，该证据显示银川家家有贸易有限公司（以下简称"银川家家有公司"）于 2013 年 2 月 29 日至 2014 年 2 月 28 日期间在两辆车的车身上发布了"家家宣传广告"，经查，2013 年 2 月仅为 28 天，不存在 2013 年 2 月 29 日。（10）经公证的清真食品准营证，记载宁夏今恒公司的经营范围为"家家牌"食用植物油加工销售。（11）经公证的销售发票、银行凭证，上述发票及银行凭证的开具时间为 2012 年 6 月至 10 月，开票单位为银川康乐福公司，其中，第 003202231 号发票记载的"货物或应税劳务名称"一栏显示为"家家调和油"；第 00576018 号发票记载的"货物或应税劳务名称"一栏显示为"家家食用油"。（12）经公证的展览合作协议，该协议记载，宁夏今恒公司向宁夏国际会展有限责任公司赞助 300 桶"长丰牌"胡麻油和 300 桶"家家"胡麻油，合作期间为 2013 年 7 月 12 日至 2014 年 7 月 12 日。（13）经公证的由宁夏华润万家生活超市有限公司开具给白某某的家家胡麻油发票。上述公证书中所附证据均为复印件，公证书末页均记载"原件与复印件一致"。

2014 年 12 月 29 日，商标评审委员会作出被诉决定，诉争商标在"食用油"商品上予以维持，在其余商品上予以撤销。

福建千川公司不服，向北京知识产权法院提起诉讼称：经调查查明，第三人在商标评审阶段提交了大量伪造证据，致使被告作出的被诉决定在认定事实上出现错误，诉争商标在指定期间在"食用油"商品上并未实际使用。请求法院依法撤销被诉裁定，并判令被告重新作出裁定。

该案诉讼过程中，第三人向法院补充提交了以下证据，用于证明诉争商标于指定期间在"食用油"商品上进行了实际使用：（1）经公证的全国工业产品生产许可证委托加工备案申请书；（2）经公证的宁夏今恒公司企业名称变更证明；（3）经公证的银工商兴一广审字（2013）第 150 号户外广告登记证［公证书号为（2015）宁银国立证字第 6417 号］，该证据显示银川家家有公司于 2013 年 7 月 29 日至 2014 年 7 月 28 日在两辆车的车身上发布了"宣传广告"，与第三人在评审阶段提供的同一证据所记载的内容不符；（4）经公证的家家胡麻油标签订购合同及发票，合同签订时间为 2013 年 8 月 18 日；（5）经公证的宁夏今恒公司给银川市金凤区个体经营大不同超市开具的发票；（6）经公证的大不同超市负责人的证明；（7）经公证的于 2013 年 7 月 30 日出具的产品检验报告；（8）经公证的 2013 年中国—阿拉伯国家博览会合作协议；（9）经公证的鑫乐购超市经营者崔某清的承诺书，记载其自 2014 年起销售家家牌食用油；（10）经公证的乐福商行经营者白某林的确认书，记载其自 2013 年起销售家家牌食用油；（11）经公证的销售合同，合同签订时间为 2015 年 2 月；（12）经公证的 12315 消费者投诉案件调解书，记载纠纷事由发生时间为 2013 年 10 月；（13）灭火救援出动命令单；（14）银川家家有公司工商查询信息打印件，记载该公司法定代表人为白某伟；（15）证明、现场照片及宁夏广播电视总台对火灾的电视报道，用以证明 2016 年 3 月 26 日宁夏今恒公司所在地发生火灾，导致第三人提交的部分证据原件灭失；（16）工商变更信息；（17）参展商证，用以证明展览合作协议得到实际履行。上述以公证书形式提交的证据中，公证书所附证据均为复印件，公证书末页均记载"原件与复印件一致"。

福建千川公司在诉讼阶段向法院提交了以下证据：（1）吴忠市工商行政管理局利通二分局于 2015 年 4 月 15 日出具的证明，该证明记载吴忠家家食用油厂未在该局登记注册；（2）福建千川公司向宁夏回族自治区食品检测中心档案室调取的检验报告，上述检验报告记载的商标或为"长丰"商标，或未记载商标，其中，W2012－03－0372 号、F2012－11－0448 号、W2013－01－0089 号检验报告与第三人在评审阶段提交的同一检验报告除记载的商标名称不一致外，其余内容均一致；（3）宁清办银字 64000012 号"清真食品准营证"副本，该证据显示宁夏今恒公司的经营范围为"长丰牌"食用植物油加工销售;(4)清真食品准营证电子文档电脑屏幕照片;(5)检查记录;(6)票号为 00302232、00576018 发票原件,上述发票与第三人在评审阶段提供的发票一致,但福建千川公司提供的发票"货物或应税劳务名称"一栏显示为"食用油",而第三人在评审阶段提交的同一发票该栏显示为"家家食用油";(7)"2013 年中国—阿拉伯国家博览会"百度百科词条搜索结果,该证据显示中国—阿拉伯国家博览会召开时间为 2013 年 9 月 15 日;(8)华润万家超市与宁夏家家食用油有限公司(以下简称"宁夏家家食用油公司")之间签署的《购销合同》、中国银行支付系统专用凭证、增值税专用发票、宁夏家家食用油销售出库台账、华润万家有限公司商品验收单、发票录入名下单等,用以证明第三人在商标评审程序中提交的华润万家超市所开具的发票,其所对应的销售商品是宁夏家家食用油公司生产的食用油,并非第三人所生产的食用油;(9)银川市工商行政管理局就银川家家有公司《投诉书》的回复意见,该证据记载,银川家家有公司成立于 2013 年 6 月 28 日,白某栋于 2013 年 6 月 29 日将诉争商标授权银川家家有公司独占使用,银川家家有公司与 2013 年 8 月印制了 10 万个标有诉争商标的产品标签和包装纸箱,截至 2013 年 9 月 12 日,尚未使用在银川家家有公司经销的商品上;(10)银川市金凤区个体经营大不同超市出具的证明;(11)陕西省定边县郝滩派出所出具的常住人口登记表。

针对上述情况,法院要求第三人提交证据的原件,以便于法院对证据真实性予以核实,但第三人称因宁夏今恒公司发生火灾,证据原件已在火灾中灭失,无法提供。第三人对上述证据存在不一致的情况未作出合理解释。

◎ **判决结果**

一审判决:第一,撤销商标评审委员会作出的商评字〔2014〕第 111531 号关于第 1486278 号"家家"商标撤销复审决定;第二,商标评审委员会就第 1486278 号"家家"商标提出的复审申请重新作出决定。

处罚决定:对李某、白某伟分别罚款 1 万元。

◎ **裁判理由**

针对第三人提交的诉争商标使用证据:(1)关于产品检验报告,第三人虽然向法院提供了包括 W2012-03-0372 号、F2012-11-0448 号、W2013-01-0089 号检验报告在内的、表明复印件与原件一致的公证书,但福建千川公司向法院提交了上述部分证据原件,且原件显示的商标为"长丰"牌胡麻油,而非该案诉争商标,第三人对此亦未作出合理解释。此外,经法院核实,第 J2011-03-191 号检验报告存在明显修改的痕迹，法院据此认定，第三人对上述证据进行了伪造，对其真实性不予采信。（2）关于销售发票，第三人虽然向法院提供了包括 00302232 号、00576018 号发票在内的、表明复印件与原件一致的公证书，但福建千川公司向法院提交了上述部分证据原件，且原件显示的"货物或应税劳务名称"一栏为"食用油"，而非"家家食用油"，第三人对此未作出合理解释，法院据此认定第三人对上述证据进行了伪造，对其真实性不予采信。（3）关于银工商兴一广审字（2013）第 150 号户外广告登记证，第三人分别于2014 年、2015 年两次就该户外广告登记证进行了公证，公证书号分别为（2014）宁银国信证字第 4619 号、（2015）宁银国立证字第 6417 号，两份公证书均显示原件与复印件一致，但上述两份公证书所附的同一户外广告登记证记载的内容不一致，且（2014）宁银国信证字第 4619 号公证书记载的宣传时间 2013 年 2 月 29 日实际上并不存在，第三人对此无法作出合理解释，法院据此认定第三人对上述证据进行了伪造，对其真实性不予采信。（4）关于清真食品准营证，第三人虽然向法院提供的该证据载明的经营范围为"家家牌"食用植物油加工销售，但福建千川公司提供的同一证据原件载明的经营范围为食用植物油加工销售，并无"家家"牌商标，第三人对此未作出合理解释，故法院据此认定第三人对上述证据进行了伪造，对其真实性不予采信。（5）关于吴忠家家食用油厂的相关证据，第三人虽然向法院提供了表明复印件与原件一致的公证书，但原告提供的吴忠市工商行政管理局利通二分局于 2015 年 4 月 15 日出具的证明记载，吴忠家家食用油厂未在该局登记注册，在有相反证据的情况下，法院对上述证据的真实性不予采信。（6）经公证的展览合作协议、参展商证，该协议缺乏相应的实际履行证据，而仅仅依据参展商证不能确认该协议是否已经得到实际履行，故法院不予采信。（7）经公证的家家胡麻油标签订购合同及发票，该合同签订时间为 2013 年 8 月 18 日，未发生在指定期间，故法院对上述证据不予采信。（8）第三人提交的案外人的证言，上述案外人均未到庭，在无其他证据予以佐证的情况下，法院无法确认其真实性，故对该部分证据法院不予采信。（9）经公证的销售合同，该合同签订时间为 2015 年 2月，未发生在指定期间，法院不予采信。（10）经公证的 12315 消费者投诉案件调解书，该证据记载的纠纷事由发生时间为 2013 年 10 月，未发生在指定期间，法院不予采信。关于第三人提交的其他使用证据，或未发生在指定期间，或实际使用人并非李某、白某伟本人，同时，鉴于第三人在该案中存在大量伪造证据的行为，法院对所有无法提供原件的证据均不予采信。因此，在案证据不足以证明诉争商标在 2010 年 8 月 6 日至 2013 年 8 月 5 日期间在"食用油"商品上存在真实、合法、有效的商业使用。

回 **案例解析**

该案系商标"连续三年停止使用"撤销复审案件，该类型案件的争议焦点为诉争商标权利人提交的证据能否证明诉争商标在指定期间于其核定使用商品上存在真实、合法、有效的商业使用。

商标的生命在于实际使用，注册商标长期搁置不用，该商标不仅不会发挥商标的功能和作用，而且还会妨碍他人注册使用，故商标法在赋予商标权人注册商标专用权的同时亦附加了其商标使用义务。商标的使用是指将商标用于商品、商品包装或者容器以及商品交易书上，或者将商标用于广告宣传、展览以及其他商业活动中，用于识别商品来源的行为。

根据《中华人民共和国民事诉讼法》相关规定，经过法定程序公证证明的法律事实和文书，人民法院应当作为认定事实的根据，但有相反证据足以推翻公证证明的除外。该案中，第三人在评审阶段提交的证据，部分使用了公证书形式以证明原件与复印件一致，在没有相反证据的情况下，公证书的证明力应被认可，故商标评审委员会认定第三人提交的证据材料可以证明诉争商标的实际使用情况，对诉争商标在"食用油"商品上予以维持。

该案诉讼阶段，原告提交了其调取的部分证据，足以推翻第三人的公证书记载内容，故法院对第三人提交的相关证据不予采信，从而认定第三人提交的证据不足以证明诉争商标的实际使用情况，据此撤销了被诉决定。同时，上述情况亦证明了第三人为达到其证明目的，对其提交的证据进行了伪造。我国《行政诉讼法》第五十九条规定："诉讼参与人或者其他人有下列行为之一的，人民法院可以根据情节轻重，予以训诫、责令具结悔过或者处一万元以下的罚款、十五日以下的拘留；构成犯罪的，依法追究刑事责任：……（二）伪造、隐藏、毁灭证据或者提供虚假证明材料，妨碍人民法院审理案件的；……"法院认为，第三人为证明其对诉争商标于指定期间在"食用油"商品上进行了商业使用，伪造重要证据，情节十分恶劣，严重妨碍行政诉讼，依据上述法律规定，法院对第三人作出了罚款决定。

该案为首例行政诉讼开出的伪证罚单，对当事人在诉讼中的不诚信行为作出了法律判断，具有一定的司法指引作用。

（撰稿人：夏　旭　兰国红）

诚实信用原则在商标案件中的适用

——基于"优衣库"侵害商标权纠纷案的思考

◙ **关键词**

诚实信用原则　大规模注册　商标权利滥用

◙ **裁判要点**

申请注册和使用商标，应当遵循诚实信用原则。违反诚实信用原则大规模注册与他人知名商标近似的商标，并有目标有预谋借用司法资源以商标权谋取不正当利益之行为，不受法律保护。

◙ **相关法条**

2001 年《商标法》第四条，2013 年《商标法》第七条

◙ **案件索引**

一审：（2014）沪二中民五（知）初字第 149 号

二审：（2015）沪高民三（知）终字第 45 号

再审：（2018）最高法民再 396 号

◙ **当事人**

再审申请人（一审被告、二审上诉人）：优衣库商贸有限公司（以下简称"优衣库公司"）

再审被申请人（一审原告、二审上诉人）：广州市指南针会展服务有限公司（以下简称"指南针公司"）、广州中唯企业管理咨询服务有限公司（以下简称"中唯公司"）

一审被告、二审被上诉人：优衣库商贸有限公司上海月星环球港店（以下简称"优衣库月星店"）

◎ **基本案情**

指南针公司与中唯公司系第 10619071 号"UL"商标（以下简称"涉案注册商标"）的共有人，共同享有注册商标专用权。涉案注册商标核定使用商品为第 25 类，包括"游泳衣、足球鞋、鞋、童装、帽、袜、服装、皮带（服饰用）、婚纱、领带"。优衣库公司与迅销（中国）商贸有限公司（以下简称"迅销公司"）系株式会社迅销在中国设立的子公司，共同经营"优衣库"品牌，两者均采用"SPA"（即自有品牌服饰专营商店）经营模式，分别在中国各地设有专营店。指南针公司、中唯公司依据涉案注册商标专用权，在北京、上海、广东、浙江四地针对优衣库公司或迅销公司和不同门店提起了 42 起商标侵权诉讼。

指南针公司、中唯公司一审共同诉称：优衣库公司与优衣库月星店未经许可，在相同商品上及相关网络推广宣传中使用与涉案注册商标相同的标识，侵犯了指南针公司、中唯公司享有的注册商标专用权，故诉至一审法院，请求判令优衣库公司、优衣库月星店：①立即停止侵犯商标专用权的行为；②共同赔偿经济损失以及为制止侵权所支付的合理费用共计 163197 元。

优衣库公司、优衣库月星店一审共同辩称：第一，首先，两被告使用的被诉侵权标识属于对产品特性介绍的文字说明，并非用来表明产品的来源，不属于商标性使用；其次，涉案注册商标与上述被诉侵权文字说明标识之间在视觉感知、读音、含义等方面均具有显著区别，两者不构成相同或近似；最后，两原告从未实际使用过涉案注册商标，相关消费者对使用涉案注册商标的商品也不会产生任何认知。而所有"优衣库"品牌商品仅通过直营店或者网络专卖店进行销售，且所有直营店、网络专卖店均统一并突出使用了"优衣库"商标。鉴于"优衣库"品牌在国内享有的较高知名度、美誉度，消费者在进入店内进行消费时，已经认知店内商品均来源于第 3002206 号"UNIQLO"商标及第 3012401 号"优衣库"商标的权利人。因此，即使被诉侵权标识与涉案注册商标构成相似，相关消费者也不会产生涉案商品来源于两原告的混淆和误认。第二，该案属于两原告利用涉案注册商标恶意索赔的案件，就相同的事实理由两原告已在全国各地启动多个诉讼程序，其行为对两被告的正常经营产生了重大影响。第三，我国商标法的立法宗旨在于鼓励商标的注册、使用，而两原告持有的注册商标达 2600 多件，完全不是正常经营所需，而是将商标作为商品买卖。且两原告在与被告协商涉案注册商标转让事宜时要求高额转让费，现两原告通过诉讼对被告施压以转让商标获利，其行为完全不符合商标法的立法目的。综上所述，两被告请求驳回两原告的全部诉讼请求。

2014 年 4 月 11 日，迅销公司就涉案注册商标向商标评审委员会提出无效宣告申请。商标评审委员会于 2016 年 1 月 11 日作出商评字〔2016〕第 1610 号关于第 10619071 号 "UL" 商标无效宣告请求裁定，维持涉案注册商标的注册。迅销公司不服上述裁定，提起行政诉讼。北京知识产权法院作出（2016）京 73 行初 909 号行政判决，认为："中唯公司申请注册了 1931 件商标，指南针公司申请注册了 706 件商标，其中部分商标与他人知名商标在呼叫或者视觉上高度近似……指南针公司、中唯公司曾在华唯商标转让网上公开出售诉争商标，并向迅销公司提出诉争商标转让费 800 万元"；"指南针公司、中唯公司超出经营范围，非以使用为目的且无合理或正当理由大量申请注册并囤积包括诉争商标在内的注册商标，还通过商标转让、诉讼等手段实现牟利，其行为严重扰乱了商标注册秩序、损害了公共利益，并不当占用了社会公共资源，构成商标法第四十一条第一款规定的'以其他不正当手段取得注册'的情形"，判令商标评审委员会重新作出裁定。中唯公司不服一审判决，提起上诉。北京市高级人民法院于 2018 年 1 月 26 日作出（2017）京行终 5603 号判决：驳回上诉，维持原判。2018 年 8 月 6 日，商标局发布第 1610 期商标公告，该期公告显示涉案注册商标在全部商品上宣告无效。

◙ 判决结果

一审判决：第一，优衣库公司停止侵权行为。第二，驳回指南针公司、中唯公司其他诉讼请求。

二审判决：驳回上诉，维持原判。

再审判决：撤销一审、二审判决，驳回指南针公司、中唯公司全部诉讼请求。

◙ 裁判理由

2013 年《商标法》第七条第一款规定："申请注册和使用商标，应当遵循诚实信用原则。"虽然 2013 年修正的《商标法》条款于 2014 年 5 月 1 日方施行，但作为民事基本法，我国《民法通则》早在 1986 年即已规定"民事活动应当遵循自愿、公平、等价有偿、诚实信用的原则"。民法基本原则在整个法律体系中发挥基础性和全局性的作用，商标领域也不例外。诚实信用原则是一切市场活动参与者均应遵循的基本准则。一方面，它鼓励和支持人们通过诚实劳动积累社会财富和创造社会价值，并保护在此基础上形成的财产性权益，以及基于合法、正当的目的支配该财产性权益的自由和权利；另一方面，它又要求人们在市场活动中讲究信用、诚实不欺，在不损害他人合法利益、社会公共利益和市场秩序的前提下追求自己的利益。民事诉讼活动同样应当遵循诚实信用原则。一方面，它保障当事人有权在法律规定的范围内行使和处分自己的民事权利和诉讼权利；另一方面，它又要求当事人在不损害他人合法权益和社会公共利益的前提下，善意、审慎地行使自己的权利。任何违背法律目的和精神，以损害他人正当权益为目的，恶意取得并行使权利、扰乱市场正当竞争秩序的行为均属于权利滥用，其相关主张不应得到法律的保护和支持。

该案中，根据查明的事实，指南针公司、中唯公司以不正当方式取得商标权后，目标明确指向优衣库公司等，意图将该商标高价转让，在未能成功转让该商标后，又分别以优衣库公司、迅销公司及其各自门店侵害该商标专用权为由，以基本相同的事实提起系列诉讼，在每个案件中均以优衣库公司或迅销公司及作为其门店的一家分公司作为共同被告起诉，利用优衣库公司或迅销公司门店众多的特点，形成全国范围内的批量诉讼，请求法院判令优衣库公司或迅销公司及其众多门店停止使用并索取赔偿，主观恶意明显，其行为明显违反诚实信用原则，对其借用司法资源以商标权谋取不正当利益之行为，依法不予保护；优衣库公司关于指南针公司、中唯公司恶意诉讼的抗辩成立，予以支持。二审法院虽然考虑了指南针公司、中唯公司之恶意，判令不支持其索赔请求，但对其是否诚实信用行使商标权，未进行全面考虑，适用法律有所不当，予以纠正。

▣ 案例解析

该案系 2018 年中国法院十大知识产权案件之一，最高人民法院在该案中明确指出，诚实信用原则是一切市场活动参与者均应遵循的基本准则。对违反诚实信用原则，恶意注册商标，并借用司法资源以商标权谋取不正当利益的行为，依法不予保护。追溯来看，诚实信用原则在我国商标法中从间接到直接、从无明确规定到有直接条款经历了一系列过程，其不仅有原则性规定，而且还有具体条款对其精神予以进一步贯彻和延伸。特别是该案，在侵害商标权民事纠纷案件中直接适用诚实信用原则，取得了很好的法律效果和社会效果。

一、诚实信用原则的入法本意

一般认为，世界各国的商标取得体制主要包括注册体制、使用体制以及混合体制。❶ 其中，注册体制是指取得商标专用权的主要方式为通过国家商标主管部门获准注册。我国 1982 年《商标法》确立了通过注册取得商标专用权的制度，即在我国，通过申请注册即可取得商标专用权，并不要求该商标已经实际使用。这也是该案中唯公司

---

❶ 王太平. 商标法：原理与案例 [M]. 北京：北京大学出版社，2015：178.

能够申请注册 1931 件商标、指南针公司能够申请注册 706 件商标的原因之一。从此例即可发现，注册体制虽具有统一的公示制度，但其在便捷商标注册、提高商业活动效率的同时，亦会引发商标的"抢注"与"囤积"。据国家知识产权局战略规划司《知识产权统计简报》显示，截至 2019 年 7 月底，我国有效注册商标量已达 2328.1 万件。实践中，非以使用为目的且无合理或正当理由大量申请注册并囤积商标，通过商标转让、诉讼等手段谋取利益的情形比比皆是。对此，2013 年《商标法》第七条第一款明确规定："申请注册和使用商标，应当遵循诚实信用原则。"在商标法中重申和明确诚实信用原则，根据立法机关的解释，也是为了规制实践中较为严重的恶意注册商标、侵害他人商标专用权等违反诚实信用原则的情况。❶ 从司法适用的角度来看，诚实信用原则具有确立行为规则，填补法律和合同漏洞，衡平、解释、降低交易费用和增进效率的功能。❷ 具体到商标法领域，作为一项法律原则，诚实信用原则对商标注册和使用人及其相关行为均提出了要求，其不仅能够对商标法具体条款的理解和适用提供指引，亦可在法律规定不足的情况下填补法律漏洞。❸ 可见，诚实信用原则在商标纠纷案件中适用的意义和价值主要体现在三个维度：一是在商标的申请、使用、管理、保护等各个阶段贯彻诚实信用的价值导向；二是指导有关商标注册和使用的具体规范的理解和适用；三是在商标法其他具体法律条款无法提供适用依据时直接作为民事裁判的依据。

二、诚实信用原则在侵害商标权纠纷案件中的适用

与侵犯注册商标专用权有关的行为体现在 2013 年《商标法》第五十七条的规定中，除此之外，2013 年《商标法》第十三条、第十六条在处理与驰名商标和地理标志有关的商标侵权案件中也被实际援引。但实践中，侵权行为的样态多种多样，前述条款因具备各自的构成要件和调整范围在适用时清晰明确，但也导致其规制范围有限，无法穷尽或涵盖实践中存在的各种违反诚实信用原则的行为。因此，在侵害商标权纠纷案件中正确理解和适用诚实信用原则，对于保护正当权利人合法权利、制止商标权利滥用以及维护健康稳定的市场竞争秩序具有重要意义。

事实上，法律原则尤其是诚实信用原则在我国早已进入司法实践。在《最高人民法院公报》1990 年第 3 期公布的"莒县酒厂诉文登酿酒厂不正当竞争案"中，由于当时尚未制定反不正当竞争法，山东省高级人民法院随即援引《民法通则》第四条诚实

---

❶ 董晓敏. 大规模抢注行为的法律规制 [J]. 法律适用，2017 (21).
❷ 王利明. 民法总论 [M]. 北京：中国人民大学出版社，2013：55.
❸ 梁慧星. 诚实信用原则与漏洞补充 [J]. 法学研究，1994 (2).

信用原则条款作出了裁判，此后援引诚实信用原则裁判的司法案例亦不少见。❶ 例如，在"歌力思"侵害商标权纠纷案中，最高人民法院提审认为，歌力思公司在该案中的使用行为系基于合法的权利基础，使用方式和行为性质均具有正当性，在此基础上，杭州银泰公司销售被诉侵权商品的行为亦不为法律所禁止。而作为地域接近、经营范围关联程度较高的商品经营者，王某对"歌力思"字号及商标完全不了解的可能性较低，其在手提包、钱包等商品上申请注册"歌力思"商标的行为难谓正当。王某以非善意取得的商标权对歌力思公司的正当使用行为提起的侵权之诉，构成权利滥用。鉴于此，最高人民法院在判决中明确指出，诚实信用原则是一切市场活动参与者所应遵循的基本准则，民事诉讼活动同样应当遵循诚实信用原则。任何违背法律目的和精神，以损害他人正当权益为目的，恶意取得并行使权利、扰乱市场正当竞争秩序的行为均属于权利滥用，其相关权利主张不应得到法律的保护和支持。❷ 又如，在上诉人宁波市鄞州菲迅电动车有限公司（以下简称"菲迅公司"）与被上诉人浙江菲利普车业有限公司（以下简称"菲利普公司"）等侵害商标权纠纷案中，宁波市中级人民法院经审理认为，商标的注册和使用应当遵循诚实信用原则。菲利普公司依法享有"PHILLIPS""菲利普"及狮子图形系列商标权，该系列商标核定使用的商品包括电动车等，且"PHILLIPS"系列商标历史悠久，经过长期的使用积累了一定的知名度和商誉。菲利普公司授权其他公司贴牌生产菲利普电动车专用电池，授权公司在其生产的电动车配件蓄电池上使用"PHILLIPS""菲利普"及狮子图形系列商标，具有正当性和合理性。反观菲迅公司，其作为一家电动车制造企业，申请多个带有"PHILLIPS""菲利普"字样及狮子图形的商标的行为具有攀附"PHILLIPS"及"菲利普"电动车商誉的故意，违反了诚实信用原则。菲迅公司获准注册第 10967672 号商标后提起侵权诉讼，其行为难言正当，属于对其注册商标专用权的滥用。❸

值得注意的是，作为一项法律原则，诚实信用原则因内涵及外延的非局限性使其在灵活调整规制各种违反诚实信用行为的同时，亦增加了法律适用的不确定性，故需对其在侵害商标权纠纷案件中的适用条件作出一定的规范。首先，从适用前提上来看，"穷尽法律规则，方得适用法律原则。""对于某一案型，法律本有具体规定，而适用该具体规定与适用诚实信用原则，均能获得同一结论时，不适用该具体规定而适用诚实

---

❶ 刘庆辉，韩赤风. 商标授权确权程序中诚实信用原则的适用 [J]. 北京社会科学，2015 (11).

❷ 最高人民法院（2014）民提字第 24 号民事判决书。

❸ 浙江省宁波市中级人民法院（2017）浙 02 民终 2164 号民事判决书。

信用原则。此种现象应予禁止。"❶ 在此亦有此意，即应防止诚实信用原则"向一般条款逃逸"，只有在没有其他具体法律规范依据的情况下，方可直接适用 2013 年《商标法》第七条第一款的规定来作出裁判。其次，从调整范围上来看，"申请注册和使用商标"均应当遵循诚实信用原则，故其在侵害商标权纠纷案件中的适用范围具有灵活性，可以涵盖实践中形形色色的非诚信行为。比较常见的适用情形便是通过认定构成滥用商标权来达到保护在先权利和合法利益、维护公认的商业伦理和职业操守、遏制市场主体利用商标许可或转让等牟取不正当利益、维护健康稳定的市场竞争秩序等效果，该案便是其中的典型。最后，从说理论证上来看，鉴于诚实信用原则直接作为裁判依据在某种程度上赋予了法官较大的自由裁量权，故为了使其在个案适用中更具有正当性和规范性，法官须对此作出充分的论证与释明。具体而言，法官应以证据所证明的案件事实为依据，且在认定事实时须特别注意考察行为人的主观状态及案件中所涉各方面利益的衡量，并在裁判文书中对诚实信用原则本身、诚实信用原则与案件事实之间的关系、案件事实与裁判结果之间的关系等进行充分的说理论证，不可随意"自由心证"，以免造成负面影响。

三、诚实信用原则在商标授权确权程序中的适用空间

2013 年《商标法》第七条第一款是法律明文规定的诚实信用原则条款，即诚实信用原则的总条款。除此之外，2013 年《商标法》还在其他具体条款中对诚实信用原则作了进一步延伸和细化，主要包括 2013 年《商标法》第十三条、第十五条、第十九条、第三十二条以及第四十四条第一款等。由于民事侵权行为一般不采用法定原则，故依据原则条款认定侵权行为并无问题。❷ 不同于此，对于商标授权确权程序而言，在 2013 年《商标法》第七条第一款仅是从基本原则的意义上规定诚实信用原则的情况下，其并非《商标法》所列举的提出商标异议或者宣告商标无效的理由，故单独直接将该条款作为裁判依据存在一定的障碍。究其原因，其一在于对依法行政原则的遵从，一方面避免增加商标异议或无效事由的不确定性，另一方面避免诚实信用原则条款的滥用；❸ 其二在于通过对前述 2013 年《商标法》第十三条、第十五条、第十九条、第三十二条以及第四十四条第一款等具体条款的解释与适用已足以调整实践中目前所存在的非诚信注册的行为。同时，2019 年修正的《商标法》第四条增加了"不以使用为目的的恶意商标注册申请，应当予以驳回"的规定，且最高人民法院亦提出根据商标

❶ 梁慧星. 民法解释学 [M]. 北京：中国政法大学出版社，1995：311.
❷ 王艳芳. 论新商标法的民事适用 [J]. 知识产权，2013 (11).
❸ 同❷.

注册应有真实使用意图的精神，探索适用 2013 年《商标法》第四条制止申请人囤积商标。可见，在目前商标法的框架下，尚缺少在商标授权确权程序中单独直接将 2013 年《商标法》第七条第一款作为裁判依据的空间。实践中的做法亦是如此。例如，在上诉人商标评审委员会、中国美国商会与被上诉人美国俱乐部商标异议复审行政纠纷一案中，北京市高级人民法院在阐述了 2013 年《商标法》第七条"诚实信用原则是一切市场活动参与者所应遵循的基本准则，亦是商标申请注册、核准和商标使用都应当严格遵循的基本准则。自然人、法人和其他组织申请注册和使用商标，必须诚实、善意、讲信用，行使权利不得侵害他人与社会的权益，履行义务应信守承诺和遵循法律规定"之后，依据 2013 年《商标法》第四十四条第一款关于禁止以欺骗手段或者其他不正当手段取得商标注册的规定，最终认定该案中诉争商标的申请注册不应予以核准。[1] 因此，目前来看，在商标授权确权程序中，诚实信用原则可以指导有关商标注册和使用的具体规范的理解和适用，但特定行为的定性和法律后果的确定还是要依据相应的法律规范。[2]

（撰稿人：董　欣）

---

[1] 北京市高级人民法院（2016）京行终 2819 号行政判决书。

[2] 王艳芳. 论新商标法的民事适用 [J]. 知识产权，2013（11）.

立体商标的显著性判断

——评迪奥尔公司商标申请驳回复审行政纠纷案

◎ **关键词**

立体商标　三维形状　显著性

◎ **裁判要点**

审查立体商标显著性时，应考虑申请商标的固有显著性与经过使用取得的显著性，特别是申请商标进入中国市场的时间，在案证据能够证明的实际使用与宣传推广的情况，以及申请商标因此而产生识别商品来源功能的可能性。

◎ **相关法条**

2013 年《商标法》第九条、第十一条、第十二条

◎ **案件索引**

一审：（2016）京 73 行初 3047 号
二审：（2017）京行终 744 号
再审：（2018）最高法行再 26 号

◎ **当事人**

再审申请人（一审原告、二审上诉人）：克里斯蒂昂迪奥尔香料公司（以下简称"迪奥尔公司"）

再审被申请人（一审被告、二审被上诉人）：商标评审委员会

◎ **基本案情**

涉案申请商标为国际注册第 1221382 号商标，申请人为迪奥尔公司。申请商标的原属国为法国，核准注册时间为 2014 年 4 月 16 日，国际注册日期为 2014 年 8 月 8 日，

国际注册所有人为迪奥尔公司，国际注册指定的商标类型为"三维立体商标"，商标具体形态被描述为：如同精致拉长的数字"8"，上部是一个小的圆球，底部为椭圆形状。瓶身装饰为金色。申请商标指定使用在第3类"香水、浓香水"等商品上。

申请商标经国际注册后，根据《商标国际注册马德里协定》《商标国际注册马德里协定有关议定书》的相关规定，迪奥尔公司通过世界知识产权组织国际局（以下简称"国际局"），向澳大利亚、丹麦、芬兰、英国、中国等提出领土延伸保护申请。2015年7月13日，商标局向国际局发出申请商标的驳回通知书，以申请商标缺乏显著性为由，驳回全部指定商品在中国的领土延伸保护申请。在法定期限内，迪奥尔公司向商标评审委员会提出复审申请。商标评审委员会认为，申请商标难以起到区别商品来源的作用，缺乏商标应有的显著性，遂以第13584号决定，驳回申请商标在中国的领土延伸保护申请。

迪奥尔公司不服商标评审委员会作出的第13584号决定，提起行政诉讼。迪奥尔公司认为，首先，申请商标为指定颜色的三维立体商标，迪奥尔公司已经向商标评审委员会提交了申请商标的三面视图，但商标评审委员会却将申请商标作为普通商标进行审查，决定作出的事实基础有误。其次，申请商标设计独特，具有固有显著性，并通过迪奥尔公司长期的宣传推广，具有了较强的显著性，其领土延伸保护申请应当获得支持。

北京知识产权法院及北京市高级人民法院均未支持迪奥尔公司的诉讼主张。主要理由为：迪奥尔公司并未在国际局国际注册簿登记之日起3个月内向商标局声明申请商标为三维标志并提交至少包含三面视图的商标图样，而是直至驳回复审阶段在第一次补充理由书中才明确提出申请商标为三维标志并提交三面视图。在迪奥尔公司未声明申请商标为三维标志并提交相关文件的情况下，商标局将申请商标作为普通图形商标进行审查，并无不当。商标局在商标档案中对申请商标指定颜色、商标形式等信息是否存在登记错误，并非该案的审理范围，迪奥尔公司可通过其他途径寻求救济。此外，二审法院认为，申请商标是由圆锥形香水瓶图案构成的图形商标，虽然该图案在瓶体造型和装饰上具有一定特点，但作为图形商标指定使用在香水、香料制品等商品上，根据一般消费者的识别能力，易将其作为商品包装或装饰图样进行识别，难以起到区分商品来源的作用。且迪奥尔公司提交的证据虽然能够证明该公司J'adore真我香水系列商品在中国市场上进行了较为广泛的销售，但尚不足以证明在申请商标作为普通图形商标的情况下，相关公众能够在该商标指定使用的香水、香料制品等商品上将其作为标示商品来源的标志进行识别从而获得显著特征。

迪奥尔公司不服二审判决，向最高人民法院申请再审。

◎ **判决结果**

一审判决：驳回迪奥尔公司的诉讼请求。

二审判决：驳回迪奥尔公司的诉讼请求。

再审判决：第一，撤销北京市高级人民法院（2017）京行终744号行政判决；第二，撤销北京知识产权法院（2016）京73行初3047号行政判决；第三，撤销商标评审委员会商评字〔2016〕第13584号关于国际注册第1221382号图形商标驳回复审决定书；第四，判令商标评审委员会对国际注册第1221382号商标重新作出复审决定。

◎ **裁判理由**

关于第13584号决定是否违反法定程序。根据现有证据，申请商标请求在中国获得注册的商标类型为"三维立体商标"，而非记载于商标局档案并作为商标局、商标评审委员会审查基础的"普通商标"。在无相反证据的情况下，申请商标国际注册信息中关于商标具体类型的记载，应当视为迪奥尔公司关于申请商标为三维标志的声明形式。商标评审委员会审理不服商标局驳回商标注册申请决定的复审案件，应当针对商标局的驳回决定和申请人申请复审的事实、理由、请求及评审时的事实状态进行审查。迪奥尔公司在商标评审程序中提交的复审理由书曾明确提出：申请商标为指定颜色的三维立体商标，因申请商标为国际注册，迪奥尔公司无法就此向商标局作出说明，也未能获得补正机会。迪奥尔公司同时于评审程序中向商标评审委员会提交了申请商标的三面视图。对此，商标评审委员会既未在第13584号决定中予以如实记载，也未针对迪奥尔公司提出的上述主张，对商标局驳回决定依据的相关事实是否有误予以核实，而仍将申请商标作为"图形商标"进行审查并径行驳回迪奥尔公司复审申请的做法，违反法定程序，并可能损及行政相对人的合法利益。

《商标国际注册马德里协定》及其议定书制定的主要目的是通过建立国际合作机制，确立和完善商标国际注册程序，减少和简化注册手续，便利申请人以最低成本在所需国家获得商标保护。申请商标作为指定中国的马德里商标国际注册申请，有关申请材料应当以国际局向商标局转送的内容为准。作为商标申请人的迪奥尔公司已经根据《商标国际注册马德里协定》及其议定书的规定，完成了申请商标的国际注册程序，履行了我国《商标法实施条例》规定的必要的声明与说明责任，在申请材料仅欠缺部分视图等形式要件的情况下，商标行政机关应当充分考虑到商标国际注册程序的特殊性，本着积极履行国际公约义务的精神，给予申请人合理的补正机会，以平等、充分保护迪奥尔公司在内的商标国际注册申请人的合法权益。该案中，商标局并未如实记载迪奥尔公司在国际注册程序中对商标类型作出的声明，且在未给予迪奥尔公司合理补正机会，并欠缺当事人请求与事实依据的情况下，径行将申请商标类型变更为普通商标并作出不利于迪奥尔公司的审查结论，商标评审委员会对此未予纠正的做法，均缺乏事实与法律依据，且可能损害行政相对人合理的期待利益。

关于申请商标是否具备显著特征。商标评审委员会应当基于迪奥尔公司在复审程序中提出的与商标类型有关的复审理由，纠正商标局的不当认定，并根据三维标志是否具备显著特征的评判标准，对申请商标指定中国的领土延伸保护申请是否应予准许的问题重新进行审查。

回 案例解析

优化国际商标注册程序，是我国积极履行包括《商标国际注册马德里协定》在内的国际公约义务的重要体现。最高人民法院通过该案的司法审查程序，纠正了商标行政机关关于事实问题的错误认定，强化了对行政程序正当性的要求，平等保护了中外权利人的合法利益，进一步树立了中国加强知识产权司法保护的负责任大国形象。

该案除在优化国际商标注册程序、强化行政程序正当性要求方面的重要意义外，同时也为立体商标审查标准提出指引。最高人民法院在再审判决中指出，商标局、商标评审委员会在重新审查认定中应重点考量如下因素：一是申请商标的显著性与经过使用取得的显著性，特别是申请商标进入中国市场的时间，在案证据能够证明的实际使用与宣传推广的情况，以及申请商标因此而产生识别商品来源功能的可能性；二是审查标准一致性的原则。商标评审及司法审查程序虽然要考虑个案情况，但审查的基本依据均为商标法及其相关行政法规规定，不能以个案审查为由忽视执法。

我国《商标法》已经允许将三维标志注册为商标，❶ 而三维标志被注册为商标的前提条件之一仍然是其具有显著性。对于一种商品或其包装的三维形状而言，如果消费者看到之后只能想到商品自身的特征，而不能将其视为一种区别商品来源的标识，则这种三维形状就不具有显著性，不能被注册为立体商标，只有在该商品或其包装的三维形状与此类商品或包装的通常形状存在显著差异或经过长期使用获得"第二含义"时，才可能具有显著性。在认定三维形状的固有显著性时，要考虑相关产品在造型方面的正常变化范围。如果一种造型虽然与常规造型有所差异，但在消费者可预期的正

---

❶ 2013 年《商标法》第八条规定，任何能够将自然人、法人或者其他组织的商品与他人的商品区别开的标志，包括文字、图形、字母、数字、三维标志、颜色组合和声音等，以及上述要素的组合，均可以作为商标申请注册。

常变化范围内，则该造型不易被普通消费者认为是商标。❶ 除第十一条的规定外，2013年《商标法》第十二条规定，以三维标志申请注册商标的，仅由商品自身的性质产生的形状、为获得技术效果而需有的商品形状或者使商品具有实质性价值的性质，不得注册。若三维形状落入 2013 年《商标法》第十二条的规定，是由商品自身的某种性质产生的，即使经过长期使用获得了"第二含义"，为了防止剥夺竞争者对该商品的正当经营活动，也不能将该三维形状注册为商标。❷

近年来，我国实践中出现了一些对于立体商标显著性认定问题有重要意义的案件。在费列罗金莎巧克力案中，北京市第一中级人民法院认为第 G783985 商标对于色彩和包装形式的选择不在常规范围之内，其独特创意已经使之成为申请日的标识性设计，具有显著性。在 Zippo 打火机案中，北京市第一中级人民法院认为第 3031816 号商标的整体设计不在本行业的常见选择范围之内，其整体独创性已经使其具有识别性。而在雀巢方形瓶案❸中，该外形的立体商标因缺乏固有显著性和获得显著性被无效。雀巢公司于 2005 年在食用调味品商品上注册了第 G640537 号"方形瓶"立体商标。2009 年，味事达公司对该商标提起撤销申请（现在称为请求宣告注册商标无效），其理由是争议商标指定使用在习惯以棕色方形瓶作为常用包装、容器的"食品香料"上，缺乏显著特征。北京市高级人民法院认为，独特的设计虽然会加深相关公众对三维标志的印象，但其只是该三维标志具备区分商品和服务来源作用的必要而非充分条件。虽然涉案的三维标志经过了一定的设计，有区别于常见瓶形的特点，但相关公众容易将其作为商品容器加以识别，该三维标志本身无法起到区分商品来源的作用，因此缺乏固有显著性。注册申请人如果认为缺乏固有显著性的标志通过长期使用获得了显著性，应举证证明。同时还要考虑整个市场上其他经营者的实际使用情况。如果在申请人使用的同时，市场上其他主体也在长期大量地使用该标志，甚至早于或者广于申请人的使用，则该标志并未与单一主体之间建立起唯一的、稳定的联系，相关公众无法通过该标志对商品来源加以识别。而该案证据表明，至迟于 1983 年开始，中国大陆的调味品生产厂商就已经开始使用近似的方形瓶作为酱油产品的外包装。这种使用主体众多、使用数量庞大且持续不断的实际使用行为，已使与争议商标标志近似的三维标志成为中国大陆酱油等调味品的常见容器和外包装。在此情形下，相关公众难以将争议商标标志

---

❶ 王迁. 知识产权法教程［M］. 5 版. 北京：中国人民大学出版社，2016：410–411.

❷ 王迁. 知识产权法教程［M］. 5 版. 北京：中国人民大学出版社，2016：414.

❸ 北京市第一中级人民法院（2012）一中知行初字第 269 号行政判决书；北京市高级人民法院（2012）高行终字第 1750 号行政判决书。

或者与其近似的三维标志作为区分商品来源的标志加以识别，即使雀巢公司在申请商标注册前后对争议商标进行了实际使用，也难以通过该使用行为使争议商标获得商标注册所需具备的显著特征。

由上述案件可知，我国法院在审查立体商标的固有显著性时，主要考虑的是申请商标的三维形状与指定使用商品或其包装的常用或惯常形状相对比是否相同或近似，如果不存在显著差异的话，则不具有固有显著性，因为相关公众只会将其作为商品自身形状或包装形状认知，而不会将其作为商标认知，而其中三维形状的独创性虽不是充分条件，但独创性本质上也是重要的考量因素之一。[1] 而在审查获得显著性时，则会考虑申请商标进入中国市场的时间，在案证据能够证明的实际使用与宣传推广的情况，同期整个市场上其他经营者的实际使用情况，以及申请商标因此而产生识别商品来源功能的可能性。

（撰稿人：吴瑛曼）

---

[1] 冯术杰. 商标注册条件若干问题研究 [M]. 北京：知识产权出版社，2016：78，87.

商标恶意注册的法律规制

——评"三叶草"商标权无效宣告请求行政纠纷案

◎ **关键词**

商标　恶意注册　法律规制

◎ **裁判要点**

（1）在审查判断诉争商标与引证商标是否构成近似商标时，应全面考量中英文商标的含义、图形商标的称谓及其之间的对应关系、引证商标的知名度等因素，进行综合认定。

（2）2001 年《商标法》第三十一条规定，申请商标注册不得以不正当手段抢先注册他人已经使用并有一定影响的商标。认定构成这一情形需满足主客观要件，即一是在先使用商标人实际使用商标并形成一定影响，二是商标注册申请人有"以不正当手段抢先注册"的主观恶意。

（3）2001 年《商标法》第四十一条第一款规定，已经注册的商标，如果是以欺骗手段或者其他不正当手段取得注册的，应当予以撤销。尽管该案诉争商标的注册申请人具有复制、抄袭他人高知名度商标的故意，扰乱了正常的商标注册管理秩序，但鉴于该案已经通过 2001 年《商标法》第二十八条、第二十九条、第三十一条的规定对原告的相关权益予以保护，故该案不再适用 2001 年《商标法》第四十一条第一款的规定。

◎ **相关法条**

2001 年《商标法》第十三条第二款、第二十八条、第二十九条、第三十一条、第四十一条第一款

◎ **案件索引**

一审：（2017）京 73 行初 4542 号

◎ **当事人**

原告：阿迪达斯有限公司（以下简称"阿迪达斯公司"）

被告：商标评审委员会

第三人：莆田市天涯贸易有限公司（以下简称"天涯贸易公司"）

◎ **基本案情**

诉争商标系第 9755129 号"三叶草"商标，由深圳市硅谷盈科科技有限公司于 2011 年 7 月 22 日向商标局提出注册申请，并于 2012 年 11 月 21 日被核准注册，核定使用在第 25 类"服装、帽、袜、内衣"等商品上，该商标专用权期限至 2022 年 11 月 20 日。经核准，该商标被转让予天涯贸易公司。

阿迪达斯公司于 2015 年 12 月 30 日针对诉争商标向商标评审委员会提出无效宣告请求，其主要理由为：第一，阿迪达斯公司是世界知名运动用品生产商，是三叶草图形商标和"TREFOIL（三叶草）"商标的真实所有人。第二，诉争商标与阿迪达斯公司在先注册的第 9035988 号"TREFOIL"商标、第 169865 号图形商标、第 575127 号图形商标、第 G836756 号图形商标（以下简称"引证商标一至四"）构成使用在类似商品上的近似商标。第三，在诉争商标申请注册日之前，三叶草图形商标经阿迪达斯公司长期大量的宣传和使用，已经在中国市场上积累了极高的知名度，构成驰名商标。阿迪达斯公司请求认定引证商标二、三、四为驰名商标，并给予其扩大保护。第四，诉争商标是对阿迪达斯公司在先使用并有一定影响的"三叶草"商标的恶意抄袭和抢注。第五，诉争商标的申请注册具有一贯的主观恶意，违反了诚实信用原则，损害了正常的市场秩序和良好的道德风尚。2017 年 1 月 20 日，商标评审委员会作出商评字〔2017〕第 05103 号《关于第 9755129 号"三叶草"商标无效宣告请求裁定书》（以下简称"被诉裁定"），裁定：诉争商标予以维持。

阿迪达斯公司不服被诉裁定向北京知识产权法院提起诉讼，其诉称：第一，诉争商标与阿迪达斯公司在先申请注册的引证商标一"TREFOIL"的中文翻译"三叶草"相同，与引证商标二至四的中文代称"三叶草"亦相同，且两者含义一致，若共存易导致消费者的产源误认，已构成使用在相同或类似商品上的近似商标，违反了 2001 年《商标法》第二十八条、第二十九条的规定。第二，阿迪达斯公司提交的证据足以证明在诉争商标申请日前，引证商标二经长期、大量的使用和宣传已在中国市场积累了较高的知名度，构成了驰名商标。诉争商标是对阿迪达斯公司驰名商标的恶意抄袭和摹仿，已构成 2001 年《商标法》第十三条第二款所指情形。第三，诉争商标的申请注册是对阿迪达斯公司在先使用并知名的"三叶草"文字商标的恶意抢注，违反了 2001 年《商标法》第三十一条"以不正当手段抢先注册他人已经使用并有一定影响的商标"的规定。第四，第三人天涯贸易公司的商标申请行为具有主观恶意，违反了诚实信用原则，损害了正常的市场秩序和良好道德风尚，属于 2001 年《商标法》第四十一条第一款规定的情形。综上，阿迪达斯公司请求法院撤销被诉裁定，并责令被告重新作出裁定。

◙ **判决结果**

一审判决：撤销被诉裁定，被告重新作出裁定。

◙ **裁判理由**

该案涉及以下四个争议焦点：

第一，关于诉争商标与引证商标一至四是否构成 2001 年《商标法》第二十八条、第二十九条规定的使用在同一种或者类似商品上的近似商标。鉴于该案各方当事人对诉争商标与引证商标一至四核定使用的商品构成同一种或类似商品不持异议，故法院仅对诉争商标与引证商标一至四是否构成近似商标进行了认定。该案中，诉争商标系"三叶草"文字商标，引证商标一"TREFOIL"的中文含义为"三叶草"，属常见英文词汇，在诉争商标与引证商标一的含义相同且诉争商标无其他特定含义的情况下，两者若使用在相同或类似商品上，易使相关公众对商品来源产生混淆误认，已构成近似商标。引证商标二至四均为图形商标，判断诉争商标与引证商标二至四是否构成近似，关键在于判断引证商标二至四与中文"三叶草"文字是否形成了较为稳定的对应关系。阿迪达斯公司在评审阶段提交的百度百科、互动百科、360 百科和广告、报纸期刊报道以及在诉讼阶段提交的"阿迪 三叶草"的相关搜索结果、2004—2008 年产品目录等证据可以证明，在诉争商标申请日以前，我国相关公众通常以"三叶草"指代阿迪达斯公司申请注册的引证商标二至四，即"三叶草"已经与引证商标二至四之间形成了稳定的对应关系。由于"三叶草"已经成为引证商标二至四的固定称谓并指向同一产品，故诉争商标与引证商标二至四亦构成近似商标。因此，诉争商标与引证商标一至四构成使用在同一种或类似商品上的近似商标。

第二，关于诉争商标的申请注册是否属于 2001 年《商标法》第十三条第二款规定的不予注册并禁止使用的情形。该案中，原告阿迪达斯公司提交了该公司在中国的专卖店列表及销售情况、宣传报道、赞助活动照片、产品广告、商标评审委员会作出的商评字〔2013〕第 00181 号、〔2014〕第 01104 号商标异议复审裁定书等证据，可以证明引证商标二在运动鞋、衣服等商品上具有较高的知名度。但由于驰名商标的认定遵循按需认定原则，而诉争商标与引证商标一至四构成使用在同一种或类似商品上的近似商标，原告阿迪达斯公司的相关权益已经通过 2001 年《商标法》第二十八条、第二十九条的规定进行保护，故该案无须对引证商标二是否构成驰名商标作出认定。

第三，关于诉争商标的申请注册是否构成 2001 年《商标法》第三十一条规定的"以不正当手段抢先注册他人已经使用并有一定影响的商标"的情形。该案中，原告阿迪达斯公司向商标评审委员会提交的"三叶草"文字商标的广告宣传证据、报纸期刊报道和搜索"三叶草"的相关结果以及在诉讼阶段提交的第 27077 号公证书、2004—2008 年产品目录等在案证据，可以证明在诉争商标申请日之前，阿迪达斯公司已将"三叶草"文字商标使用于运动鞋、服装等商品上，并具有一定影响。该案诉争商标"三叶草"与原告在先使用并有一定影响的"三叶草"文字商标完全相同，同时其核定使用的"服装、帽、袜、内衣"等商品与原告"三叶草"文字商标在先使用的商品在生产部门、销售渠道、消费群体等方面相同或存在较为密切的联系。如果诉争商标予以核准注册，易导致相关公众对商品来源产生混淆误认。此外，深圳市硅谷盈科科技有限公司理应知晓原告及其"三叶草"文字商标的知名度，其申请注册诉争商标的主观目的难谓正当。因此，诉争商标的申请注册构成 2001 年《商标法》第三十一条规定的"以不正当手段抢先注册他人已经使用并有一定影响的商标"的情形。

第四，关于诉争商标的申请注册是否属于 2001 年《商标法》第四十一条第一款"以欺骗手段或者其他不正当手段取得注册"的情形。该案在案证据表明，除诉争商标外，深圳市硅谷盈科科技有限公司还申请注册了第 7177988 号"Chanail 彩奈儿"商标、第 11225071 号"澳利澳"商标、第 16362381 号"欧松朗"商标等。深圳市硅谷盈科科技有限公司的上述行为具有复制、抄袭他人高知名度商标的故意，扰乱了正常的商标注册管理秩序。但鉴于该案已经通过 2001 年《商标法》第二十八条、第二十九条、第三十一条的相关规定对原告阿迪达斯公司的相关权益予以了保护，故该案不再适用2001 年《商标法》第四十一条第一款的规定。

◻ 案例解析

该案系适用 2001 年《商标法》第三十一条"以不正当手段抢先注册他人已经使用并有一定影响的商标"的规定来遏制商标恶意注册的典型案例。该案共涉及四个争议焦点，在此将重点探讨 2001 年《商标法》第三十一条以及第四十一条第一款的相关问题。

一、2001 年《商标法》第三十一条后半段的判定规则

我国商标取得体制为注册体制，即自然人、法人或者其他组织在生产经营活动中，

对其商品或者服务需要取得商标专用权的，应当向商标局申请商标注册。然而在实践中，有一些商标虽然未申请注册，但其已经在商业活动中实际使用并具有一定影响，相关公众能够将其与特定的主体产生联系，形成了相应的商誉，故对该类未注册商标应予以保护。2001 年《商标法》第三十一条规定，申请商标注册不得以不正当手段抢先注册他人已经使用并有一定影响的商标。该条款系遏制商标恶意抢注的重要条款，其表明诉争商标的申请人若明知或者应知某商标为他人在先使用并有一定影响的商标，却利用他人未及时注册的漏洞，以不正当手段抢先注册，这种抢注行为明显违反诚实信用原则，损害了在先使用商标权人的利益，应当予以制止。❶ 具体分析而言，认定构成这一条款所规定的情形需满足主观以及客观方面的要件。

一是在先使用商标人实际使用商标并形成一定影响。首先，未注册商标须在先使用。这里的使用指商标法意义上的使用。根据 2013 年《商标法》第四十八条的规定，商标的使用，是指将商标用于商品、商品包装或者容器以及商品交易文书上，或者将商标用于广告宣传、展览以及其他商业活动中，用于识别商品来源的行为。可见，其判断要点在于在商业活动中使用商标，且使用的目的为识别商品或者服务的来源。其次，未注册商标经使用已具有一定影响。这里的一定影响指未注册商标有一定的持续使用时间、区域、销售量或者广告宣传等，能够使一定范围的相关公众知晓该商标，进而对其商品或者服务来源加以区分。❷ 当然，判断在先未注册商标的使用及产生一定影响的效果，均应以诉争商标注册申请日为准，对其保护应限于相同或者类似商品。在此，主张在先使用并有一定影响的一方当事人须就其主张承担举证责任。

二是商标注册申请人有"以不正当手段抢先注册"的主观恶意。最高人民法院 2010 年 4 月 20 日发布的《关于审理商标授权确权行政案件若干问题的意见》第十八条规定，如果申请人明知或者应知他人已经使用并有一定影响的商标而予以抢注，即可认定其采用了不正当手段。由此可见，这里的恶意集中体现为明知或应知的主观状态。一般而言，主观状态需要通过客观的事实予以证明和认定，在判断明知或应知时，应当以普通社会公众的认知标准为依据，并通常考虑以下因素：（1）诉争商标申请人与在先使用人有业务往来；（2）诉争商标申请人与在先使用人同处一地，或属于同业竞争者；（3）诉争商标申请人曾向在先使用人提出侵权诉讼或高额商标转让费、许可使用费或损害赔偿金等。❸ 当然，商标标识本身的特点等亦可作为其考量因素。例如，如

---

❶ 周云川. 商标授权确权诉讼规则与判例 [M]. 北京：法律出版社，2014：393.

❷ 陈锦川. 商标授权确权的司法审查 [M]. 北京：中国法制出版社，2014：378.

❸ 陈锦川. 商标授权确权的司法审查 [M]. 北京：中国法制出版社，2014：373.

果在先使用的商标文字系臆造词汇，或者商标标识具有一定的独创性，那么在后申请商标与其相近似的程度可以用于推定申请人是否对在先商标"明知或应知"。❶

具体到该案而言，原告阿迪达斯公司提交了一系列证据证明在诉争商标申请日之前，其已将"三叶草"文字商标使用于运动鞋、服装等商品上，并具有一定影响。该案诉争商标"三叶草"与原告在先使用并有一定影响的"三叶草"文字商标完全相同，同时其核定使用的"服装、帽、袜、内衣"等商品与原告"三叶草"文字商标在先使用的商品在生产部门、销售渠道、消费群体等方面相同或存在较为密切的联系。如果诉争商标予以核准注册，易导致相关公众对商品来源产生混淆误认。此外，诉争商标的申请人深圳市硅谷盈科科技有限公司理应知晓原告及其"三叶草"文字商标的知名度，其申请注册诉争商标的主观目的难谓正当。因此，诉争商标的申请注册构成2001年《商标法》第三十一条规定的"以不正当手段抢先注册他人已经使用并有一定影响的商标"的情形。

二、2001 年《商标法》第四十一条第一款的适用情形

根据 2001 年《商标法》第四十一条第一款的规定，已经注册的商标，如果是以欺骗手段或者其他不正当手段取得注册的，应当予以撤销。在北京市高级人民法院审理的（2015）高行（知）终字第 659 号上诉人商标评审委员会、湖北稻花香酒业股份有限公司与被上诉人安国市金泰副食品有限责任公司"清样"商标异议复审行政纠纷案中，北京市高级人民法院认为："根据 2001 年《商标法》第四十一条第一款的规定，已经注册的商标是以欺骗手段或者其他不正当手段取得注册的，由商标局撤销该注册商标；其他单位或者个人可以请求商标评审委员会裁定撤销该注册商标。该项规定的立法精神在于贯彻公序良俗原则，维护良好的商标注册、管理秩序，营造良好的商标市场环境。根据该项规定的文义，其只能适用于已注册商标的撤销程序，而不适用于商标申请审查及核准程序。但是，对于在商标申请审查及核准程序中发现的以欺骗手段或者其他不正当手段申请商标注册的行为，若不予制止，等到商标注册程序完成后再启动撤销程序予以规制，显然不利于及时制止前述不正当注册行为。因此，前述立法精神应当贯穿于商标申请审查、核准及撤销程序的始终。商标局、商标评审委员会及法院在商标申请审查、核准及相应诉讼程序中，若发现商标注册申请人是以欺骗手段或者其他不正当手段申请注册商标的，可以参照前述规定，制止不正当的商标申请注册行为。当然，此种情形只应适用于无其他法律规定可用于规制前述不正当商标注册行为的情形。"

---

❶ 穆颖. 商标恶意抢注的判定规则——以"明知或应知"的主观状态为核心 [J]. 中华商标, 2017 (1).

上述案例表明，审理商标不予注册复审、商标权无效宣告请求等行政案件时，根据在案证据能够适用商标法其他条款对诉争商标不予注册或宣告无效的，不再适用2001 年《商标法》第四十一条第一款。该案中，除诉争商标外，深圳市硅谷盈科科技有限公司还申请注册了第 7177988 号"Chanail 彩奈儿"商标、第 11225071 号"澳利澳"商标、第 16362381 号"欧松朗"商标等。深圳市硅谷盈科科技有限公司的上述行为具有复制、抄袭他人高知名度商标的故意，不正当占用公共资源，扰乱了正常的商标注册管理秩序。但鉴于该案已经通过 2001 年《商标法》第二十八条、第二十九条、第三十一条的相关规定对原告阿迪达斯公司的权益予以了保护，故该案不再适用 2001年《商标法》第四十一条第一款的规定。

（撰稿人：董 欣 张晓津）

"以其他不正当手段取得注册"的适用

——评维多利亚的秘密公司诉商标评审委员会、第三人庆鹏公司商标权无效宣告请求行政纠纷案

◻ **关键词**

不正当手段　恶意注册　公共利益

◻ **裁判要点**

超出使用需求之外囤积商标，以销售或转让为目的注册商标，大量恶意申请与他人在先使用的权利标识、知名人物姓名等相同或近似的标识，不仅会对商标注册秩序产生冲击，亦会影响有正当注册需求的市场主体依法注册商标，增加其注册商标的成本，损害不特定多数商标申请人的利益，属于2001年《商标法》第四十一条第一款有关"以其他不正当手段取得注册"的情形。

◻ **相关法条**

2001年《商标法》第四十一条第一款

◻ **案件索引**

一审：（2015）京知行初字第5604号
二审：（2018）京行终1133号

◻ **当事人**

原告：维多利亚的秘密商店品牌管理公司（以下简称"维多利亚的秘密公司"）
被告：商标评审委员会
第三人：义乌市庆鹏化妆品有限公司（以下简称"庆鹏公司"）

◻ **基本案情**

诉争商标系第9924701号"sheer love 十分爱"商标，申请日为2011年9月2日，

核准注册日为 2012 年 11 月 7 日，注册人为庆鹏公司，核定使用在国际分类第 3 类 "肥皂、香波、护发素、洗面奶、浴液、抑菌洗手剂、成套化妆用具、化妆品、香水、牙膏" 商品上，专用权期限至 2022 年 11 月 6 日。

2014 年 11 月 3 日，维多利亚的秘密公司针对诉争商标向商标评审委员会提出无效宣告请求，商标评审委员会作出被诉裁定认为，维多利亚的秘密公司主张诉争商标构成 2001 年《商标法》第三十一条 "以不正当手段抢先注册他人已经使用并有一定影响的商标" 的情形不能成立。其次，维多利亚的秘密公司提交的证据不能证明诉争商标在申请注册之时存在欺骗商标主管部门或其他不正当手段取得注册的情形，故不宜认定诉争商标的注册违反 2001 年《商标法》第四十一条第一款的规定。因此，商标评审委员会裁定：诉争商标予以维持。

维多利亚的秘密公司不服被诉裁定，向北京知识产权法院起诉称：第一，在诉争商标申请日前，原告的 "SHEER LOVE" 商标已使用在先并具有一定影响，第三人申请注册完整包含该商标标识的诉争商标，已构成 2001 年《商标法》第三十一条所述的 "以不正当手段抢先注册他人已经使用并有一定影响的商标" 的情形。第二，第三人及其关联公司诗蜜尔有限公司大批量、规模性地抄袭、抢注原告及其他众多知名品牌、知名人物姓名，恶意明显，第三人申请注册诉争商标，具有利用原告及原告在先使用并有一定影响商标的高知名度和良好商誉，以牟取不当利益的主观恶意。第三，第三人申请注册诉争商标严重违反诚实信用原则，破坏了正常的商标注册管理秩序，有损公共利益和公平竞争的市场秩序，违反了 2001 年《商标法》第十条第一款第（八）项和第四十一条第一款的规定。综上，请求法院依法撤销被诉裁定，并判令被告重新做出裁定。

◎ **判决结果**

一审判决：撤销被诉裁定，判令商标评审委员会重新作出裁定。
二审判决：驳回上诉，维持原判。

◎ **裁判理由**

根据 2001 年《商标法》第四十一条第一款的规定，已经注册的商标，违反该法第十条、第十一条、第十二条规定的，或者是以欺骗手段或者其他不正当手段取得注册的，由商标局撤销该注册商标；其他单位或者个人可以请求商标评审委员会裁定撤销该注册商标。

首先，根据 2001 年《商标法》第四条的规定，自然人、法人或者其他组织对其生产、制造、加工、拣选或者经销的商品，需要取得商标专用权的，应当向商标局申请商标注册。可见，商标注册原则上应当以使用为目的。超出使用需求之外囤积商标，以销售或转让为目的注册商标，不仅影响有正当注册需求的市场主体依法注册商标，增加其注册商标的成本，亦会对商标注册秩序产生冲击。第三人作为化妆品行业的普通经营者，申请注册了近八百件商标，即便据其自身陈述，投入使用的亦仅一两百件，且现有证据表明第三人还在互联网上公开售卖名下商标，此种囤积商标、以销售为目的注册商标的行为扰乱了商标注册秩序，损害了不特定多数商标申请人的利益。

其次，第三人申请注册的近八百件商标中，大量包含与他人在先使用的权利标识、知名人物姓名等相同或近似的商标，其攀附他人商誉、声誉，以牟取不正当利益的目的昭然若揭。并且，由于第三人的恶意申请行为，引发了大量商标异议、商标争议乃至行政诉讼，消耗了大量宝贵的行政资源和司法资源，造成严重的社会资源浪费，损害了社会公共利益。

最后，具体到该案，包括诉争商标在内，第三人大量申请注册了与原告及其关联公司的权利标识相同、近似的商标。不仅如此，第三人还在实际使用商标的过程中，抄袭和刻意模仿原告相应品牌产品的包装装潢，并依据其抢注的商标对原告的经销商提出侵犯商标权之诉，以上行为严重损害了原告合法民事权益。虽然商标核准注册后的使用行为是否合法、是否具有不正当竞争的恶意与商标申请注册行为是否具有恶意并非一定相关，但综合考虑该案的具体情况，此种相关性足以确认。

综上，第三人申请注册诉争商标的行为不仅损害了原告合法民事权益，更对商标注册秩序造成冲击，损害了不特定多数商标申请人的利益和社会公共利益，已构成 2001 年《商标法》第四十一条第一款规定的"以其他不正当手段取得注册"的情形。被诉裁定认定诉争商标申请注册未违反 2001 年《商标法》第四十一条第一款的规定有误。

此外，诉争商标申请注册未违反 2001 年《商标法》第三十一条、第十条第一款第（八）项等规定。

最终北京知识产权法院撤销被诉裁定，判令商标评审委员会重新作出裁定。

回　案例解析

一、"以其他不正当手段取得注册"条款适用的背景

近年来，我国商标恶意注册形势严峻，抢注国内外知名商标、商号、名人姓名的，同一主体囤积几百件甚至几千件商标，不使用、待价而沽的，抢注者"贼喊捉贼"恶意维权的，不一而足。恶意注册情况严重，倒逼合法权利人不得不多类别甚至全类别注册，为维护自身合法权益，进行大量的维权诉讼，消耗大量的时间和金钱成本。商

标行政部门和司法机关案件量逐年上升，制度成本显著增加，社会资源严重浪费。与此同时，面对商标恶意注册的现状，司法实践中还出现了难以适用 2001 年《商标法》第十三条、第十五条、第三十条、第三十二条等条款规制商标恶意注册行为的情形，故商标行政部门和司法机关均试图探讨适用 2013 年《商标法》第四十四条第一款（对应 2001 年《商标法》第四十一条第一款）规定的"以其他不正当手段取得注册"条款以规制商标恶意注册行为。

二、"以其他不正当手段取得注册"条款适用的突破与限制

（一）"以其他不正当手段取得注册"条款在异议程序中的适用

根据 2013 年《商标法》第四十四条第一款的文义解释及该条款位于《商标法》"注册商标的无效宣告"这一章节的位置来看，通常理解，该条款应当针对已注册商标并适用在无效宣告程序中。但实践中，鉴于商标恶意注册行为愈演愈烈，在商标申请阶段及核准注册阶段中发现的以其他不正当手段申请商标注册的行为亦显著增加。若对于上述行为不予规制，而必须等到商标注册完成后再由合法权利人启动无效宣告程序，这不仅增加了合法权利人的维权成本，更不利于规制商标恶意注册行为。故商标行政部门和司法机关在实践中从初步探索试用到逐渐达成一定的共识，即可以将"以其他不正当手段取得注册"条款逐步适用到其他程序中。如在上诉人广州红谷供应链管理服务有限公司与被上诉人商标评审委员会、第三人刻香坊商标不予注册复审行政纠纷一案❶中，北京市高级人民法院经审理认为，2013 年《商标法》第四十四条第一款规定的立法精神应当贯穿于商标申请审查、核准及相应诉讼程序的始终。商标局、商标评审委员会及法院在商标申请审查、核准及相应诉讼程序中，若发现商标注册申请人是以欺骗手段或者其他不正当手段申请注册商标的，可以参照前述规定，制止不正当的商标申请注册行为。2019 年 4 月 24 日北京高院发布的《商标授权确权行政案件审理指南》（以下简称《审理指南》）亦对上述标准予以明确认可，即"以其他不正当手段取得注册"条款的适用对象既包括已经注册的商标，也包括申请注册的商标。司法实践中，至少在异议程序中可以参照适用"以其他不正当手段取得注册"条款。当然，在其他程序中的适用与该条款仅置于《商标法》"注册商标的无效宣告"这一章节仍存在矛盾之处，笔者将借助于 2019 年《商标法》的通过和实施这一事实在下文分析中试图探讨解决此问题。

---

❶ 北京市高级人民法院（2017）京行终 3577 号行政判决书。

（二）"以其他不正当手段取得注册"条款在损害特定民事权益与公共利益之间案件中的平衡适用

《最高人民法院关于审理商标授权确权行政案件若干问题的意见》第十九条规定，审查判断诉争商标是否属于以不正当手段取得注册，要考虑其是否属于欺骗手段以外的扰乱商标注册秩序、损害公共利益、不正当占用公共资源或者以其他方式牟取不正当利益的手段。因此，如果商标注册行为仅损害特定民事权益，一般不属于该条款调整范围，但如果商标注册行为不仅损害特定民事权益，亦损害商标注册秩序和社会公共利益，则可以由本条款加以调整。如在该案中，考虑到庆鹏公司申请注册诉争商标的行为不仅损害了维多利亚的秘密公司合法民事权益，更是对商标注册秩序造成冲击，损害了不特定多数商标申请人的利益和社会公共利益。故适用"以其他不正当手段取得注册"条款予以规制。但实践中，出现了针对同一权利主体较高知名度的商标在不相同或不类似商品申请注册相同或近似商标的行为。抢注人目标明确，仅针对一个权利主体的商标在多类别商品或服务上进行抢注，其攀附他人商誉、声誉以牟取不正当利益的意图明显。此类行为毫无疑问损害了特定主体的合法民事权益，给相关合法商标权利人造成了严重损失。但仅针对特定主体的抢注行为在适用其他相对条款难以规制的情况下是否可以适用"以其他不正当手段取得注册"条款予以规制仍存在争议。因仅针对特定主体的恶意抢注行为的确损害了特定主体的合法权益，但该行为是否扰乱商标注册秩序、损害公共利益等难以判断。

根据《审理指南》第17.2条第二款第（4）项的规定，申请注册行为仅损害特定民事权益的不属于"以其他不正当手段取得注册"条款规制的情形。同时根据《审理指南》第17.3条第（1）项的规定，诉争商标申请人申请注册多件商标，且与他人具有较强显著性的商标或者较高知名度的商标构成相同或者近似，既包括对不同商标权利人的商标在相同或类似商品、服务上申请注册的，也包括针对同一商标权利人的商标在不相同或不类似商品或者服务上申请注册的，上述行为可以认定属于"以其他不正当手段取得注册"的情形。结合《审理指南》的规定，笔者认为，针对同一主体具有较高知名度的商标在多类别商品或服务上进行大量抢注的，在损害特定民事权益的同时亦可能损害公共利益，可以适用"以其他不正当手段取得注册"条款予以规制。理由如下：第一，商标注册原则上应当以使用为目的。但针对同一主体知名商标的抢注行为通常以销售或转让为目的，以牟取不正当利益。故上述抢注行为理应属于以其他方式牟取不正当利益的手段。第二，上述抢注行为易倒逼合法权利人不得不多类别甚至全类别注册，更易引起合法权利人的正当维权行为，以致引发大量商标异议、商标争议乃至行政诉讼，消耗大量宝贵的行政资源和司法资源，造成严重的社会资源浪费，不正当占用社会公共资源。第三，针对同一主体知名商标的抢注行为在现行商标法下，合法权利人可以通过 2013 年《商标法》第十三条、第十五条、第三十条、第三十二条等相对条款提起无效宣告或异议，但因商品或服务类别不同或差异极大，适用上述条款往往难以打击抢注行为。但若不规制上述抢注行为，则无疑放任了此种以牟取不正当利益为目的的抢注行为，亦与当下严厉打击恶意注册商标行为的态势不符。

因此，针对同一主体具有较高知名度的商标进行大量抢注的，不仅损害了特定民事权益，亦属于扰乱商标注册秩序、损害公共利益、不正当占用公共资源的情形，可以适用"以其他不正当手段取得注册"条款予以规制。如在上诉人商标评审委员会、上诉人中国美国商会与被上诉人美国俱乐部商标异议复审行政纠纷一案❶中，北京市高级人民法院经审理认为，美国俱乐部的法定代表人于 1996—1997 年间曾任中国美国商会的董事，其对中国美国商会在先使用的"AmCham"这一标志是充分知晓的。美国俱乐部在明知中国美国商会在先使用"AmCham"这一标志的前提下，仍然在多类别商品或者服务上，大量申请注册"AmCham"商标，其行为难谓正当，有违商标法诚实信用的基本原则，扰乱了正常的商标注册管理秩序，有损于公平竞争的市场秩序。并最终依据"以其他不正当手段取得注册"条款予以规制。但在此类抢注行为的适用应有一定的限制，否则可能导致部分仅损害特定民事权益的行为被拔高为损害公共利益，以致出现"以其他不正当手段取得注册"条款的滥用。笔者认为，同时具备下列要件的针对同一主体的抢注行为，可以适用"以其他不正当手段取得注册"条款予以规制：第一，诉争商标申请人申请注册多件商标；第二，诉争商标申请人明知或应知他人在先商标；第三，他人在先商标具有较高知名度或显著性较强；第四，申请注册行为扰乱商标注册秩序、损害社会公共利益，或者属于不正当占用公共资源、以其他方式牟取不正当利益的。

（三）"以其他不正当手段取得注册"条款适用的限制

通常认为，"以其他不正当手段取得注册"条款不宜作为相对注册事由的兜底条款来进行适用。❷ 但面对恶意注册的严峻现状，在实践中，商标行政部门和司法机关均试图探讨该条款恰当的适用方式以规制商标恶意注册问题。目前实践中，在适用 2013 年《商标法》第十三条、第十五条、第三十条、第三十二条等相对条款或其他绝对条款可以对权利人合法权益予以保护的情况下，一般不再适用"以其他不正当手段取得注册"条款予以规制。如在原告捷豹路虎有限公司诉被告商标评审委员会、第三人上海杰立

---

❶　北京市高级人民法院（2016）京行终 2819 号行政判决书。

❷　夏君丽. 商标授权确权案件"不正当手段"的司法探究 [J]. 法律适用：司法案例，2018（16）.

纺织有限公司商标权无效宣告请求行政纠纷案❶中，北京知识产权法院对原告主张的在先著作权予以支持并据此撤销被诉裁定，并认定原告的在先权利已经通过 2013 年《商标法》第三十二条予以保护，故不再适用 2013 年《商标法》第四十四条第一款予以审查。即在其他条款能够保护权利人合法权益时，对权利人主张的"以其他不正当手段取得注册"条款一般不进行实体审查，真正做到对该条款的不滥用、不乱用。只有在穷尽其他条款仍无法保护权利人的合法权益时，才可启用"以其他不正当手段取得注册"条款予以规制，如该案通过 2001 年《商标法》第三十一条、第十条第一款第（八）项仍无法保护，才通过"以其他不正当手段取得注册"条款予以规制，在有效维护商标注册秩序和社会公共利益的基础上，亦对权利人的合法权益予以充分保护。

三、"以其他不正当手段取得注册"条款适用的未来前景

毫无疑问，"以其他不正当手段取得注册"条款的适用范围和标准与现阶段商标恶意注册行为的严峻态势有关。与此同时，立法部门亦高度重视商标恶意注册问题，2019 年 4 月 23 日，全国人大常委会通过《商标法》修正案，自 2019 年 11 月 1 日施行。其中将第四条第一款修改为，自然人、法人或者其他组织在生产经营活动中，对其商品或者服务需要取得商标专用权的，应当向商标局申请商标注册。不以使用为目的的恶意商标注册申请，应当予以驳回。上述条文新增了"不以使用为目的的恶意商标注册申请，应当予以驳回"条款，该条款从文义解释的角度来看，进一步明确了以使用为目的的商标注册原则，并对不以使用为目的恶意商标注册申请行为应当予以制止。此外，国家知识产权局在后序的介绍和解读中亦对上述新增条款予以说明，对于商标恶意注册行为的规制，上述新增规定可以在审查阶段予以适用，实现打击恶意注册的关口前移，并将其作为提出异议和请求无效宣告的事由，直接适用在异议程序和无效宣告程序中。❷

因此，可以预见的是，2019 年《商标法》第四条新增"不以使用为目的的恶意商标注册申请，应当予以驳回"条款将大量适用在商标恶意注册行为的案件中，而其中很多案件目前可能系使用"以其他不正手段取得注册"条款进行规制的，故 2019 年《商标法》"以其他不正手段取得注册"条款的适用范围值得探讨。对此笔者认为，2019 年《商标法》第四条新增"不以使用为目的的恶意商标注册申请，应当予以驳回"条款中的"不以使用为目的"和"恶意注册商标"这两个条件应当同时满足才能适用该条款，而非仅满足一个要件即可。理由如下：第一，部分商事主体基于维护自

---

❶ 北京知识产权法院（2017）京 73 行初 1657 号行政判决书。

❷ 《商标法的最新修改，你关心的都在这里》，国家知识产权局微信公众号，2019 年 5 月 9 日。

身权益的需要，存在于实际使用的商品或服务类别之外注册防御商标的行为，这些防御性质的注册商标一般并非以使用为目的。我国虽然没有防御商标制度，但允许商标权人在一定范围内注册防御商标对于防止恶意抢注、降低维权成本有一定意义，若仅满足"不以使用为目的"这一要件即构成 2019 年《商标法》第四条所述情形，则防御商标都将被挡在门外，与我国目前的商标注册实际有所不符。其次，若该条款的适用仅满足"恶意注册商标"这一要件，则可能导致该条款与 2019 年《商标法》第十五条、第三十二条等其他规制恶意注册行为的条款在适用范围上的混同。

基于此，关于 2019 年《商标法》第四条新增"不以使用为目的的恶意商标注册申请，应当予以驳回"条款与 2019 年《商标法》第四十四条第一款"以其他不正手段取得注册"条款在实施中的适用问题。笔者认为：第一，2019 年《商标法》第四条新增"不以使用为目的的恶意商标注册申请，应当予以驳回"条款将适用在驳回程序、异议程序和无效宣告程序的案件中。而"以其他不正手段取得注册"条款仅适用在无效宣告程序案件中，以回归到法条的文义限定上来。第二，对于能够通过 2019 年《商标法》第四条予以规制的情形，一般不再适用 2019 年《商标法》第四十四条第一款"以其他不正手段取得注册"条款。但对于除"不以使用为目的的恶意商标注册申请行为"之外的其他不正当手段取得注册商标行为，如存在恶意注册商标且仅有少量、象征性使用商标的行为，在 2019 年《商标法》第四条难以规制的情形下，应适用 2019 年《商标法》第四十四条第一款"以欺骗手段或者其他不正当手段取得注册的，由商标局宣告该注册商标无效"条款予以规制，以实现两条款相互合理的适用。

（撰稿人：杨恩义　周丽婷）

家族非物质文化遗产传承及相应的商业标识保护问题

——评王某兰诉商标评审委员会、第三人童某商标无效宣告行政纠纷案

◫ **关键词**

老字号　家族非物质文化遗产传承　在先权利

◫ **裁判要点**

在处理家族非物质文化遗产传承及相应的商业标识保护问题时，应当综合考虑当事人家族技艺的历史传承脉络、中国民间传统、当地相关政府部门等对有关问题的认定及双方当事人的实际使用情况。根据最高人民法院相关指导案例精神，与老字号相同或近似的文字被他人注册为商标后，其传承人仍有权正当使用。举重以明轻，与老字号相同或近似的文字被家族内部非物质文化遗产传承人之一注册为商标后，其他传承人仍然有权对该老字号进行正当使用。

◫ **相关法条**

2001 年《商标法》第三十一条，《中华人民共和国行政诉讼法》（以下简称《行政诉讼法》）第六十九条

◫ **案件索引**

一审：（2015）京知行初字第 4586 号

二审：（2017）京行终 1397 号

◫ **当事人**

原告：王某兰

被告：商标评审委员会

第三人：童某

◎ **基本案情**

江苏省泰州市兴化市中堡镇，古称"中堡庄"，又称"中庄"，中堡镇范围内制作的醉蟹在当地被称为"中庄醉蟹"。2007年5月，江苏省泰州市人民政府、泰州市文化局认定"中庄醉蟹制作技艺"为"泰州市非物质文化遗产"。2010年1月，江苏省泰州市兴化市人民政府、兴化市文化局就"中堡庄童记醉蟹制作工艺"颁发"兴化市非物质文化遗产"证书。2013年1月，兴化市文化广电新闻出版局就"中庄醉蟹制作技艺"向兴化市中堡醉制品厂颁发"兴化市非物质文化遗产生产性保护基地"证书。

诉争商标"童德大"由童某于2011年8月31日申请注册，于2014年3月14日获准注册，专用权期限至2024年3月13日，核定使用在国际分类第29类的"醉蟹（非活）、甲壳动物（非活）、水产罐头、虾酱、鱼翅、虾（非活）、贝壳类动物（非活）、咸蛋、灌装水果、奶茶（以奶为主）"商品上。

第536086号"童德大"商标于1989年12月9日申请注册，于1990年12月10日获准注册，专用权期限至2000年12月9日，核定使用在国际分类第29类的醉蟹商品上，权利人为兴化冷冻厂，因到期未续展，该商标已被注销。

引证商标"童德大"由王某兰于2012年7月27日申请注册，于2015年4月7日获准注册，专用权期限至2025年4月6日，核定使用在国际分类第29类的"醉蟹（非活）、甲壳动物（非活）、水产罐头、以果蔬为主的零食小吃、腌制蔬菜、咸蛋、干食用菌、精制坚果仁"商品上。引证商标的申请日及注册日均晚于诉争商标的申请日。

2014年6月6日，王某兰针对诉争商标向商标评审委员会提出无效宣告请求，其主要理由为：第一，"童德大"牌中庄醉蟹是兴化市特色食品，该产品历史悠久且驰名于国内市场。第二，王某兰系"童德大"醉蟹制作工艺传人，并在先使用"童德大"商标。第三，童某与王某兰处于同一地区和同一行业，且两人系亲属关系，童某以不正当手段抢先注册诉争商标具有主观恶意，易造成不良影响。第四，王某兰针对其他与诉争商标类似的商标所提出的异议申请均已获得商标局支持。第五，王某兰申请的引证商标已经获准注册。综上，王某兰请求依据2001年《商标法》第三十一条等规定，对诉争商标予以无效宣告。

王某兰在商标评审阶段提交了如下证据材料：①相关媒体对"童德大"醉蟹及王某兰的报道；②"童德大"醉蟹产品印模及产品标签图片；③相关人员、企业及政府部门出具的证明材料和视频材料；④相关商标注册资料；⑤王某兰所获荣誉材料；⑥"童德大"醉蟹的相关宣传图片等材料；⑦在先案件的裁定；⑧其他证据材料。

童某在商标评审阶段的主要答辩理由为：第一，"童德大"字号系童氏先祖创建的醉蟹品牌字号，已在童氏家族内部传承 600 余年，童某系兴化市中堡镇童氏家族"童德大"醉蟹制作工艺第十九代传承人及"童德大"醉蟹作坊继承人。第二，王某兰非童氏家族直系亲属，其并没有继承"童德大"醉蟹制作工艺，其所提交的证据均缺乏真实性，不能实现其证明目的。第三，童某在先注册、使用的诉争商标早于王某兰申请注册的引证商标，诉争商标应当予以核准注册。

童某在商标评审阶段提交了如下主要证据材料：①相关媒体报道资料；②"童德大"醉蟹产品印模图片；③相关人员及政府部门出具的证明材料；④相关商标注册资料；⑤所获荣誉材料；⑥王某兰经营企业及其家族成员企业主体资格证据材料；⑦广告合同及宣传图片；⑧销售证据及产品图片资料；⑨相关民事诉讼的资料；⑩其他相关证据材料。

2015 年 10 月 26 日，商标评审委员会作出被诉裁定，原告王某兰不服，于法定期限内向法院提起行政诉讼。

该案诉讼中，原告王某兰补充提交了如下证据材料：①显示为兴化市中堡镇人民政府出具的《关于更正我镇出具〈证明〉的说明》；②《关于童氏家族经营醉蟹的历史情况的说明》；③《证明书》；④《兴化非遗》；王某兰欲以此证明其系"童德大"醉蟹制作工艺的传承人，系"童德大"醉蟹的实际经营者。童某对兴化市中堡镇人民政府出具的《关于更正我镇出具〈证明〉的说明》的真实性不予认可。

该案诉讼中，童某补充提交了如下证据材料：①兴化市、泰州市政府对"童德大"的介绍及图书《兴化史话》；②兴化市公安局中堡镇派出所等政府部门出具的证明文件；③相关媒体的报道；④相关人员出具的证明；⑤相关荣誉证书；⑥诉争商标的宣传、使用情况的证明材料；⑦相关证人证言及照片等；⑧相关企业的信息查询情况等；⑨其他证据材料。

◉ **判决结果**

一审判决：驳回原告王某兰的诉讼请求。
二审判决：驳回上诉，维持原判。

◉ **裁判理由**

法院生效裁判认为：根据该案查明的事实，其一，根据王某兰与童某提交的在案证据显示，王某兰的外曾祖父与童某的曾祖父系亲生兄弟，"童德大"系王某兰及童某共同的先辈始创并使用在醉蟹商品上的商标标识，经过童氏家族的历史传承及长期使用，在醉蟹商品上已具有一定影响力。其二，关于王某兰是否系"童德大"醉蟹制作工艺的唯一传承人及该标识的所有人问题。根据王某兰提交的"兴化市非物质文化遗产项目中庄醉蟹制作技艺代表性传承人"相关证据材料，《人民日报》和《新华日报》的相关采访报道，王某兰的工作经历及江苏省粮油食品进出口（集团）公司兴华冷冻厂第 536086 号商标（已因未续展失效）的注册资料等证据材料，能够证明王某兰系童氏家族成员，传承了童氏家族的醉蟹制作工艺，且曾以其醉蟹制作技艺加入当地公有制企业担任技术指导等职务。但王某兰提交的采访报道及证人证言中提到的其家族醉蟹制作工艺"传女不传男"，缺乏历史传承脉络佐证，且无法合理解释王某兰的外曾祖父与童某的曾祖父兄弟两人获得技艺传承的来源，在并无其他证据证明王某兰外曾祖父系"童德大"醉蟹制作工艺创始人或者合理解释其在所谓"传女不传男"规则下如何获得技艺传承的情况下，同时考虑到家族传承一般传给同性子孙的中国民间传统，该案中，虽然王某兰的证据能够证明其传承了家族技艺，但无法认定其系"童德大"醉蟹制作工艺的唯一传承人及该标识的所有人。其三，根据童某提交的亲属关系证据，兴化市政府门户网站对"童德大"中庄醉蟹的介绍资料，童氏家族所在地居委会及镇人民政府出具的证明材料，童某生产经营证据等材料能够证明，童某亦为童氏家族子孙，其夫妻为童氏祖宅作坊的现持有人，童某正从事着传统工艺醉蟹产品的生产经营。依照前文分析的 2001 年《商标法》第三十一条规定的"以不正当手段抢先注册他人已经使用并有一定影响的商标"的构成要件，结合该案的事实情况，法院认为，一方面，鉴于商标注册以申请在先为基本原则，童某在醉蟹等商品上申请注册诉争商标在先，该注册行为符合法律规定。王某兰提交的证据材料不足以证明诉争商标系童某恶意抢注。另一方面，在处理家族非物质文化遗产传承及相应的商业标识保护问题时，应当综合考虑当事人家族技艺的历史传承脉络、中国民间传统、当地相关政府部门等对有关问题的认定及双方当事人的实际使用情况。该案中，王某兰与童某均为童氏后人，均具备"童德大"醉蟹制作工艺，在情理上双方当事人在其醉蟹商品上使用"童德大"商标均具有正当性，且不应排除对方的正当使用。同时，其他案外人恶意抢注"童德大"商标等事实亦说明该商标确有注册保护的实际需要。综上，诉争商标的注册并不属于 2001 年《商标法》第三十一条"以不正当手段抢先注册他人已经使用并有一定影响的商标"所指情形。商标评审委员会的相关认定符合法律规定，法院予以确认。

至于该案审理中折射出的家族非物质文化遗产传承中如何处理注册商标专用权与商标合理使用的冲突问题，虽不属于该案审理范围，但法院认为仍有进一步论述的必要。根据最高人民法院于 2016 年 5 月发布的第 12 批指导性案例 58 号成都同德福合川桃片有限公司诉重庆市合川区同德福桃片有限公司、余晓华侵害商标权及不正当竞争纠纷案［重庆市第一中级人民法院于 2013 年 7 月 3 日作出（2013）渝一中法民初字第 00273 号民事判决，重庆市高级人民法院于 2013 年 12 月 17 日作出（2013）渝高法民终字 00292 号民事判决：驳回上诉，维持原判］中确立的如下规则：与老字号相同或近似的文字被他人注册为商标后，其传承人仍有权正当使用。举重以明轻，该案中王某兰与童某均为童氏后人，均具备"童德大"醉蟹制作工艺，当童某在醉蟹等商品上获准注册诉争商标的情况下，王某兰作为"童德大"醉蟹制作工艺的传承人之一，自然有权对其进行正当使用。

回 **案例解析**

一、老字号法律地位及其与注册商标相冲突的情形

"老字号"并非我国知识产权法中的规范法律术语，我国目前亦没有保护老字号的专门法律，对老字号是以企业名称或字号的形式予以保护。根据我国《企业名称登记管理规定》第七条的规定，企业名称应当由以下部分依次组成：字号（亦称商号）、行业或者经营特点、组织形式。企业名称应当冠以企业所在地省（包括自治区、直辖市）或者市（包括州）或者县（包括市辖区）行政区域名称。其中，字号是企业名称的核心部分，系区分不同市场主体的标志。老字号，一般是指历史悠久，拥有世代传承的产品、独特的技艺或服务，特殊的经营模式和理念，优质的配套服务、良好的品牌信誉，蕴含了深厚的文化底蕴和民族特色烙印，取得社会广泛认同，具有极高信誉的品牌。❶ 老字号的历史积淀，往往意味着蕴含了更高的商誉和更大的经济利益，代表着更多的竞争优势，往往成为相关利益主体争夺的目标。

商标的基本功能在于标识商品或服务的来源。商标权，通常指商标持有人对已注册商标享有的专有权。我国商标的注册机关是国家知识产权局商标局，由其统一注册，统一在全国范围内检索，其效力范围及于全国。当前，由于我国现行企业名称登记实行的是"同行业、分级登记"管理制度，即经登记的企业字号在登记地同行业可以排他独占作用，但不能排除同行业不同地域或同地域不同行业的其他企业对该字号的使用。同时，《企业名称登记管理规定》第九条仅明确企业名称不得含有可能对公众造成欺骗或误解的内容和文字，并没有规定与注册商标相同或近似的文字不得登记为字号。因此，在没有恶意的前提下，将他人的注册商标作为企业名称的字号登记使用并不一定违法。❷ 由于市场主体均为特定商品或服务的提供者，而商

---

❶ 商务部《"中华老字号"认定规范（试行）》第二条。

❷ 肖艳，游中川. 老字号被他人注册为商标后其传承人仍可正当使用 [J]. 人民司法：案例，2015（16）.

标权和企业名称权均属可识别的标识性权利，其在发挥识别商品或服务来源及市场主体来源时发挥的作用是相互辐射、相互渗透的。可以说，商标权和企业名称权在不同程度上均承载着商品销售或服务推销的广告宣传功能，承载着特定市场主体的一定信誉，在不同程度上发挥着商品或者服务质量的保证和监督作用，致使相关消费者将商品或服务的质量与该商品或服务所使用的商标或其生产者的企业名称相联系。因此，不同的市场主体所分别使用的字号与商标文字相同或近似时，便极易导致企业名称权和商标权的冲突问题。实践中，此类案件中的焦点问题通常为在先权利是商标权抑或企业名称权，在后权利的获取及使用是否违反诚实信用原则及是否具有正当性等问题。而在涉及老字号的案件中，由于老字号作为或曾经作为字号的使用时间通常在先，商标获准注册的时间通常在后，且该获准注册的商标申请注册时是否属于善意以及是否具有正当理由在不同案件中的情形各不相同，故在不同案件中如何根据诚实信用原则妥善处理老字号与商标权的权利冲突、平衡保护各方的合法利益便成为审理涉老字号案件的重点。

通常而言，老字号和商标权的冲突问题主要包括两种情形：其一，基于老字号曾经享有的知名度，其后来被老字号传承人之外的他人注册为商标使用。由于老字号承袭和继承了中华民族优秀的文化传统，其相关品牌、技艺往往是代代相传的，老字号的传承人无论是基于自身经济利益诉求还是基于发扬光大家族传承的品牌和技艺，均具有很大动力去使用老字号开展经营活动，进而与他人的注册商标发生权利冲突。❶ 其二，基于老字号持续享有的知名度和世代传承的特征，其后来被老字号传承人之一申请注册为商标使用，而其他老字号传承人或声称的传承人亦需要使用老字号继续经营，进而与该传承人持有的注册商标产生权利冲突。上述两种权利冲突情形在侵害商标权民事纠纷及商标行政授权确权行政纠纷中均不罕见。笔者将在下文中结合相关案例对这两种情形展开分析。

二、商标的注册和使用不得侵害他人的"老字号"商号权

我国 2013 年《商标法》第七条规定：申请注册和使用商标，应当遵循诚实信用原则。第九条规定，申请注册的商标，不得与他人在先取得的合法权利相冲突。最高人民法院《关于当前经济形势下知识产权审判服务大局若干问题的意见》（法发〔2009〕23 号）第十条规定，审理注册商标与企业名称的权利冲突案件应当遵守诚实信用、维护公平竞争和保护在先权利等原则。因此，保护在先权利原则是处理注册商标与企业名称权利冲突时应当首先考虑的问题。根据国家工商行政管理总局发布的《商标审理

---

❶ 例如，重庆市高级人民法院（2013）渝高法民终字 292 号民事判决书。

标准》第二条"损害他人在先权利审理标准"第（1）项的规定，本条规定的在先权利是指在诉争商标申请注册日之前已经取得的，除商标权以外的其他权利，包括商号权、著作权、外观设计专利权、姓名权、肖像权等。同时，该条第（2）项对商号权作了界定，将与他人在先登记、使用并具有一定知名度的商号相同或者基本相同的文字申请注册为商标，容易导致相关公众混淆，致使在先商号权人的利益可能受到损害的，应当认定为对他人在先商号权的侵犯，诉争商标应当不予核准注册或者予以撤销。上述《商标审理标准》中的商号即为字号。因此，具有一定知名度的字号包括"老字号"属于他人在先取得的权利，他人申请注册商标不得与其相冲突。一旦产生冲突，则优先保护在先登记或使用的字号。即当"老字号"的权利人或利害关系人对诉争商标的注册申请提出异议或无效宣告的情况下，对其不予核准注册或宣告无效。例如，在"宝庆尚品"商标行政争议案件[1]中，宝庆公司系引证商标"寶慶"商标的权利人，该商标曾连续 18 年被评定为"江苏省著名商标"，且系中华老字号，具有广泛的知名度及持续受保护的记录。宝庆尚品公司从他人处受让取得诉争商标"宝庆尚品"，宝庆公司以诉争商标的注册违反了 2001 年《商标法》第二十八条的规定为由对其提起撤销请求，该案历经一审、二审和再审程序。最高人民法院在再审裁定中认为，诉争商标"宝庆尚品"完整包含了引证商标"寶慶"二字，虽然引证商标系中文繁体字，但在中文语境下，简体、繁体的"宝庆"仍应视为相同。引证商标系具有一定知名度和影响力的"老字号"商标，诉争商标"宝庆尚品"一词可视为对引证商标"寶慶"的进一步修饰或细分限定，诉争商标与引证商标仍具有基本相同的含义和指向。两者使用在相同或类似商品上容易使相关公众认为属于系列商标，进而在购买、识别商品时对商品来源产生混淆、误认，并据此对诉争商标予以无效宣告。

另一方面，如权利人的在先商号包括"老字号"被他人注册为商标的情况下，权利人可以以侵害企业名称权或商号权为由禁止在后注册商标的使用。根据《最高人民法院关于审理注册商标、企业名称与在先权利冲突的民事纠纷案件若干问题的规定》第一条，原告以他人注册商标使用的文字、图形等侵害其著作权、外观设计专利权、企业名称权等在先权利为由提起诉讼，符合民事诉讼法相关规定的，法院应当受理。这意味着，如果他人的注册商标侵害了权利人的在先商号权包括"老字号"权利，在先商号权人包括"老字号"权利人并非必须通过行政授权确权程序请求宣告该商标无效，而可以直接提起民事诉讼，法院亦有权在该民事诉讼中直接判决禁止侵权人对其

---

[1] 最高人民法院（2016）最高法行申 2910 号行政裁定书。

注册商标的使用。例如，在最高人民法院在其提审的"正野"一案❶中认为，经商业使用，高明区正野电器实业有限公司及其前身的"正野"字号及相关产品，已有一定的市场知名度，为相关公众所知悉。被告顺德市光大企业集团有限公司将其"正野ZHENG YE"注册商标许可被告顺德正野电器有限公司使用，生产经营家用电风扇、插头插座等；被告顺德正野电器有限公司在其生产的开关插座的宣传资料、经销场所、价目表、包装盒等的显著位置上使用"正野 ZHENG YE"字样。两被告使用"正野ZHENG YE"商标的行为，足以使相关公众对商品的来源产生误认，侵犯高明区正野电器实业有限公司在先的"正野"字号权益，构成不正当竞争，并据此判决顺德市光大企业集团有限公司、顺德正野电器有限公司停止使用已在第9类"插座"等商品上注册的"正野 ZHENGYE"商标。

三、符合法定保护要件的"老字号"可以作为"他人已经使用并有一定影响"的未注册商标获得保护

2013年《商标法》第三十二条后半段规定，申请商标注册不得以不正当手段抢先注册他人已经使用并有一定影响的商标。通常认为，该条规定的"以不正当手段抢先注册他人已经使用并有一定影响的商标"的构成要件包括：①在先商标已经使用并有一定影响。"已经使用"是对未注册商标提供法律保护的最基本前提；"有一定影响"是指该未注册商标在一定的地域范围内为一定范围内的相关消费者所知晓。"已经使用""一定影响"等事实的判断应当结合案情，并根据该商标使用的持续时间和地理范围及广告宣传的时间、方式、程度、地理范围等因素予以综合考虑。②诉争商标与在先商标相同或近似。③诉争商标核定使用的商品与在先商标指定使用的商品相同或类似，诉争商标的注册可能造成相关消费者的混淆或误认。混淆或误认可能性的判定应综合考虑在先商标的知名度、诉争商标核定使用商品与无效宣告请求人所属行业或者经营范围的关联程度等因素。④诉争商标申请人具有以不正当手段抢先注册在先使用人商标的意图。2013年《商标法》第三十二条规定的"不正当手段"即恶意，存在于当事人的内心中，除非当事人明确承认，一般是不为外界所知的。但恶意的目的又是通过具体的、外在的行为和事实表现出来的，而行为和事实是一种客观存在，是可以感知的。由于客观的行为和事实推断主观的目的，符合一般的认知规律，因此，一般情况下，通过诉争商标申请人的客观行为是可以判断其主观是否具有恶意的。❷

❶ 最高人民法院（2008）民提字第36号民事判决书。
❷ 徐晓建.《商标法》对"在先商号权"与"在先使用并具有一定影响商标"的保护——第3839502号"耀华商厦"商标异议复审案评析［J］. 中华商标，2015（1）.

因此，老字号除了可以作为企业名称权或商号权获得在先权利保护之外，其如果在诉争商标申请日之前经过长期、持续使用已经具有一定知名度，则在诉争商标与该老字号标识相同或近似的情形下，在诉争商标核定使用的商品与该老字号经营的商品相同或类似的范围内，老字号的权利人或利害关系人针对他人为攀附其老字号商誉而申请注册诉争商标、意图造成相关消费者混淆或误认之行为，有权依据2013年《商标法》第三十二条后半段对该诉争商标的申请注册提出异议或对其予以无效宣告。

事实上，老字号无论是作为在先商号权获得保护，还是作为"已经使用并有一定影响的商标"的未注册商标获得保护，均需具备一个共同的前提条件，即该老字号应当在先已具有一定知名度，他人此后将该与其相同或近似的标识作为商标进行注册或使用易引起相关消费者的混淆或误认。因此，某老字号如果在历史上曾经具有一定知名度，但后来由于各种原因曾中断使用较长时间致使其知名度已经不能延续至今的，则由于该在先权利现已不复存在，他人此后将其申请注册为商标并进行使用，由于不会造成相关公众的混淆或误认，则并不违反2013年《商标法》第三十二条后半段的规定。例如，在"同德福"商标争议行政纠纷案❶中，成都同德福公司申请注册了"同德福 TONGDEFU 及图"商标（诉争商标），核定使用在糕点、桃片（糕点）等商品上。余晓华主张"同德福"是其先辈创立并经长期使用具有较高知名度的老字号，在桃片商品上具有较高知名度，"同德福 TONGDEFU 及图"商标的注册构成2001年《商标法》第三十一条后半段规定的"以不正当手段抢先注册他人已经使用并有一定影响的商标"之情形，应当予以撤销。该案历经一审、二审及再审程序。最高人民法院在再审裁定中认为，"同德福"商号确曾在余晓华先辈的经营下获得了较好的发展，于20世纪20年代至50年代期间，在四川地区于桃片商品上积累了一定的商誉，形成了较高的知名度。但自1956年起至争议商标的申请日，作为一个商业标识的"同德福"停止使用近半个世纪的时间。在这种情况下，即使余氏家族曾经在先将"同德福"作为商业标识使用，但至诉争商标的申请日，在没有相反证据的情况下，因长期停止使用，"同德福"已经不具备2013年《商标法》第三十一条所规定的未注册商标的知名度和影响力，不构成"在先使用并有一定影响的商标"。虽然余晓华自2002年又开始使用"同德福"作为字号，成立了同德福桃片厂，但该行为的发生已经晚于诉争商标的申请日。在成都同德福公司已经在先注册并实际使用诉争商标，余晓华对此又不享有任何在先权益的情况下，不能以其

---

❶ 最高人民法院（2013）知行字第80号行政裁定书。

在后的使用行为对抗第三人已经合法形成的注册商标专用权。成都同德福公司注册争议商标的行为，不构成抢注他人在先使用并有一定影响的商标，亦未违反诚实信用原则，据此对诉争商标予以维持注册。

此外，在"童德大"商标无效宣告行政纠纷案件❶中，诉争商标"童德大"由童某于 2011 年 8 月 31 日申请注册，于 2014 年 3 月 14 日获准注册核定使用第 29 类的醉蟹（非活）等商品上。后，王某兰依据 2001 年《商标法》第三十一后半段针对诉争商标提出无效宣告请求。此案历经商标评审阶段及一审、二审程序。根据该案查明的事实，王某兰的外曾祖父与童某的曾祖父系亲生兄弟，"童德大"系王某兰及童某共同的先辈始创并使用在醉蟹商品上的商标标识，经过童氏家族的历史传承及长期使用，在醉蟹商品上已具有一定影响力，属于老字号标识。法院经审理认为，虽然王某兰的证据能够证明其传承了家族技艺，但无法认定其系"童德大"醉蟹制作工艺的唯一传承人及该标识的所有人。根据童某提交的诸多证据能够证明，童某亦为童氏家族子孙，其夫妻为童氏祖宅作坊的现持有人，童某正从事着传统工艺醉蟹产品的生产经营。依照前文分析的 2001 年《商标法》第三十一条规定的"以不正当手段抢先注册他人已经使用并有一定影响的商标"的构成要件，结合该案的事实情况，法院认为，一方面，鉴于商标注册以申请在先为基本原则，童某在醉蟹等商品上申请注册诉争商标在先，该注册行为符合法律规定。王某兰提交的证据不足以证明诉争商标系童某恶意抢注。王某兰提交的证据材料不足以证明诉争商标系童某恶意抢注。另一方面，在处理家族非物质文化遗产传承及相应的商业标识保护问题时，应当综合考虑当事人家族技艺的历史传承脉络、中国民间传统、当地相关政府部门等对有关问题的认定及双方当事人的实际使用情况。该案中，王某兰与童某均为童氏后人，均具备"童德大"醉蟹制作工艺，在情理上双方当事人在其醉蟹商品上使用"童德大"商标均具有正当性，且不应排除对方的正当使用。同时，其他案外人恶意抢注"童德大"商标等事实亦说明该商标确有注册保护的实际需要。综上，诉争商标的注册并不属于 2001 年《商标法》第三十一条"以不正当手段抢先注册他人已经使用并有一定影响的商标"所指情形，故驳回了王某兰的诉讼请求。

四、老字号被某一传承人注册为商标不影响其他传承人的正当使用

如前文所述，即使老字号曾经具有一定知名度，但后来因故中断使用较长时间的，因已不存在现有的在先权利，则可能导致该老字号被他人注册为商标。此种情况下，

---

❶ 北京知识产权法院（2015）京知行初字第 6344 号，2016 年 10 月 28 日判决；北京市高级人民法院（2017）京行终 1397 号，2017 年 5 月 24 日判决。

由于老字号注册商标权人对该商标享有专用权，老字号的后辈传承人是否有权继续使用该老字号对其家族历史上使用的品牌、技艺进行传承曾存在争议。根据 2013 年《商标法》第五十八条规定，将他人注册商标、未注册的驰名商标作为企业名称中的字号使用，误导公众，构成不正当竞争行为的，依照反不正当竞争法处理。《最高人民法院关于审理商标民事纠纷案件适用法律若干问题的解释》第一条第（一）项规定，将与他人注册商标相同或者相近似的文字作为企业的字号在相同或类似商品上突出使用，容易使相关公众产生误认的，属于 2001 年《商标法》第五十二条第（五）项［对应 2013 年《商标法》第五十七条第（七）项］规定的给他人的注册商标专用权造成其他损害的行为。因此，将他人注册商标作为企业字号登记使用时，企业字号能否继续使用，关键在于其是否构成不正当竞争及是否侵犯他人商标专用权。即重点要审查企业登记与他人注册商标相同或相似的字号时，是否违背公平竞争和诚实信用的基本原则、是否有攀附他人注册商标的故意、是否使他人对市场主体及其商品或服务来源混淆以及其是否在相同或类似商品上对商标文字进行突出使用。❶ 在最高人民法院于 2016 年 5 月发布的第 12 批指导性案例 58 号成都同德福合川桃片有限公司诉重庆市合川区同德福桃片有限公司、余晓华侵害商标权及不正当竞争纠纷案❷中确立了如下规则：在老字号中断经营期间，与该老字号相同或近似的文字被他人注册为商标，老字号传承人将老字号作为企业名称或字号经营使用，只要不违反诚实信用原则、未引人误认且未突出使用该字号的，不构成侵犯注册商标专用权或不正当竞争。但与老字号无历史渊源的商标注册人，以老字号的历史进行宣传的，构成不正当竞争。因该案属于最高人民法院公布的指导性案例，其确定的相应规则对此后同类案件的审理具有重要的指导作用。根据该案确立的上述规则，与老字号相同或近似的文字被他人注册为商标后，其传承人仍有权正当使用。举重以明轻，在处理家族内部非物质文化遗产传承人之间因老字号商标的注册和使用问题产生的争议时，考虑到当事人家族技艺及老字号的历史传承往往经历数代乃至十余代，传承人往往人数较多，且可能分布在不同的地理区域，该老字号通常不应当被某一传承人所垄断宣传和使用，这不仅不符合公平原则，也不利于我国非物质文化遗传的保护和传承。因此，在此类案件的审理中，法院应当充分考量家族内部不同传承人对老字号标识的实际使用情况，原则上即使某一传承人已将该老字号注册为商标，其他传承人在不违反诚实信用原则的前提下，亦有权正当使用该老字号。在笔者承办的"童德大"商标无效宣告行政纠纷中即采取了该观点。该案件

---

❶ 肖艳，游中川. 老字号被他人注册为商标后其传承人仍可正当使用［M］. 人民司法：案例［J］. 2015：16.
❷ 重庆市高级人民法院（2013）渝高法民终字 292 号民事判决书。

中，由于王某兰与童某均为童氏后人，均具备"童德大"醉蟹制作工艺，在情理上双方当事人在其醉蟹商品上使用"童德大"商标均具有正当性。因此，当童某在醉蟹等商品上获准注册诉争商标的情况下，王某兰作为"童德大"醉蟹制作工艺的传承人之一，自然有权对其进行正当使用。

（撰稿人：刘义军）

商标注册中"姓名"使用的界限

——评迈克尔·杰弗里·乔丹诉商标评审委员会、第三人乔丹公司商标争议行政纠纷案

◎ **关键词**

姓名权　在先权利　其他不良影响

◎ **裁判要点**

在适用商标法关于"不得损害他人现有的在先权利"的规定时，自然人就特定名称主张姓名权保护的，该特定名称应当符合以下三项条件：其一，该特定名称在我国具有一定的知名度、为相关公众所知悉；其二，相关公众使用该特定名称指代该自然人；其三，该特定名称已经与该自然人之间建立了稳定的对应关系。

◎ **相关法条**

2001 年《商标法》第十条第一款第（八）项、第三十一条

◎ **案件索引**

一审：（2014）一中行（知）初字第 9162 号
二审：（2015）高行（知）终字第 1909 号
再审：（2016）最高法行再 15 号

◎ **当事人**

再审申请人（一审原告、二审上诉人）:迈克尔·杰弗里·乔丹（Michael Jeffrey Jordan）
再审被申请人（一审被告、二审被上诉人）：商标评审委员会
一审第三人：乔丹体育股份有限公司（以下简称"乔丹公司"）

◎ **基本案情**

2012 年 10 月 31 日，再审申请人向商标评审委员会提出撤销申请，请求撤销乔丹

公司的第 6020565 号"乔丹"商标（以下简称"争议商标"）。争议商标核定使用在国际分类第 32 类的"水（饮料）、无酒精饮料、豆类饮料、果汁、蔬菜汁（饮料）、乳清饮料、啤酒、可乐、植物饮料、饮料制剂"商品上，于 2007 年 4 月 26 日申请注册，专用权期限自 2009 年 12 月 14 日至 2019 年 12 月 13 日。

2014 年 4 月 14 日，商标评审委员会作出商评字〔2014〕第 052091 号关于第 6020565 号"乔丹"商标争议裁定（以下简称"被诉裁定"），认为争议商标的注册未损害再审申请人的姓名权，也未违反 2001 年《商标法》第十条第一款第（八）项、第四十一条第一款的规定，故裁定维持争议商标。

再审申请人不服被诉裁定，向北京市第一中级人民法院（以下简称"一审法院"）提起行政诉讼，请求撤销被诉裁定。一审法院认为，争议商标的注册未损害再审申请人的姓名权，也未违反 2001 年《商标法》第十条第一款第（八）项、第四十一条第一款的规定。一审法院判决：维持被诉裁定。

再审申请人不服一审判决，向北京市高级人民法院（以下简称"二审法院"）提起上诉。二审法院认为，争议商标的使用是否会造成相关公众的混淆误认，不属于 2001 年《商标法》第十条第一款第（八）项、第四十一条第一款规定调整的范围。二审法院判决：驳回上诉，维持原判。

再审申请人不服二审判决，以二审判决认定事实和适用法律均有错误，且遗漏其有关 2001 年《商标法》第三十一条的上诉理由为由，向最高人民法院申请再审，请求撤销被诉裁定以及一、二审判决，判令商标评审委员会重新作出裁定。其主要理由为：2001 年《商标法》第三十一条规定的"在先权利"包括姓名权。再审申请人对"乔丹"和"QIAODAN"享有姓名权。再审申请人具有超越篮球运动领域的广泛知名度。再审申请人是否主动使用"乔丹""QIAODAN"对于其在该案中主张保护姓名权没有影响。争议商标容易使相关公众联想到再审申请人，并认为标记有争议商标的商品与再审申请人有代言、许可等特定联系，损害了再审申请人的姓名权。乔丹公司注册争议商标时存在明显的主观恶意。乔丹公司的"知名度"是建立在相关公众混淆误认的基础上，获得了本不属于其的市场竞争地位和经济利益。再审申请人并未怠于保护其姓名权。二审判决遗漏了其有关 2001 年《商标法》第三十一条的上诉理由。争议商标违反 2001 年《商标法》第十条第一款第（八）项、第四十一条第一款的规定。

◎ **判决结果**

一审判决：维持被诉裁定。

二审判决：驳回上诉，维持原判。

再审判决：撤销一审判决、二审判决、被诉裁定，商标评审委员会对争议商标重新作出裁定。

◎ **裁判理由**

2001年《商标法》第三十一条规定的"在先权利"包括他人在争议商标申请日之前已经享有的姓名权。再审申请人对争议商标标志"乔丹"享有在先的姓名权。乔丹公司明知再审申请人在我国具有长期、广泛的知名度，仍然使用"乔丹"申请注册争议商标，容易导致相关公众误认为标记有争议商标的商品与再审申请人存在代言、许可等特定联系，损害了再审申请人的在先姓名权。乔丹公司对于争议商标的注册具有明显的主观恶意。乔丹公司的经营状况，以及乔丹公司对其企业名称、有关商标的宣传、使用、获奖、被保护等情况，均不足以使得争议商标的注册具有合法性。因此，争议商标的注册违反2001年《商标法》第三十一条的规定。

对于再审申请人关于争议商标的注册违反2001年《商标法》第十条第一款第（八）项、第四十一条第一款规定的申请再审理由，不予支持。

◎ **案例解析**

该案涉及商标注册中"姓名"使用的界限问题。

2001年《商标法》第三十一条、2013年《商标法》第三十二条均规定，申请商标注册不得损害他人现有的在先权利。为便于表述，本文将上述规定简称为"损害在先权利条款"。

2001年《商标法》、2013年《商标法》第十条第一款第（八）项均规定，有其他不良影响的标志不得作为商标使用。为便于表述，本文将上述规定简称为"其他不良影响条款"。

一、相关背景

2015年，最高人民法院对再审申请人迈克尔·杰弗里·乔丹（Michael Jeffrey Jordan）与被申请人商标评审委员会、一审第三人乔丹公司商标争议行政纠纷共68件案件进行了再审审查，以遗漏再审申请人有关2001年《商标法》第三十一条的上诉理由为由，裁定提审其中的10件案件。对于上述10件案件，最高人民法院审判委员会中讨论决定，分别作出如下判决：

第一，对于涉及中文"乔丹"商标的（2016）最高法行再15号、26号、27号3件案件，判决撤销相应的一审判决、二审判决、被诉裁定，商标评审委员会对相应的涉案商标重新作出裁定。

第二，对于涉及拼音"QIAODAN"商标的（2016）最高法行再20号、29号、30号、31号4件案件，以及涉及拼音"qiaodan"与图形组合商标的（2016）最高法行再25号、28号、32号3件案件，共7件案件，判决维持相应的二审判决，驳回再审申请。

二、损害在先权利条款

（一）"功能论"的视角：商标权与姓名权

《最高人民法院关于审理商标授权确权行政案件若干问题的规定》（以下简称《若干规定》）第十八条规定，在先权利，包括当事人在诉争商标申请日之前享有的民事权利或者其他应予保护的合法权益。"在先权利"包括两个方面：一是民事权利，如字号权、著作权、外观设计专利权、姓名权、肖像权等；二是其他应予保护的合法权益，如知名商品、服务的特有名称、包装、装潢等。姓名权，是"在先权利"中较为典型的一种。

《若干规定》第二十条规定，当事人主张诉争商标损害其姓名权，如果相关公众认为该商标标志指代了该自然人，容易认为标记有该商标的商品系经过该自然人许可或者与该自然人存在特定联系的，人民法院应当认定该商标损害了该自然人的姓名权。当事人以其笔名、艺名、译名等特定名称主张姓名权，该特定名称具有一定的知名度，与该自然人建立了稳定的对应关系，相关公众以其指代该自然人的，人民法院予以支持。

本文认为，商标与姓名具有较大的权利冲突可能，在于其功能较为相似。传统商标具有三大功能：识别功能、品质保障功能、广告宣传功能。特殊自然人的姓名如若应用到商业活动中，亦能发挥上述功能。在本文"功能论"的视角中，商标权与姓名权的冲突，在于上述三大功能上的冲突。

（二）围绕识别功能的判断"三步法"

识别功能是商标、姓名的首要功能。商标、姓名均是一种具有识别功能的符号，对商标注册是否损害他人姓名权的判断，可围绕"识别功能"，分三步进行判断。

第一步，判断一种符号是否构成"姓名"。主要考量该符号是否能发挥相关公众对特定自然人的识别功能，即"识别功能有没有"。从姓名的形式来看，并不局限于户籍本、身份证、护照等证明文件中记载的本名，还应包括译名、别名、笔名、艺名、雅号、绰号等；从姓名的载体来看，并不局限于汉语文字，还应包括汉语拼音、外语文字、特殊字符等。该案中，再审申请人护照上记载的本名为"Michael Jeffrey Jordan"，其提交的由翻译公司出具的翻译文件中将其本名翻译为"迈克尔·杰弗里·乔丹"，其提交的我国有关报纸、期刊、网站、书籍、专刊中对其主要的指代用语为"乔丹"。上述符号，均构成"姓名"。

第二步，判断该姓名权是否为特定自然人所享有。主要考量该姓名所能发挥的相关公众对特定自然人的识别功能的程度，即"识别功能强不强"。二级考量因素有：该姓名、该特定自然人的知名度，二者之间的对应关系程度。户籍登记中的重名现象大量存在，很多情况下，在相关公众的认知里，特定自然人与其译名、别名、笔名、艺名、雅号、绰号等的对应关系程度要强于其户籍登记中的本名。

最高人民法院在前述 10 件案件中认为，再审申请人对"乔丹"享有在先姓名权，对"QIAODAN""qiaodan"不享有在先姓名权，主要的考量因素就在于上述符号与再审申请人之间是否具有指代关系，是否具有稳定的对应关系。

第三步，判断商标注册是否损害了特定自然人的姓名权。主要考量商标是否造成了姓名所发挥的相关公众对特定自然人的识别功能的混淆，即"识别功能混不混"。二级考量因素有：商标所含符号与该姓名所含符号的相似程度、商标注册的商品或服务类别、特定自然人所知名的领域、该类别与该领域的联系程度。"混淆"，是这一步的根本判断标准，其包括使相关公众误以为特定自然人与使用该商标的商品或服务之间存在广告代言关系等，与拥有该商标的主体之间存在投资入股、经营许可关系等。

该案中，最高人民法院认为争议商标指定使用的商品的相关公众容易误认为标记有争议商标的商品与再审申请人存在代言、许可等特定联系，进而认为争议商标损害了再审申请人的在先姓名权。

(三) 围绕品质保障功能、广告宣传功能的其他考量因素

有两个因素虽不是商标法保护特定自然人的姓名权的前提，但可以作为酌情考量因素；又因其能对前述三步法的判断过程产生影响，亦可称之为影响考量因素。其一为特定自然人之美誉，其二为商标注册人之恶意。

在本文"功能论"的视角中，特定自然人之美誉，代表的是特定自然人的姓名应用到商业活动中的品质保障功能、广告宣传功能；而商标注册人之恶意，代表的是商标注册人在混淆姓名的识别功能的基础上对品质保障功能、广告宣传功能的窃取或破坏。

同等条件下，特定自然人美誉越高，商标注册人恶意越强，对前述第二步、第三步判断的相关判断标准的要求可随之降低。具体表现为，对姓名与特定自然人之间的对应关系程度、对商标注册类别与特定自然人所知名的领域的联系程度的举证、认证标准可适当降低。

美誉度在多数情况下与知名度高度关联，但并不能简单等同于知名度。该案中，

再审申请人除了为耐克公司代言"AIR JORDAN"系列产品外,还先后代言了"佳得乐"饮料、"恒适"内衣、"WheatiesBOx"麦片等多种与篮球运动没有直接关联的商品,本文认为,这既是相关商品经营者对其知名度的认可,亦是对其美誉度的认可。

恶意有两种表现形式,一是故意制造混淆,二是放任已有混淆,其中后一种形式更易被忽视。该案中,最高人民法院认为,即使乔丹公司经过多年的经营、宣传和使用,使得乔丹公司及其"乔丹"商标在特定商品类别上具有较高知名度,相关公众能够认识到标记有"乔丹"商标的商品来源于乔丹公司,也不足以据此认定相关公众不容易误认为标记有"乔丹"商标的商品与再审申请人之间存在代言、许可等特定联系。事实上,乔丹公司将再审申请人球衣号码"23",再审申请人两个孩子的姓名等与之密切相关的信息申请注册其他商标,一定程度上体现了乔丹公司放任前述相关公众误认的损害后果。

三、其他不良影响条款

《若干规定》第五条规定,商标标志或者其构成要素可能对我国社会公共利益和公共秩序产生消极、负面影响的,人民法院可以认定其属于2013年《商标法》第十条第一款第(八)项规定的"其他不良影响"。将政治、经济、文化、宗教、民族等领域公众人物姓名等申请注册为商标,属于前款所指的"其他不良影响"。

"损害在先权利条款""其他不良影响条款"的立法目的有所区别,前者旨在保护他人的民事权利或者其他应予保护的合法权益,后者旨在保护政治、经济、文化、宗教、民族等领域的公共利益和公共秩序;具体到涉及姓名的问题上,前者直接保护姓名权本身,后者则保护姓名背后所关联的公共利益和公共秩序。

某一姓名要达到能与公共利益、公共秩序相关联的程度,对其知名度的要求理应更高;这种知名度的形成往往需要更长时间、更广范围的积累,因而此类姓名多存在于已故的人身上。但是,本文认为,知名度的高低、已故还是在世,并非上述二条款在法律适用上的根本区别。在个案审查中,应主要从上述二条款在立法目的、保护对象上的区别出发,结合具体案情进行综合判断。另需注意的是,特殊的,亦存在商标注册中对某一姓名的使用同时违反上述二条款之情形。

该案中,最高人民法院认为,争议商标不存在可能对我国政治、经济、文化、宗教、民族等社会公共利益和公共秩序产生消极、负面影响的情形,不违反"其他不良影响条款"。

(撰稿人:张忠涛)

商标行政诉讼中规范性文件的附带审查问题

——评安徽华源公司诉商标局、第三人易心堂公司、第三人健一网公司商标行政纠纷案

◙ **关键词**

审判委员会直接开庭　　行政诉讼　　规范性文件的附带审查

◙ **裁判要点**

对于法律规定的众所周知的事实，若要赋予其特殊含义，依法应当由法定的机关作出解释。商标局是制定《关于申请注册新增零售或批发服务商标有关事项的通知》（以下简称《新增服务商标的通知》）第四条关于过渡期的规定的形式意义上的合法主体，但其制定《新增服务商标的通知》第四条关于过渡期的规定超越了其法定权限，该规定在内容上也不符合 2013 年《商标法》第三十一条的规定，《新增服务商标的通知》第四条关于过渡期的规定不合法。

行政行为依法应当撤销，但撤销会给国家利益、社会公共利益造成重大损害的，人民法院判决确认违法，但不撤销行政行为。

◙ **相关法条**

《全国人民代表大会常务委员会关于加强法律解释工作的决议》第一条、第三条，《国务院办公厅关于行政法规解释权限和程序问题的通知》第一条、第二条，《立法法》第四十五条，《中华人民共和国民法通则》（以下简称《民法通则》）第一百五十四条，2013 年《商标法》第二条、第三十一条，2014 年修订实施的《商标法实施条例》（以下简称"2014 年《商标法实施条例》"）第十九条，《行政诉讼法》第七十四条第一款第一项、第八十九条第一款第二项、第八十九条第三款。

◙ **案件索引**

一审：（2015）京知行初字第 177 号
二审：（2016）京行终 2345 号

◎ **当事人**

　　原告：安徽华源医药股份有限公司（以下简称"安徽华源公司"）

　　被告：商标局

　　第三人：嵊州市易心堂大药房有限公司（以下简称"易心堂公司"）

　　第三人：上海健一网大药房连锁经营有限公司（以下简称"健一网公司"）

◎ **基本案情**

　　2013年1月4日，华源公司向商标局提出第11988470号"华源医药"及图商标（以下简称"申请商标"）的注册申请，申请商标由中文"华源医药"及图形构成（详见图1），指定使用于国际分类第35类"药品零售或批发服务；药用制剂零售或批发服务"服务项目上，类似群组为3509。

　　2013年1月11日，健一网公司向商标局提出第12029147号"华源"商标（以下简称"引证商标一"）的注册申请，引证商标一由中文"华源"构成（详见图2），指定使用于国际分类第35类"药品零售或批发服务；药用制剂零售或批发服务；医疗用品零售或批发服务"服务项目上，类似群组为3509。

　　2013年1月28日，易心堂公司向商标局提出第12108760号"华源"商标（以下简称"引证商标二"）的注册申请，引证商标二由中文"华源"构成（详见图3），指定使用于国际分类第35类"药品零售或批发服务；药用制剂零售或批发服务；医疗用品零售或批发服务"服务项目上，类似群组为3509。

图1　申请商标　　　　　　图2　引证商标一　　　　　　图3　引证商标二

　　针对华源公司的注册申请，商标局于2014年4月21日作出《商标注册同日申请补送使用证据通知书》，要求华源公司在规定的期限内提供申请商标的使用证据。华源公司在商标局规定的期限内提交了相关证据材料。

　　2014年10月23日，商标局作出被诉的《商标注册同日申请协商通知书》，主要内容为："华源公司的申请商标与健一网公司于同一天在类似服务上申请注册的引证商标一、与易心堂公司于同一天在类似服务上申请注册的引证商标二近似且均未使用。根据《商标法实施条例》第十九条的规定，请你双方自收到本通知书之日起三十日内自行协商，保留一方的申请，并将书面协议报送我局。在规定的期限内未提交书面协议或协议无效的，视为协商不成，我局将另行通知各方以抽签方式确定一个申请人。"

华源公司不服，向法院提起行政诉讼，请求撤销被告针对申请商标作出的被诉《商标注册同日申请协商通知书》，并判令被告重新作出决定。华源公司的主要诉讼理由为：①申请商标的申请注册时间早于引证商标一、引证商标二的申请注册时间，商标局作出被诉《商标注册同日申请协商通知书》所依据的《关于申请注册新增零售或批发服务商标有关事项的通知》（以下简称《新增服务事项通知》）第四条中，将2013年1月1日至1月31日期间在相同或类似新增服务项目上提出的注册申请视为同一天的过渡期规定，违反了2013年《商标法》第三十一条、2014年《商标法实施条例》第十九条等上位法规定，故法院应当依据现行《行政诉讼法》第五十三条的规定对其进行合法性审查。②华源公司在行政阶段提交的相关使用证据是合法有效的，能够证明其在"药品零售或批发服务；药用制剂零售或批发服务"等新增服务项目上在先使用了申请商标，故申请商标依法应当予以核准注册。

◉ 判决结果

一审判决：第一，撤销商标局于2014年10月23日作出的《商标注册同日申请协商通知书》；第二，商标局针对安徽华源公司提出的第11988470号"华源医药"及图商标的注册申请重新作出审查决定。

二审判决：第一，撤销北京知识产权法院作出的（2015）京知行初字第177号行政判决；第二，确认商标局于2014年10月23日针对安徽华源公司提出的第11988470号"华源医药及图"商标的注册申请作出的《商标注册同日申请协商通知书》违法。

◉ 裁判理由

一审法院认为：《新增服务商标的通知》在性质上属于《行政诉讼法》第五十三条第一款规定的规范性文件。原告华源公司在一审法院于现行《行政诉讼法》实施后组织的第一次开庭的法庭调查阶段，提出对《新增服务商标的通知》第四条关于过渡期的规定进行合法性审查的请求具有法律依据，一审法院依法准许。

商标局是制定《新增服务商标的通知》第四条关于过渡期的规定的形式意义上的合法主体，但其制定《新增服务商标的通知》第四条关于过渡期的规定超越了其法定权限，该规定在内容上也不符合2013年《商标法》第三十一条的规定。鉴此，一审法院审判委员会作出如下决议：《新增服务商标的通知》第四条关于过渡期的规定不合法。

关于《同日申请协商通知书》是否合法，一审法院认为：鉴于法院审判委员会已经作出决议认定《新增服务商标的通知》第四条关于过渡期的规定不合法，一审法院依法不将其作为认定该案被诉《同日申请协商通知书》合法的依据。2013 年《商标法》第三十一条、2014 年《商标法实施条例》第十九条规定的"同一天"指的是"同一个自然日"，此属于众所周知的事实，其含义是清楚、确切的。《民法通则》第一百五十四条规定，民法所称的期间按照公历年、月、日、小时计算。2013 年《商标法》2014 年《商标法实施条例》对期间的规定与《民法通则》是一致的。该案中，申请商标的申请日期为 2013 年 1 月 4 日，引证商标一的申请日期为 2013 年 1 月 11 日，引证商标二的申请日期为 2013 年 1 月 28 日，三商标的申请时间不属于"同一个自然日"，不构成 2013 年《商标法》第三十一条、2014 年《商标法实施条例》第十九条规定的"同一天申请"。因此，《同日申请协商通知书》将申请商标与引证商标一、引证商标二当作"同一天申请"的主要证据不足且适用法律、法规错误，一审法院不予支持。在此基础上，一审法院对于原告华源公司提交的相关证据是否能够证明其已构成对申请商标的在先使用的问题，不再进行审查。综上，被告商标局作出的《同日申请协商通知书》主要证据不足，适用法律、法规错误，一审法院应予撤销。原告华源公司的诉讼请求部分成立，一审法院予以支持。

二审法院认为，根据 2013 年《商标法》第三十一条、2014 年《商标法实施条例》第十九条的规定，"同一天"指同一个自然日，但《新增服务商标的通知》第四条将"2013 年 1 月 1 日至 1 月 31 日"视为"同一天"，显然与《商标法》的前述规定不符。商标局将申请商标与引证商标一、引证商标二视作"同一天申请"，并作出《同日申请协商通知书》，违反了前述法律规定，应认定属于违法。商标局作出的《新增服务商标的通知》第四条有关过渡期的规定违反了《商标法》的相关规定，同时商标局作出《同日申请协商通知书》亦缺乏法律依据，属于违法行政行为，但由于《新增服务商标的通知》发布于 2012 年 12 月，商标行政主管机关根据该文件受理了 7000 余件商标的注册申请，其中 1000 余件商标的注册申请已经处理完毕。如果该案《同日申请协商通知书》被撤销，势必形成连锁反应，破坏基于《新增服务商标的通知》所形成的社会秩序，为数众多的商标申请人的信赖利益亦将受到严重损害，进而影响社会秩序的稳定。鉴此，虽然商标局作出的《同日申请协商通知书》属于违法行政行为，本应予以撤销，但考虑到撤销后将会给社会公共利益造成重大损害，因此不宜予以撤销。

▣ 案例解析

该案既是全国首例由审判委员会全体委员直接公开开庭审理的案件，是北京知识产权法院在深化审判权运行机制改革过程中对审判委员会制度改革进行的一次有益尝试，也是现行《行政诉讼法》实施后我国法院受理的首例涉及国家部委制定的规范性文件的附带审查问题的案件，曾受到媒体的广泛关注和报道，并入选北京市法院 2018 年度十大案例。

一、审判委员会制度改革的相关背景

根据《人民法院组织法》《最高人民法院关于改革和完善人民法院审判委员会制度的实施意见》《最高人民法院关于全面深化人民法院改革的意见——人民法院第四个五年改革纲要（2014—2018）》（以下简称《改革纲要》）等相关法律、政策规定，审判委员会是人民法院的最高审判组织，不仅具有总结审判经验、讨论决定审判工作重大事项的宏观指导职能，而且在审理疑难、复杂、重大案件中具有重要的作用。

中央及上级法院对加强审判委员会制度改革，充分发挥审判委员会的作用，实现由审理者裁判，由裁判者负责方面提出了明确的目标和要求。北京知识产权法院作为司法改革先行者和探索者，积极践行中央和上级法院关于司法改革的要求，改变以往审判委员会以听取汇报为主的审判权行使方式，而是由审判委员会直接开庭审理疑难、复杂、重大案件中的法律适用问题，在探索符合知识产权审判规律的审判权运行机制方面做出了大胆创新和有益尝试。

该案系新《行政诉讼法》实施后我国法院审理的首例涉及国家部委制定的规范性文件的合法性审查问题的案件，具有很强的典型性；且该案的处理涉及知识产权法、行政法中的一系列复杂法律问题，其处理结果将对此后同类案件的处理具有重大影响，为此该案法律适用问题由北京知识产权法院审判委员会审理。以该案的审理为契机，北京知识产权法院对审判委员会审理案件的范围，审判委员会与合议庭的关系、审判委员会直接开庭审理案件的相关程序等方面做出了实践探索。

二、审判委员会制度改革的实践探索

（一）明确审判委员会审理案件的范围

按照《改革纲要》的要求，审判委员会审理的案件主要有两类：一是疑难、复杂、重大案件中法律适用问题的审理；二是对涉及国家外交、安全和社会稳定等案件的审理。司法实践中审判委员会主要审理的是第一类案件，在审理极少数法律规定情形和涉及国家外交、安全和社会稳定的重大、复杂案件的程序可参照合议庭开

庭审理案件程序进行。

（二）确定合议庭和审判委员会的审判权限划分

根据相关规定，合议庭与审判委员会作为法院内部两种不同的审判组织，其行使审判权的职责分工不同，具有不同的审判功能定位，都应在各自的审判权限范围内行使审判权。北京知识产权法院对合议庭和审判委员会行使的权责范围进行了明确划分，绝大多数案件均由合议庭审理裁判，审判委员会审理案件的范围受到严格限缩，对于极少数的疑难、复杂、重大案件以及合议庭难以作出裁决的案件，合议庭在依程序报告审判委员会后，审判委员会根据案情需要，决定是否对案件进行直接审理。审判委员会审理案件的方式包括书面审理与开庭审理两种方式。

审判委员会对案件中的相关法律问题作出决定后，应当及时以书面形式反馈给合议庭。合议庭应当服从审判委员会作出的决定，但对案件中涉及的其他事实与法律问题，仍由合议庭作出裁判，真正实现"让审理者裁判、由裁判者负责"。

（三）规范审判委员会直接审理案件的程序

北京知识产权法院审判委员会在疑难、复杂、重大案件中法律适用问题的审理程序中的实践探索主要有：

（1）法律适用问题的报告程序。合议庭认为疑难、复杂、重大案件的法律适用问题需要审判委员会讨论决定的，应当向审判委员会予以报告并说明理由。

（2）庭前告知程序。审判委员会决定对案件中的法律适用问题进行审理的，应由合议庭提前告知各方当事人，并告知当事人审判委员会拟审理案件的范围、审判委员会名单，当事人有权在规定期限内向审判委员会提交相关法律意见等，当事人有权申请审判委员会委员回避。

（3）书面审理程序。审判委员会收到当事人所提交的相关材料后，可以结合合议庭已查明的事实，对案件中的特定法律适用问题进行书面审理并作出决定，并将该决定及时反馈给合议庭。

（4）开庭审理程序。审判委员会根据当事人所提交的相关材料，决定对前述案件中的法律适用问题进行开庭审理的，应由合议庭提前告知各方当事人开庭日期（提前的期限视案件情况而定）。合议庭应于开庭前及时向审判委员会报告已查明的案件事实，并报送相关材料供审判委员会查阅。

审判委员会在开庭审理过程中，为保障合议庭、审判委员会分别对同一案件先后行使审判权程序上的有效衔接，可以在庭审过程中设置如下程序：由法官助理向审判委员会总结、汇报合议庭已查明的相关案件事实，并由审判委员会主持人（院长）明确告知当事人审判委员会现仅就案件中的某一特定法律适用问题进行审理，其他事实与法律问题仍由合议庭决定。各方当事人在庭审陈述过程中，审判委员会委员有权随时打断当事人的陈述，并有权随时进行追问，以激发各方当事人在观点交锋中充分表达其意见，充分发挥口头辩论对书面审查的补充、验证和释疑作用，为审判委员会庭后作出决定提供更直观、更充分的案件信息。

三、关于行政诉讼中规范性文件的附带审查问题

规范性文件的附带审查制度是我国现行行政诉讼法确立的一项新制度，旨在对行政案件审理中涉及的行政规范性文件进行一并审查和适用。北京知识产权法院作出的一审判决认定商标局于 2012 年颁布的规范性文件《新增服务商标的通知》第四条的相关规定不合法。

在该案一审判决中，北京知识产权法院首次公开了审判委员会关于《新增服务商标的通知》第四条过渡期的规定是否合法的审理意见和相关决议，对法院依照《行政诉讼法》相关规定对规范性文件的认定、规范性文件附带审查的审查方式、审查标准及裁判方式等问题做了进一步厘清和探索，为此后同类案件的处理确立了基本准则。

（一）规范性文件的认定

根据相关规定，现行《行政诉讼法》第五十三条规定的规范性文件是指国务院部门和地方人民政府及其部门依照法定权限和规定程序制定并公布的除规章以外的，涉及不特定的公民、法人或者其他组织的权利和义务，在一定时期内反复适用并具有普遍约束力的各类行政文件。该案中，北京知识产权法院认为，商标局作为 2013 年《商标法》第二条第一款规定的全国商标注册和管理工作的主管部门，其制定的《新增服务商标的通知》系针对不特定的公民、法人或者其他组织作出的，可在其第四条规定的过渡期内反复适用并具有普遍的约束力。鉴于商标局的主体地位、法定权限、《新增服务商标的通知》的制定形式及制定程序等因素，应当认定《新增服务商标的通知》在性质上属于《行政诉讼法》第五十三条第一款规定的规范性文件。

（二）规范性文件的审查方式

在行政诉讼案件中，由于规范性文件的合法性问题往往构成被诉行政行为合法与否的规范依据及当事人的重要诉讼理由，法院在案件审理中可以把规范性文件的合法性审查问题作为案件的首要争议焦点问题。根据规范性文件附带审查的特性，对规范性文件可以采取法庭调查、法庭辩论与书面审查相结合方式进行审查。该案中，因规范性文件的制定主体即该案被告，合议庭在经法庭调查、法庭辩论查明案件事实基础上，及时就该案相关情况向审判委员会进行了报告。审判委员会对该案进行讨论后，

认为案件中所涉及的规范性文件的合法性问题应由审判委员会进行审理，故对《新增服务商标的通知》第四条的合法性问题进行了公开开庭审理。

(三) 规范性文件的审查标准

法院对规范性文件进行审查，以合法性审查为原则，以合理性、适当性审查为例外。法院对于规范性文件主要从以下几个方面进行审查：①制定主体的合法性审查；②权限行使的合法性审查；③制定内容的合法性审查；④制定程序的合法性审查。在该案审理过程中，北京知识产权法院审判委员会认为，由于原告华源公司明确表示对于《新增服务商标的通知》的制定程序的合法性不持异议，故对《新增服务商标的通知》第四条关于过渡期的规定是否合法的审查重点在于：商标局是否为制定《新增服务商标的通知》第四条关于过渡期的规定的合法主体，商标局制定《新增服务商标的通知》第四条关于过渡期的规定是否超越法定权限，《新增服务商标的通知》第四条关于过渡期的规定在内容上是否合法。具体而言：

第一，关于商标局是否为制定《新增服务商标的通知》第四条关于过渡期的规定的合法主体。审判委员会认为，《新增服务商标的通知》第四条关于过渡期的规定在形式上属于商标局的职权范围，商标局作为全国商标注册和管理工作的主管部门属于制定《新增服务商标的通知》第四条关于过渡期的规定的形式上的合法主体。

第二，关于商标局制定《新增服务商标的通知》第四条关于过渡期的规定是否超越法定权限。审判委员会认为，《新增服务商标的通知》第四条关于过渡期的规定将"2013年1月1日至1月31日"31个"自然日""视为同一天"实质上是对2013年《商标法》第三十一条规定的"同一天"进行了重新定义，超越了商标局所主张的对法律如何具体应用进行解释的范畴。因此，商标局在《新增服务商标的通知》第四条中将"2013年1月1日至1月31日""视为同一天"的规定实质上已经是对公民、法人或者其他组织的权利义务进行了"设定"，商标局作出该项规定已经超越了其法定权限。

第三，《新增服务商标的通知》第四条关于过渡期的规定在内容上是否合法。判断规范性文件的内容是否合法，应当主要从其具体规定是否符合上位法、制定目的是否正当、是否符合法律的基本原则、是否有事实依据等角度进行审查。审判委员会认为，《新增服务商标的通知》第四条关于过渡期的规定将"2013年1月1日至1月31日"31个"自然日""视为同一天"，无论从法律应用的角度还是法律解释的角度，其均不符合2013年《商标法》第三十一条的规定。

据此，北京知识产权法院认定商标局作出的规范性文件《新增服务商标的通知》

第四条的相关规定不合法。

(四) 规范性文件审查后的处理

法院对规范性文件进行审查后，可以对其进行合法性判断。经审查，如果认为被诉行政行为依据的规范性文件合法、有效并合理、适当的，则在认定被诉行政行为合法性时应承认其效力。如果认为作为行政行为依据的规范性文件不合法的，则该规范性文件不作为认定行政行为合法的依据，并在裁判理由中对规范性文件的不合法进行评述。法院对于不合法的规范性文件，不能在裁判文书中直接宣布该规范性文件无效或者直接予以撤销。该案中，北京知识产权法院一审认为，鉴于法院审判委员会已经作出决议认定《新增服务商标的通知》第四条关于过渡期的规定不合法，故依法不将其作为认定该案被诉《同日申请协商通知书》合法的依据。在此基础上，北京知识产权法院一审认定被告商标局作出的《同日申请协商通知书》主要证据不足，适用法律、法规错误，故予以撤销。

四、关于商标局作出的《同日申请协商通知书》是否应予撤销的问题

该案二审判决虽然对一审判决予以改判，但其同样认定《新增服务商标的通知》第四项关于过渡期的规定违反了 2013 年《商标法》第三十一条的规定。

二审法院认为，《行政诉讼法》第六十四条规定，"人民法院在审理行政案件中，经审查认为本法第五十三条规定的规范性文件不合法的，不作为认定行政行为合法的依据，并向制定机关提出处理建议。"鉴于《新增服务商标的通知》第四项关于过渡期的规定违反了 2013 年《商标法》第三十一条的规定，因此审查商标局作出《同日申请协商通知书》的行为是否违法，不应以此为依据。

2013 年《商标法》第三十一条规定，两个或者两个以上的商标注册申请人，在同一种商品或者类似商品上，以相同或者近似的商标申请注册的，初步审定并公告申请在先的商标；同一天申请的，初步审定并公告使用在先的商标，驳回其他人的申请，不予公告。2014 年《商标法实施条例》第十九条规定，两个或者两个以上的申请人，在同一种商品或者类似商品上，分别以相同或者近似的商标在同一天申请注册的，各申请人应当自收到商标局通知之日起 30 日内提交其申请注册前在先使用该商标的证据。同日使用或者均未使用的，各申请人可以自收到商标局通知之日起 30 日内自行协商，并将书面协议报送商标局；不愿协商或者协商不成的，商标局通知各申请人以抽签的方式确定一个申请人，驳回其他人的注册申请。商标局已经通知但申请人未参加抽签的，视为放弃申请，商标局应当书面通知未参加抽签的申请人。上述规定中的"同一天"均指同一个自然日，该案申请商标与两个引证商标的申请时间显然不属于同

一个自然日，不属于 2013 年《商标法》第三十一条、2014 年《商标法实施条例》第十九条规定的"同一天申请"。因此，商标局将申请商标与引证商标一、引证商标二视作"同一天申请"，并作出《同日申请协商通知书》，违反了前述法律规定，应认定属于违法。

该案二审判决对行政诉讼法理论上的中间性行政行为和成熟性行政行为进行了区分，严格依照上位法的规定，在确认规范性文件违法的基础上，综合分析规范性文件的适用情况和其造成的影响，通过仅确认具体行政行为违法，但不予撤销的方式，确保了众多商标申请人的信赖利益，进而维护社会秩序的稳定。二审判决认为，根据《行政诉讼法》第七十四条第一款第（一）项规定，认为如果行政行为依法应当撤销，但撤销会给国家利益、社会公共利益造成重大损害的，人民法院应当判决确认违法，但不撤销行政行为。并据此认为，商标局作出《新增服务商标的通知》第四条有关过渡期的规定违反了《商标法》的相关规定，同时商标局作出《同日申请协商通知书》亦缺乏法律依据，属于违法行政行为，但由于《新增服务商标的通知》发布于 2012 年 12 月，商标行政主管机关根据该文件已受理了 7000 余件商标的注册申请，其中 1000 余件商标的注册申请已经处理完毕。如果该案《同日申请协商通知书》被撤销，势必形成连锁反应，破坏基于《新增服务商标的通知》所形成的社会秩序，为数众多的商标申请人的信赖利益亦将受到严重损害，进而影响社会秩序的稳定。鉴此，虽然商标局作出的《同日申请协商通知书》属于违法行政行为，本应予以撤销，但考虑到撤销后将会给社会公共利益造成重大损害，因此不宜予以撤销。据此，二审判决对一审判决进行了改判。

（撰稿人：刘义军　司品华）

"特定关系""在先使用"的适用标准

——评乔佩斯公司诉商标评审委员会、第三人特丝丽公司
商标权无效宣告请求行政纠纷案

◙ **关键词**

贴牌加工　抢注　特定关系　在先使用

◙ **裁判要旨**

该案涉及对国内贴牌加工商抢注国外委托人商标的行为的规制问题，判决明确阐述了 2013 年《商标法》第十五条第二款中"特定关系""在先使用"等要件的适用标准。

2013 年《商标法》第十五条第二款所指的"业务往来关系"应当理解为既包括直接的业务往来关系，也包括间接的业务往来关系。委托人通过中间商与被委托人之间建立的贴牌加工关系，属于该款所称的"业务往来关系"。

考虑到 2013 年《商标法》第十五条第二款的立法目的在于禁止因具有特定关系而明知他人商标存在的人抢注他人商标，维护诚实守信、公平竞争的市场环境，且第十五条第二款所保护的未注册商标仅能对抗特定关系人，因此，对第十五条第二款中的"在先使用"不应有较高要求，在先使用的效果范围能够及于商标申请人，或者商标申请人明知与其存在特定关系的他人已经在先使用商标的，即应认定符合"在先使用"的最低要求。

◙ **相关法条**

2013 年《商标法》第十五条第二款

◙ **案件索引**

北京知识产权法院（2016）京 73 行初 1441 号

◙ **当事人**

原告：乔佩斯有限公司（以下简称"乔佩斯公司"）

被告：商标评审委员会

第三人：特丝丽化工有限公司（以下简称"特丝丽公司"）

◙ **基本案情**

第 12035146 号"CHOPPIES"商标（以下简称"诉争商标"）由特丝丽公司于 2013 年 1 月 11 日申请注册，2014 年 6 月 28 日被核准注册，核定使用在国际分类第 3 类肥皂、洗发液、香皂、抑菌洗手剂、洗衣用漂白剂、洗衣粉、清洁制剂、厕所清洗剂、洗洁精、化妆品商品上。

2014 年 10 月 22 日，乔佩斯公司以诉争商标的申请注册违反 2013 年《商标法》第十五条的规定为由，向商标评审委员会提出无效宣告请求申请。2015 年 11 月 19 日，商标评审委员会经审查认为乔佩斯公司的无效理由不成立，维持了诉争商标注册。

乔佩斯公司不服商标评审委员会裁定，向北京知识产权法院提起诉讼，主要理由为：乔佩斯公司的"CHOPPIES"商标在诉争商标申请日前已在博茨瓦纳、赞比亚等国家获准注册，并进行了在先使用。乔佩斯公司授权凯瑞公司委托特丝丽公司加工生产"CHOPPIES"品牌洗衣粉并全部销售给乔佩斯公司，其与特丝丽公司之间存在商业往来关系。根据乔佩斯公司、凯瑞公司与特丝丽公司三方之间关于"CHOPPIES"品牌洗衣粉交易的来往信函、授权文件等，可以说明特丝丽公司知晓乔佩斯公司及"CHOPPIES"商标。特丝丽公司作为乔佩斯公司的贴牌加工商，在合作的过程中恶意抢注乔佩斯公司的"CHOPPIES"商标，其行为违反了 2013 年《商标法》第十五条第二款的规定。

◙ **裁判结果**

北京知识产权法院一审判决如下：第一，撤销被告作出的商评字〔2015〕第 88008 号关于第 12035146 号"CHOPPIES"商标无效宣告请求裁定；第二，被告就原告针对第 12035146 号"CHOPPIES"商标提出的无效宣告请求重新作出裁定。

◙ **裁判理由**

北京知识产权法院审理后认为，该案的争议焦点为诉争商标申请注册是否违反 2013 年《商标法》第十五条第二款的规定。

诉争商标申请注册符合以下要件的，应认定构成 2013 年《商标法》第十五条第二款所述不予注册的情形:第一,诉争商标申请人与异议人存在合同、业务往来关系或者其他关系,诉争商标申请人由此明知异议人商标存在;第二,诉争商标与异议人商标构成同一种或类似商品上的相同或近似商标;第三,异议人商标构成在先使用的未注册商标。

一、关于第三人与原告之间是否存在业务往来关系及第三人是否明知原告商标存在

2013年《商标法》第十五条第二款的立法目的在于,禁止因具有特定关系而明知他人商标存在的人抢注他人商标,旨在保护在先使用的未注册商标的合法权益,维护公平竞争的市场环境。

"特定关系"是2013年《商标法》第十五条第二款成立的前提条件。第十五条第二款对特定关系持开放态度,因此对其中所述的"业务往来关系",亦应理解为既包括直接的业务往来关系,也包括间接的业务往来关系。当然,不论是直接业务往来关系还是间接业务往来关系,只有因此使得商标申请人明知特定关系人商标存在,才满足2013年《商标法》第十五条第二款的构成要件。该案中,现有证据能够表明,原告与凯瑞公司之间、凯瑞公司与第三人之间,围绕"CHOPPIES"品牌洗衣粉产品,存在交易和业务往来关系。

关于第三人是否明知原告商标存在,从第三人公司代表在2012年的邮件中要求凯瑞公司代表向其发送CHOPPIES洗衣粉的注册证和授权书,第三人公司代表向原告法定代表人发送邮件中称"我们向不同国家的客户提供贴牌加工服务,CHOPPIES的产品非常完美",第三人公司代表就CHOPPIES洗衣粉条形码错误问题发出致歉信等事实,可以看出,第三人在申请诉争商标之前,对原告的"CHOPPIES"商标是明确知晓的。

二、关于诉争商标与原告商标是否构成同一种或类似商品上的相同或近似商标

该案中,诉争商标"CHOPPIES"与原告在先使用的商标"CHOPPIES"字母构成、呼叫一致,构成相同商标。诉争商标核定使用的肥皂、洗发液、洗衣粉等商品与原告商标实际使用的洗衣粉商品在功能用途、生产部门、销售渠道、消费对象等方面相同或具有较大关联,相关公众容易对商品来源产生混淆,上述商品已构成类似商品。因此,诉争商标与原告商标已构成同一种或类似商品上的相同商标。

三、关于2013年《商标法》第十五条第二款"在先使用"的判断标准及原告是否在先使用"CHOPPIES"商标

考虑到2013年《商标法》第十五条第二款的立法目的在于禁止因具有特定关系而明知他人商标存在的人抢注他人商标,维护诚实守信、公平竞争的市场环境,且第十

五条第二款所保护的未注册商标仅能对抗特定关系的对方，因此，对第十五条第二款中的"在先使用"不应有较高要求。在先使用的效果范围能够及于商标申请人，或者商标申请人明知与其存在特定关系的他人已经在先使用商标的，即应认定符合"在先使用"的最低要求。

具体到该案中，原告通过凯瑞公司委托第三人在中国境内加工"CHOPPIES"品牌洗衣粉，并由中国境内出口至博茨瓦纳，第三人对于原告的"CHOPPIES"商标使用在洗衣粉商品上是明确知晓的。原告在洗衣粉商品上使用"CHOPPIES"商标，最终目的在于促使相关公众认牌购物，发挥该商标识别商品来源的功能，虽然此种识别功能的发挥未在中国境内市场完成，但第三人作为原告的贴牌加工商，明知原告商标存在，却在同一种或类似商品上申请注册相同商标，明显违反诚实信用原则，亦不利于我国外向型经济环境的建设。

综上所述，第三人作为与原告存在间接业务往来关系的主体，明知原告已在洗衣粉商品上在先使用"CHOPPIES"商标，仍在同一种或类似商品上申请注册与之相同的诉争商标，违反了 2013 年《商标法》第十五条第二款的规定，诉争商标不应予以核准注册。

▣ 案例解析

2013 年《商标法》第十五条第二款是 2013 年修正后《商标法》的新增条款，该条款是对因具有特定关系而明知他人商标存在的人抢注他人商标行为的规制。2013 年《商标法》实施虽已有 4 年，但进入行政诉讼阶段并适用该条款予以规制的案例并不多，这可能与司法作为后置程序，且行政程序拦截了绝大多数商标评审案件有关，也可能与该条款的证明相对困难有关。虽然如此，司法实践中仍反映出不少问题，如该条款所调整的"特定关系"内涵如何，"在先使用"应当把握何种标准等。"CHOP-PIES"商标案为我们研究这些问题提供了较好的范本。

一、2013 年《商标法》第十五条第二款中"特定关系"的范围

"特定关系"是 2013 年《商标法》第十五条第二款成立的前提条件。第十五条第二款对于特定关系的界定采取了举例加兜底的立法模式，除合同关系、业务往来关系之外，其他"代理、代表关系"之外的特定关系，基于该特定关系能够明知特定关系对方的商标存在的，亦属于第十五条第二款所规范的范畴。《最高人民法院关于审理商标授权确权行政案件若干问题的规定》第十六条规定，"以下情形可以认定为商标法第十五条第二款中规定的'其他关系'：（一）商标申请人与在先使用人之间具有亲属关系；（二）商标申请人与在先使用人之间具有劳动关系；（三）商标申请人与在先使用

人营业地址邻近；（四）商标申请人与在先使用人曾就达成代理、代表关系进行过磋商，但未形成代理、代表关系；（五）商标申请人与在先使用人曾就达成合同、业务往来关系进行过磋商，但未达成合同、业务往来关系。"该条是对2013年《商标法》第十五条第二款中"其他关系"的示例性规定，虽然第十六条没有兜底条款，但并非只有示例情形，才构成"其他关系"。比如"CHOPPIES"案中，乔佩斯公司和特丝丽公司之间并不存在直接的合同关系和交易关系，它们之间通过凯瑞公司实现产品的委托加工和回购，法院认为此种情形属于间接业务往来关系，可以适用2013年《商标法》第十五条第二款的规定。

虽然法律和司法解释规定的是商标申请人与在先使用人之间存在合同关系、业务往来关系、亲属关系、劳动关系等直接关系，但笔者通过研究实际案例发现，这个关系链条往往并非只有一环，而是一环接一环、环环相扣的，其中常见的是掺有公司与其法定代表人、公司与其主要股东、关联公司、上下游公司、亲属特别是近亲属等关系，从而使得商标申请人和在先使用人之间形成复杂的关系链条或关系网。笔者认为，由于立法具有一定滞后性，法律和司法解释不可能对"特定关系"的类型一一列举，而且法律和司法解释中明确列举的"特定关系"类型往往容易被规避，在先使用人的交易对象、员工、亲属等特定关系人完全有动机、有条件通过其能够控制的各种关系主体，达到抢注在先使用人商标、同时掩盖抢注行为的目的。如果拘泥于商标申请人与在先使用人之间存在某种直接关系才能认定构成2013年《商标法》第十五条第二款所述情形，则会导致该条款能规制的抢注行为非常受限，难以起到净化商标注册秩序、维护公平竞争市场秩序的效果。

此外，《最高人民法院关于审理商标授权确权行政案件若干问题的规定》第十五条第三款规定，"商标申请人与代理人或者代表人之间存在亲属关系等特定身份关系的，可以推定其商标注册行为系与该代理人或者代表人恶意串通，人民法院适用商标法第十五条第一款的规定进行审理。"虽然司法解释在对2013年《商标法》第十五条第二款的解释中没有上述类似条款，这可能与第十五条第二款对"特定关系"的列举持开放态度有关，但上述条款的精神亦应适用于对第十五条第二款的解释中，这也符合司法实践的现状。故此，商标申请人与在先使用人的关系人存在亲属、法人与其实际控制人、法人与其密切关联公司等特定身份关系的，可以推定其商标注册行为系与该在先使用人的关系人恶意串通，可以适用2013年《商标法》第十五条第二款的规定进行审理。

二、2013年《商标法》第十五条第二款中"在先使用"的范围

2013年《商标法》第十五条第二款旨在保护在先使用的未注册商标的合法权益，

维护公平竞争的市场环境。其所保护的未注册商标应当具备何种使用程度，是该条款适用过程中另一个重要问题。对此，我们可以横向比较一下商标法其他有关条款对所保护的未注册商标使用程度的要求。

针对商标授权确权程序中未注册商标的保护，2013 年《商标法》设置了第十三条第二款、第十五条第一款、第十五条第二款、第三十二条后段 "不得以不正当手段抢先注册他人已经使用并有一定影响的商标" 等条款予以调整。上述条款分别调整不同情形之下抢注他人未注册商标的行为，但对商标使用程度的要求各不相同。其中，第十三第二款对商标使用的要求最高，应达到为相关公众熟知的程度；第十五条第一款对商标使用的要求最低，甚至不要求已实际使用；第三十二条后段和第十五条第二款对商标使用的要求居于上述两个条款之间。从措辞上看，第三十二条后段措辞为 "已经使用并有一定影响"，第十五条第二款措辞为 "在先使用"，前者明显比后者的要求高。

不同程度的使用要求与各条款的构成要件相关。2013 年《商标法》第十五条第一款和第二款是对特定关系人之间抢注行为的调整，其中第十五条第一款对特定关系的要求更严格，仅限于代理、代表关系，第十五条第二款对特定关系的要求次之，可以是合同关系、业务往来关系或其他特定关系。而 2013 年《商标法》第三十二条后段并非对特定关系人之间抢注行为的调整，虽然在商标审查行政和司法实践中，有时通过地缘关系、同业竞争关系等对 "不正当手段" 进行认定，但即便不存在上述关系，若能证明商标申请人具有以不正当手段抢注的情节，依然可以适用 2013 年《商标法》第三十二条后段。2013 年《商标法》第十三条第二款更没有对特定关系的要求，只要在先商标已构成驰名商标，则商标申请人有义务在相同或类似商品上规避在先未注册驰名商标。

不同程度的使用要求亦与各条款的保护范围和保护程度相关。虽然上述条款提供保护的范围均为 "相同或类似商品" "相同或近似商标"，但通常认为，"类似商品" "近似商标" 并非绝对标准、客观标准，而是相对标准、个案标准。一般而言，在先商标的知名度越高，认定容易造成混淆的类似商品和近似商标的范围越宽泛。故未注册的驰名商标相对于未注册亦未大量使用的商标所能形成的禁注范围实际是有差异的。并且，对恶意注册的，未注册驰名商标所有人不受五年无效宣告期间的限制，这也是保护程度上的差异。

换一个角度说，2013 年《商标法》第十三条第二款、第十五条第一款、第十五条第二款、第三十二条后段所保护的未注册商标，其各自形成的对抗范围也不同。2013 年《商标法》第十五条第一款和第十五条第二款所保护的未注册商标只能对抗特定关系的相对方，而第三十二条后段所保护的未注册商标可以对抗一定影响范围内的非特定主体，第十三条第二款所保护的未注册驰名商标则可以对抗更大范围的非特定主体。而从逻辑上说，对抗范围越小，对抗所需满足的条件，即未注册商标使用程度的要求理应越低。对抗范围应与使用程度要求正相关。比如对第三十二条后段来说，"已经使用并有一定影响"并非可量化的标准，实践中一般掌握的标准为，因使用形成影响的范围能够及于商标申请人。如果在先未注册商标因使用形成影响的范围能够及于商标申请人，则商标申请人应当避免在相同或类似商品上申请注册相同或近似商标，反之，商标申请人则无义务规避在先未注册商标。该标准的合理性在于，一方面，对于未注册商标来说，其受到商标法保护的原因在于通过使用形成了商誉和相应权益，故通常而言，在何种范围内和程度上使用即给予何种范围和程度的保护；另一方面，这一标准也符合诚实信用的价值判断。由此推知，对第十五条第二款来说，如果在先使用的效果范围能够及于特定关系人，则特定关系人有义务在申请注册商标时规避特定关系对象的在先未注册商标。

综上，考虑到2013年《商标法》第十五条第二款的立法目的在于禁止因具有特定关系而明知他人商标存在的人抢注他人商标，维护诚实守信、公平竞争的市场环境，且第十五条第二款所保护的未注册商标仅能对抗特定关系的对方，因此，对第十五条第二款中的"在先使用"不应有较高要求。在先使用的效果范围能够及于商标申请人，或者商标申请人明知与其存在特定关系的他人已经在先使用商标的，即应认定符合"在先使用"的最低要求。

（撰稿人：周丽婷　高　雪）

外观设计专利权作为在先权利的起算时间问题

——评宝马公司诉商标评审委员会、第三人高店公司商标行政纠纷案

◙ **关键词**

商标　外观设计专利　在先权利

◙ **裁判要点**

适用 2001 年《商标法》第三十一条时，经授权的外观设计专利权作为在先权利，应当将外观设计专利的申请日作为在先权利起始日。

◙ **相关法条**

2001 年《商标法》第三十一条

◙ **案件索引**

一审：（2015）京知行初字第 4925 号

◙ **当事人**

原告：宝马股份公司（以下简称"宝马公司"）

被告：商标评审委员会

第三人：高店集团有限公司（以下简称"高店公司"）

◙ **基本案情**

2011 年 8 月 12 日，高店公司向商标局申请注册第 9839243 号图形商标（以下简称"争议商标"）。2012 年 10 月 14 日，争议商标经核准注册，核定使用在第 18 类手提包、伞、仿皮革、小皮夹、卡片盒（皮夹子）、钱包（小钱袋）、手杖、马具等商品上。争议商标的专用期限从 2012 年 10 月 14 日起至 2022 年 10 月 13 日止。

1986 年 6 月 24 日，宝马公司申请注册第 282196 号商标。1987 年 3 月 30 日，该商

标经核准注册，核定使用在国际分类第 12 类机动车辆、摩托车及零件商品上。经续展，该商标的专用期限自 2017 年 3 月 30 日起至 2027 年 3 月 29 日止。

1993 年 12 月 16 日，宝马公司申请注册第 784348 号商标。1995 年 10 月 21 日，该商标经核准注册，核定使用在国际分类第 12 类车辆及其零配件、机动车辆等商品上。经续展，该商标的专用期限自 2015 年 10 月 21 日起至 2025 年 10 月 20 日止。

2014 年 1 月 10 日，宝马公司针对争议商标向商标评审委员会提出撤销注册申请。主要理由是：争议商标的图形为宝马公司旗下的系列商标，宝马公司对该图形享有在先外观设计专利权，高店公司申请注册争议商标损害了宝马公司的在先权利，并且对宝马公司在先使用商标进行抢注。综上，根据 2001 年《商标法》第十条第一款第（八）项、第十三条、第三十一条、第四十一条的规定，请求撤销争议商标的注册。

针对该请求，商标评审委员会于 2015 年 5 月 7 日作出商评字〔2015〕第 34181 号关于第 9839243 号"图形（指定颜色）"商标无效宣告请求裁定（以下简称"被诉裁定"）。宝马公司主张争议商标侵犯了其在先外观设计专利权，并提交了《外观设计专利证书》予以证明，但该证书形成时间为 2011 年 12 月 28 日，晚于争议商标申请注册日，不能证明在争议商标申请注册之前其已享有外观设计专利权，故商标评审委员会不予支持宝马公司该主张。关于宝马公司的其他请求亦未支持。

经查，宝马公司《外观设计专利证书》及外观设计专利图片和附图、专利说明书复印件用于证明其为涉案外观设计专利权人。该复印件载明证书号为 1774638 号，专利号为 201130142567. X，专利权人为宝马公司，外观设计名称为标贴，专利申请日为 2011 年 5 月 27 日，授权公告日为 2011 年 12 月 28 日。专利说明书载明，本外观设计产品的用途：机动车或衣服上的标贴（分类号 19-08）；最能表明设计要点的图片或者照片：主视图。

高店公司注册商标主要包括：第 10058327 号"IBMW LIFE"商标、第 10058356 号"IBMW LIFE"商标、第 10061411 号"图形加 BMWI STYLE"商标、第 10080213 号 i 图形商标、第 10080254 号"BMWi CLUB"商标、第 11058574 号"B. M. W. i"商标、第 10856850 号"MERCEDES AMG MOTORSPORT CLUB"商标、第 10659943 号"MERCEDES AMG SPORT LIFESTYLE 梅赛德斯银箭俱乐部"商标、第 10856883 号"MERCEDES AMG MOTORSPORT CLUB"商标、第 10759014 号"LOTUS NYO CLUB 路特斯俱乐部"商标、第 9651956 号"McCafe Cafe 及图"商标、第 9617159 号"DIORHOMME BLACK"商标等共计五十多枚商标，该些商标核定使用的商品包括国际分类第 9 类、第 14 类、第 18 类、第 20 类、第 25 类、第 28 类、第 30 类和第 35 类等商品。其中，高店公司"IBMW LIFE"商标于 2013 年 11 月 25 日被（2013）商标异议字

第 30352 号裁定书认定构成对宝马公司 BMW 驰名商标的抄袭和摹仿。

◎ **判决结果**

一审判决：撤销被告商标评审委员会作出的商评字〔2015〕第 34181 号关于第 9839243 号"图形（指定颜色）"商标无效宣告请求裁定，并判令商标评审委员会就原告宝马股份公司针对第 9839243 号"图形（指定颜色）"商标提出的撤销注册申请重新作出裁定。

◎ **裁判理由**

2001 年《商标法》第三十一条规定，申请商标注册不得损害他人现有的在先权利，也不得以不正当手段抢先注册他人已经使用并有一定影响的商标。

2001 年《商标法》第三十一条规定的在先权利，包括当事人在诉争商标申请日之前享有的民事权利或者其他应予保护的合法权益。该案中，原告提交的第 1774638 号《外观设计专利证书》，其中载明原告系专利号为 201130142567. X 号、名称为"标贴"的外观设计专利的权利人。该专利的申请日为 2011 年 5 月 27 日，授权公告日为 2011 年 12 月 28 日。首先，在争议商标申请日前，原告已经申请外观设计专利，尽管此时其外观设计专利没有授权，但原告已经享有了应予保护的合法权益。其次，根据《专利法》的相关规定，实用新型专利权和外设计专利权的期限为十年，均自申请日起算。被告受理撤销复审的时间为 2014 年 1 月 10 日，此时原告的外观设计专利已经授权，其专利权期限自 2011 年 5 月 27 日起算。故原告对该专利享有的在先权利的时间起算点应当为该专利的申请日即 2011 年 5 月 27 日。被告以原告外观设计专利的授权公告日为在先权利的起算时间，并因此没有认定原告享有的在先权利不当。

2001 年《商标法》第四十一条第一款规定："已经注册的商标，违反本法第十条、第十一条、第十二条规定的，或者是以欺骗手段或者其他不正当手段取得注册的，由商标局撤销该注册商标；其他单位或者个人可以请求商标评审委员会裁定撤销该注册商标"。这里的"以欺骗手段或者其他不正当手段取得注册"的情形涉及的是撤销商标注册的绝对事由，这些行为损害的应是公共秩序或者公共利益，或者是妨碍商标注册管理秩序的行为。该案中，第三人申请注册了多达二百枚商标，这些商标大部分指定使用在第 18 类、第 25 类商品上。这些商标包括"MERCEDES AMG SPORT LIFESTYLE 梅赛德斯银箭俱乐部"商标、"B. M. W. i"等商标。第三人的前述系列商标注册行为扰乱了正常的商标注册管理秩序，有损公平竞争的市场秩序，违反了公序良俗原则。同时，中国采取商标注册制度，按照先申请原则对商标是否准予注册予以审查，但是商标本身的价值应当是区分商品及服务来源的标志，商标的注册应当是以具有使用的意图为前提，从而发挥商标本身的价值。第三人大量注册商标，包括与他人具有较高知名度相近似的商标，显然违背了商标注册制度的初衷，亦影响了商标的正常注册秩序，甚至有碍于商品经济中诚实守信的经营者进行正常经营，这种扰乱正常商标注册管理秩序的行为属于 2001 年《商标法》第四十一条第一款规定的"以其他不正当手段取得注册"的情形，争议商标应当予以撤销。被告关于争议商标的注册未违反 2001 年《商标法》第四十一条第一款规定的主张不能成立，不予支持。

回　案例解析

该案系适用 2001 年《商标法》第三十一条的典型案例。该案中，商标评审委员会认为外观设计专利权作为在先权利应当从授权公告日起算，依据为《专利法》第四十条"实用新型和外观设计专利权自公告之日起生效"的规定。而北京知识产权法院经过审理认为，将外观设计专利权的申请日作为在先权利起算点符合法律规定，被诉裁定认定事实不清，适用法律错误，从而判决撤销被诉裁定，并判令被告重新作出裁定。

一、现有法律规范对于"在先权利"的规定

申请注册商标不得损害他人的在先权利，是相关国际公约和我国《商标法》的一项基本原则。《保护工业产权巴黎公约》❶《与贸易有关的知识产权协定》❷ 等都有涉及。保护在先权利在商标注册程序中主要体现为 2001 年《商标法》第九条、第十三条、第十五条、第十六条、第二十八条、第二十九条、第三十一条等。其中"第九条的权利是广义的概念，而商标法第三十一条的在先权利则是狭义的概念，是指其他特别相对于理由条款予以保护之外的其他在先权利。虽是狭义概念，却又是开放的概念。"❸

关于"在先权利"是否必须是为法律明确规定的权利，是否可以解读为其他法律没有明确规定的其他民事权益？对此，《最高人民法院关于审理商标授权确权行政案件若干问题的规定》（2017 年 1 月 10 日）第十八条规定："商标法第三十二条❹规定的在先权利，包括当事人在诉争商标申请日之前享有的民事权利或者其他应予以保护的合

---

❶　《保护工业产权巴黎公约》第六条之五 B 小节：除下列情况外，对本条所适用的商标既不得拒绝注册也不得使注册无效：(1) 商标具有侵犯第三人在被请求给予保护的国家的既得权利性质的……

❷　《与贸易有关的知识产权协定》第十六条规定：注册商标的所有人享有专用权……上述权利不得损害任何现有的优先权（prior right），也不得影响各成员以使用为基础提供权利的可能性……

❸　周云川. 商标授权确权诉讼规则与判例［M］. 北京：法律出版社，2014：336.

❹　即 2001 年《商标法》第三十一条。

法权益。"❶《最高人民法院关于审理商标授权确权行政案件若干问题的意见》（2010 年 4 月 20 日）第十七条规定："要正确理解和适用商标法第三十一条关于'申请商标注册不得损害他人现有的在先权利'的概括性规定。人民法院审查判断诉争商标是否损害他人现有的在先权利时，对于商标法已有特别规定的在先权利，按照商标法的特别规定予以保护；商标法虽无特别规定，但根据民法通则和其他法律的规定属于应予保护的合法权益的，应当根据该概括性规定给予保护。"另外，根据上文提到的《保护工业产权巴黎公约》第六条之五 B 小节、《与贸易有关的知识产权协定》第十六条的表述，"在先权利"不仅包括法定的权利，还包括优先权（prior right）和以使用为基础提供权利的可能性。我国作为以上公约或协定的缔约国，在解释商标法时亦应遵循其精神，将第三十一条中的"在先权利"作广义理解：不仅包括为法律所明确规定的权利，亦应包含虽未为法律明确规定，但属当事人合法利益的范畴。

综上，根据以上法律、意见和解释的规定，2001 年《商标法》第三十一所所规定的"在先权利"不仅包括为法律明确规定的各种法定权利，也包括各种虽未明确规定但根据相关法律应予以保护的各种合法权益。

二、该案中的外观设计专利权是一种"在先权利"

从 2001 年《商标法》第三十一条的规定及最高人民法院的意见及解释可以看出，在先权利条款主要解决的是权利和利益冲突的问题，即为了防止在商标申请注册过程中不当损害他人合法权利或利益。首先，涉案外观设计专利权被授权，其在形式上符合专利法所规定的授权条件，凝结着原告宝马公司的劳动成果。如果第三人高店公司未经原告宝马公司允许擅自将其劳动成果为自己所用或从中获取利益，明显违背公平原则和诚实信用原则。其次，争议商标的注册也会造成原告宝马公司其他方面的利益损失。根据该案查明的事实，涉案外观设计主要用途为作为机动车或衣服上的标贴进行使用；而争议商标同该案涉案外观设计标识外观相同，核定使用第 18 类手提包、伞、仿皮革、小皮夹、卡片盒（皮夹子）、钱包（小钱袋）、手杖、马具等商品上。涉案外观设计的主要作为"标贴"使用，主要在衣服或汽车上使用。根据生活常识，标贴附在商品上，可以建立商品同商品提供者的联系，客观上可以起到类似于商标的识别和区分作用。这样，涉案外观设计专利权同该案争议商标所起的作用较为类似，均

---

❶ 本司法解释于 2017 年 3 月 1 日起施行，但在此之前，亦无相反的规定指明应将外观设计专利权的授权公告日作为在先权利的保护起点，且最高人民法院司法解释本身也是对之前在司法实践中所遇到的经常性问题的回应。因此，虽然被告商标评审委员会作出被诉裁定的时间早于 2017 年 3 月 1 日，但在该案中根据最高人民法院该司法解释进行解释亦不违反相关规定的精神。

可作为商品或者服务的来源的标记。另外，"衣服"本身可能同争议商标核定使用的"提包""小钱包（小钱袋）"等构成类似商品。因此，综合以上两个方面，争议商标若和涉案外观设计专利共存于市场，可能会导致公众对两标识所指示的商品或服务来源产生混淆，进而损害宝马公司的利益。原告宝马公司和第三人高店公司之间就争议商标存在权利和利益上的冲突，系 2001 年《商标法》第三十一条所规制的范围。

三、外观设计专利权作为在先权利应从申请日起算

首先，我国《专利法》等法律规定外观设计专利权被公告授权后，保护期限从申请日开始起算。我国 1984 年制定的《专利法》就规定"自申请日起计算"。2008 年修正的《专利法》亦规定，外观设计专利权的期限为十年，自申请日起计算。即，根据专利法规定，一旦被公告授权，外观设计专利权追溯到外观设计专利申请日。其次，外观设计专利权系排他性权利，其主要目的在于为权利人排除他人非经其同意而使用该外观设计提供法律保障。即使权利人不将此外观设计标识申请为外观设计专利权，其亦可选择将该标识用于汽车或者衣服上，并因此种使用而产生类似于商标区分商品或者服务来源的作用，此即为法律所保护。因此，附着于该外观设计标识上的权利和利益至少是从申请日开始产生的。另外，根据法院查明的情况，争议涉案外观设计专利权申请日为 2011 年 5 月 27 日，争议商标申请日为 2011 年 8 月 12 日，两日期仅仅相差不到三个月，结合第三人高店公司大量申请同原告宝马公司等公司知名度较高的商标的事实，难谓第三人高店公司申请争议商标主观意图正当，此虽未在判决中言明，但亦会对法官的自由心证造成影响。

（撰稿人：王仲阳　江建中）

诉争商标与引证商标是否构成
著作权法意义上的实质性相似

——评菲丝博克公司诉商标评审委员会、第三人上海百事通公司
商标权无效宣告行政纠纷案

◎ **关键词**

在先著作权　实质性相似

◎ **裁判要点**

诉争商标与他人在先享有著作权的作品相同或者实质性相似，系适用 2013 年《商标法》第三十二条保护在先著作权的必要条件。因商标法与著作权法保护的客体不同，故商标近似并不当然意味着二者已构成著作权法意义上的实质性相似，在判断诉争商标是否损害在先著作权时，应以著作权法意义上的实质性相似为判断标准。

◎ **相关法条**

2013 年《商标法》第三十二条

◎ **案件索引**

一审：（2018）京 73 行初 2749 号
二审：（2019）京行终 2938 号

◎ **当事人**

原告：菲丝博克公司
被告：商标评审委员会
第三人：上海百事通信息技术股份有限公司（以下简称"百事通公司"）

◎ **基本案情**

诉争商标系第 10804064 号"fabao 及图"商标，由百事通公司于 2012 年 4 月 20 日

向商标局提出注册申请，核定使用在第 45 类"调解；仲裁；知识产权咨询；版权管理；知识产权许可；知识产权监督；法律研究；诉讼服务；计算机软件许可（法律服务）；域名注册（法律服务）"商品或服务上，专用期限自 2014 年 8 月 14 日至 2024 年 8 月 13 日。

商标评审委员会依据菲丝博克公司所提无效宣告请求，在商评字〔2017〕第 120584 号关于第 10804064 号"fabao 及图"商标无效宣告请求裁定（以下简称"被诉裁定"）中认定：第一，诉争商标与引证商标一至四未构成使用在同一种或类似服务上的近似商标；第二，菲丝博克公司关于诉争商标违反 2013 年《商标法》第三十二条所指"申请商标注册不得损害他人现有的在先权利"之著作权规定的主张，缺乏事实依据，不予支持；第三，菲丝博克公司认为诉争商标的注册违反 2013 年《商标法》第十三条的复审理由，缺乏事实依据，不能成立；第四，菲丝博克公司认为诉争商标应予无效宣告的其他理由，缺乏事实根据和法律依据，不予支持；第五，菲丝博克公司关于百事通公司在申请注册诉争商标时是否违反 2013 年《商标法》第四条的主张，缺乏事实依据，不予支持。综上，诉争商标予以维持。

菲丝博克公司不服被诉裁定，向北京知识产权法院提起诉讼称：第一，百事通公司申请注册诉争商标的行为损害了菲丝博克公司依法享有的在先著作权，违反了 2013 年《商标法》第三十二条的规定；第二，百事通公司申请注册诉争商标的行为是恶意抄袭和注册菲丝博克公司具有极高知名度商标的行为，违反了诚实信用原则；诉争商标的注册和使用极易造成相关公众的混淆和误认，违反了 2013 年《商标法》第七条、第三十条、第四十四条第一款及《民法通则》《反不正当竞争法》等规定；第三，诉争商标与菲丝博克公司的在先商标构成使用在相同或类似服务上的近似商标；诉争商标获准注册和使用，极易造成相关公众的混淆和误认，违反了 2013 年《商标法》第三十条的规定；第四，百事通公司申请注册诉争商标的行为违反了 2013 年《商标法》第十条第一款第（七）项和第（八）项的规定，依法应予宣告无效。请求法院撤销被诉裁定，并责令商标评审委员会重新作出裁定。

◎ **判决结果**

一审判决：驳回菲丝博克公司的诉讼请求。

二审判决：驳回上诉，维持原判。

◎ **裁判理由**

2013 年《商标法》第三十二条规定，申请商标注册不得损害他人现有的在先权利，也不得以不正当手段抢先注册他人已经使用并有一定影响的商标。

关于该案中的在先权利，菲丝博克公司主张的在先权利为在先著作权。判断诉争商标是否属于损害在先著作权，需同时考虑如下要件：第一，在诉争商标申请注册日前，他人已在先享有著作权；第二，诉争商标与他人在先享有著作权的作品相同或者实质性相似；第三，诉争商标注册申请人接触过或者有可能接触到他人享有著作权的作品；第四，诉争商标注册申请人未经著作权人的许可。

商标法与著作权法保护的客体不同，即使商标近似亦不当然意味着二者已构成著作权法意义上的实质性相似。该案中，诉争商标"fabao 及图"与菲丝博克公司主张在先著作权的作品即引证商标"f 及图"相比，诉争商标的首字母"f"位置偏左，且"fabao"汉语拼音字母大小、位置、明暗均经过一定处理和设计，整体性较强。而引证商标"f 及图"仅由单一字母"f"构成，位于整体图形的正中部，二者虽有一定相似之处，但尚未构成著作权法意义上的实质性近似。据此，菲丝博克公司关于诉争商标的申请注册侵犯其在先著作权的主张，不能成立。

◎ **案例解析**

著作权作为一项法律明确规定的民事权益，属于 2013 年《商标法》第三十二条规定的"在先权利"的范畴。损害他人在先著作权的行为是指未经著作权人的许可，将他人享有著作权的作品申请注册为商标的行为。因此，诉争商标与他人在先享有著作权的作品相同或者实质性相似，是该作品受到商标法规定的"在先权利"保护的要件之一。

知识产权的客体，是一种具有创造性的精神产物。客体的非物质性是知识产权的本质属性所在，这意味着智力成果所有人无法凭借民法上实物占有方法进行控制，而有赖于法律授予独占权利的方式来取得利益。权利人以外的其他人对智力成果的采用是合法还是非法，需要视知识产权效力范围而定。[1]

根据《著作权法》的规定，著作权法保护的客体是作品。所谓"作品"，根据《著作权法实施条例》第二条的定义，是指"文学、艺术和科学领域内具有独创性并能以某种有形形式复制的智力成果"，而《最高人民法院关于审理著作权民事纠纷案件适用法律若干问题的解释》第十五条规定，由不同作者就同一题材创作的作品，作品的表达系独立完成并且有创作性的，应当认定作者各自享有独立著作权。也就是说，在著作权法领域，只要作品系作者独立创作且该作品不丧失独创性，即使该作品与前人创作的作品雷同，仍然可以享有著作权。有鉴于此，我国司法在判断著作权侵权时，

---

[1] 吴汉东. 试论"实质性相似+接触"的侵权认定规则 [J]. 法学，2015（8）63.

基本适用"实质性相似+接触"的规则，实质性相似是判断作品是否构成侵权的重要依据。在实质性相似判定规则中，主要有"抽象过滤比较法"和"整体感知判断法"。"抽象过滤比较法"首先会对作品中的思想和表现形式进行区分，从而提取诸如思想等不受著作权法保护的元素，之后再比较作品的原始表达以确定是否构成实质性相似。"整体感知判断法"则源自美国的"整体概念和感觉测试法"，主要是根据普通观察者对作品整体感官的判断以及内心感受判断是否构成实质性相似。从目前中国的司法实践来看，"抽象过滤比较法"更理性化，故而法官审理案件时大多运用该法，少数情况下也会通过"整体感知判断法"来认定是否构成实质性相似。

商标作为商标法的保护客体则与作品有着显著区别。商标本质属性，是商品或服务的提供者为了将自己的商品或服务与他人提供的同种或类似商品或服务相区别而使用的商业标识符号，其首要功能是区分商品或服务来源，故而商标法立法的根本出发点是防止消费者混淆，保护商标作为商业标识符号所凝结的商誉。因商标承载了消费者对使用该商业符号的经营者所提供的商品或服务的印象，其保护范围并不仅仅局限于标识本身，而是涵盖了经营者通过使用该标识带来的识别性。因此，在判断商标是否近似时，标识本身的近似程度只是考量的因素之一。《最高人民法院关于审理商标授权确权行政案件若干问题的意见》第十六条规定，人民法院认定商标是否近似，既要考虑商标标志构成要素及其整体的近似程度，也要考虑相关商标的显著性和知名度、所使用商品的关联程度等因素，以是否容易导致混淆作为判断标准。

由此可见，因商标法与著作权法保护的客体不同，故商标近似的判断标准与作品实质性相似的判断标准差异明显，商标近似并不当然意味着二者已构成著作权法意义上的实质性相似，其原因及必要性在于：（1）知识产权效力范围不同，即在不同领域产生性质不同的权利，以著作权为权利基础却适用商标法的判断标准，将会妨碍社会公共利益，与商标法的立法原则和精神不符。因商标的识别功能与其所使用的商品或服务类别不可割裂，故需根据商品与服务的分类进行注册，避免商标范围的随意扩张，其权利范围也以注册的商品或服务类别为限。即使是保护力度最大的驰名商标，也要以"误导公众，致使该驰名商标注册人的利益可能受到损害"为适用前提。换言之，商标保护以相同或类似商品或服务为常态，以跨类保护为特例，且即使是跨类保护，也要考虑所跨类别是否会误导公众，致使该驰名商标注册人的利益可能受到损害。作品的保护却不受商品或服务类别的限制，援引著作权作为在先权利实际上隐含了"全类保护"效果，故此时应严格按照著作权法的判定标准即"实质性相似"作为适用2013年《商标法》第三十二条保护在先著作权的必要条件，否则将与商标法的立法宗旨背道而驰。（2）我国商标近似判断采用的是混淆性近似标准，即在考察商标标识的基础上，结合商品或服务情况，以是否容易导致相关公众混淆商品或服务来源为标准进行判定。而导致混淆的因素很多，判断商标近似除了要考虑商标标识，比如商标的音、形、义或构图、整体外观等，还要考虑商标知名度、商品或服务情况甚至申请人主观恶意等因素。此种判断标准具有相当的弹性，虽然能实现保护在先商标权人的利益、维护正常的商标市场秩序的目标，但也存在过分强调个案审查原则、裁判执法标准不统一的问题。如果将此标准用于判断诉争商标是否侵害在先著作权，显然与"作品"的自身属性相悖。

该案中，菲丝博克公司亦将其主张享有在先著作权的作品"f 及图"申请注册为商标，从商标近似的角度来看，"fabao 及图"与"f 及图"确有一定相似之处。但从实质性相似的判断规则来看，诉争商标"fabao 及图"首字母"f"位置偏左，且"fabao"汉语拼音字母大小、位置、明暗均经过一定处理和设计，整体性较强，具有一定的独创性。而在先作品"f 及图"仅由单一字母"f"构成，位于整体图形的正中部，无论是用"抽象过滤比较法"抑或"整体感知判断法"，均难以得出二者已构成著作权法意义上实质性近似的结论。有鉴于此，菲丝博克公司关于诉争商标的申请注册侵犯其在先著作权的主张，不能成立。

（撰稿人：宋　晖　杨　阳）

商标权无效宣告阶段共存协议的采纳

——评蓝巨星公司诉商标评审委员会、
第三人塔尔帕公司商标权无效宣告请求行政纠纷案

◎ **关键词**

共存协议　商标权无效宣告

◎ **裁判要旨**

商标权无效宣告请求行政纠纷中，若原告和第三人在诉讼阶段就双方商标共存达成协议，则法院既需要评价被告依据行政审查阶段的事实作出被诉裁定是否正确，亦需要评价诉讼阶段的新事实对于诉争商标能否维持注册的影响。因商标驳回程序中的混淆判断更多是从商标标志本身出发，而无效宣告程序中的混淆判断会考虑双方商标使用情况、商标申请人的主观状态等多种因素，故相对于驳回程序，无效宣告程序中的共存协议往往具有更大的可参考性。

◎ **相关法条**

2001 年《商标法》第二十八条

◎ **案件索引**

一审：（2017）京 73 行初 449 号

◎ **当事人**

原告：浙江蓝巨星国际传媒有限公司（以下简称"蓝巨星公司"）

被告：商标评审委员会

第三人：塔尔帕容量有限公司（以下简称"塔尔帕公司"）

◎ **基本案情**

第 11591269 号"蓝巨星好声音"商标（以下简称"诉争商标"）由原告蓝巨星

公司于 2012 年 10 月 11 日申请注册，2014 年 3 月 14 日被核准注册，核定使用在第 41 类组织表演（演出）、娱乐、电视文娱节目等服务上。

2016 年 3 月 8 日，第三人塔尔帕公司针对诉争商标提出无效宣告请求，其认为：首先，诉争商标与其在先注册的第 G1089326 号"The Voice of 及图"商标（以下简称"引证商标"）构成使用在类似服务上的近似商标；其次，蓝巨星公司作为浙江卫视网站运营者，明知塔尔帕公司与浙江卫视之间就"The Voice of…"节目模式存在代理关系而申请注册诉争商标，其行为违反了 2001 年《商标法》第十五条的规定；另外，诉争商标申请注册违反诚实信用原则，有害于公序良俗，已构成 2001 年《商标法》第四十一条第一款"以其他不正当手段取得注册"之情形。

商标评审委员会经审理认为，诉争商标申请注册违反 2001 年《商标法》第二十八条、第十五条、第四十一条第一款的规定，并裁定诉争商标予以无效。

蓝巨星公司不服该裁定，向北京知识产权法院提起诉讼称：第一，诉争商标申请注册未违反 2001 年《商标法》第二十八条、第十五条、第四十一条第一款的规定。第二，原告现已与第三人达成商标共存协议，因此诉争商标与引证商标共存不会造成相关公众的混淆误认，诉争商标的注册应予维持。

商标评审委员会辩称：第一，被诉裁定认定事实清楚，适用法律正确，作出程序合法。原告与第三人在被诉裁定作出之后达成的商标共存协议，并非被诉裁定作出的事实依据。第二，关于诉争商标申请注册是否违反 2001 年《商标法》第二十八条、第十五条、第四十一条第一款等条款，鉴于原告和第三人签署和解协议后，第三人不再坚持原告申请注册诉争商标的行为违背合同义务，违反诚实信用原则的主张，同时，第三人官方网站就和解事项对社会公众进行了公示声明，能从一定程度上消除不良社会影响。被告对双方和解表示认可。故被告不再坚持被诉裁定结论，请法院酌情裁判。

◉ **裁判结果**

北京知识产权法院一审判决如下：第一，撤销被告作出的商评字〔2016〕第 103044 号关于第 11591269 号"蓝巨星好声音"商标无效宣告请求裁定书；第二，被告就第三人针对第 11591269 号"蓝巨星好声音"商标提出的无效宣告请求重新作出裁定。

◎ **裁判理由**

一、关于诉争商标申请注册是否违反 2001 年《商标法》第二十八条的规定

首先，诉争商标与引证商标虽在整体外观、呼叫等客观方面存在较大差异，但考虑到《中国好声音》电视节目标志系采用"V 手势加持话筒图形""The Voice of China""中国好声音"上下组合的使用方式，其中包含了引证商标"The Voice of 及图"和诉争商标的主要识别部分"好声音"。相关公众会将上述标识视为一体，认为它们之间存在固定的对应关系，并指向同一个服务来源。故结合引证商标的实际使用状态和相关公众的认知情况，诉争商标的注册使用容易使相关公众对其与引证商标所指代的服务来源产生混淆。此外，原告对于《中国好声音》电视节目模式来源于第三人的授权是明知的，其理应知晓第三人与被授权方关于本地节目标志的归属另有约定，故其主观上存在一定过错。综上，被诉裁定依据作出之时的事实状态认定诉争商标申请注册违反 2001 年《商标法》第二十八条的规定，并无不当。

其次，原告和第三人在诉讼阶段就双方商标共存达成的协议，故该案需要考虑该新事实对判断诉争商标是否违反 2001 年《商标法》第二十八条规定的影响。考虑到诉争商标标志与引证商标标志客观上存在较大差异，相关公众有区分的基础。该案作出混淆可能性的判断主要基于双方商标的实际使用状态及由此产生的相关公众认知情况，现原告与第三人协商约定，由原告持有 19 枚"好声音"或包含"好声音"的中文商标，第三人继续持有引证商标等包含手势图形和"The Voice of"英文文字的注册商标，双方确认其商标共存不会造成混淆误认。第三人在中国放弃使用"中国好声音"标识，也不再在中国就"The Voice of…"节目模式寻求新的授权合作。此意味着"中国好声音"或"好声音"将只指向原告及其关联主体，不会于未来产生新的混淆可能。对于可能已经产生的混淆，当事人对社会公众的公开声明及该案判决均能一定程度上予以澄清，若有些许残留亦属可容忍的范围。综上，综合考虑诉争商标标志与引证商标标志本身的差异程度，原告和第三人之间关于商标共存的意思表示和对避免相关公众混淆所作出的安排，应当认为，诉争商标的注册使用已经克服了易使相关公众混淆误认的缺陷，其注册已不违反 2001 年《商标法》第二十八条的规定。

二、关于诉争商标申请注册是否违反 2001 年《商标法》第十五条的规定

无论从立法目的的角度还是商标法体系解释的角度，均应得出 2001 年《商标法》第十五条所保护的权利客体是被代理人或者被代表人的未注册商标。第三人以已注册的引证商标作为权利基础主张诉争商标申请注册违反 2001 年《商标法》第十五条的规定，不能成立。故被告认定诉争商标申请注册违反 2001 年《商标法》第十五条的规定，系适用法律错误，法院予以纠正。

三、关于诉争商标申请注册是否构成 2001 年《商标法》第四十一条第一款"以其他不正当手段取得注册"之情形

诉争商标注册行为主要损害的是第三人的利益，对商标注册秩序和公共利益的影响有限。且第三人已表达谅解并同意诉争商标注册，应当认为诉争商标注册可能对第三人造成的损害已得到弥补。诉争商标申请注册未违反 2001 年《商标法》第四十一条第一款"以其他不正当手段取得注册"之规定。

◉ **案例解析**

该案涉及与浙江卫视知名电视节目《中国好声音》的节目标识有关的"蓝巨星好声音"商标确权行政纠纷，受到广泛关注。特别是，在被告作出诉争商标予以无效的行政裁决后，原告和第三人在行政诉讼阶段就双方商标共存达成协议，即诉讼阶段的事实基础相对于行政审查阶段已发生明显变化。故该案既需要评价被告依据行政审查阶段的事实作出被诉裁定是否正确，亦需要评价诉讼阶段的新事实对于诉争商标能否维持注册的影响。

关于共存协议的效力问题，我国法律没有明确规定，但司法实践中一直都有涉及。如"NEXUS"商标案中，最高人民法院认为，引证商标权利人通过出具同意书，明确对争议商标的注册、使用予以认可，实质上是引证商标权利人处分其合法权利的方式之一。在该同意书没有损害国家利益、社会公共利益或者第三人合法权益的情况下，应当予以必要的尊重。相较于尚不确实是否受到损害的一般消费者的利益，申请商标的注册和使用对于引证商标权利人的利益的影响更为直接和现实。现引证商标权利人出具同意书，明确同意申请商标在我国注册和使用，表明引证商标权利人对申请商标的注册是否容易导致相关公众的混淆、误认持否定或者容忍态度。❶"GROUPON"商标案中，最高人民法院认为，引证商标作为该案申请商标注册的障碍，通过引证商标所有人的同意，已经予以消除，申请商标可以予以核准注册。❷

从世界范围内来看，部分国家与我国一样，是通过司法案例对共存协议作出认定，也有一些国家是由法律明确规定共存协议的效力。如《英国商标法》第五条第（五）款规定："本条中的任何内容均不禁止经在先商标所有人或者其他在先权利所有人同意

---

❶ （2016）最高法行再 103 号行政判决书。
❷ （2017）最高法行再 15 号行政判决书。

的某一商标的注册。"❶《英国商标法》第五条共五款，前四款是与我国 2013 年《商标法》第三十条、第三十二条的内容类似的规定。其中第一款是"如果一个商标与另一个在先商标相同，并且所申请的商品或服务与该在先商标被保护的商品或服务相同，则该商标不予注册"。这意味着在先商标所有人的同意将产生使相同商品或服务上的相同商标共存的法律后果。再如《美国商标法》第 1052 条（d）中规定："包含与已在专利商标局注册的商标，以致其使用在申请人的商品上易于造成混淆误认的，不得注册。除非专利商标局认为在使用方式、使用地域、使用商品的条件和限制下，两人以上对相同或近似商标的连续使用不会造成混淆误认，则这些商标将获得并存注册。如果待审申请或已注册的商标所有人同意授予申请人并存注册，则无须要求其在该待审申请或已注册的商标申请日之前已经使用。如果有管辖权的法院终审决定两人以上均有权在商业中使用相同或近似的商标，专利商标局将准予并存注册。在准予并存注册时，专利商标局应规定各商标的所有人使用其商标的方式、地域或商品的条件和限制。"❷

由上可见，《英国商标法》的规则与"GROUPON"商标案的观点较为接近，即在先商标所有人的同意将直接产生消除注册障碍的后果。《美国商标法》的规则是将在先商标所有人的同意作为免除在后申请人使用证明义务的条件，其更强调在并存注册时要有避免混淆的应对措施。在美国的司法实践中，那些过于简单而未就使用方式、地域、商品等内容作出详细约定的共存协议被称之为"naked"，一般是不予认可的。

在我国目前司法实践中，提交商标共存协议的情形多发生在商标驳回复审案件中，因为商标驳回程序系单方程序，并非由在先商标权人启动，在先商标权人的意愿并不明朗，故诉争商标申请人有较大机会争取到在先商标权人关于双方商标共存的意思表示。而商标异议程序和无效宣告程序系由在先商标权人或利害关系人启动，诉争商标申请人此时再想争取双方商标共存，违背了在先商标权人的初始意愿，难度较大，故实践中较为少见。

该案即属于无效宣告程序中出现共存协议的情况，应该说，在判断双方商标能否在在先商标权人同意共存的情况下在法律上共存时，商标驳回程序和无效宣告程序既有一致之处，又有一定差异。

一致之处在于，均需要考虑双方商标标志之间的近似程度，相关公众根据双方商标标志之间的差异有无合理区分的可能性。商标法之所以禁止他人在相同或类似商品

❶ 《十二国商标法》编译组. 十二国商标法［M］. 北京：清华大学出版社，2013：415-416.
❷ 《十二国商标法》编译组. 十二国商标法［M］. 北京：清华大学出版社，2013：483-484.

上注册与在先商标相同或近似的商标，一方面是对在先商标权利人合法权利的保护，避免其经济利益和市场声誉受损；另一方面是避免消费者因混淆产生误认误购，亦避免因商标之间过于近似而增加消费者的辨识负担。前者属于在先商标权人的私益，后者有公共利益的考量。正因为商标共存并非仅涉及双方当事人的私益，还会对广大消费者的利益造成影响，故通常来说，共存协议不能成为双方商标共存的当然理由，而是混淆判断的重要参考。

差异之处在于，因商标驳回程序中的混淆判断更多是从商标标志本身出发，而无效宣告程序中的混淆判断会考虑双方商标使用情况、商标申请人的主观状态等多种因素，故无效宣告程序中的共存协议往往具有更大的可参考性。

混淆判断并非商标标志之间的近似性判断或商品自然属性之间的类似性判断，它与商标的显著性和知名度、商标的实际使用情况、相关公众的认知因素等密切相关。然而，商标驳回程序为单方程序，在先商标权利人并未进入审查程序，故在先商标的使用及知名度情况一般无法考虑。虽然不排除在一些司法实践中，裁判者可能根据其作为普通消费者的生活经验对在先商标的使用和知名度情况予以一定程度的考量，但这种考量是大而化之的，缺乏精细性，一般会比较谨慎。由于无法考虑在先商标的使用情况，所以对于诉争商标的使用情况一般也是不予考虑的，否则有失公平。同时，诉争商标申请人亦不可能"自证有罪"，陈述自身存在搭便车之故意或其他恶意。因此，商标驳回程序中混淆与否的判断，一般情况下多从商标标志本身及商品的自然属性出发进行判断。以该案商标为例，诉争商标在驳回程序中，被认定与引证商标构成近似的可能性是很小的。

商标无效宣告程序由当事人启动，在先商标权利人和诉争商标权利人均参与程序，有提交证据、陈述意见的平等机会，故双方商标的使用情况和当事人的主观因素均可纳入考量。也就是说，相较于驳回程序中较为单纯地考虑商标标志本身，无效宣告程序中，既存在因考虑引证商标的知名度较高、诉争商标申请人有搭便车或企图误导公众之故意等，从而认定客观上有一定差异的标识容易造成混淆的情况，也存在因考虑诉争商标经过使用具有较高知名度已形成稳定的市场认知、引证商标未投入实际使用等因素，从而认定客观上较为接近的标识不易造成混淆的情况。因后一种情况会准许诉争商标注册或维持诉争商标注册，故一般不会出现共存协议。前一种情况下，认定构成混淆虽考虑了相关公众的认知因素，但亦是出于对享有较高市场声誉的引证商标以更大范围的保护之故，兼有对违反诚信者的惩罚。如果此时引证商标权利人同意诉争商标与之共存，则意味着其放弃了法律给予的与其市场声誉相关的更大范围的保护，或谅解了诉争商标申请人的非诚信行为，通常并无不可。而且，此种情况下，因双方商标标志之间客观上存在一定差异，相关公众有区分的基础，且双方在共存的协商中往往会对已经发生或可能发生的混淆采取补救或预防措施，故对消费者利益的损害亦可控。因此，在可能发生的真实案例中，无效程序中的在先商标权人关于商标共存的意思表示对混淆判断往往具有更大的可参考性。

具体到该案中，诉争商标标志与引证商标标志客观上存在较大差异，相关公众有区分的基础。该案作出混淆可能性的判断主要基于双方商标的实际使用状态及由此产生的相关公众认知情况，现原告与第三人就各自持有诉争商标和引证商标协商一致，第三人在中国放弃使用"中国好声音"标识，也不再在中国就"The Voice of..."节目模式寻求新的授权合作。此意味着"中国好声音"或"好声音"将只指向原告及其关联主体，不会于未来产生新的混淆可能。对于可能已经产生的混淆，当事人对社会公众的公开声明及该案判决均能一定程度上予以澄清。

因此，虽然被诉裁定依据作出之时的事实状态认定诉争商标申请注册违反 2001 年《商标法》第二十八条的规定并无不当，但综合考虑诉争商标标志与引证商标标志本身的差异程度，原告和第三人之间关于商标共存的意思表示和对避免相关公众混淆所作出的安排，应当认为诉争商标的注册使用已经克服了易使相关公众混淆误认的缺陷，其注册已不违反 2001 年《商标法》第二十八条的规定。

（撰稿人：周丽婷）

市场秩序稳定情况下的近似商标的认定

——评鳄鱼恤公司诉商标评审委员会、
第三人克洛克斯公司商标无效宣告请求行政纠纷案

◎ **关键词**

近似商标　市场秩序　在先判例

◎ **裁判要点**

在认定诉争商标与引证商标一至十、引证商标十三至十七是否构成近似商标时，援引（2016）京行终 2296 号中对商标近似的认定，该案结合在先判例以及诉争商标的知名度等因素，认定诉争商标经过使用已经形成稳定的市场秩序，已经能够与引证商标相区分，故诉争商标与引证商标一至十、引证商标十三至十七未构成近似商标。

◎ **相关法条**

2001 年《商标法》第十三条第二款、第二十八条、第三十一条

◎ **案件索引**

一审：（2016）京 73 行初 1395 号
二审：（2017）京行终 3268 号

◎ **当事人**

原告：鳄鱼恤有限公司（以下简称"鳄鱼恤公司"）
被告：商标评审委员会
第三人：克洛克斯有限公司（以下简称"克洛克斯公司"）

◎ **基本案情**

第 G873725 号"CROCS"商标（以下简称"诉争商标"）于 2003 年 5 月 27 日在

美利坚合众国首次被核准注册，商标权人为克洛克斯公司。后克洛克斯公司通过世界知识产权组织国际局向我国商标局提出了领土延伸保护申请。商标局于 2006 年 11 月 20 日作出予以驳回的决定，克洛克斯公司于 2007 年 1 月 8 日提出商标驳回复审申请，商标评审委员会于 2011 年 3 月 11 日作出核准注册的决定，核定使用商品为第 25 类"鞋、服装即 T 恤衫、袜子，不包括时装和儿童服装、帽、轻质防滑鞋"，该商标专用权期限至 2025 年 11 月 23 日。

鳄鱼恤公司针对诉争商标向商标评审委员会提出无效宣告请求，其主要理由为：第一，鳄鱼恤公司的"鳄鱼""CROCODILE""鳄鱼图案"等商标是中国公众熟知的驰名商标，也是在中国已经使用的有一定影响力的商标。第二，诉争商标是对鳄鱼恤公司驰名商标的抄袭和摹仿，克洛克斯公司企图抢注鳄鱼恤公司已具有一定知名度和影响力的商标的行为具有明显恶意，属于不正当行为。第三，诉争商标与引证商标构成使用在类似商品上的近似商标。商标评审委员会经过审理认为，诉争商标的注册申请未违反 2001 年《商标法》第二十八条的规定。对恶意注册的，驰名商标所有人不受五年的时间限制的规定，该案争议申请获准向中国的领土延伸日期为 2005 年 11 月 23 日，已超出 2001 年《商标法》第四十一条第二款规定的自诉争商标注册之日起五年的法定期限，故诉争商标的注册申请未违反 2001 年《商标法》第十三条第二款的相关规定。该案不适用 2001 年《商标法》第三十一条的规定审理。因此，商标评审委员会裁定诉争商标予以维持。

原告鳄鱼恤公司不服被诉裁定提起诉讼，其诉称：诉争商标核定使用的商品与引证商标核定使用的商品构成类似商品，诉争商标与引证商标构成近似商标，故诉争商标的注册申请违反 2001 年《商标法》第二十八条的规定。诉争商标于 2006 年 2 月 28 日向商标局提出在第 25 类商品上的领土延伸保护申请，但商标局 2006 年 11 月 20 日对诉争商标予以驳回，克洛克斯公司于 2007 年 1 月 8 日向商标评审委员会申请复审，商标评审委员会于 2011 年 3 月作出商标驳回复审决定书，诉争商标被核准注册，故对诉争商标提出无效宣告请求并未超出诉争商标经核准注册之日起 5 年的期限。诉争商标是对鳄鱼恤公司驰名商标的恶意模仿，故诉争商标的注册申请违反 2001 年《商标法》第十三条第二款的规定，以及 2001 年《商标法》第三十一条"不得以不正当手段抢先注册他人已经使用并有一定影响的商标"的规定。因此，诉争商标应被宣告无效，请求北京知识产权法院依法判决撤销被诉裁定，并重新作出裁定。

克洛克斯公司答辩称：诉争商标与鳄鱼恤公司各引证商标均不构成近似商标，在相同或类似的商品上共存不会引起相关公众的混淆和误认。此外，诉争商标经过克洛克斯公司的广泛使用，在中国已具有很高的影响力和知名度，使得诉争商标已经可以区别于其他商标，不会引起混淆。综上，克洛克斯公司请求对诉争商标予以维持。

◎ **判决结果**

一审判决：驳回原告鳄鱼恤公司的诉讼请求。

二审判决：驳回上诉，维持原判。

◎ **裁判理由**

第一，在认定诉争商标与引证商标一至十、引证商标十三至十七是否构成近似商标时（截至该案审理时，引证商标十一、十二因连续三年停止使用经商标评审委员会撤销复审裁定于 2009 年 7 月 13 日予以撤销，为无效商标），援引（2016）京行终 2296 号中对商标近似的认定，结合在先判例以及诉争商标的知名度等因素，认定诉争商标经过使用已经形成稳定的市场秩序，已经能够与引证商标相区分，故诉争商标与引证商标一至十、引证商标十三至十七未构成近似商标。

第二，鳄鱼恤公司提交的在案证据尚不足以证明在诉争商标申请注册之前引证商标已经成为驰名商标。故诉争商标的注册申请未违反 2001 年《商标法》第十三条第二款的规定。

第三，根据我国 2014 年《商标法实施条例》的规定，申请宣告国际注册商标无效的，国际注册申请的驳回期限届满时仍处在驳回复审或者异议相关程序的，应当自商标局或者商标评审委员会作出的准予注册决定生效之日起 5 年内向商标评审委员会提出申请。第三人克洛克斯公司虽于 2006 年 2 月 28 日通过世界知识产权组织国际局向商标局提出了领土延伸保护申请，但商标评审委员会于 2011 年 3 月 11 日经驳回复审程序才作出核准注册的决定，而鳄鱼恤公司于 2012 年 5 月 10 日向商标评审委员会提起无效宣告请求，并未超过诉争商标核准注册之日起的 5 年期间。

◎ **案例解析**

该案在认定诉争商标与引证商标构成近似商标时，首先援引北京市高级人民法院的相关判决中对商标近似的认定，并结合在先判例以及诉争商标的知名度等因素，同时参考多本辞典对诉争商标的翻译，最终认定诉争商标经过使用已经形成稳定的市场秩序，已经能够与引证商标相区分。

一、关于国际注册商标的注册时间的认定

该案行政程序中，商标评审委员会认为诉争商标领土延伸保护至中国的日期为

2005 年 11 月 23 日，鳄鱼恤公司提起争议申请日期为 2012 年 5 月 10 日，已经超出
2001 年《商标法》第四十一条第三款规定的自诉争商标注册之日起 5 年的法定期限。

对国际注册商标的认定一直是司法机关认定的难点之一。根据 2001 年《商标法》
第四十一条第三款的规定，除前两款规定的情形外，对已经注册的商标有争议的，可
以自该商标经核准注册之日起 5 年内，向商标评审委员会申请裁定。根据 2013 年《商
标法》第四十五条第一款的规定，已经注册的商标，违反该法第十三条第二款和第三
款、第十五条、第十六条第一款、第三十条、第三十一条、第三十二条规定的，自商
标注册之日起 5 年内，在先权利人或者利害关系人可以请求商标评审委员会宣告该注
册商标无效。对恶意注册的，驰名商标所有人不受 5 年的时间限制。根据 2014 年《商
标法实施条例》第四十九条第三款的规定，依照 2013 年《商标法》第四十五条第一款
规定申请宣告国际注册商标无效的，应当自该商标国际注册申请的驳回期限届满之日
起 5 年内向商标评审委员会提出申请；驳回期限届满时仍处在驳回复审或者异议相关
程序的，应当自商标局或者商标评审委员会作出的准予注册决定生效之日起 5 年内向
商标评审委员会提出申请。对恶意注册的，驰名商标所有人不受 5 年的时间限制。

该案第三人克洛克斯公司 2006 年 2 月 28 日通过世界知识产权组织国际局向商标局
提出了领土延伸保护申请，商标局于 2006 年 11 月 20 日作出予以驳回的决定。克洛克
斯公司不服于 2007 年 1 月 8 日提出商标驳回复审申请，商标评审委员会于 2011 年 3 月
11 日作出核准注册的决定。故北京知识产权法院认定鳄鱼恤公司于 2012 年 5 月 10 日
向商标评审委员会提起诉争商标的争议请求（即无效宣告请求），并未超过诉争商标核
准注册之日即 2011 年 3 月 11 日起的 5 年期间。

二、关于认定诉争商标与引证商标是否构成近似商标的考量因素

2001 年《商标法》第二十八条规定，申请注册的商标，凡不符合该法有关规定或
者同他人在同一种商品或者类似商品上已经注册的或者初步审定的商标相同或者近似
的，由商标局驳回申请，不予公告。

在判断诉争商标与引证商标是否构成近似商标时，一般从商标是否近似和商品
是否类似两方面进行考量。根据相关法律规定，商标近似是指商标文字的字形、读
音、含义或者图形的构图及颜色，或者其各要素组合后的整体结构相似，或者其立
体形状、颜色组合近似，易使相关公众对商品的来源产生误认或者认为两者之间有
特定的联系。商品类似是指在功能、用途、生产部门、销售渠道、消费对象等方面
相同，或者相关公众一般认为其存在特定联系，容易造成混淆的商品；在判定商品
或者服务或者是否类似时，应当以商标注册时指定使用的商品或者服务为准，以相

关公众对商品或者服务的一般认识综合判断;《类似商品和服务区分表》可以作为判断类似商品或服务的参考。

该案中,各方当事人对诉争商标核定使用的商品与引证商标核定使用的商品构成类似商品不持异议,故本文主要研究商标近似的相关问题。诉争商标系"CROCS"文字商标,引证商标一、二、三系"鳄鱼恤"文字商标,引证商标四系"鳄鱼EYU"文字商标,引证商标五、六、七系"CROCODILE"文字商标,引证商标八系由"鳄鱼恤CROCODILE"及图形组成的图文组合商标,引证商标九系"鳄鱼仔"文字商标,引证商标十系"CROCO"文字商标,引证商标十三系"CROCO KIDS"文字商标,引证商标十四系"CROCO BOY"文字商标,引证商标十五系"CROCO GIRL"文字商标,引证商标十六系"CROCO LADIES"文字商标,引证商标十七系"CROCO CLASSIC"文字商标。

在(2016)京行终2296号上诉人鳄鱼恤公司与被上诉人商标评审委员会、原审第三人克洛克斯公司商标异议复审行政纠纷案件中,被异议商标系第3761787号"CROCS"商标,引证商标包括"CROCO KIDS""鳄鱼仔""CROCODILE""鳄鱼"商标,北京市高级人民法院认定:"被异议商标与各引证商标文字部分相比较,虽然在英文构成方面有部分字母相同,但整体存在一定的差异,相关公众施以一般注意力尚可区分,故而不会导致相关公众产生混淆误认,被异议商标与各引证商标不构成类似商品上的近似商标。"该案的引证商标一、二、三、五、六、七、九、十三与(2016)京行终2296号案件的引证商标相同,该案的诉争商标与(2016)京行终2296号案件的被异议商标"CROCS"的标识亦相同。故在认定诉争商标与引证商标是否构成近似商标的问题时,该案可以参照(2016)京行终2296号案件的认定。

诉争商标与引证商标一至十、引证商标十三至十七的文字部分相比较,虽然在英文构成方面有部分字母相同,但整体存在一定的差异,相关公众施以一般注意力尚可区分。第三人在行政阶段和诉讼阶段提交了《牛津高阶英汉双解词典》《牛津实用英汉双解词典》《朗文当代高级英语辞典》以及上海交通大学出版社出版的《汉英辞典》、外语教学与研究出版社的《汉英词典》等词典,显示上述词典未收录"CROC""CROCS"。原告提交的《新英汉词典》第276页记载"croc = crocodile [俚语]",可见"CROC""CROCS"并非英语的常见词汇,故相关消费者并不会将"CROCS"与"鳄鱼"含义联系起来。

此外,诉争商标与鳄鱼恤公司的"鳄鱼""鳄鱼图形""CROCODILE"商标在服装等商品上已在市场上共存多年,克洛克斯公司提交的关于"crocs"或者"卡骆驰"的宣传报道,克洛克斯公司在上海、南京、无锡、西安、北京等地实体店的装潢展示照片，克洛克斯公司2007—2012年的产品手册、网上店铺截图等证据可以证明诉争商标具有较高的知名度，诉争商标经过使用已经形成稳定的市场秩序，已经能够与引证商标相区分。此外，原告鳄鱼恤公司亦未就此提交证据证明相关公众容易将诉争商标与引证商标相混淆。故北京知识产权法院结合在先判例以及诉争商标的知名度等因素，参考多本辞典对诉争商标的翻译，认为诉争商标经过使用已经形成稳定的市场秩序，已经能够与引证商标相区分，故诉争商标与引证商标未构成使用在同一种或类似商品上的近似商标。

（撰稿人：杜文婷　张晓津）

单纯的售前混淆不构成侵犯商标权而属于不正当竞争

——评劲霸公司诉春蕾公司侵害商标权案

◉ **关键词**

商标　侵权　售前混淆

◉ **裁判要点**

在店面招牌、橱窗展台等位置，使用与他人注册商标相近似的文字进行宣传，但实际销售其他品牌商品，消费者在进店选购时对此知晓或应当知晓的，上述情形不构成商标侵权，而属于不正当竞争行为。如果权利人经释明坚持以商标侵权为由主张权利，则应当予以驳回，但不影响其以不正当竞争为由另行起诉并获得支持。

◉ **相关法条**

2013 年《商标法》第五十七条

◉ **案件索引**

一审：（2017）京 0101 民初 7846 号
二审：（2017）京 73 民终 1805 号

◉ **当事人**

上诉人（一审原告）：劲霸男装（上海）有限公司（以下简称"劲霸公司"）
被上诉人（一审被告）：北京春蕾之韵商贸有限公司（以下简称"春蕾公司"）

◉ **基本案情**

第 1565246 号"劲霸 K-BOXING 及图"商标、第 3382528 号"劲霸"商标核定使用在第 25 类服装等商品上；第 1599750 号"劲霸 K-BOXING 及图"、第 11228944 号"劲霸 K-BOXING 及图"商标、第 19006999 号"劲霸创富汇"核定使用在第 35 类替他人推销等服务上。上述商标的权利人现均为劲霸公司。

2016 年 11 月 1 日，劲霸公司委托代理人会同北京市国立公证处公证员及工作人员，来到春蕾公司的住所地即北京市东城区百荣世贸商城 1B132 商铺，由公证人员对该商铺及周边现场状况进行了拍照。照片显示商铺外墙上以较大字体标有"香港劲霸"字样，店铺入口处的模特所身着的外套在左胸前的价签处标有"香港劲霸 198 元"字样，但该店铺所销售的服装品牌并非劲霸品牌。

劲霸公司认为春蕾公司上述行为侵害其第 1565246 号、第 3382528 号、第 1599750号、第 11228944 号、第 19006999 号商标的注册商标专用权，违反了 2013 年《商标法》第五十七条第（二）项的规定，故起诉至法院，请求法院判令春蕾公司立即停止侵害注册商标专用权，赔偿经济损失 2.4 万元及律师费 5000 元、公证费 1000 元。

◎ 判决结果

一审判决：驳回劲霸公司的全部诉讼请求。

二审判决：驳回上诉，维持原判。

◎ 裁判理由

一审法院认为，春蕾公司以较为醒目的方式在其经营的店铺外墙及衣服价签上使用"劲霸"标识，上述行为显然具有标示商品来源以达到使相关公众区分不同商品提供者的目的，构成商标法意义上的使用。

关于劲霸公司主张春蕾公司在店铺外墙及衣服价签上使用"劲霸"标识侵犯了其对第 1565246 号、第 3382528 号商标享有的注册商标专用权。劲霸公司主张权利的上述商标为商品商标，不能脱离商品而独立存在。根据侵权公证书显示，涉案店铺销售的商品属于第 1565246 号、第 3382528 号商标核定使用的商品范围，店铺外墙及衣服价签上虽标有与第 1565246 号商标近似、与第 3382528 号商标相同的"劲霸"标识，但劲霸公司未举证证明涉案店铺销售的是未经授权假冒其注册商标的商品，依据现有证据，无法认定春蕾公司使用"劲霸"标识的行为侵犯了劲霸公司的上述注册商标专用权。

劲霸公司主张涉案店铺外墙及衣服价签上使用"劲霸"标识亦属于春蕾公司的宣传行为，侵犯了其对第 1599750 号、第 11228944 号、第 19006999 号商标享有的注册商标专用权。对此法院认为，上述"劲霸"标识虽与第 1599750 号、第 11228944 号、第 19006999 号商标近似，但春蕾公司在店铺外墙及衣服价签上使用"劲霸"的行为不属于第 35 类"广告、替他人推销"服务，亦不属于与该服务相类似的其他服务。广告服务是指商品经营者或者服务提供者通过一定媒介和形式直接或者间接地介绍自己所推销的商品或者服务的商业活动。替他人推销服务是指为他人销售商品提供建议、策划、宣传、咨询等服务，该类服务的对象为商品的经销商，而不包括通过零售或批发直接向消费者出售商品，以价格的差异获取商业利润的情形。该案中，春蕾公司在其店铺外墙及衣服价签上标注"劲霸"标识的行为，系对其销售商品的一种标示，而不属于通过一定媒介和形式向公众介绍自己所推销的商品或者服务的广告行为或替他人推销行为，故该行为不构成对涉案商标权的侵害。

二审法院认为，关于春蕾公司在店铺招牌和模特价签上使用"劲霸"二字的行为，是否侵犯了劲霸公司在第 25 类商品上的商标专用权。首先，涉案标签为临时张贴在店铺模特胸口的矩形价格牌，与通常的服装标签有显著差异，劲霸公司认可涉案店铺所销售的服装均标有其他服装品牌的标识。一般来说，消费者在服装销售场所辨识服装品牌时，会观察固定在服装内侧或外侧的标签，或者悬挂在服装上的标有品牌、尺码、材质、生产厂商等信息的吊牌。消费者一般不会仅凭该店铺招牌和模特胸口价签确定服装品牌，而忽视固定在服装上的普通标识。故仅通过店铺招牌、模特胸口的价签标识有"劲霸"二字，不能得出侵犯商标权的结论。其次，虽然劲霸公司称春蕾公司的上述行为会影响消费者的选择、增加交易机会，但劲霸公司明确该案的法律适用依据均在商标法领域，且该案案由亦为侵犯商标权纠纷，即使该案中存在搭便车等不当行为，也不属于商标法调整的范畴。涉案行为不符合侵犯商标权的构成要件，故劲霸公司的相关主张不成立。

关于春蕾公司在店铺招牌和模特价签上使用"劲霸"二字的行为，是否侵犯了劲霸公司在第 35 类服务上的商标专用权。"广告服务"是指商品经营者或者服务提供者通过一定媒介和形式直接或者间接地介绍自己所推销的商品或者服务的商业活动。"替他人推销服务"是指为他人销售商品提供建议、策划、宣传、咨询等服务。两类服务的对象为商品的经销商，营利模式通常为收取广告或推广费用。而该案中，涉案店铺中提供的商品为服装，经营模式为向消费者出售商品，以价格差异获得商业利润。涉案店铺招牌和服装价签上使用"劲霸"二字的行为明显是指向商品本身，其营利模式为出售商品赚取价差，故在服务对象、营利模式上均与广告服务、推销服务有显著差异，劲霸公司的相关主张亦不成立。

回 **案例解析**

售前混淆是指在交易的合意发生之前，交易主体对拟购买的商品或服务来源发生混淆的情形。售中混淆也称售时混淆，是指交易的合意形成之后，发生混淆的情形。

司法实践中，对售前混淆属于商标侵权行为，还是不正当竞争行为，或是二者兼而有之，存在争议。该案支持第二种观点，理由如下。

一、售前发生混淆但售中不混淆的，不符合 2013 年《商标法》第五十七条的构成要件

2013 年《商标法》第五十七条第（一）项、第（二）项规定："有下列行为之一的，均属侵犯注册商标专用权：（一）未经商标注册人的许可，在同一种商品上使用与其注册商标相同的商标的；（二）未经商标注册人的许可，在同一种商品上使用与其注册商标近似的商标，或者在类似商品上使用与其注册商标相同或者近似的商标，容易导致混淆的。"

从上述规定可以看到，商标侵权的构成包含两个基本条件：一是在同一种或类似商品上；二是容易发生混淆。这里的混淆是指发生在所购商品上的混淆。商标的基本价值在于区分商品来源，便于相关公众认牌识货，促进交易完成，最终实现利润。在售前混淆而售中不混淆的情形中，购方知晓其购买的商品不是此品牌，而是其他品牌，故实际起到区分商品来源作用的是其他品牌的商标。由此可见，对售前发生混淆的商标，并未在后续的实际交易中发挥区分来源的作用，实际发挥区分作用的商标并没有被混淆。

该案中，春蕾公司虽然在店铺招牌等处使用"劲霸"二字，但其销售的服装均标有其他服装品牌的标识，根据消费者的习惯，在实际选购时并不会误认为系"劲霸"品牌的服装。劲霸品牌潜在的消费者在看到店铺招牌等处的"劲霸"二字时，可能因此进店选购，即使发现店内销售的是其他品牌的商品，也可能因此增加店内商品的销售概率。但应当看到，2013 年《商标法》第五十七条规定的商标侵权的要件是在"同一种或类似商品"上使用相同或近似标识，该案中，店内实际销售的服装均是其他品牌，该案被告"在同一种商品上"使用的是其他商标，并非"劲霸"商标，故该案春蕾公司的行为并不满足 2013 年《商标法》第五十七条的构成要件，不构成对"劲霸"商标权的侵犯。

二、侵权法体系的逻辑自洽

从调整对象来讲，商标法及反不正当竞争法均是调整侵犯商誉类权益的法律。一般认为，商标法调整的是侵犯商标权益的法律，反不正当竞争法是调整侵犯商标权以外的其他商誉性权益的法律，即反不正当竞争法承担着"兜底"角色。

1993 年《反不正当竞争法》第五条中规定："经营者不得采用下列不正当手段从事市场交易，损害竞争对手：……（三）擅自使用他人的企业名称或者姓名，引人误认为是他人的商品。"《最高人民法院关于审理不正当竞争民事案件应用法律若干问题的解释》第六条规定，具有一定的市场知名度、为相关公众所知悉的企业字号，可以认定为《反不正当竞争法》第五条第三项规定的"企业名称"。

该案侵权行为发生在 1993 年《反不正当竞争法》施行期间，根据该规定，"劲霸"二字属于劲霸公司的字号，具有一定的知名度，春蕾公司未经授权在商业活动中使用了上述字号，使得消费者在进店选购之前，误以为其店内销售的商品为劲霸公司的商品或者与劲霸公司存在特定联系，属于假借他人知名度，增加自售商品的交易机会，并由此取得不正当竞争优势的行为，构成 1993 年《反不正当竞争法》第五条第（三）项规定的不正当竞争。

实际上，修改后的 2017 年《反不正当竞争法》对此有了更为明确的规定，该法第六条第（四）项规定："经营者不得实施下列混淆行为：……（四）其他足以引人误认为是他人商品或者与他人存在特定联系的混淆行为。"

上述规定用兜底条款确认了此类行为的性质，同时也申明了该法的保护范围。考虑到商标法与反不正当竞争法之间的关系，从保持侵权法体系逻辑自洽的角度出发，对同一个搭便车的行为，一般应在商标法或反不正当竞争法中择一予以规制，故该案既不应当认定为侵犯商标权，也不应当认定为同时构成商标侵权与不正当竞争。

（撰稿人：张　宁）

商标的识别功能在认定"使用"中的强调

——评 SOHO 星际公司诉商标评审委员会、
第三人博格公司商标权撤销复审行政纠纷案

◎ **关键词**

识别功能　来源区分　商标使用

◎ **裁判要点**

商标区分商品来源的功能意味着消费者应可以通过商标将商品与商标权人或商标权人授权许可的使用主体产生对应关联，如果商标与商品来源相分离，则不应认定为商标起到了区分商品来源的功能。

◎ **相关法条**

2001 年《商标法》第四十四条第（四）项

◎ **案件索引**

一审：（2015）京知行初字第 4586 号

◎ **当事人**

原告：SOHO 星际有限公司（以下简称"SOHO 星际公司"）

被告：商标评审委员会

第三人：博格产品有限公司（以下简称"博格公司"）

◎ **基本案情**

1997 年 7 月 3 日，SOHO 星际公司董事邹亚雄申请注册第 1234045 号"RF-7"商标（以下简称"诉争商标"），1998 年 12 月 28 日核准注册。核定使用在第 1 类硅商品上。2010 年 9 月 6 日经商标局核准转让予原告 SOHO 星际公司。经过续展，诉争商标的专用期至 2018 年 12 月 27 日。

2012 年 9 月 19 日，我国商标局受理博格公司针对诉争商标以连续 3 年停止使用为由提出的撤销申请。经过审查，商标局于 2013 年 12 月 10 日作出《第 1234045 号 "RF-7" 注册商标连续三年停止使用撤销申请的决定》（以下简称"撤 201206306 号决定"），诉争商标继续有效。

博格公司不服，于 2014 年 2 月 10 日向商标评审委员会提出撤销注册商标复审申请。理由是：SOHO 星际公司提供的在案证据不足以证明在指定期间进行了有效使用，诉争商标应当予以撤销注册。SOHO 星际公司进行答辩并向商标评审委员会提交了以下主要证据：中英文授权书、KINGDON INTERNATIONAL CO. LTD 的声明、KINGDON INTERNA-TIONAL CO. LTD 与 CHINA WILL PEACE INTERNATIONAL BUSINESS CO. LTD 签订的合同、BG OF CHINA 从博格公司 BG Products. INC. 处购买 RF-7 产品的发票、部分商业发票、专卖店销售图片、BG 系列产品宣传册、相关媒体报道、参加展会及高峰论坛的照片等。

博格公司的主要质证理由是：SOHO 星际公司的所有人兼执行董事邹亚雄在 1994 年至 2012 年 7 月期间为博格公司的中国区分销商，对于使用诉争商标的商品，SOHO 星际公司是转售者，博格公司是商品的生产者和出售者，为诉争商标的真正使用主体。SOHO 星际公司提供的证据全部为复印件，并且不符合有效证据的要求，主要为非 SO-HO 星际公司使用，也未显示商标、商品、日期及地域，故均为无效证据，不应当采信。综上，SOHO 星际公司提供的在案证据不足以证明在指定期间内在核定商品上使用了诉争商标，应当予以撤销注册。博格公司提交了邹亚雄为 SOHO 星际公司实际控制人和执行董事的证据材料、博格公司官网截屏、博格公司在美国注册的商标情况、博格公司与邹亚雄签订的经公证认证的经销协议等主要证据。

2015 年 3 月 25 日，商标评审委员会作出被诉决定，认为，该案中，SOHO 星际公司及其关联公司销售的商品并非来自 SOHO 星际公司，其在案证据亦不能证明其及关联公司已将诉争商标附加于销售的商品上，即不足以证明 SOHO 星际公司及关联公司在指定期间内在核定商品上使用了诉争商标。综上，商标评审委员会决定对诉争商标予以撤销。

SOHO 星际公司不服，向北京知识产权法院提起诉讼称：SOHO 星际公司作为诉争商标所有人，对诉争商标进行了公开、真实、有效的商业性使用。邹亚雄自申请商标初始便开始宣传使用诉争商标，随后在其将诉争商标转让给 SOHO 星际公司后，SOHO 星际公司在评审阶段提交的证据足以证明其对诉争商标在核定商品上进行了公开的商业性使用。SOHO 星际公司及其关联公司销售的商品是否来自 SOHO 星际公司或者说由 SOHO 星际公司生产加工与该案没有关系，SOHO 星际公司对诉争商标的使用符合商标法意义上的使用范畴，诉争商标应予以维持注册。请求人民法院撤销复审决定。

◎ **判决结果**

一审判决：驳回 SOHO 星际有限公司的诉讼请求。

◎ **裁判理由**

商标区分商品来源的功能意味着消费者应可以通过商标将商品与商标权人或商标权人授权许可的使用主体产生对应关联，如果商标与商品来源相分离，则不应认定为商标起到了区分商品来源的功能。关于 SOHO 星际公司提交的证据可否证明诉争商标在指定期间进行了商标法意义上的"使用"。根据查明的事实，SOHO 星际公司在复审期间向商标评审委员会提交了 69 份证据，主要包括：SOHO 星际公司授权 BG OF CHINA 和 KINGDON INTERNATIONAL CO. LTD 在中国使用诉争商标的授权书。KINGDON INTERNATIONAL CO. LTD 与 CHINA WILL PEACE INTERNATIONAL BUSINESS CO. LTD（北京众望）等主体签订的合同、BG OF CHINA 从博格公司处购买 RF-7 系列产品的发票、部分商业发票、专卖店销售图片、BG 系列产品宣传册、相关媒体报道、参加展会及高峰论坛的照片等。上述证据中虽显示有诉争商标，但都是指向 BG 系列产品的生产者和销售者博格公司，BG 前述产品运至中国后在中国以不同途径销售，无法证明 SOHO 星际公司及其关联公司在销售 BG 产品过程中已将诉争商标使用于 BG 产品上，并向消费者标明该商标为 SOHO 星际公司所有，从而使诉争商标与 SOHO 星际公司形成对应关系，SOHO 星际公司提交的媒体报道、展会及高峰论坛的照片未显示时间，无法证明 SOHO 星际公司及关联公司在指定期间在核定商品上使用了诉争商标。SOHO 星际公司提交的产品宣传册为自制证据，且未显示时间，证明力较弱，仅凭该项证据亦难以证明 SOHO 星际公司及关联公司在指定期间在核定商品上使用了诉争商标。在该案诉讼中，SOHO 星际公司提交的证据材料指向的主体仍是 BG 系列产品的生产者和销售者博格公司，无法证明 SOHO 星际公司及其关联公司在销售 BG 产品过程中已将诉争商标使用于 BG 产品上，并向消费者标明该商标为 SOHO 星际公司所有，从而使诉争商标与 SOHO 星际公司形成对应关系。因此，SOHO 星际公司提交的证据无法证明其在指定期间在核定使用商品上对诉争商标进行了商标法意义上的使用。

◎ **案例解析**

该案涉及对商标性使用的理解和判断问题。该案的特殊性在于，相关商品上确实均使用了诉争商标，但该诉争商标均指向商标权人之外的第三人，而非商标权人。对此，商标评审委员会和北京知识产权法院均认为，消费者并不能通过商标将商品与商标权人产生对应联系，因此，相关商标并未发挥实际上的区分商品来源的功能，因此不能证明商标权人在指定期间在核定使用商品上对诉争商标进行了商标法意义上的使用。

一、商标的首要功能是识别功能

商标是商品或服务的提供者为了将自己的商品或服务与他人提供的同种或类似商品或服务相区别的标记，商标的首要功能是区分商品或服务来源，即使消费者能够通过商标将相同或类似商品或服务的提供者区分开来。商标的这一功能被称为识别功能。❶ 2001 年和 2013 年《商标法》第八条规定，任何能够将自然人、法人或者其他组织的商品与他人的商品区别开的可视性标志，包括文字、图形、字母、数字、三维标志和颜色组合，以及上述要素的组合，均可以作为商标申请注册。《与贸易有关的知识产权协定》（TRIPS 协定）第 15 条规定，任何能够将一企业的商品或者服务与其他企业的商品或者服务区分开来的标志或标志的组合，均应能够构成商标。

从商标生成演变过程来看，经营者先是通过对某一商业标识符号的长期使用，使得消费者认知这一商业标识符号，并将对该商品或服务的印象浓缩在该商业标志符号上，最终使得消费者得以通过该商业标识符号，将该商品或服务与其提供者联系起来。随着商业的竞争，出现了其他的一些经营者也使用该商业标志符号，这种行为会造成消费者混淆商品或服务的来源，于是经营者要求政府授予其排他性地使用这一商业标识的权利，商标以及商标权随之产生。

就某些缺乏显著性的标识而言，其本不能被注册为商标，给予商标法保护，但经营者通过在长期经营的过程中使用该商业标识，使得消费者将该标识与该特定的经营者联系起来。消费者看到该标识就能联想到该商品或服务的经营者。从而该标识除了原来的基本含义之外还具有了第二含义，成为区分商品来源的符号，于是该标识从一个普通的符号变成区分商品或服务来源的"商标"。因此就商标的使用而言，发挥商标的识别性或者说区分性至关重要。

如果将商标的识别性和区分性加以细分的话，其中识别性是指商标的符号构成能够使消费者识别、记忆，可以发挥指示商品或服务来源的功能。区分性是指商标可以区别于他商标，与他人使用在相同或类似商品、服务上的商标不相同、不近似，不会引起消费者的混淆。"商标最基本的作用是标示出处。"❷ 商标的识别作用要更先于商标

---

❶ 王迁. 知识产权法教程 [M]. 4 版. 北京：中国人民大学出版社，2014：376-377.

❷ 黄晖. 商标法 [M]. 2 版. 北京：法律出版社，2016：2.

的区分作用而存在。只有相关公众首先将相关标志作为标示商品或服务来源的标志加以识别对待，该标志才会在相同或类似商品的不同提供者之间发挥来源区分作用。因此，在司法实践中对商标使用行为进行理解和判断时，必须考虑商标识别功能的正常发挥。

二、商标使用的主体应该是商标权人或者在商标权人监控下的使用[1]

商标权人既是商标专有权的享有者，也是对商标进行真实、合法、有效使用的义务承担者，因此，在维持商标权的过程中，商标使用义务的主体一般应当是商标所有权人。这里的商标权人是一个广义的概念，既包括通过申请注册程序取得商标专用权的原始权利人，也包括通过受让、继承等方式取得商标专用权的继受权利人。

在商标权人监控下的使用，包括：基于商标所有人授权许可而使用商标；商标权人同意他人的使用行为，如商标权人子公司对商标的使用；还有在定牌加工关系中，作为委托加工方的商标权人如果积极地、善意地委托国内的定牌加工企业进行了生产而并非象征性使用，即使产品全部出口销往国外，也可以被认定为商标性使用。

《与贸易相关的知识产权协定》（TRIPS 协定）第 19 条第 2 款规定："在受所有权人控制的前提下，另一方使用该商标应被视为为维持注册而使用该商标。"《欧洲共同体商标条例》第 15 条共同体商标的使用第三款规定："共同体商标经商标所有人同意的使用应视为所有人的使用。"2010 年，最高人民法院在《关于审理商标授权确权行政案件若干问题的意见》中明确：商标权人自行使用、许可他人使用以及其他不违背商标权人意志的使用，均可认定属于实际使用的行为。而在美国法院的判例当中，只有商标权人对被许可人进行质量控制时，被许可人的使用才能视为商标权人的使用。[2]对于商标使用主体的要求，TRIPS 协定用的是"控制"一词，欧盟商标指令用的是"同意"一词，我国用的是"不违背商标权人意志"这一表述，而美国将其表述为"质量控制"，标准也最为严格。就 TRIPS 协定而言，该协议的签约方国内法均应符合TRIPS 协定的要求。《涉及商标许可的联合建议》中有一个关于 TRIPS 协定的注释为"TRIPS 协定第 19 条第 2 款明确允许将商标所有人对被许可人的控制作为维持商标的有效性'使用'要求的条件"，此条款明确了各成员方可以将商标权人对被许可人的控制作为商标有效使用的条件，而并没有限定商标权人对被许可人的控制作为商标维持有效使用的必要条件。TRIPS 协定"受所有权人控制"的表述与我国商标法关于商标使

❶　张玉敏. 论使用在商标制度构建中的作用 [J]. 知识产权，2011（9）：6.

❷　289 F. 3d 589，595–98（9th Cir. 2002）

用许可的规定在内涵上基本是一致的。❶

在该案所涉及的情形中，SOHO 星际公司是诉争商标的商标权人，从其提交的证据来看，SOHO 星际公司及其授权许可方对于诉争商标的使用都在于在中国境内以不同的途径销售了带有诉争商标的商品。但就所有带有诉争商标的商品而言，这些商品都是由第三人博格公司生产和销售。消费者在看到这些商品时，只能认知到诉争商标与博格公司之间存在对应关系。SOHO 星际公司及其授权许可方在对商品的宣传、营销方面做出的大量工作，并不能证明是 SOHO 星际公司在销售该商品的过程中将诉争商标使用在该商品上，并向消费者标明该商标为 SOHO 星际公司所有。因此，在 SOHO 星际公司主张其所进行的"商标使用"中，实质上发生了诉争商标与商品来源相分离的情况，商标权人是 SOHO 星际公司，但消费者认知到的商品来源是博格公司，此时商标并没有起到将商品来源指向到商标权人 SOHO 星际公司的作用。SOHO 星际公司对诉争商标的"使用"并没有发挥出商标最基本的识别功能，因此不能被认定为商标"撤三"案件中的商标性使用。

（撰稿人：刘仁婧）

---

❶ 我国 2013 年《商标法》第四十三条中规定，许可人应当监督被许可人使用其注册商标的商品质量。被许可人应当保证使用该注册商标的商品质量。经许可使用他人注册商标的，必须在使用该注册商标的商品上标明被许可人的名称和商品产地。

代理商代理国外品牌期间自行附加中文标识的权利归属

——评杭州琴侣公司诉深圳西为公司、
京东公司侵害商标权纠纷案

◎ **关键词**

代理　中文标识　外文商标　侵权

◎ **裁判要点**

（1）国内代理商在代理国外品牌的产品期间，在该产品的外文商标之上附加中文标识，外文商标和中文标识经过长期共同使用后，中文标识起到了区分商品来源的作用，该中文标识在相关公众中的认知指向外国产品，承载了国外一方的商誉，故在没有相反证据的情况下，该中文标识的标识利益属于国外一方。在代理关系结束后，国内代理商将该中文标识注册，并主张国外一方新的代理人继续使用该中文标识的行为属于侵权，不应当获得支持。

（2）在商标注册人起诉商标在先使用人主张商标侵权责任的民事侵权之诉中，如果被告提出在先使用的抗辩，法院应当根据案情需要，实质审查是否存在 2013 年《商标法》第三十二条后半段或第五十九条第三款规定的情形，如有证据证明上述情形存在，则不必等待商标无效程序，而在民事侵权之诉中一并查实后径行驳回商标注册人的诉讼请求。

◎ **相关法条**

2013 年《商标法》第三十二条、第四十八条、第五十九条第三款

◎ **案件索引**

一审：（2017）京 0102 民初 1263 号

二审：（2017）京 73 民终 1992 号

◎ **当事人**

原告（上诉人）：杭州琴侣高新技术有限公司（以下简称"杭州琴侣公司"）

被告（上诉人）：深圳西为进出口有限公司（以下简称"深圳西为公司"）

被告（被上诉人）：北京京东叁佰陆拾度电子商务有限公司（以下简称"京东公司"）

◎ **基本案情**

2005 年 3 月至 2014 年 11 月杭州琴侣公司是 RECARO 公司儿童安全座椅的中国总代理商。在代理期间，杭州琴侣公司在京东平台开设了"德国斯迪姆官方旗舰店"，销售儿童安全座椅，在网页中的产品描述为：斯迪姆 STM 汽车儿童安全座椅德国原装进口阳光超人带 SOFIX3 到 12 岁……

2014 年 11 月，杭州琴侣公司与 RECARO 公司解除了总代理关系。

2014 年 11 月 24 日，杭州琴侣公司申请注册"阳光超人"商标，2016 年 1 月 21 日杭州琴侣公司取得了第 15779283 号"阳光超人"商标注册证，有效期至 2026 年 1 月 20 日。核定使用商品/服务项目第 12 类：儿童安全椅（运载工具用）；……

深圳西为公司经 RECARO 公司授权，作为 storchenmuhle 斯迪姆儿童安全座椅中国总代理，全权负责该全线产品的独家销售及服务。深圳西为公司在京东平台开设了"storchenmuhle 旗舰店"。销售儿童安全座椅的网页页面中的产品描述为："德国 STM 阳光超人原装进口汽车用儿童安全座椅……"。在商品宣传的网页图片中标有"阳光超人"。进口的儿童安全座椅产品包装及产品本身上有没有中文，出售的实物商品包装箱上贴有深圳西为公司印制的带有"阳光超人"字样的贴纸。

2016 年 11 月 7 日，杭州琴侣公司在"storchenmuhle 旗舰店"付款 2280 元购买了商品名称为：德国 STM 阳光超人原装进口汽车用儿童安全座椅 3-12 岁……的商品，北京市国信公证处出具了（2016）京国信内经证字第 07054 号公证书。

2016 年 11 月 11 日，在公证人员的监督下，杭州琴侣公司委托代理人梁朝玉签收了快递员送来的一箱物品，公证人员对拆封前的物品箱进行拍照，并对拆封后的箱内物品进行拍照，该箱内有一张盖有"深圳西为公司发票专用章"的《深圳增值税普通发票》，NO16246766，货物名称：儿童安全座椅-阳光超人带接口，型号：公主粉，合计：2280 元。北京市国信公证处出具了（2016）京国信内经证字第 07055 号公证书。

深圳西为公司在天猫的平台上开设了"STM 官方旗舰店"。

杭州琴侣公司支付了公证费 9700 元。公证费包括 3 个案件公证的费用，该案主张 3233 元。

杭州琴侣公司支付了律师费 30000 元。

京东公司成立于 2007 年 4 月，经营范围包括因特网信息服务业务等。京东商城是京东公司的电子商务网站，网址为 www.jd.com。

在该案二审程序中，法院另补充查明：根据深圳西为公司提交的《关于深圳西为进出口有限公司有权使用"阳光超人"标识的说明》英文文本、中文翻译文本，能够证明 RECARO 公司授权深圳西为公司使用"阳光超人"商标。

◎ **判决结果**

一审判决：（1）深圳西为公司立即停止在儿童安全座椅的销售和宣传上使用"阳光超人"标识；（2）京东公司立即断开深圳西为公司在京东商城开设的"storchenmuhle 旗舰店"中带有"阳光超人"标识的销售链接；（3）深圳西为公司于判决生效之日起 10 日内，赔偿杭州琴侣公司经济损失 10 万元；（4）深圳西为公司于判决生效之日起 10 日内，赔偿杭州琴侣公司律师费 1 万元、公证费及购买涉案商品支出 5500 元；（5）驳回杭州琴侣公司的其他诉讼请求。

二审判决：第一，撤销北京市西城区人民法院（2017）京 0102 民初 1263 号民事判决；第二，驳回杭州琴侣公司的全部诉讼请求。

◎ **裁判理由**

一、对"阳光超人"标识及所载利益的分析

该案中，杭州琴侣公司代理 RECARO 公司的 storchenmuhle 品牌儿童安全座椅期间，基于认读、宣传便利等方面的考虑，将"阳光超人"中文标识与原有外文标识共同使用在上述产品的宣传、销售等环节，起到了标识商品来源的作用，属于商标性使用。故在双方解除代理关系之时，"阳光超人"属于经过长期使用的未注册商标。

"阳光超人"标识经过多年使用，已形成了一定的消费者认知，逐渐与其所标识的 RECARO 公司生产的儿童安全座椅产生稳定的对应关系，相关公众在看到"阳光超人"这一标识时，就会联想到 RECARO 公司生产的儿童安全座椅，以及"德国制造"的良好声誉。故"阳光超人"不仅起到标识产品来源的作用，还承载了特定的声誉和品质，形成了附载在该标识上的特有利益。考察"阳光超人"标识所对应的产品来源以及所承载的商誉和品质，均是指向 RECARO 公司，而非杭州琴侣公司。

关于杭州琴侣公司主张其为推广所代理的儿童安全座椅以及"阳光超人"品牌，支出了大量的宣传、推广费用，故应享有"阳光超人"标识之权利的意见。二审法院认为，在杭州琴侣公司代理 RECARO 公司的产品期间，无论其支出的推广费用还是销售费用，均是服务于双方签订的合作协议，属于双方协议中的固有内容。相关权利、义务均是通过合作协议予以规制，其投入、回报以及商业上的考量均在协议中体现，应由合同法律关系调整。故不能以是否支付宣传、销售费用作为判断"阳光超人"标识利益归属的依据。

二、深圳西为公司对"阳光超人"标识的使用是否构成侵权

该案中，"阳光超人"标识在获得核准注册之前，即已在长期使用过程中，与 RE-CARO 公司生产的儿童安全座椅相联系，并形成了一定的消费者认知，起到了指示商品来源的作用，属于 RECARO 公司具有一定影响的未注册商标。

根据深圳西为公司提供的《关于深圳西为进出口有限公司有权使用"阳光超人"标识的说明》等证据，能够证明深圳西为公司经 RECARO 公司授权，获得了使用"阳光超人"标识的许可；另据该案证据所反映的事实，深圳西为公司使用"阳光超人"标识的方式系沿袭之前杭州琴侣公司在京东网络销售平台的使用方式，故根据 2013 年《商标法》第五十九条第三款之规定，深圳西为公司有权在原使用范围内继续使用，并不构成侵权。

在该案审理过程中，深圳西为公司提出 RECARO 公司已提起对杭州琴侣公司第15779283 号"阳光超人"注册商标的无效宣告程序，认为该案的审理需要等待该商标无效程序的结果，故申请中止该案的审理。对此二审法院认为，基于之前的分析，深圳西为公司在该案中的商标使用方式符合我国 2013 年《商标法》第五十九条第三款的情形，故该案并不需要等待上述商标无效程序的结果，二审法院在此一并做出回应。

三、有关使用主体和混淆方面的考虑

虽然在该案中，并没有证据证明"阳光超人"系 RECARO 公司创造的称谓，或者其与 storchenmuhle 商标的子系列标识"solar"有直接对应翻译关系，但如前所述，考察商标权利归属最主要的因素并非谁是该称谓的创造者，而是该商标所附载利益的来源和消费者的认知。

应当指出，商标名称创造与商标权利归属并不能等同，对杭州琴侣公司主张"阳光超人"一词系由其创造故应享有相关权利的意见，二审法院认为，"阳光超人"一词本身由谁创造的争议，属于作品意义上的权利诉求，而是否享有作品上的权利，属于

其他部门法的调整对象，并不是商标侵权法律关系调整的内容。

杭州琴侣公司代理 RECARO 公司的 storchenmuhle 品牌儿童安全座椅期间，其将"阳光超人"标识与原外文商标在上述产品的宣传、销售中长期共同使用，在此期间，并没有任何证据表明 RECARO 公司对杭州琴侣公司的上述行为提出过异议或作出过否认的意思表示，相关公众亦将"阳光超人"标识与 RECARO 公司生产的儿童安全座椅联系起来，故在杭州琴侣公司与 RECARO 公司的代理关系结束以后，深圳西为公司作为 RECARO 公司新的代理商，沿袭之前的方式使用"阳光超人"标注 RECARO 公司生产的儿童安全座椅，并不会使相关公众的认知发生混淆。

回 **案例解析**

该案主要的争议焦点为：（1）国内代理商在代理国外品牌期间，在外文商标之上附加中文标识，外文商标和中文标识经过长期共同使用，在代理关系结束之时，中文标识的相关权益归属问题；（2）代理关系结束以后，国内代理商将上述中文标识注册，国外一方继续使用该中文标识，是否构成侵犯注册商标专用权；（3）该案是否需要中止审理，等待"阳光超人"商标无效宣告程序的结论。

第一种观点认为，国内代理商系中文标识的创造者，也是该标识的注册人，当然享有该标识的相关权利，国外一方只对外文商标享有权利，而对中文商标，国外一方既没有主观上的使用，也没有客观上的创设商标的行为，不应享有该标识的相关权利；即使国外一方属于该中文商标的在先使用人，国内代理商注册中文标识的行为属于抢注，但毕竟国内代理商属于合法的注册人，在通过商标无效程序否定注册商标的效力之前，他人未经许可使用该注册商标的行为均属于侵犯商标权的行为。

第二种观点认为，外文商标和中文标识经过长期共同使用，中文标识起到了区分商品来源的作用，逐渐形成一定的消费者认知，该中文标识在相关公众中的认知指向外国产品，承载了国外一方的商誉，故在没有相反证据的情况下，该中文标识的标识利益属于国外一方。故代理关系结束后，国内代理商将该中文标识注册，并主张国外一方新的代理人继续使用该中文标识的行为属于侵权，不应当获得支持。在被告提出先用抗辩后，法院应当根据案情需要实质审查是否存在 2013 年《商标法》第三十二条后半段或第五十九条第三款的情形，避免程序空转带来的无端消耗，快速、实质解决争议。

一、代理商代理国外品牌期间自行附加中文标识的，该中文标识所附载权益的归属

该案中，杭州琴侣公司代理 RECARO 公司的 storchenmuhle 品牌儿童安全座椅期间，基于认读、宣传便利等方面的考虑，将"阳光超人"中文标识与原有外文标识共同使用在上述产品的宣传、销售等环节，起到了标识商品来源的作用，属于商标性使用。

在标识指示功能的层面，"阳光超人"标识经过多年使用，已形成了一定的消费者认知，逐渐与其所标识的 RECARO 公司生产的儿童安全座椅产生稳定的对应关系，使得相关公众在看到"阳光超人"这一标识时，就会联想到 RECARO 公司生产的儿童安全座椅。由此可见，"阳光超人"所标识的产品来源指向 RECARO 公司，而非杭州琴侣公司。

在标识价值指向的层面，商标作为一种财产，其最核心的价值就在于其代表了特定的质量和信誉，进而影响消费者的选择，帮助商标权利人在激烈的市场竞争中取得更多的交易机会，获得更多利润。该案中，杭州琴侣公司在双方代理关系存续期间对商品的描述为："斯迪姆 STM 汽车儿童安全座椅德国原装进口阳光超人带 SOFIX3 到 12 岁"，突出强调了产品系"德国制造"。"阳光超人"经过多年使用，相关公众在看到该标识时不仅联想到产品，还会联想到该产品"德国制造"的良好品质，故"阳光超人"不仅起到区分产品来源的作用，还承载了特定的品质和声誉，形成了附载在该标识上的特有利益。很显然，在双方代理关系结束之时，"阳光超人"标识代表的声誉和品质，均源于 RECARO 公司的产品。

在标识利益形成的层面，消费者的认知是商标价值实现的桥梁，没有消费者和市场，商标就无法实现其价值。消费者的认可和评价在很大程度上决定了标识的商业价值。因此，判断某一标识经使用产生的原始利益归属，并非考察标识的称谓本身由谁创造，而是应当考察消费者将该标识与何种商品相联系，进而判断相应标识利益的归属。该案中，在双方代理关系存续期间，相关消费者对"阳光超人"的认知均是与 RECARO 公司及其产品相关联。故杭州琴侣公司作为 RECARO 公司的原代理商，即使其自行创设了"阳关超人"这个名称，并进行了商标注册，并不当然地享有"阳关超人"标识的相关利益。这是因为，商标名称创造与商标权利归属并不能等同，"阳光超人"一词本身由谁创造的争议，属于作品意义上的权利诉求，而是否构成作品、是否享有作品上的权利，属于著作权法的调整对象，并不是商标侵权法律关系调整的内容。

而对于 RECARO 公司是否有主观使用意图的问题，由于中文标识"阳光超人"和外文标识长期使用，"阳光超人"已经客观上起到指示商品来源的效果，除非 RECARO 公司明确否认、拒绝"阳光超人"的指示效果，均应当承认"阳光超人"在相关公众中客观上指向 RECARO 公司的现实状态。对于某一商标的权利人并非主动使用该商标的别称，而因其他原因如媒体宣传报道等，使得相关公众将该别称与其相联系的，同样应当受到司法保护，亦有司法案例对此持肯定态度，如"陆虎"商标争议案❶虽然个别早期案例有过不同态度，如"索爱"商标争议案❷，则是因为个案中的特殊情况所致。

二、商标注册人起诉在先使用权人的商标侵权之诉中，是否不必等待商标无效程序的结果，而在侵权之诉中一并对注册商标专用权的权利本身进行实质审查

该案中，RECARO 公司提起了对"阳光超人"注册商标的无效程序，深圳西为公司申请该案中止审理，等待该无效程序结束后再行恢复审理。对此二审法院认为，深圳西为公司在该案中的商标使用方式完全符合我国 2013 年《商标法》第五十九条第三款的情形，该案并不需要等待上述商标无效程序的结果，径行认定不构成侵权。除该案涉及的 2013 年《商标法》第五十九条之外，2013 年《商标法》第三十二条也能实现类似的效能，只是适用条件及范围有所不同。

我国商标专用权的基本制度是注册制，经合法注册后，注册人才享有商标专用权。但在先使用某一商标而未申请注册的民事主体，因其在先使用的行为创设了一定的利益，应当受到法律保护，为衡平注册人与在先使用权人之间的利益，2013 年《商标法》设置了两个条款，分别是第三十二条后半段以及第五十九条第三款。2013 年《商标法》第三十二条规定："申请商标注册不得损害他人现有的在先权利，也不得以不正当手段抢先注册他人已经使用并有一定影响的商标。"2013 年《商标法》第五十九条第三款规定："商标注册人申请商标注册前，他人已经在同一种商品或者类似商品上先于商标注册人使用与注册商标相同或者近似并有一定影响的商标的，商标注册人无权禁止该使用人在原使用范围内继续使用该商标，但可以要求其附加适当区别标识。"

上述两个条款的调整对象是有差异的。我国幅员辽阔，理论上完全存在某一标识已经过一定程度的在先使用，而后被他人善意注册，这种情况属于第五十九第三款调整的范围。如果在先使用人在他人注册后继续使用该商标，根据第五十九条第三款的规定，商标注册人无权禁止该使用人在原使用范围内继续使用，但适用这一条款的前提是在先使用人在原使用范围内继续使用。如果在先使用人超出原有使用范围或使用

---

❶ 参见北京市高级人民法院（2011）高行政字第 1151 号行政判决书。在该案中，一审、二审法院均认为，"LAND ROVER"越野车已经在中国被呼叫为"路虎"，虽然相关新闻报道并未表明是由当时的权利人主动进行的商业宣传，但仍可以证明"路虎"商标与"LAND ROVER"商标指向同一产品，并进行了商业化的使用，故"LAND ROVER"的商标权人有权禁止他人在类似商品上注册"陆虎"商标。

❷ 参见最高人民法院（2009）民申字第 313 号民事裁定书。生效裁定认为："'索尼爱立信'商标权人没有将其商标简称为'索爱'的意图和行为时，不能仅因为相关媒体报道而创设未注册商标权益。"但在该案中，证据显示索尼爱立信公司明确表示不承认"索爱"为其"索尼爱立信"商标的简称。

方式，则无法获得 2013 年《商标法》第五十九条第三款的保护。

在该案中，由于深圳西为公司对"阳光超人"商标的使用完全在原使用范围内，情形相对简单，只需直接援引 2013 年《商标法》第五十九条第三款即可，认定杭州琴侣公司主张侵权行为不能成立。如果商标先用权人超出原有范围使用的，应当如何认定呢？如在先使用人提起对注册商标的无效宣告程序并申请中止侵权之诉的审理，是否需要等待该无效程序的结论？还是径行认定侵权或者不侵权？

如果商标注册人对他人在先使用的事实知晓仍恶意抢注，符合 2013 年《商标法》第三十二条后半段"抢注他人在先使用并有一定影响的商标"的，则商标注册人的权利来源不具有正当性，其对在先使用人提起的侵权之诉属于权利滥用，有违诚实信用的基本原则，即使在先使用人的使用行为超出原有范围，亦不构成商标侵权。在这种情况下，法院可一并将上述事实查清后径行驳回商标注册人的诉讼请求，不需要中止审理等待商标无效程序的结果，这是因为：

第一，商标的注册行为从性质上属于权利宣告与公示，其注册本身并不当然排除在先使用人继续使用的权利，这与不动产物权登记的性质存在显著差异，故在民事侵权之诉中，存在对商标专用权实质审查的空间。

第二，商标注册人与在先使用人处在同一个民事侵权诉讼中，相关事实完全可以在该案中一并查清，如中止案件等待商标无效宣告程序的结果，则需经历商标评审委员会的评审程序以及后续可能发生的商标行政一审程序、二审程序，导致民事侵权案件久拖不决。

第三，如果僵化地理解注册商标专用权，判定在先使用人继续使用的行为构成侵权并责令赔偿，则即使之后通过商标无效程序否定商标专用权的效力，也无法直接校正，仍需要启动再审程序或者执行回转程序，不仅耗费大量的诉讼资源，还可能造成执行回转无法实现的重大损失，这无疑是与当下加大知识产权保护力度的方向不符的。

在最高人民法院的近期指导案例中也能寻找到类似思路的踪迹。如最高人民法院第 82 号指导案例明确："当事人违反诚实信用原则，损害他人合法权益，扰乱市场正当竞争秩序，恶意取得、行使商标权并主张他人侵权的，人民法院应当以构成权利滥用为由，判决对其诉讼请求不予支持。"

通过以上分析我们可以发现，在商标侵权赔偿之诉中，同时具备以下要件时可以对注册商标本身是否违反 2013 年《商标法》第三十二条后半段进行实质审查：(1) 争议双方为商标注册人与在先使用人；(2) 诉讼请求表现为，商标注册人主张在先使用人继续使用该商标的行为构成侵权，并要求承担商标侵权责任；(3) 在先使用人提出相关抗辩。在此需要明确的是，在民事侵权之诉中援引 2013 年《商标法》第三十二条对商标专用权进行审查的目的是判断在先使用人的抗辩是否成立，进而判断其是否应当承担侵权责任，并非越俎代庖确认注册商标是否应当予以无效宣告，否则就是混淆了民事诉讼与行政诉讼的界限。在商标侵权之诉中，即使认定在先使用人关于 2013 年《商标法》第三十二条的抗辩成立，其行为不构成侵权，也不能对外直接发生注册商标丧失专用权的效力。注册商标是否继续有效，仍应当依照商标权无效程序进行处理。

（撰稿人：张　宁）

使用他人驰名商标作为描述商品特征的使用

——评贵阳老干妈公司诉贵州永红公司、北京欧尚公司侵害商标权及不正当竞争纠纷案

◎ **关键词**

驰名商标　商标反淡化　商标使用

◎ **裁判要点**

随着经济发展和实践积累，驰名商标侵权的前提条件不仅仅是识别性商标使用行为，还包括广告性商标使用行为。将商标权人的驰名商标作为广告性使用，其后果在于淡化了驰名商标的显著性，属于淡化式侵权。

◎ **相关法条**

2013 年《商标法》第十三条、第十四条、第四十八条，《最高人民法院关于审理涉及驰名商标保护的民事纠纷案件应用法律若干问题的解释》第二条第一款、第九条第二款、第十一条

◎ **案件索引**

一审：（2015）京知民初字第 1944 号
二审：（2017）京民终 28 号

◎ **当事人**

原告：贵阳南明老干妈风味食品有限责任公司（以下简称"贵阳老干妈公司"）
被告：贵州永红食品有限公司（以下简称"贵州永红公司"）
被告：北京欧尚超市有限公司（以下简称"北京欧尚公司"）

◎ **基本案情**

贵阳老干妈公司一审诉称：贵阳老干妈公司拥有第 2021191 号"老干妈"文字注

册商标（以下简称"涉案商标"），核定使用在第 30 类商品上，包括豆豉、辣椒酱、炸辣椒油等。该注册商标经贵阳老干妈公司的长期使用、广泛宣传，已经为国内外广大消费者所知悉，多次被商标局和法院在行政和司法程序中认定为"具有较高知名度"或直接认定为驰名商标。被告贵州永红公司是贵州一家牛肉制品生产企业，其产品包括牛肉干、牛肉松、牛肉棒等。贵阳老干妈公司发现，贵州永红公司制造、销售的牛肉棒产品印有"老干妈味"字样。贵阳老干妈公司认为，"老干妈"是其拥有的注册商标，具有很强的显著性和较高的知名度，该词汇并非直接表示商品风味的描述性词汇。涉案商标经过贵阳老干妈公司长期使用和宣传，已经成为驰名商标。贵阳永红公司未经贵阳老干妈公司许可擅自使用了"老干妈"字样，其傍名牌意图非常明显。因此，贵州永红公司的行为属于恶意侵犯驰名商标专用权的行为。北京欧尚公司实施了销售侵犯商标专用权的商品的行为，亦违反了商标法的相关规定，故一并诉之。

贵州永红公司辩称：第一，贵州永红公司成立于 1984 年，主营商品为牛肉干等制品，主营商标为牛头牌及图，通过三十余年的使用，前述商标在全国范围内具有很高的知名度和市场影响力，并且于 2010 年 1 月被商标局认定为中国驰名商标，贵州永红公司主观上并没有攀附贵阳老干妈公司商标的意图；第二，贵州永红公司使用"老干妈味"字样不属于商标性使用，属于对产品配料和口味的合理描述，并不会造成消费者对涉案产品来源的混淆与误认，故其行为不构成商标侵权。

◉ **判决结果**

一审判决：

第一，贵州永红公司自判决生效之日起立即停止在其生产、销售的牛肉棒产品上使用"老干妈味"字样，北京欧尚公司停止销售上述印有"老干妈味"字样的牛肉棒；

第二，贵州永红公司自判决生效之日起 10 日内赔偿贵阳老干妈公司经济损失及合理支出共计 426500 元；

二审判决：驳回上诉，维持原判。

◉ **裁判理由**

依据 2013 年《商标法》第十三条、第十四条的规定，该案中成立于 1997 年的原告贵阳老干妈公司提供了证明驰名商标的基本证据，足以证明涉案商标已经具有极高的知名度，涉案商标已为我国社会公众广为知晓，在该案中应当被认定为驰名商标。

被告贵州永红公司的涉案产品名为"老干妈味牛肉棒"，正面印有"牛头牌及图"，中部印有"老干妈味"字样。把他人驰名商标作为自己产品的系列名称，或者用他人驰名商标来描述自己产品，使得消费者误以为侵权者的产品与驰名商标权人具有某种联系，会产生逐步减弱驰名商标与权利人的唯一对应关系，导致驰名商标标识的显著性减弱的后果，属于淡化式侵权。

原告贵阳老干妈公司的驰名商标"老干妈"在现实生活中并非是一种口味，也不是任何一种原料，而是具有很强显著性并与原告具有唯一对应关系的驰名商标。并非被告所诉的合理的"描述性"使用，也不具有合理使用的"必要性"。被告对"老干妈"的使用因此不属于合理性使用的范围。

被告贵州永红公司将涉案商标运用于其牛肉棒产品的包装上，虽然没有将其作为识别性商标使用，但其用于包装、宣传中，起到广告作用，属于广告性使用行为，会使消费者对涉案产品与驰名商标之间产生联想，因此违反了驰名商标司法解释第九条第二款之规定。

▣ 案例解析

一、涉案商标是否应该被认定为驰名商标

2013 年《商标法》第十三条规定："为相关公众所熟知的商标，持有人认为其权利受到侵害时，可以依照本法规定请求驰名商标保护。就相同或者类似商品申请注册的商标是复制、摹仿或者翻译他人未在中国注册的驰名商标，容易导致混淆的，不予注册并禁止使用。就不相同或者不相类似商品申请注册的商标是复制、摹仿或者翻译他人已经在中国注册的驰名商标，误导公众，致使该驰名商标注册人的利益可能受到损害的，不予注册并禁止使用。"《最高人民法院关于审理涉及驰名商标保护的民事纠纷案件应用法律若干问题的解释》（以下简称《驰名商标司法解释》）第二条第一款第（一）项规定："在下列民事纠纷案件中，当事人以商标驰名作为事实根据，人民法院根据案件具体情况，认为确有必要的，对所涉商标是否驰名作出认定：（一）以违反商标法第十三条的规定为由，提起的侵犯商标权诉讼。"

2013 年《商标法》第十四条规定："认定驰名商标应当考虑下列因素：（一）相关公众对该商标的知晓程度；（二）该商标使用的持续时间；（三）该商标的任何宣传工作的持续时间、程度和地理范围；（四）该商标作为驰名商标受保护的记录；（五）该商标驰名的其他因素。"《驰名商标司法解释》第八条规定：对于在中国境内为社会公众广为知晓的商标，原告已提供其商标驰名的基本证据，或者被告不持异议的，人民法院对该商标驰名的事实予以认定。

该案原告所拥有的第 1381611 号的"老干妈及图"商标与涉案第 2021191 号"老

干妈"文字商标在豆豉、辣椒酱、炸辣椒油等商品上使用的时间历史悠久,在国内消费者中拥有很高知名度,相关公众对"老干妈"品牌的知晓程度是众所周知的事实,涉案商标属于在中国境内为社会公众广为知晓的商标。此外,根据原告贵阳老干妈公司提供的证据显示,贵阳老干妈公司自 1997 年成立以来,公司自身及其"老干妈"系列产品曾屡获社会赞誉以及新闻媒体报道,其作为商标权人重视对"老干妈"品牌的持续广告投入。因此,涉案商标为驰名商标并应给予跨类保护。

二、涉案产品是否侵害了原告贵阳老干妈公司享有的商标专用权

在判断涉案产品所标记的涉案商标是否侵犯了他人享有的注册商标专用权,需要明确两点:第一,对涉案商标的使用是否属于商标性使用;第二,需要明确这种使用行为是否属于商标的合理使用行为。

关于第一点,传统混淆理论认为具有商标使用行为是侵犯注册商标专用权的先决条件,认定"商品来源存在混淆的可能"是商标保护的基础。❶ 对具备内在价值的驰名商标而言,禁用权边界远大于其专用权的边界。驰名商标具有的显著性和良好声誉还蕴含着显著广告效应,侵权者会直接把他人驰名商标作为自己产品的系列名称,或者用他人驰名商标来描述自己产品,使得消费者误以为侵权者的产品与驰名商标权人具有某种联系,会产生逐步减弱驰名商标与权利人的唯一对应关系,导致驰名商标标识的显著性减弱的后果。普通商标与驰名商标发挥的商标功能的广度与深度不同。对于普通商标侵权,着重在于破坏商标权人禁止混淆商品来源的权利,即混淆式侵权;对于驰名商标而言,除此之外更着重在于破坏商标权人禁止淡化商标显著性的权利,即淡化式侵权。总之,商标侵权中行为人对商标的使用应以妨碍商标功能的正常发挥为条件。

淡化式侵权体现出的是一种广告性使用行为。具体到该案中,被告贵州永红公司将涉案驰名商标作为自己牛肉棒产品的系列名称,用涉案驰名商标来描述自己的产品,会使消费者误以为涉案产品与商标权人贵阳老干妈公司具有某种联系,被告贵州永红公司将"老干妈味"作为一种口味,这种广告性使用行为,有可能导致涉案驰名商标的显著性减弱,弱化涉案驰名商标与原告贵阳老干妈公司的唯一对应关系,甚至会导致其名称通用化。

关于第二点,对涉案商标的使用是否属于合理使用行为。

商标法上的合理使用主要包括两种情形:描述性使用与指示性使用。描述性使用是指生产经营者使用他人的商标对自己生产经营的商品予以叙述性描述。指示性使用

---

❶ 芮松艳,李雨峰. 初始混淆理论在商标权纠纷中的应用 [J]. 人民司法,2011(6):14.

是指为指明产品、服务的种类而使用他人的商标。如果是为了描述、指明商品的基本信息，应当允许他人在不引起消费者混淆、误认或联想的情况下，正常、合理地使用权利人的商标。北京高院在回答如何界定商标合理使用的构成要件及其行为表现时指出，商标合理使用应当具备以下构成要件：使用出于善意；不是作为商标使用；使用只是为了说明或者描述自己的商品或者服务；使用不会造成相关公众的混淆、误认。❶在该案中不能将"老干妈"视为一个描述性词汇运用在涉案产品之上，"老干妈"在现实生活中并非任何一种口味，也不是任何一种原料。商标指示性使用即指，在销售商品时，为说明来源、指示用途等在必要范围内使用他人注册商标标识的行为。认定被诉侵权人的使用行为是否构成指示性使用需要衡量其使用他人商标的必要性。这种必要性体现在：（1）若不使用商标标识便难以描述商品或服务的性质或范围；（2）不得大量使用商标权人的商标标识。该案中，涉案产品配料中添加了老干妈牌豆豉，但标注"老干妈味"字样并非描述涉案产品之必须。

关于淡化涉案驰名商标的显著性和识别性的问题。《驰名商标司法解释》第九条第二款规定：足以使相关公众认为被诉商标与驰名商标具有相当程度的联系，而减弱驰名商标的显著性、贬损驰名商标的市场声誉，或者不正当利用驰名商标的市场声誉的，属于 2013 年《商标法》第十三条第二款规定的"误导公众，致使该驰名商标注册人的利益可能受到损害"。

该案涉案商标属于驰名商标，需要给予其在不相同或者不相类似商品上的跨类保护，2013 年《商标法》第十三条规定的"误导公众，致使该驰名商标注册人的利益可能受到损害"不应简单地从一般商标侵权的市场混淆意义上进行理解，通常还都涉及因误导相关公众而减弱驰名商标的显著性或者贬损其声誉，因而《驰名商标司法解释》第九条第二款对此进行了界定。

驰名商标淡化是指未经权利人许可，在不相同或不类似的商品或服务上使用与驰名商标相同或类似的标识，利用驰名商标的商业信誉来推销其商品或服务的行为。商标淡化首先淡化的是商标的显著性，驰名商标之所以驰名，是因为其本身具有较强的显著性，淡化行为会直接导致这种自然属性的削弱。同时，商标淡化行为也会损害商标的识别性。

该案中，被告贵州永红公司将涉案商标运用于其牛肉棒产品的包装上，虽然没有将其作为识别性商标使用，但仍会使消费者对涉案产品与驰名商标之间产生联想，属于《驰名商标司法解释》第九条第二款规定的"足以使相关公众认为被诉商标与驰名

❶ 黄晖. 商标法 [M]. 2 版. 北京：法律出版社，2016：167.

商标具有相当程度的联系，而减弱驰名商标的显著性"和"不正当利用驰名商标的市场声誉"的情形。被告在涉案产品上标注"老干妈味"字样的行为，试图把涉案商标"老干妈"解释成同"黑胡椒""麻辣味"并列的一种口味描述，而事实上，"老干妈"并不代表现实生活中的一种口味，"老干妈"是原告贵阳老干妈公司的驰名商标，"老干妈"本身所具有的显著性以及其所代表的原告贵阳老干妈公司长期经营使用所产生的商誉，绝不是一种口味的通用名称，被告贵州永红公司的前述对"老干妈"使用行为，将导致其通用化为一种口味名称，会大大减弱涉案商标的显著性和识别性。驰名商标淡化行为尽管发生在与驰名商标核定保护的商品不同类的行业中，但是淡化一旦发生，驰名商标的显著性将大为弱化甚至不复存在，其识别性也深受影响，不能发挥区分商品来源、彰显商誉的功能，驰名商标的价值自然会受到严重削弱。

基于以上分析，为了避免涉案驰名商标"老干妈"最后淡化为一种通用的口味描述性词汇，有必要在该案中对该驰名商标作出反淡化保护，根据 2013 年《商标法》第十三条、《驰名商标司法解释》第九条第二款规定，被告贵州永红公司的生产、销售行为，侵犯了原告贵阳老干妈公司所拥有的涉案商标专用权和禁用权。

（撰稿人：韩孹男）

地域范围不明确的地理标志不应注册为商标

——评祁门红茶协会诉商标评审委员会、
第三人国润公司商标权无效宣告请求行政纠纷案

◙ **关键词**

地理标志　使用范围　商标使用

◙ **裁判要点**

地理标志是指标示某商品来源于某地区，该商品的特定质量、信誉或者其他特征，主要由该地区的自然因素或者人文因素所决定的标志。如果申请注册的地理标志证明商标所确定的使用该商标的商品的产地与该地理标志的实际地域范围不符，无论是不适当地扩大了其地域范围，还是不适当地缩小了其地域范围，都将误导公众并难以起到证明使用该商标的商品来自特定产区、具有特定品质的证明作用。因此，对于这种地域范围限定不准确的地理标志证明商标，依法不应予以注册。

◙ **相关法条**

2001 年《商标法》第十六条第二款

◙ **案件索引**

一审：（2015）京知行初字第 6629 号

二审：（2017）京行终 3288 号

再审：（2018）最高法行申 4767 号

◙ **当事人**

再审上诉人（一审原告、二审被上诉人）：祁门县祁门红茶协会（以下简称"祁门红茶协会"）

再审被上诉人（一审第三人、二审上诉人）：安徽国润茶业有限公司（以下简称"国润公司"）

原审被告：商标评审委员会

◎ 基本案情

祁门红茶简称"祁红"，茶叶原料选用当地的中叶、中生种茶树"槠叶种"（又名"祁门种"）制作，是中国历史名茶，著名红茶精品。由安徽茶农创制于光绪年间，但史籍记载最早可追溯至唐朝陆羽的《茶经》。产于安徽省祁门、东至、贵池（今池州市）、石台、黟县，以及江西的浮梁一带。

2004年9月28日，祁门红茶协会向商标局提出第4292071号"祁门红茶及图"（指定颜色）商标（以下简称"争议商标"）的注册申请，后经核准，核定使用在第30类"茶、茶叶代用品"等商品上，专用期限自2008年11月7日至2018年11月6日。2011年12月27日，国润公司针对争议商标向商标评审委员会提出争议申请，认为"祁门红茶"的产区不仅包括祁门县，而且还包括邻近的贵池、东至、石台、黟县等地，因此请求撤销争议商标的注册。

2015年10月19日，商标评审委员会作出商评字〔2015〕第84747号《关于第4292071号"祁门红茶"商标无效宣告请求裁定书》（以下简称"被诉裁定"），认为祁门红茶协会以"祁门红茶"地理标志作为证明商标向商标行政机关申请注册时，将该地理标志所标示地区仅限定在祁门县所辖行政区划的做法，违背了客观历史，违反了申请商标注册应当遵守的诚实信用原则，因此构成2001年《商标法》第四十一条第一款所指以欺骗手段取得注册之情形。综上，商标评审委员会依照2001年《商标法》第四十一条第一款、2013年《商标法》第四十四条第一款、第三款和第四十六条的规定，裁定争议商标予以无效宣告。

祁门红茶协会不服被诉裁定，向北京知识产权法院提起行政诉讼。北京知识产权法院一审判决：撤销被诉决定；商标评审委员会重新作出裁定。国润公司不服原审判决，提起上诉。

北京市高级人民法院经审理认为，祁门红茶协会在明知"祁门红茶"地域范围存在争议的情况下，未全面准确地向商标注册主管机关报告该商标注册过程中存在的争议，尤其是在国润公司按照原安徽省工商局会议纪要的要求撤回商标异议申请的情况下，仍以不作为的方式等待商标注册主管机关核准该商标的注册，其行为已构成以"其他不正当手段取得注册的"情形。因此，法院二审判决：撤销一审判决，驳回祁门红茶协会的诉讼请求。

祁门红茶协会不服北京高院判决随后申请再审，认为祁门红茶特有的品质决定了其产区范围应采取"小产区"标准而非"大产区"标准，其产区范围的认定需要结合自然、人文、等因素综合考虑。国润公司认为基于行业主管机关的意见以及自然、人文等因素，祁门红茶的产区应采"大产区"标准，祁门红茶协会在明知行业主管机关已对地域范围做出调整的情况下隐瞒未报，构成了以不正当手段取得注册的行为，不合理地限制了同行业竞争者的利益。后最高人民法院针对祁门县红茶协会再审申请作出了驳回裁定。

◎ **判决结果**

一审判决：撤销被诉决定，商标评审委员会重新作出裁定。
二审判决：撤销一审判决，驳回祁门红茶协会的诉讼请求。
再审裁定：驳回祁门红茶协会的再审申请。

◎ **裁判理由**

诉争商标"祁门红茶"系以地理标志申请证明商标，该类商标所标识的商品往往具有特定的质量、信誉或者其他特征，这种质量、信誉或者其他特征通常是由地理标志所标示的地区的自然因素或者人文因素所决定的，因此，地区范围的标示对于地理标志证明商标有着重要的意义。

按照原国家工商行政管理总局《集体商标、证明商标注册和管理办法》的相关规定，申请地理标志作为证明商标的，应当附送管辖该地理标志所标示地区的人民政府或者行业主管部门的批准文件，说明该地理标志所标示的地区范围，所称地区无须与现行行政区划名称、范围一致。虽然祁门红茶协会在提出争议商标注册申请时，并不存在提交虚假文件骗取商标注册的行为，其申请注册争议商标也不属于无实际使用意图而抢注商标的情形，但是，有关"祁门红茶"产区地域范围的不同认识是客观存在的，国润公司在争议商标尚未核准注册前已提出异议，原安徽省工商行政管理局就此还召集包含祁门红茶协会、国润公司在内的相关单位进行了协调并形成了会议纪要，即使祁门红茶协会事后不同意该会议纪要的内容，但其对"祁门红茶"产区地域范围存在争议这一事实是明确知悉的。而且根据祁门红茶协会、国润公司在商标评审阶段提交的证据材料，"祁门红茶"产区范围历来存在不同认识，即存在大、小"祁门红茶"产区的不同认识。争议商标仅仅将该地理标志证明商标的地域范围划定在安徽省祁门县行政区域内，虽然符合小"祁门红茶"产区的地域范围，且有2004年安徽省农业委员会《关于祁门红茶协会申请办理"祁门红茶"证明商标的证明》等文件予以佐证，但是，却明显与社会上普遍存在的大"祁门红茶"产区地域范围不一致。因此，在缺乏充分证据和论证的情况下，如果仅仅按照存在争议的两种观点中的一种观点来确定使用"祁门红茶"地理标志证明商标的商品的产区范围，则是人为地改变历史上已经客观形成的"祁门红茶"存在产区范围不同认识的市场实际，是缺乏合理性的。祁门红茶协会在明知存在上述争议的情况下，未全面准确地向商标注册主管机关报告该商标注册过程中存在的争议，尤其是在国润公司按照原安徽省工商行政管理局会议纪要的要求撤回商标异议申请的情况下，其仍以不作为的方式等待商标注册主管机关核准争议商标的注册，这种行为明显违反了地理标志商标注册申请人所负有的诚实信用义务，构成了 2001 年《商标法》第四十一条第一款规定的以"其他不正当手段取得注册的"的情形，争议商标依法应予无效宣告。

回 案例解析

该案涉及对地理标志使用的理解和判断问题。地理标志是指标示某商品来源于某地区，该商品的特定质量、信誉或者其他特征，主要由该地区的自然因素或者人文因素所决定的标志。对地理标志的保护主要有两种保护模式，一是为地理标志提供集体商标和证明商标的外在形式，采取这一模式的国家包括德国、美国、英国等，❶ 采用的商标法保护模式和集体商标、证明商标制度保护地理标志；另一种则是通过商标法进行保护，因为商标法还提供防止地理标志被作为普通商标注册和使用。❷ 对于该案，其裁判是法院在商标授权确权行政案件中对特定地理标志的地域范围进行司法认定的首次实践，是地理标志保护核心问题。

一、地域范围限定不准确的地理标志依法不应予以注册

地理标志是指标示某商品来源于某地区，该商品的特定质量、信誉或者其他特征，主要由该地区的自然因素或者人文因素所决定的标志。如果申请注册的地理标志证明商标所确定的使用该商标的商品的产地与该地理标志的实际地域范围不符，无论是不适当地扩大了其地域范围，还是不适当地缩小了其地域范围，都将误导公众并难以起到证明使用该商标的商品来自特定产区、具有特定品质的证明作用。因此，对于这种地域范围限定不准确的地理标志证明商标，依法不应予以注册。

诉争商标"祁门红茶"系以地理标志申请证明商标，该类商标所标识的商品往往具有特定的质量、信誉或者其他特征，这种质量、信誉或者其他特征通常是由地理标志所标示的地区的自然因素或者人文因素所决定的，因此，地区范围的标示对于地理标志证明商标有着重要的意义。

---

❶ 王笑冰. 地理标志法律保护新论——以中欧比较为视角 [M]. 北京：中国政法大学出版社，2013：32-34.
❷ 我国的专门法保护包括质检总局的地理标志产品保护和农业部的农产品地理标志保护。

就地理标志证明商标而言，将不属于产区的地域划入地域范围，即不适当地扩大了地域范围，无疑会导致相关公众对产品的产地、特定品质等产生误认，损害消费者及实际产区生产者的利益。然而未将属于产区的地域划入地域范围，与相关公众普遍的认识不同，即不适当地缩小了地域范围，同样也会误导公众、损害未划定产区生产者的利益。因此，地理标志商标限定的地域范围与实际不一致，无论是不适当地扩大了地域范围，还是不适当地缩小了地域范围，都将误导公众并难以起到证明使用该商标的商品来自特定产区、具有特定品质的证明作用。

安徽省行业主管部门安徽省农业委员会针对祁门红茶的生产地域范围所引起的相关主体的争议多次主持协调处理，最后对地域范围明确以"大产区"范围为准，祁门红茶协会和国润公司在商标注册争议期间均参加了由原安徽省工商行政管理局主持的协调会，会后形成的会议纪要亦载明诉争商标应以"大产区"范围进行标示。据此，足以认定祁门红茶协会对诉争商标标示的地区范围和行业主管部门的意见有了明确的知悉，在此情况下，祁门红茶协会既未撤回先前提交的失效的安徽省农业委员会关于诉争商标产区范围的说明，亦未主动向商标注册机关如实披露上述争议协调处理的情况和安徽省农业委员会作为主管部门关于证明商标标示"大产区"的最终说明，违反了地理标志商标申请人应负有的义务，被诉裁定和二审判决认定其构成2001年《商标法》第四十一条第一款中规定的"不正当手段"行为，诉争商标应予无效，是正确的。

二、地理标志商标注册申请人在提交商标注册申请文件方面，应当负有更多的诚实信用义务

商标注册是建立在申请人的申请基础之上的。对于地理标志商标而言，无论是地理标志证明商标，还是地理标志集体商标，由于其所涉及的地理标志地域范围的确定具有较强的专业性，商标注册主管机关自身难以予以核实，因此，在地理标志商标的审查过程中，商标注册主管机关通常只能进行形式上的审查。相应地，地理标志商标注册申请人在提交商标注册申请文件方面，就应当负有较之于普通的商品商标、服务商标注册申请人更多的诚实信用义务。地理标志商标注册申请人所负有的诚实信用义务，不仅仅限于消极方面，即不仅不能提供虚假的商标注册申请文件的消极不作为义务；而且也应当包括向商标注册主管机关全面准确说明客观情况的积极作为义务。违反上述诚实信用义务，无论是违反消极不作为义务，还是没有尽到积极作为义务，都将使其商标注册申请行为丧失正当性基础。提交虚假文件或者以其他方式弄虚作假而取得商标注册的，即属于2001年《商标法》第四十一条第一款规定的"以欺骗手段"取得注册的情形；而未尽到积极作为义务，未向商标注册主管机关全面准确报告客观情况而取得商标注册的,即属于 2001 年《商标法》第四十一条第一款规定的以"其他不正当手段取得注册的"的情形。

最高人民法院肯定了行政主管机关的意见,考虑到地理标志的申请涉及产区范围的划定和申请主体的界定,关乎各方利益的平衡,当地主管机关的整体协调必不可少,当地主管机关在产品、生产地域和申请主体方面享有发言权。另外,证明商标地理标志所指定的产品是基于地理标志所标示的地区的自然因素或人为因素决定的,当地行业主管部门,尤其是农业口部门,对于申请地理标志证明商标的地域范围划定、产品特有品质等拥有最为直接、清晰和全面的认识。具体到该案,最高人民法院最终采取了安徽省农业委员会对祁门红茶产区划定范围的意见,以其确定的"大产区"地域范围作为判决该案的客观标准。另外,对于地域范围的划定,不仅在申请人注册地理标志证明商标时,应当附送相关主管部门的批准文件,且倘若注册申请提交后,地理标志证明商标指定产品的地域范围被重新划定的,理应由申请人主动说明,否则将因违反诚实信用原则,最终难以获得商标注册或维持商标继续有效。

(撰稿人:栾　羚)

颜色组合商标的申请注册认定

——评烙克赛克公司诉商标评审委员会商标申请驳回复审行政纠纷案

◎ **关键词**

商标构成要素　颜色组合商标　近似判断

◎ **裁判要点**

颜色组合商标在客观上必然以一定的图形方式呈现，但不能据此而限定该颜色组合商标的构成方式，使原本仅由颜色组合一种构成要素构成的商标标志变为由颜色组合和图形两种构成要素构成的商标标志。

◎ **相关法条**

2001 年《商标法》第三十条

◎ **案件索引**

一审：（2015）京知行初字第 1638 号
二审：（2016）京行终 55 号

◎ **当事人**

上诉人（一审被告）：商标评审委员会
被上诉人（一审原告）：烙克赛克公司

◎ **基本案情**

2012 年 12 月 19 日，烙克赛克公司向商标局提出第 11915217 号商标（以下简称"申请商标"）的注册申请，指定使用在第 6 类"绳索用金属套管、金属套管（金属制品）、金属制管套筒、管道用金属夹、金属分岔管、紧固管道用金属环、缆绳和管道用金属夹、建筑用金属附件"等商品上。商标评审委员会提交的商标档案记载商标类型为"普通"，是否指定颜色为"是"。

第 5106971 号"负正及图"商标（以下简称"引证商标一"）由浙江负正机械有限公司于 2006 年 1 月 9 日提出注册申请，并于 2009 年 5 月 7 日被核准注册，核定使用在第 6 类"金属管道弯头、金属门装置、紧线夹头"等商品上，专用权期限至 2019 年 5 月 6 日。

国际注册第 1077840 号商标（以下简称"引证商标二"）由 SERVIMEXAG 于 2010 年 10 月 12 日在瑞士进行了基础注册，并于 2011 年 2 月 23 日在中国获得了领土延伸保护，核定使用在第 6 类金属包装容器、金属箱等商品上，专用权期限至 2021 年 2 月 23 日。

2014 年 4 月 1 日，商标局作出发文编号为 ZC11915217BH1 的《商标驳回通知书》，根据 2001 年《商标法》第二十八条的规定以申请商标与引证商标一、二构成使用在类似商品上的近似商标为由，决定驳回申请商标的注册申请。

烙克赛克公司不服商标局上述驳回通知，向商标评审委员会申请复审，主要理由为：申请商标与引证商标一、二区别明显，未构成近似商标，申请商标具有较高独创性和知名度，经宣传使用已与烙克赛克公司建立了唯一关系。请求对申请商标的注册申请予以初步审定。

为证明其主张，烙克赛克提交了如下证据：第一组为申请商标的商标说明、申请商标在欧盟被核准注册的裁定及翻译件、颜色组合商标的相关论文打印件，上述证据用于证明申请商标为颜色组合商标，其与引证商标类型不同，不构成近似商标；第二组为相关声明、GFK 公司出具的申请商标市场调研报告、BrandClinic 公司所做的申请商标市场调研报告及问卷、烙克赛克公司通过电子邮件形式发布的宣传彩页打印件、洛克赛克公司向客户发放的中秋节及圣诞节贺卡、烙克赛克公司产品介绍及公司宣传广告及相关报道、烙克赛克公司参加的展会的介绍及照片，上述证据用于证明申请商标经过持续广泛使用，具备了较高的知名度，并形成了相关公众群体，相关公众已经将申请商标与烙克赛克公司建立了唯一对应关系。

2014 年 11 月 28 日，商标评审委员会作出商评字〔2014〕第 92141 号《关于第 11915217 号图形商标驳回复审决定书》（以下简称"被诉决定"）。该决定认为：申请商标与引证商标二不近似，未构成使用在类似商品上的近似商标。申请商标由两种不同颜色的方形组合而成。引证商标一的显著识别图形亦为两色方形。两商标图形在表现手法、设计风格、构图特点等方面十分相像，整体视觉印象具有关联性，构成近似商标。两商标在类似商品上共存于市场亦导致相关公众对商品来源产生混淆误认，已构成使用在同一种或类似商品上的近似商标。烙克赛克公司提交的证据不足以证明申请商标经过使用已具有较高知名度，进而产生足以与引证商标相区分的显著性。根据2001年《商标法》第三十条和第三十四条，决定：申请商标的注册申请予以驳回。

烙克赛克公司不服，向北京知识产权法院提起诉讼，并且补充提交了其在申请商标申请注册时向商标局提交的相关申请材料的复印件，其中商标注册申请书中"商标种类"中，在一般、集体、证明、立体、颜色选项中，烙克赛克公司勾选了"一般"以及"颜色"两项；"商标说明"中载明：本商标为颜色组合商标，由蓝色（国际标准色卡色号：2925）和黑色（国际标准色卡色号：黑色）组合而成。附随该申请书后的"商标说明"记载"本颜色组合商标在实际使用中有一定的图形限制：蓝色和黑色以同心圆的形式使用在指定商品上，黑色圆圈位于中心位置，四周环绕蓝框"。

商标评审委员会不服北京知识产权局法院作出的一审判决，向北京市高级人民法院提起上诉称，颜色组合商标是否限定具体形状法律没有明确规定。当颜色组合商标的颜色与平面商标、立体商标指定颜色相同或近似，易使相关公众对商品来源产生误认时，应判定为近似商标。申请商标仅由两种颜色组合而成，与引证商标一的平面商标在整体视觉效果上差异不大，构成近似商标。请求撤销原判决，维持被诉决定。

◻ **判决结果**

一审判决：第一，撤销被诉决定；第二，商标评审委员会重新作出决定。
二审判决：驳回上诉，维持原判。

◻ **裁判理由**

法院生效判决认为：根据烙克赛克公司在诉讼中提交的证据，烙克赛克公司在向商标局提交的《商标注册申请书》中对申请商标作出了说明："本商标为颜色组合商标，由蓝色（国际标准色卡色号：2925）和黑色（国际标准色卡色号：黑色）组合而成"，且"本颜色组合商标在实际使用中有一定的图形限制：蓝色和黑色以同心圆的形式使用在指定商品上，黑色圆圈位于中心位置，四周环绕蓝框"；商标评审委员会提交的商标档案中也显示，烙克赛克公司在申请商标的《商标注册申请书》"一般、集体、证明、立体、颜色"的"商标种类"中勾选了"一般"和"颜色"选项，因此，根据2014年《商标法实施条例》第十三条的规定，应当认定申请商标为颜色组合商标而非图形商标。被诉决定认为"申请商标由两种不同颜色的方形组合而成"并在此基础上对申请商标是否与引证商标一构成近似商标作出认定，基础事实认定错误，相应地，其认定结论亦缺乏准确而充分的事实基础。

作为商标法明确规定的一种商标类型，颜色组合商标是与图形商标并列的一种商标类型，其商标标志的构成要素仅为颜色的组合，商标法并未对颜色组合商标中的颜色的具体使用方式作出限定。2014 年《商标法实施条例》第十三条第四款规定："以颜色组合申请商标注册的，应当在申请书中予以声明，说明商标的使用方式。"因此，根据《商标法》和《商标法实施条例》的规定，申请注册的颜色组合商标的构成要素及其具体使用方式，是由商标注册申请人自行选择并经商标注册主管机关审查通过后确定的。虽然《商标法》同时亦规定了包括图形、颜色组合等各种商标标志构成要素的组合，也可以作为商标申请注册，因而存在图形与颜色组合结合在一起的组合商标，但是，对于某一特定的商标而言，其商标标志的具体构成要素，还是应当根据《商标法》及其实施条例的规定，依据商标档案中记载的当事人申请的具体内容予以确定。颜色组合商标虽然在申请注册过程中，受制于商标标志在《商标注册申请书》中的具体表现方式，相关颜色组合在客观上必然以一定的图形方式呈现，但不能据此而限定该颜色组合商标的构成方式，使原本仅由颜色组合一种构成要素构成的商标标志变为由颜色组合和图形两种构成要素构成的商标标志。就该案而言，申请商标与引证商标一之间，在商标标志构成要素及其整体视觉效果等方面存在较大差异，尤其是考虑到烙克赛克公司根据《商标法实施条例》提交的商标说明中限定的商标使用方式等因素，应当认定申请商标与引证商标一不构成近似商标。

回　案例解析

该案涉及对颜色组合商标的认定以及近似性比对问题。该案的特殊性在于反映出颜色组合商标在申请注册过程中可能出现导致相关公众将其误认为指定颜色的图形商标的可能性。对此，二审法院指出商标注册主管机关应当进一步完善颜色组合商标的公告方式，确保相关公众能够通过商标公告、商标注册证等途径知晓以特定图形方式展现的颜色组合商标的标志构成，避免可能出现的误解和混淆。

一、颜色组合商标的认定

2001 年《商标法》第八条规定："任何能将自然人、法人或者其他组织的商品与他人的商品区别开的标志，包括文字、图形、字母、数字、三维标志、颜色组合和声音等，以及上述要素的组合，均可作为商标申请注册"。由此可见，《商标法》主要规定了八种商标构成要素，上述要素既可单独注册为商标，亦可两种或两种以上要素共同组合为一个整体注册为商标，例如该案中引证商标一为图形商标，"华为及菊花图形"为图文组合商标，QQ 软件的"嘀嘀嘀嘀嘀嘀"为声音商标。

所谓颜色组合商标，是指两种或两种以上的颜色以一定的比例结合在一起，起到区别的作用。这种组合可以同具体的形状结合，也可以使用在任何形状上而不需要限定。❶ 2001 年《商标法》新增加了颜色组合商标的类型，《与贸易有关的知识产权协定》（TRIPS 协定）第 15 条规定，此类标记，特别是单词，包括人名、字母、数字、图案的成分和颜色的组合以及任何此类标记的组合，均应符合注册为商标的条件。目前，单一颜色在我国未明确规定可注册为商标，《商标审查及审理标准》中规定单一颜色因缺乏显著特征无法注册为商标。

《商标审查及审理标准》中规定，在申请注册颜色组合商标时，应当在申请书中予以声明，即在"商标申请声明"栏内勾选"以颜色组合申请商标注册"，并且在商标图样框内粘贴着色图样，商标图样应当是表示颜色组合方式的色块，或是表示颜色使用位置的图形轮廓，该图形轮廓不是商标构成要素，必须以虚线表示，不得以实线表示；申请人应当在商标说明中列明颜色名称和色号，并描述该颜色组合商标在商业活动中的具体使用方式。该案中，一审及二审法院在认定申请商标为颜色组合商标时，就是依据申请商标的《商标注册申请书》，其在"商标申请声明"栏内勾选了颜色组合商标，在商标说明中亦明确了颜色名称和色号为 2925 号的蓝色及黑色，具体使用方式为"蓝色和黑色以同心圆的形式使用在指定商品上，黑色圆圈位于中心位置，四周环绕蓝框"；同样，在（2014）高民终字第 382 号判决书中认定第 4496717 号商标为颜色组合商标时，亦是根据申请人申请时声明了其为颜色组合商标，且商标的使用范围为"绿色用于车身、黄色用于车轮"。

而指定颜色的图形商标与颜色组合商标并非为同类型的商标，其由颜色及图形要素共同组成，与颜色组合商标不同之处在于：第一，指定颜色的图形商标在申请注册时，无须勾选"颜色组合商标"，仅提交着色图样即可；第二，指定颜色的图形商标在注册及使用时需要有固定的形状；第三，指定颜色的图形商标其显著性在于着色的图形，而颜色组合商标的显著性在于颜色，例如金霸王电池典型的金色和黑色组合，因此，一审及二审法院均认定颜色组合商标在申请注册过程中，受制于商标标志的具体表现方式，相关颜色组合在客观上必然以一定的图形方式呈现，但不能据此而限定该颜色组合商标的构成方式，使原本仅由颜色组合一种构成要素构成的商标标志变为由颜色组合和图形两种构成要素构成的商标标志。但是由于公开的《商标公告》《商标注册证》中未显示商标类型而仅能显示商标图样及颜色组合商标的特殊性，故公众无法明确区分是否为颜色组合商标，因此二审法院指出应进一步完善相关公告制度，避免相关公众对商标类型混淆误认。

---

❶ 黄晖. 商标法［M］. 2 版. 北京：法律出版社，2016：37.

二、不同商标类型之间近似性的认定

商标的首要功能是识别功能，相关公众通过商标区分不同的商品或服务来源，而在相同或类似商品上使用相同或近似的商标，易造成相关公众可能或已经对其来源产生混淆误认。2001年《商标法》第三十条规定："申请注册的商标，凡不符合本法有关规定或者同他人在同一种商品或者类似商品上已经注册的或者初步审定的商标相同或者近似的，由商标局驳回申请，不予公告。"由此可见，判断商标相同或近似时，并未区分商标的不同类型。

在不同类型商标进行近似性判断时，应当遵循商标法近似性判断的一般规则。商标近似是指商标文字的字形、读音、含义或者图形的构图及颜色，或者其各要素组合后的整体结构相似，或者其立体形状、颜色组合近似，易使相关公众对商品来源产生误认，或者认为其与他人在先注册商标具有特定联系。判定商标是否构成近似，应当以相关公众的一般注意力为标准，既要考虑商标标志构成要素及其整体的近似程度，也要考虑相关商标的显著性和知名度、所使用商品的关联程度，其中商标标识本身的近似程度是判断商标是否近似的基础因素，如果标识本身差异明显，则一般认为不会引起混淆，但若标识本身不能排除消费者混淆的可能性，则应综合考虑其他相关因素进一步加以判断。具体到颜色组合商标而言，当颜色组合商标与其他商标的图形或者指定颜色相同或近似，易使相关公众造成混淆误认的，则构成近似商标。

但是，由于颜色组合商标的使用方式比较特殊，可能覆盖了整个商品或者包装，而且其在《商标注册证》上无法准确显示其实际使用的图形，故在将颜色组合商标与其他类型相比较时，不能机械地将其《商标注册证》上的图样与其他传统商标类型相比较，从而得出近似的结论。该案中，商标评审委员会就按照申请商标在《商标注册证》显示的两色正方形与引证商标一的两色正方形相比，从而得出两商标近似的结论，一审及二审法院予以纠正，通过申请商标的商标说明中限定的使用方式来看，其与引证商标一相比，在构成要素及整体视觉效果方面存在较大差异，不构成近似商标。

（撰稿人：杨柳青）

关于作品名称及角色名称的法律保护

——评手塚株式会社诉商标评审委员会、
第三人开元公司商标权无效宣告请求行政纠纷案

◙ **关键词**

作品名称　角色名称　在先权益

◙ **裁判要点**

动漫作品名称以及动漫的角色名称若已为相关公众所了解，具有较高知名度，且该知名度的取得是当事人创造性劳动的结晶，其所带来的商业价值和商业机会亦是当事人投入大量劳动和资本所获得，将其作为商标使用在相关商品上容易导致相关公众误认为其经过动漫作品权利人的许可或者与权利人存在特定联系的，该作品名称以及作品的角色名称可以作为在先权益予以保护。

◙ **相关法条**

2001 年《商标法》第三十一条

◙ **案件索引**

一审：（2016）京 73 行初 1823 号
二审：（2018）京行终 1245 号

◙ **当事人**

被上诉人（一审原告）：日本手塚株式会社（以下简称"手塚株式会社"）
上诉人（一审被告）：商标评审委员会
一审第三人：泉州市开元体育用品有限公司（以下简称"开元公司"）

□ **基本案情**

泉州市菲克体育用品有限公司向商标局注册申请第 4553473 号"铁臂阿童木"商标（以下简称"诉争商标"）。该商标于 2009 年 12 月 28 日被核准注册，核定使用在第 25 类"靴、运动靴、运动鞋"等商品上，该商标专用权期限至 2019 年 12 月 27 日。2011 年 11 月 16 日经核准由泉州市菲克体育用品有限公司转让至阿童木（福建）体育用品有限公司（以下简称"阿童木公司"），2017 年 6 月 27 日，经核准由阿童木公司转让至开元公司。

手塚株式会社于 2014 年 12 月 18 日向商标评审委员会提出无效宣告请求，其主要理由为：铁臂阿童木是手塚治虫创作的动漫角色，具有较高知名度。手塚治虫去世后，《铁臂阿童木》等作品的著作权及其商品化权由手塚治虫的继承人授权给手塚株式会社行使。2006 年，手塚株式会社将其于 2002 年于日本首次发表的作品《铁臂阿童木样式指南》向中国版权保护中心进行作品自愿登记并获得了著作权登记证书。因此，手塚株式会社对"阿童木"及相关的名称及图案享有著作权。综上，手塚株式会社请求依据 2013 年《商标法》第七条、第九条、第十条第一款第（七）项、第十条第一款第（八）项、第三十二条、第四十五条以及《著作权法》等宣告诉争商标无效。

商标评审委员会经审查认为：手塚株式会社提交的著作权登记证书及查询证明等证据材料可以证明铁臂阿童木为手塚治虫创作的动漫角色，其故事情节、人物造型无疑属于文艺、美术作品，手塚株式会社对其享有在先著作权。但诉争商标为纯文字商标，手塚株式会社享有著作权的卡通形象并未体现在诉争商标中，诉争商标的文字"铁臂阿童木"虽然可能引起相关公众对于手塚株式会社作品的联想，但该文字本身并不构成文字或美术作品，即使其含义指向手塚株式会社的系列动漫作品，亦不会对其发行、改编、获得报酬等权利形成实质性侵害。因此，诉争商标的注册使用未侵犯手塚株式会社享有的著作权。手塚株式会社主张诉争商标侵害其角色名称商品化权，但该项权利来源、构成、权利边界范围、受保护程度等并无明确的法律依据，并且在案证据难以认定诉争商标申请注册时手塚株式会社动漫作品的知名度状况，手塚株式会社亦未提交其权利之何种利益因诉争商标的注册使用而受到损害的事实证据。另一方面，阿童木公司提交的证据表明其长期在手塚株式会社并无涉及的童鞋商品上使用"阿童木"商标已经形成了较高知名度和稳定的市场秩序，为此商品投入了大量的人力物力，其在特定商品上的劳动成果亦应受到尊重和保护。综上，商标评审委员会裁定：诉争商标予以维持。

原告手塚株式会社不服向北京知识产权法院提起诉讼，其诉称：2006 年，手塚株式会社将 2002 年于日本首次发表的作品《铁臂阿童木样式指南》向中国版权保护中心进行作品自愿登记并获得了著作权登记证书，故手塚株式会社对"阿童木"及相关的名称及图案享有著作权。阿童木公司在未获得手塚株式会社许可的情况下在其产品、注册商标及网站上大量使用手塚株式会社的"阿童木"动漫形象作品，主观恶意明显，侵犯了手塚株式会社在先的著作权和在先商品化权。因此，手塚株式会社请求法院撤销被诉裁定，并责令被告重新作出裁定。

商标评审委员会、开元公司均称：被诉裁定认定事实清楚，适用法律正确，审查程序合法，请求驳回手塚株式会社的诉讼请求。

回 **判决结果**

一审判决：撤销被诉裁定，并判令商标评审委员会针对诉争商标重新作出裁定。
二审判决：驳回上诉，维持原判。

回 **裁判理由**

该案中，国家版权局出具的著作权登记证书载明，《铁臂阿童木样式指南》于 2002 年 4 月 24 日在日本首次发表，手塚株式会社以职务作品著作权人身份依法享有著作权。中国与日本均为《伯尔尼公约》的成员，手塚株式会社所享有的与著作权有关的相关权利受中国著作权法保护。

根据该案的现有证据，在诉争商标的注册申请日之前，原告手塚株式会社对《铁臂阿童木》动漫作品享有在先著作权，但诉争商标仅为纯文字商标，并未体现阿童木的卡通形象，故诉争商标的注册申请并未侵犯原告手塚株式会社享有的著作权。"阿童木"既是手塚株式会社出品的动漫作品《铁臂阿童木》的片名，也是动漫作品中主要人物的名称。1963 年电视卡通片《铁臂阿童木》在日本富士电视台放映，1965 年《铁臂阿童木》获厚生大臣的表彰，1980 年《铁臂阿童木》作为第一部引进中国内地的进口动画片在中央电视台播出，中央电视台于 2004 年 12 月 28 日至 2005 年 2 月 13 日期间在其少儿频道播出了 52 集，以上证据均可以证明动漫作品《铁臂阿童木》以及"铁臂阿童木"的角色取得了一定的知名度。在诉争商标申请日前，该动漫已经在中国大陆地区进行了广泛的宣传并已播出，"铁臂阿童木""阿童木"作为动漫作品的名称以及动漫的角色名称已为相关公众所了解，具有较高知名度，且该知名度的取得是手塚株式会社创造性劳动的结晶，其所带来的商业价值和商业机会亦是手塚株式会社投入大量劳动和资本所获得。因此，"铁臂阿童木""阿童木"可以作为在先作品名称以及在先作品的角色名称进行保护。

但在先作品名称以及在先作品的角色名称权益的保护范围并不当然及于全部商品和服务类别，仍应以限于相同或类似商品或服务为原则。从现有证据来看，阿童木公司在网站、西单商场、淘宝网上销售标有"阿童木"形象的童鞋等商品，虽然在诉争商标申请日之前原告并未在鞋等商品上使用阿童木形象，但原告在第 25 类商品上注册有"铁臂阿童木"商标，且鞋等商品系生活必需品，阿童木公司在销售诉争商标核定使用的鞋等商品时必定借用了在先作品名称及角色名称所形成的市场声誉或不当损害了其商业利益，使相关公众对诉争商标核定使用的商品来源与在先作品名称及角色名称的所有人产生混淆误认，从而挤占了在先作品名称及角色名称所有人基于该在先作品名称及角色名称而享有的市场优势地位和交易机会，故诉争商标的注册申请损害了原告的在先权益。

▣ **案例解析**

该案的争议焦点问题是诉争商标的注册是否违反 2001 年《商标法》第三十一条"不得损害他人现有的在先权利"规定的问题，其中主要涉及原告动漫作品的作品名称和动漫角色名称如何保护的问题。

根据 2001 年《商标法》第八条的规定，任何能够将自然人、法人或者其他组织的商品与他人的商品区别开的标志，包括文字、图形、字母、数字、三维标志、颜色组合和声音等，以及上述要素的组合，均可以作为商标申请注册。动漫作品的作品名称和动漫角色名称均可依据《商标法》注册为文字商标，如果动漫角色有特有的形象，还可以将其被设计为平面的图形商标或立体商标要素加以保护。一旦将动漫作品的作品名称、动漫角色名称积极注册为商标，商标注册人可直接依据商标法相关规定来保护自身合法权利，从而可较好地解决现实中动漫角色被大量抢注、仿冒但因权属不清所产生的维权困境。同时，相较于著作权法对作品的"独创性"要求以及保护期限的限制，动漫角色诸多要素符号更容易满足商标法的显著性要求，商标权保护可以通过续展而不断得以延长，从而适应了角色形象吸引力可长期存在及可供持续商品化的利益需求。

但是如果未将动漫作品的作品名称、动漫角色名称直接注册为商标，当事人如何保护其合法权益呢？根据 2013 年《商标法》第三十二条的规定，申请商标注册不得损害他人现有的在先权利，也不得以不正当手段抢先注册他人已经使用并有一定影响的商标。此条规定的在先权利，是指在诉争商标申请注册日之前已经取得的，除商标权以外的其他权利，包括姓名权、著作权等。一般来说，动漫作品中的动漫角色形象可以作为美术作品进行著作权法保护，但是动漫作品的作品名称和动漫角色名称却难以通过现行的著作权法进行保护。因此，司法实践中对动漫作品的作品名称和动漫角色名称的保护历程大体上经历了三个阶段，即由不保护到保护，由非在先权利保护到在先权利保护，再由称其为"商品化权"的权利保护到称其为"商品化权益"的利益保护历程。

司法实践中首次出现"商品化权"是在（2011）高行终字第 374 号行政判决书中，该案的一审法院认为基于谢花珍明知"007""JAMES BOND"作为电影人物角色名称的知名度和该知名度可能在商业上产生的较高价值，而申请注册被异议商标，认定其行为违反诚实信用的公序良俗，被异议商标属于商标法规定的"有其他不良影响的标志"。但北京市高级人民法院认为"007""JAMES BOND"作为丹乔有限公司"007"系列电影人物的角色名称已经具有较高知名度，已为相关公众所了解，其知名度的取得是丹乔有限公司创造性劳动的结晶，由此知名的角色名称所带来的商业价值和商业机会，也是丹乔有限公司投入大量劳动和资本所获得的。因此，作为在先知名的电影人物角色名称应当作为在先权利得到保护。之后在"功夫熊猫"系列案中，北京市高级人民法院在裁判文书中详细论述了保护"商品化权"的理由。北京市高级人民法院在（2016）京行终 3508 号上诉人商标评审委员会与被上诉人梦工场动画影片公司、原审第三人上海卫普服饰有限公司商标异议复审行政纠纷案中认定，虽然"功夫熊猫 KUNG FU PANDA"作为梦工场公司知名电影的特有名称应受到保护，但其保护范围仍需明确。在判断他人申请注册的商标是否损害该在先知名电影名称权益时，需要综合考虑如下因素：一是影片知名度高低和影响力强弱。知名电影名称的保护范围，与其知名度及影响力相关。其保护范围与电影的知名度、影响力成正比，知名度越高、影响力越强，保护范围越宽，且随着知名度增高、影响力增强，其保护范围亦随之扩大，反之亦然。二是混淆误认的可能性。商标的主要功能在于标识商品或服务的来源，尽可能消除商业标志混淆误认的可能性。在目前的商业环境下，电影作品衍生品已涵盖了多类商品，但知名电影特有名称权益的保护范围并不当然及于全部商品和服务类别，仍应以限于相同或类似商品或服务为原则，但诉争商标的申请注册确实借用了在先知名电影名称所形成的市场声誉或不当损害了其商业利益，使相关公众对诉争商标指定使用的商品或服务来源与知名电影特有名称所有人产生混淆误认，从而挤占了知名电影特有名称所有人基于该电影名称而享有的市场优势地位和交易机会时，可以根据知名度及实际的利益要素影响范围进行保护。后北京市高级人民法院在裁判文书中又明确所保护的商品化权益是民事利益。在（2015）高行（知）终字第 752 号上诉人商标评审委员会与被上诉人苹果有限公司、原审第三人连小元、陈冠洪商标异议复审行政案中，北京市高级人民法院认定，《商标法》并无"商品化权"的规定，《民法通则》也无"商品化权"的规定，但文学艺术作品、作品名称、角色名称、某种标识性的名称、姓名等确实会使上述作品或名称的拥有者通过上述作品、姓名等取得声誉、信誉、知名度等，拥有者通过将上述的声誉、信誉、知名度等与商品或服务的结合进行商业性的使用而实现经济利益，因此，上述作品或名称通过商业化使用，能够给拥有者带来相应的利益，可以作为"在先权利"获得保护。"商品化权"无明确规定，称为"商品化权益"并无不可。苹果有限公司所主张的"The BEATLES"乐队名称可以作为"商品化权益"的载体。

根据 2017 年 3 月 1 日起施行的《最高人民法院关于审理商标授权确权行政案件若干问题的规定》第二十二条第二款的规定，对于著作权保护期限内的作品，如果作品名称、作品中的角色名称等具有较高知名度，将其作为商标使用在相关商品上容易导致相关公众误认为其经过权利人的许可或者与权利人存在特定联系，当事人以此主张构成在先权益的，人民法院予以支持。该规定首次在司法解释中肯定了作品名称和角色名称可以作为商标授权确权纠纷中的在先权利，并规定了相应的构成条件，但并未明确说明作品名称和角色名称所形成的合法权益为"商品化权益"。以该案为例，"阿童木"既是动漫作品《铁臂阿童木》的片名，也是动漫作品中主要人物的名称，在诉争商标申请日前，"铁臂阿童木""阿童木"作为动漫作品的名称以及动漫的角色名称已为相关公众所了解，具有较高知名度，且该知名度的取得是手塚株式会社创造性劳动的结晶，其所带来的商业价值和商业机会亦是手塚株式会社投入大量劳动和资本所获得。因此，"铁臂阿童木""阿童木"可以作为在先作品名称以及在先作品的角色名称进行保护，加之阿童木公司在销售商品时必定借用了在先作品名称及角色名称所形成的市场声誉或不当损害了其商业利益，使相关公众对诉争商标核定使用的商品来源与在先作品名称及角色名称的所有人产生混淆误认，从而挤占了在先作品名称及角色名称所有人基于该在先作品名称及角色名称而享有的市场优势地位和交易机会，故诉争商标的注册申请损害了手塚株式会社的在先权益。该案手塚株式会社在无效宣告请求阶段和诉讼阶段均提出了"商品化权"的主张，而且明确所主张的"商品化权"包括作品名称以及角色名称的在先权益，但是北京知识产权法院并未直接认定该项权益为"商品化权"或者"商品化权益"。虽然最高人民法院出台了司法解释，在满足某些条件的情况下作品名称和角色名称构成可受保护的一种合法在先权益，但是我国法律中并未明确规定"商品化权"或者"商品化权益"，故在司法实践中仍需要保持审慎的态度，慎用"商品化权"或者"商品化权益"的字样。

司法实践中，作品名称以及角色名称的商品化权益保护一波三折，期间历经多个阶段的尝试和调适，也经历了多种不同观点的交锋，但是最终司法解释给出了定论，即在对于著作权保护期限内的作品，作品名称、作品中的角色名称等具有较高知名度，将其作为商标使用在相关商品上容易导致相关公众误认为其经过权利人的许可或者与权利人存在特定联系，当事人以此主张构成在先权益的，人民法院就应当予以支持。

（撰稿人：赵　楠　张晓津）

专　利

涉药品专利诉前行为保全的适用要件

——安斯泰来公司等申请诉前行为保全案

◎ **关键词**

药品专利权　诉前行为保全

◎ **裁判要点**

涉及药品专利权纠纷的诉前行为保全应当综合考虑以下几个因素：第一，行为保全请求是否具有事实基础和法律依据；第二，申请是否具有紧迫性；第三，被申请人停止相关行为对申请人造成的损害是否大于被申请人停止相关行为对被申请人造成的损害；第四，责令被申请人停止被诉侵权行为是否损害社会公共利益；第五，申请人是否提供了相应的担保。

◎ **相关法条**

《中华人民共和国专利法》（以下简称《专利法》）第六十条、第六十六条，《中华人民共和国民事诉讼法》（以下简称《民事诉讼法》）第一百〇一条第一款。

◎ **案件索引**

（2019）京 73 行保 1 号

◎ **当事人**

申请人：安斯泰来制药有限公司（以下简称"安斯泰来公司"）、安斯泰来制药（中国）有限公司［以下简称"安斯泰来（中国）公司"］

被申请人：浙江海正药业股份有限公司（以下简称"海正药业公司"）、仁和药房网（北京）医药科技有限公司（以下简称"仁和药房网公司"）

◎ **基本案情**

安斯泰来公司、安斯泰来（中国）公司以海正药业公司系专利号 ZL00801216.4，名称为"冻干形式的稳定的药用组合物"（以下简称"涉案专利"）的发明专利权利人，申请人认为仁和药房网公司两被申请人所生产的"米开民©"（商标名称）注射用米卡芬净钠（以下简称"被诉侵权产品"）涉嫌侵害涉案专利权，且被诉侵权产品已经通过一致性评价，部分被诉侵权产品已经在市场上开始销售，该案案情具有紧迫性，不采取诉前行为保全措施将使其利益受到难以弥补的损害，并就此提出保证金，向北京知识产权法院提出诉前行为保全请求，请求法院责令海正药业公司停止制造、销售和许诺销售被诉侵权产品，仁和药网公司停止销售、许诺销售被诉侵权产品。海正药业公司认为申请人的请求不符合法律规定：上述涉案专利不稳定，可能被无效，且海正药业公司一方已针对涉案专利提起无效宣告程序，申请人胜诉可能性较小，同时如果采取诉前行为保全措施，将给被申请人造成巨大的损失，申请人所提供保证金不足以弥补被申请人可能造成的损害。因此，被申请人请求驳回申请人的请求。

▣ 判决结果

北京知识产权法院经审理做出裁定，责令海正药业公司停止制造、许诺销售、销售被诉侵权产品，仁和药网公司停止许诺销售、销售被诉侵权产品。

▣ 裁判理由

第一，申请人的请求是具有事实基础和法律依据。

涉案专利为发明专利，经过实质审查，被申请人提交证据无法证明其存在不符合授权条件的缺陷，是有效的、稳定的。经过初步比对，结合被诉侵权产品说明书及鉴定报告，被诉侵权产品落入涉案专利权保护范围的可能性较大。

第二，该案具有紧迫性，不立即采取措施可能使申请人的合法权益受到难以弥补的损害。

该案中，首先，如不采取行为保全措施，可能会导致被申请人在剩余的专利保护期内继续实施侵权行为，进一步扩大损害后果。而另一方面，根据申请人提交的海正药业公司 2018 年年度业绩预亏公告，被申请人海正药业公司可能存在亏损的情况。如果被诉侵权行为成立，上述两方面情况可能导致海正药业公司无能力赔偿因侵权行为而造成的损失。其次，被诉侵权产品已经在仁和药房网公司在内的一些药店直接销售，如果不立即采取行为保全措施，该产品可能进入更多药店销售或引起其他厂家的效仿，会引发更多侵权行为的发生，增加申请人损害以及维权成本。最后，因被诉侵权产品具有明显价格优势，被诉侵权行为可能导致申请人的相关市场份额明显减少或导致申请人产品降价，由此给申请人造成的损害是难以弥补的。

第三，海正药业公司、仁和药房网公司不停止涉案行为对安斯泰来公司、安斯泰来中国公司造成的损害大于海正药业公司、仁和药房网公司停止涉案行为对其造成的损害。

第四，没有证据表明责令被申请人停止被诉侵权行为可能会对公众健康或社会经济秩序造成损害。

第五，申请人已经提供了相应的担保。在执行行为保全措施过程中，被申请人可能因此遭受的损失超过申请人担保数额的，人民法院可以责令申请人追加相应的担保。申请人拒不追加的，可以裁定解除或者部分解除保全措施。

▣ 案例解析

该案系诉前行为保全的典型案例，主要涉及《专利法》第六十条、第六十六条，《民事诉讼法》第一百〇一条第一款的适用标准的问题。

《与贸易有关的知识产权协定》（TRIPS 协定）中第三章第三节有所涉及，为履行承诺，在加入世界贸易组织前，2000 年修改的《专利法》第六十六条及 2012 年修改的《民事诉讼法》第一百〇一条引入了诉前行为保全制度，随后最高人民法院出台《关于审查知识产权纠纷行为保全案件适用法律若干问题的规定》，提供了较为详细的指引。

专利权系权利人获得的一项合法垄断性权利，是权利人获得市场竞争优势的重要工具，对于药品专利而言，更是如此。由于专利权时效性较强，只能在专利权的期限内行使，"诉前禁令的及时性可以很好解决传统诉讼救济的滞后性问题，及时有效地保护权利人合法权益，实现诉前禁令程序的效率价值，避免出现'迟到的正义即非正义'的司法困境。"[1] 相较于其他法律救济手段，诉前行为保全措施无疑是最为有效的法律措施之一。但对于涉案被申请人而言，诉前行为保全往往涉及禁止被申请人停止生产被诉侵权产品，可能引起所涉领域较为重大的市场竞争格局变化。对法院而言，"法院所进行的实质性审查可能为随后进行的知识产权侵权诉讼埋下了未审先判的陷阱。"[2] 有鉴于此，法院在审查是否给予当事人诉前行为保全措施时，往往采取十分审慎的态度。在修改《专利法》及《民事诉讼法》之前，最高人民法院出台了《关于当前经济形势下知识产权审判服务大局若干问题的意见》（法发〔2009〕23 号），其中第十四条要求采取诉前行为保全措施"既要积极又要慎重，既要合理又要有效，要妥善处理有

---

[1] 彭向阳. 知识产权诉前禁令研究 [D]. 广州：华南理工大学，2017：31-32.
[2] 张晓薇. 知识产权诉前禁令探析 [J]. 知识产权，2008，18 (3)：66.

效制止侵权与维护企业正常经营的关系"。因此，如何根据案情作出妥善的处理，既保护权利人的合法权益，又不至于使司法机关过分干预市场竞争是一个重大的课题。该案在这方面作出了一些探索和尝试，具体而言，应当全面考虑以下几点因素：第一，行为保全请求是否具有事实基础和法律依据；第二，申请是否具有紧迫性；第三，被申请人停止相关行为对申请人造成的损害是否大于被申请人停止相关行为对被申请人造成的损害；第四，责令被申请人停止被诉侵权行为是否损害社会公共利益；第五，申请人是否提供了相应的担保。

关于行为保全请求是否具有事实基础和法律依据，该案主要审查两方面：第一是涉案专利是否有效和稳定，第二是申请人在该案中是否有胜诉可能性。对于第一点的审查的必要性是显而易见的，对其审查常包括以下因素：①所涉权利的类型或者属性；②所涉权利是否经过实质审查；③所涉权利是否处于宣告无效或者撤销程序中以及被宣告无效或者撤销的可能性；④所涉权利是否存在权属争议；⑤其他可能导致所涉权利效力不稳定的因素。对于第②方面的审查是诉前行为保全保全制度中较受争议的一点。从审慎的角度出发，审查申请人胜诉的可能性是必要的，因此，本着坚持"先审后判"的原则，在诉前行为保全的案件中，一般应召集双方当事人进行谈话和询问，充分听取双方当事人的意见，充分保障当事人的程序性权利。该案中，北京知识产权法院曾四次就相关事宜向申请人进行询问，两次组织双方当事人到庭参与询问，充分听取了各方意见。至于"胜诉可能性"达到何种程度，不同国家和地区的法律实践有所不同，但"都通过'表面良好论据案情''清楚显示'和'释明'等条件在不同程度上间接地表达对胜诉可能性原则的要求"，❶ 即一般要求请求人初步提交的证据能够较为清楚且完整地证明被申请人确实存在侵权情况。该案中，两申请人所提交的被诉侵权产品的说明书表明其化学结构式、性状、辅料等同涉案专利相同。另鉴定报告和仁和药房网公司出具的被诉侵权产品的质量标准表明被诉侵权产品的含水量也在涉案专利权利要求所请求保护范围之内。至此，申请人所提交的证据已经形成清晰且完整的证据链条，表明被诉侵权产品极有可能落入涉案专利相关权利要求的保护范围。

关于申请是否具有紧迫性，《最高人民法院关于审查知识产权纠纷行为保全案件适用法律若干问题的规定》第六条所明确列举的五种情形中并未包含该案情形。《关于当前经济形势下知识产权审判服务大局若干问题的意见》中第十四条规定：……在认定是否会对申请人造成难以弥补的损害时，应当重点考虑有关损害是否可以通过金钱赔偿予以弥补以及是否有可执行的合理预期……北京知识产权法院综合考虑以下情况：

---

❶ 彭向阳. 知识产权诉前禁令研究 [D]. 广州：华南理工大学，2017：63.

首先，如不采取行为保全措施可能导致侵权损害后果进一步扩大，而制造并许诺销售和销售涉嫌案权产品的海正药业公司存在经营不善的状况。以上两方面因素可能导致损害赔偿无法及时履行。其次，被诉侵权产品价格较低，对申请人专利产品造成价格侵蚀且难以恢复，其专利产品市场受到冲击，这些损失是难以精确计算的，进而也难以通过用金钱来补充。综合以上因素，北京知识产权法院认为该案情形属于"本案是否具有紧迫性，不立即采取措施是否可能使申请人的合法权益受到难以弥补的损害"。

关于被申请人停止相关行为对申请人造成的损害是否大于被申请人停止相关行为对被申请人造成的损害，由于涉案专利保护期限截至 2020 年 6 月 28 日。责令海正药业公司和仁和药房网公司停止涉案行为，仅涉及在涉案专利剩余保护期内的暂停生产、销售，保护期过后仍可恢复，其损失是可以预见的。而如果不责令海正药业公司、仁和药房网公司停止涉案行为，如前所述，对安斯泰来公司、安斯泰来中国公司造成的损失将难以计算。

关于责令被申请人停止被诉侵权行为是否损害社会公共利益，该案中没有证据显示对社会公共利益及社会经济秩序等造成损害。

关于申请人是否提供了相应的担保，"担保首先应当作为防止被申请人因被错误地采取民事保全措施而遭受的损失。这是保全担保的本义。"❶ 申请人所提供的担保的形式和数额应当同案情相适应。该案中，对于形式是否符合要求一般争议不大，而对于数额是否同案情相适应，从担保的内涵及《最高人民法院关于审查知识产权纠纷行为保全案件适用法律若干问题的规定》第十一条之规定看，担保的金额大致应当等于因保全错误可能给被申请人所带来的损失。而诉前行为保全制度中，由于尚处于诉前阶段，并无相应的标的额予以参照。同时，对于被申请人可能因保全错误而遭受的损失的计算也并非易事。在这种情况下，还需要综合考虑申请人胜诉可能性高低。另外，随着案件的进展，在必要情况下，法院可令申请人追加相应的担保，否则将裁定解除或者部分解除保全措施。这也是我国诉前保全制度中的一种变通和创新。

另外值得注意的一点是，涉案专利保护期于 2020 年 6 月 28 日到期，而根据申请人初步提交的证据，海正药业公司于 2019 年 1 月 18 日就其获批制造的注射用米卡芬净钠向国家药品监督管理局药品审评中心提出一致性评价申请。这表明，在涉案专利保护的末期，相关企业就已经开始了相关市场的争夺。我国 2008 年修改的《专利法》第六十九条第（五）项创设了 Bolar 例外制度，其规定：有下列情形之一的，不视为侵犯专利权："为提供行政审批所需的信息，制造、使用、进口专利药品或者专利医疗器械

---

❶ 李仕春. 民事保全程序基本问题研究［J］. 中外法学, 2005（1）: 66.

的，以及专门为其制造、进口专利药品或者专利医疗器械的。" 即，以获取行政审批为目的，在药品专利保护期限内，便可制造、使用、进口专利药品，在药品专利保护届满便可上市。《美国专利法》第 271 条（e）（1）❶ 也规定了 Bolar 例外，但第 271 条（e）（2）❷ 又规定在专利权保护期内，不得就受他人专利权保护的药品向 FDA 发起药物上市审批程序。相较而言，我国《专利法》第六十九条第（五）项的规定在某种程度实际上弱化了药品专利权的保护。同时，考虑到专利药品的市场培育和相关消费者对某种药品的接受是一个渐进的过程，药品专利权保护的尾期，往往是一种专利药品在各方面最成熟的阶段。在此期间，专利药品的市场争夺也可能是较为激烈的。因此，从鼓励创新及药品专利权人与其他市场主体之间的利益平衡的角度，在该案中对被申请人采取诉前行为保全措施也是必要的、正当的。

（撰稿人：宋　晖　王仲阳）

---

❶ United States Code Title 35-Patents 271（e）（1）It shall not be an act of infringement to make, use, offer to sell, or sell within the United States or import into the United States a patented invention（other than a new animal drug or veterinary biological product（as those terms are used in the Federal Food, Drug, and Cosmetic Act and the Act of March 4, 1913）which is primarily manufactured using recombinant DNA, recombinant RNA, hybridoma technology, or other processes involving site specific genetic manipulation techniques）solely for uses reasonably related to the development and submission of information under a Federal law which regulates the manufacture, use, or sale of drugs or eterinarybiological products.

❷ United States Code Title 35 - Patents 271（e）（2）It shall be an act of infringement to submit — （A）an application under section 505（j）ofthe Federal Food, Drug, and Cosmetic Act or described in section 505（b）（2）of such Act for a drug claimed in a patent or the use of which is claimed in a patent.

第二医药用途专利创造性的判断

——评诺华股份有限公司诉国家知识产权局专利复审委员会、第三人江苏豪森药业集团有限公司专利行政纠纷案

◻ **关键词**

新颖性　创造性　技术启示

◻ **裁判要点**

（1）无效宣告程序中有关证据的问题，可参照人民法院民事诉讼中的相关规定，审查机关可综合考虑在案证据以及待证事实发生的盖然性等因素，对各方提交的证据的证明力作出判断，并对证明力较大的证据予以确认。

（2）对于第二医药用途专利（即瑞士型权利要求），其不仅应对疾病的体外细胞、动物模型实验有效，还应当达到能够有效治疗人体患者的程度，但这并不意味着在临床试验时能够达到绝对的成功，只需使得本领域技术人员对以该药物治疗人体患者的成功性有合理的预期即可。

（3）鉴于肿瘤药物研发的复杂性，本领域技术人员往往会对一些积极的信息产生极大的关注度，并据此进行有益的尝试，因此，即便现有技术未明确公开具体的实验类型和实验数据，但结合其本领域技术人员的技术水平和现有技术的描述，如果其可以根据现有技术所披露的信息，产生将特定化合物用于治疗该类疾病患者的动机，并对治疗结果的成功性具有合理的预期时，则可以认定现有技术已经公开了本发明中的技术方案。

◻ **相关法条**

2008年修改的《中华人民共和国专利法》（以下简称"2008年《专利法》"）第二十二条第二款、第二十二条第三款

◻ **案件索引**

一审：（2016）京73行初985号
二审：（2017）京行终2871号

◻ **当事人**

原告：诺华股份有限公司

被告：国家知识产权局专利复审委员会❶（以下简称"专利复审委员会"）

第三人：江苏豪森药业集团有限公司

◻ **基本案情**

涉案专利为诺华股份有限公司、达纳-法伯癌症研究公司、俄勒冈健康与科学大学、布赖汉姆妇女医院共有。本专利授权公告时的权利要求书为："1. 具有通式 I 的 4-（4-甲基哌嗪-1-基甲基）-N-［4-甲基-3-［（4-吡啶-3-基)嘧啶-2-基氨基］苯基］-苯甲酰胺或它的可药用盐在制备用于治疗胃肠基质肿瘤的药物组合物中的用途。"涉案专利为制药用途权利要求，即以"化合物 X 在制备用于治疗疾病 Y 的药物组合物 Z 中的用途"形式撰写。该类特殊的权利要求是针对我国专利法对疾病的治疗方法不授予专利权所作出的特别规定，通过给医药用途发明创造提供必要的保护空间和制度激励，平衡社会公众与权利人的利益。

该案第三人江苏豪森药业股份有限公司（现已更名为"江苏豪森药业集团有限公司"）于 2014 年 9 月 5 日向专利复审委员会提出了无效宣告请求，请求宣告涉案专利权利要求 1 无效。专利复审委员会经审理后作出第 27371 号无效决定，认定证据 1（刊载于 2000 年 10 月刊的《柳叶刀·肿瘤学》上的论文）构成现有技术，权利要求 1 相对于证据 1 不具备创造性，故宣告涉案专利权全部无效。

诺华股份有限公司不服专利复审委员会作出的被诉决定，在其他三位共有权利人分别签署放弃参加诉讼的声明的情况下，诉至一审法院，要求撤销被诉决定，判令专利复审委员会重新作出审查决定。主要理由为：（1）被告关于证据 1 公开日的认定错误，被告在认定证据 1 公开日时存在程序违法和适用法律错误，在没有确凿证据的情况下，应认定证据 1 的公开日为 2000 年 10 月 31 日；（2）涉案专利权利要求 1 相对于证据 1 而言具备创造性，证据 1 仅披露了针对"胃肠基质肿瘤"的试验"非常早期的结果看起来令人兴奋"，但无法带给本领域技术人员足够的启示，使其能够获得涉案专利中的技术方案。❷

---

❶ 根据 2019 年 2 月 14 日国家知识产权局第二九五号公告，国家知识产权局原专利复审委员会并入国家知识产权局，不再保留专利复审委员会。为了理解连贯，本书沿用机构改革前名称。

❷ 此案被诉决定曾被评为 2015 年度专利复审委员会十大无效案例。

专利复审委员会辩称：被诉决定认定事实清楚，适用法律正确，请求法院驳回原告的诉讼请求。

第三人江苏豪森药业集团有限公司主要意见为：（1）被诉决定对证据 1 公开时间的认定正确，被告在无效审查阶段程序合法、适用法律正确；（2）涉案专利相对于证据 1 不具备创造性，证据 1 对使用伊马替尼治疗 GIST 这一技术方案可行性的披露程度与涉案专利实质相同，本领域技术人员无须临床试验数据的支持就可以得到上述医疗用途的启示。

◎ **判决结果**

一审判决：驳回诺华股份有限公司的诉讼请求。

二审判决：驳回上诉，维持原判。

◎ **裁判理由**

对于第二医药用途发明专利，其不仅应对疾病的体外细胞、动物模型实验有效，还应当达到能够有效治疗人体患者的程度，但这并不意味着在临床试验时能够达到绝对的成功，只需使得本领域技术人员对以该药物治疗人体患者的成功性有合理的预期即可。此外，鉴于肿瘤药物研发的复杂性，本领域技术人员往往会对一些积极的信息产生极大的关注度，并据此进行有益的尝试，因此，即便现有技术未明确公开具体的实验类型和实验数据，但结合其本领域技术人员的技术水平和现有技术的描述，如果其可以根据现有技术所披露的信息，产生将特定化合物用于治疗该类疾病患者的动机，并对治疗结果的成功性具有合理的预期时，则可以认定现有技术已经公开了本发明中的技术方案。

据此，合议庭最终认定专利复审委员会的无效审查程序合法，关于涉案专利权利要求 1 不具有创造性的判定结论正确决。

◎ **案例解析**

该案涉及"胃肠基质肿瘤的治疗"发明专利，诺华公司是共有专利权人之一，该专利的创新点在于发现了甲磺酸伊马替尼可被用于治疗胃肠基质肿瘤疾病的新用途。该专利权利要求撰写方式十分特殊，亦称为"瑞士型权利要求"，是我国专利法对疾病的治疗方法不授予专利权这一基本原则下的特别规定，旨在通过给医药用途发明创造提供必要的保护空间和制度激励，平衡社会公众与权利人的利益。

（一） 对涉案专利权利要求 1 的解释

最高人民法院在（2012）知行字第 75 号"卡比斯特制药公司与专利复审委员会发明专利权无效行政纠纷"一案的行政裁定书中认为："在化学领域发明专利的申请中，制药用途权利要求是一类特殊的权利要求。……为了保护发明人对于现有技术的创新性贡献，实现专利法保护创新、鼓励发明创造的立法宗旨，……允许将那些发明实质在于药物新用途的发明创造，撰写成制药方法类型的权利要求来获得专利权，……其实质上是针对物质的医药用途发明创造所做的特别规定，通过给医药用途发明创造提供必要的保护空间和制度激励，平衡社会公众与权利人的利益。"涉案专利权利要求 1 "具有通式 I 的 4-（4-甲基哌嗪-1-基甲基）-N-［4-甲基-3-［（4-吡啶-3-基）嘧啶-2-基氨基］苯基］-苯甲酰胺或它的可药用盐在制备用于治疗胃肠基质肿瘤的药物组合物中的用途"，即"化合物 X 在制备用于治疗疾病 Y 的药物组合物中的应用"的形式，就属于制药用途专利。

北京市高级人民法院在（2016）京行终字 1762 号"基因技术股份有限公司与专利复审委员会发明专利权无效行政纠纷"一案的行政判决书中认为："在医药化学领域，新药从研发到上市期间需要经过细胞实验、动物实验、I-III 期临床实验、批准上市、IV 期临床研究的研发程序。"根据上述认定，结合专利法及相关规定，对于第二医药用途专利，应当完整地公开该产品的用途，且需要在说明书中给出实验证据来证实其所述的用途以及效果，使得本领域技术人员能够实施该用途发明。因此，就涉案专利权利要求 1 而言，其不仅应对 GIST 疾病的体外细胞实验有效，或对 GIST 的动物模型试验有效，还应当达到"能够有效治疗 GIST 患者"的程度，专利复审委员会对权利要求 1 的解释正确。但"能够有效治疗 GIST 患者"并不意味着在临床试验阶段能够达到绝对的成功，只需使得本领域技术人员对以该药物治疗 GIST 患者的成功性有合理的预期即可。

（二） 本领域技术人员的技术水平

基于上述对权利要求 1 的解释，结合发明专利创造性审查的规则，评价涉案专利权利要求 1 创造性的关键在于，本领域技术人员能否在证据 1 的教导下得到启示，产生将 STI571 用于治疗 GIST 患者的动机，并对治疗结果的成功性具有合理的预期，而这一判断的前提在于，本领域技术人员在申请日前所具备的技术水平和认知能力。

该案中，证据 2、证据 5、证据 6 均为涉案专利申请日前公开的相关领域的文献资料，被诉决定认可其属于涉案专利的现有技术，法院对此予以确认。结合上述现有技术，可以了解到本领域技术人员在申请日前应对以下内容有所知晓。

1. c-kit 的突变是诱发 GIST 的重要原因

证据 2 记载，"c-kit 在某些人类癌症包括……胃肠基质肿瘤（GIST）……方面也起着作用。……在多种人类恶性疾病中发现 c-kit 的活化突变，包括……GIST。……这些突变发生在 c-kit 多肽的细胞质部分的两个不同区域——近膜区和激酶区。……c-kit 涉及多种人类肿瘤的病理生理机制，包括 GIST。……对于 GIST，c-kit 突变的出现、突变的类型，或者这两方面在临床预后上具有重要意义。"

证据 5、6 中亦有类似的表述，"经有研究结果显示 GIST 中的 c-kit 突变导致 c-kit 的酪氨酸激酶的配体非依赖性激活，并且在体外具有肿瘤促进作用。……患有多种 GISTs 的家族成员不仅在肿瘤中显示 c-kit 基因的近膜突变，还在外周白细胞中显示 c-kit 基因的近膜突变。这清晰表明，c-kit 的近膜结构域突变在引起人 GISTs 中发挥重要作用。"

根据上述现有技术所披露出的信息，本领域技术人员即便不能完全确定 GIST 产生的唯一病理原因就是 c-kit 的突变，但至少可以知晓二者之间有重要的联系。

2. STI571 能够有效抑制 c-kit 的活性

证据 2 记载，"（c-kit 的）突变引起配体非依赖的组成性激酶活化。STI571 作为三磷酸腺苷（ATP）的竞争性抑制剂结合到激酶区。……STI571 是通过抑制 c-kit 激酶活性而减少突变型 c-kit 多肽的自磷酸化。……STI571 选择性抑制了 c-kit 酪氨酸激酶活性并抑制与细胞增殖和存活有关的靶蛋白的下游活化。这个化合物可能对治疗与 c-kit 激酶活性增加相关的癌症有用。"

根据上述现有技术所披露出的信息，本领域技术人员应该知晓 STI571 可以对 c-kit 的活性产生有效的抑制。

诺华股份有限公司认为，证据 2、证据 5、证据 6 虽然是涉案专利申请日之前的现有技术，但其并非为本领域的公知常识，且在被诉决定仅以证据 1 为对比文件进行审查的前提下，上述现有技术不能在诉讼中被引用以评价权利要求 1 的创造性，亦不能反映本领域技术人员专利申请日前的技术水平。

对此，我们认为，本领域技术人员是指知晓申请日或优先权日之前发明所属技术领域所有的普通技术知识，能够获知该领域中所有的现有技术，并且具有应用该日期之前的常规实验手段的能力的人员。该案中，证据 2、证据 5、证据 6 是认定本领域技术人员技术水平的关键证据，亦属于本领域技术人员无须花费创造性劳动即可获得的知识，故应认定其所披露的信息在涉案专利申请日前已在本领域技术人员认知范围之内。此外，证据 2、证据 5、证据 6 属于无效阶段豪森公司提出无效请求时的证据，亦经过转交和审查，诺华公司对其内容已有充分的了解和知晓，专利复审委员会和第三人在诉讼审理阶段结合上述证据发表意见，不属于引入新的事实和理由。

（三）权利要求 1 相对于证据 1 是否具备创造性

证据 1 是与软组织肉瘤治疗有关的一篇综述性的文献，其描述了对于软组织肉瘤治疗的临床最新情况，在评价权利要求 1 的创造性时应结合证据 1 全文公开的内容进行判断。

首先，证据 1 在"化疗在转移性或不能手术切除的肉瘤中的作用"小标题下记载了"某些亚型对传统的细胞毒疗法几乎不可能有主要的临床反应。因此，只要有可能，就应该使用临床试验中有前景的新药治疗这些患者。这类对初始化疗耐药的肉瘤包括，例如，胃肠基质肿瘤（GIST）……"，在"新的系统性治疗途径"小标题下记载了"考虑到传统的采用细胞毒类化学疗法治疗软组织肉瘤的局限性，新的治疗途径应该会受到医生的欢迎，也会受到患者及其家人的欢迎。……"也就是说，根据证据 1 的记载，传统细胞毒类化学疗法对 GIST 类的软组织肉瘤治疗效果不佳，因此，只要在临床试验中具有一定应用前景的新的治疗途径出现，本领域技术人员都会有动机去积极地尝试这一新的疗法。

其次，证据 1 进一步提到"其他的新疗法包括合理的靶点，如组成性激活的 c-kit 受体酪氨酸激酶，它表征众所周知的化疗耐药的胃肠基质肿瘤。"这正是前述本领域技术人员在专利申请日前已获知的信息，即相对于良性 GIST，c-kit 的突变优先出现在恶性 GIST 中，而不出现在平滑肌瘤或平滑肌肉瘤中，可能是临床上评价 GIST 的有用辅助标志物，这也印证了 c-kit 突变确实是 GIST 发病的重要原因，抑制 c-kit 的突变属于新的治疗途径。

最后，证据 1 指出"在本文写作之时，一项选择性酪氨酸激酶抑制剂 STI571 针对 GIST 的试验已经刚刚在达纳-法伯癌症研究公司开始（与全球其他的研究中心合作），非常早期的结果看起来令人兴奋"。结合前述分析，这一表述直接明确了 STI571 可以治疗 GIST，由于证据 1 反复提及与临床试验相关的问题，且通常只有到了临床试验阶段才会涉及与全球其他的研究中心合作的问题，故"令人兴奋"的表述会带给本领域技术人员足够的动机，促使其将 STI571 用于 GIST 治疗的临床试验，并对这一途径的成功性具有合理的预期。

诺华公司认为，在世界范围内，肿瘤药物的研发成功率极低，但现实中的治疗需求极大。在此情况下，即使在没有或成功预期极低的情况下，本领域技术人员仍可能会考虑尝试研发。但这种泛泛的、非基于技术启示的动机，不是"专利法意义下的动机"，在没有任何科学、实证依据（例如试验数据）的情况下，无法使本领域技术人员产生合理的成功预期。实际上，正是鉴于肿瘤药物研发的复杂性，本领域技术人员往往会对一些积极的信息产生极大的关注度，并据此进行有益的尝试，因此，虽然证据1中未明确公开具体的实验类型和实验数据，但结合其本领域技术人员的认知能力和证据1全文的描述，应认定其可以根据证据1所披露的信息，在不付出创造性劳动的基础上联想到涉案专利的技术方案。

（四）权利要求1是否具有预料不到的技术效果

发明取得了预料不到的技术效果，是指发明同现有技术相比，技术效果产生了"质"的变化，具有新的性能；或者产生"量"的变化，超出了人们预期的想象。这种"质"或"量"的变化，对本领域技术人员而言事先无法预测或者推理出来。就权利要求1而言，其采取的药物组合物的主要成分已被证据1所披露，没有产生新的"质"变，而证据1指出STI571对GIST的治疗已取得了"令人兴奋"的试验结果，这种表述意味着本领域技术人员应该对上述治疗的效果有相当好的预期，涉案专利并未就此突破而产生"量"的变化。

（撰稿人：张晓津　马云鹏）

相对于现有技术取得了预料不到的
技术效果的发明具备创造性

——评诺沃库勒公司诉专利复审委员会
发明专利申请驳回复审行政案

◙ **关键词**

预料不到的技术效果　创造性

◙ **裁判要点**

当发明同现有技术相比，其技术效果产生的量的变化，超出了人们预期的想象，事先无法预测或者推理出来，则应当认为发明取得了预料不到的技术效果。如果一项发明相对于现有技术取得了预料不到的技术效果，则该发明具有突出的实质性特点和显著的进步，具备创造性。

◙ **相关法条**

2000 年修订的《中华人民共和国专利法》（以下简称"2000 年《专利法》"）第二十二条第三款

◙ **案件索引**

一审：（2015）京知行初字第 3980 号

◙ **当事人**

原告：诺沃库勒有限公司（以下简称"诺沃库勒公司"）
被告：专利复审委员会

◙ **基本案情**

一件申请号为 200680043421.6、名称为"优化电场特征以增加电场在增殖细胞上的效果"的发明专利申请，申请人为诺沃库勒公司，申请日为 2006 年 9 月 29 日，进入中国国家阶段日期为 2008 年 5 月 21 日，优先权日为 2005 年 10 月 3 日，公开日为 2008 年 12 月 10 日。

经实质审查，国家知识产权局原审查部门于 2013 年 4 月 3 日作出驳回决定，以涉案申请权利要求 1~13 相对于对比文件 1 与常用技术手段的结合不具备创造性，不符合 2000 年《专利法》第二十二条第三款的规定为由驳回了涉案申请。

驳回决定所针对的权利要求书包括 13 项权利要求，其中权利要求 1 如下：

"1. 一种施加治疗电场到病人的目标区域的设备，该设备包括：

第一对绝缘电极，每一个电极具有导体和表面，该表面被配置成靠着与导体绝缘的病人的身体放置；

第二对绝缘电极，每一个电极具有导体和表面，该表面被配置成靠着与导体绝缘的病人的身体放置；

控制信号发生器，其产生具有第一和第二输出状态的方波控制信号，其中第一输出状态的持续时间是 20 和 500ms 之间，第二输出状态的持续时间是 20 和 500ms 之间；

AC 信号发生器，其在控制信号处于第一输出状态时在第一对电极的导体之间产生具有 50 和 500kHz 之间频率的第一 AC 信号，并且在控制信号处于第二输出状态时在第二对电极的导体之间产生具有 50 和 500kHz 之间频率的第二 AC 信号，其中通过第一和第二输出状态之间的切换，而在在第一对电极的导体之间产生第一 AC 信号和在第二对电极的导体之间产生第二 AC 信号之间进行切换。"

驳回决定引用的对比文件为：

对比文件 1：US2005/0209640A1，公开日为 2005 年 9 月 22 日。对比文件 1 公开了一种施加治疗电场到病人的目标区域的设备，并具体公开了：当用电子装置施加具有特定特性的电场时，克服了与对人体应用传统电场有关的不利之处，本装置可进一步包括用于使 TC 电场相对于活组织旋转的装置；TC 电场依顺序施加于不同的绝缘电极对 230（参见对比文件 1 说明书第［0103］段）；通过结合在衣物中的外部绝缘电极来运用该电场，而且该绝缘电极还被构建成使得所运用的电场为局部靶向特定的、局部组织区域（例如，肿瘤）的类型；这一实施方式被设计成通过穿着覆盖靶组织的衣物以使该绝缘电极所产生的电场指向肿瘤（损伤等）而用于治疗位于皮肤表面或皮肤下的肿瘤和损伤（参见对比文件 1 说明书第［0028］段）；AC 信号被顺序施加在各对电极之间，这种安排的实例是将 AC 信号施加在电极 E1 和 E4 上 1 秒，然后将 AC 信号施加在电极 E2 和 E5 上 1 秒，然后将 AC 信号施加在电极 E3 和 E6 上 1 秒，然后为所需的治疗时期重复这三部分序列（参见对比文件 1 说明书第［0107］段）；为证明具有上述特性，例如频率介于 50KHz 和 500KHz 间的电场对破坏肿瘤细胞的有效性，用该电场治疗患有恶性黑素瘤肿瘤的小鼠。可选的实施例中，电场可以打开 1 小时，然后关闭 1 小时。

诺沃库勒公司对上述驳回决定不服，于 2013 年 7 月 5 日向专利复审委员会提出了复审请求，但未修改申请文件。

经形式审查合格，专利复审委员会于 2013 年 7 月 24 日依法受理了该复审请求，并将其转送至原审查部门进行前置审查。原审查部门坚持原驳回决定。随后，专利复审委员会对该案进行审理。

2014 年 12 月 1 日，专利复审委员会作出复审决定，认定：

1. 关于权利要求 1 的创造性

权利要求 1 与对比文件 1 相比，其区别在于：（1）第一和第二输出状态的持续时间为 20-500ms 之间；（2）控制信号为方波。基于上述区别，本发明实际解决的技术问题是：（1）优化电场以阻止快速增殖的活性细胞增殖和破坏该活性细胞；（2）提供两种控制状态。

对于上述区别（1），本领域技术人员在现有技术的基础上，在面对如何优化电场问题时，通过进行有限次本领域常规的试验，得到选用某个范围的输出状态的持续时间时，阻止快速增殖的活性细胞增殖和破坏该活性细胞的效果较好是本领域常用技术手段。

对于上述区别（2），在需要两种控制状态的情况下，使用方波来作为控制信号，对本领域的技术人员来说是显而易见的。

由此可知，在对比文件 1 的基础上结合本领域常用技术手段以得到权利要求 1 所要求保护的技术方案对本领域技术人员来说是显而易见的。因此，权利要求 1 不具备突出的实质性特点和显著的进步，不具备 2000 年《专利法》第二十二条第三款规定的创造性。

2. 关于其他权利要求的创造性

首先，关于独立权利要求 6。基于基本相同的理由，在对比文件 1 的基础上结合本领域常用技术手段以得到权利要求 6 所要求保护的技术方案对本领域技术人员来说是显而易见的。其次，关于其他从属权利要求。其他从属权利要求的附加技术特征要么被对比文件 1 公开，要么属于本领域的常规选择。因此，在它们引用的权利要求 1 和 6 不具备创造性的情况下，其他从属权利要求也不具备 2000 年《专利法》第二十二条第三款规定的创造性。

最终，专利复审委员会维持国家知识产权局于 2013 年 4 月 3 日对涉案申请作出的驳回决定。

诺沃库勒公司不服，向北京知识产权法院提起诉讼称：第一，权利要求 1 具备创造性。被告主要认为对比文件 1 公开了相关的持续时间为 1 秒，由此可以使得本领域技术人员想到权利要求 1 中的持续时间是 20～500ms。原告认为被告在评判创造性时犯了事后诸葛亮的错误，实际上其是在充分阅读了本申请所揭示的内容之后，放大了本领域技术人员的能力。对比文件 1 并未能给出上述启示，在利用电脉冲治疗的领域中，即使很小的微调也可能造成很大的不同。第二，关于其他权利要求。由于上述区别技术特征在权利要求 6 中均有相应记载，故至少基于与权利要求 1 相似的有关创造性理由，独立权利要求 6 也具备创造性。在独立权利要求具备创造性时，引用独立权利要求的从属权利要求也必然具备创造性。综上，复审决定认定事实不清、适用法律错误，请求人民法院依法予以撤销，并判令专利复审委员会重新作出决定。

回 **判决结果**

一审判决：第一，撤销被告专利复审委员会作出的第 77517 号复审决定；第二，专利复审委员会就第 200680043421.6 号发明专利申请重新作出复审决定。

回 **裁判理由**

关于独立权利要求 1 的创造性。鉴于诺沃库勒公司对于专利复审委员会认定的涉案申请权利要求 1 与对比文件 1 相比的区别技术特征的认定不持异议，法院予以确认。即二者的区别在于：（1）第一和第二输出状态的持续时间为 20～500ms 之间；（2）控制信号为方波。基于上述区别，本发明实际解决的技术问题是：（1）优化电场以阻止快速增殖的活性细胞增殖和破坏该活性细胞；（2）提供两种控制状态。

对于区别技术特征（1），法院认为：首先，对比文件 1 未给出相应的技术启示。对比文件 1 虽然揭示了将电场在不同方向循环施加的方式有利于破坏细胞，但是对于每一电场的施加时间与细胞增殖之间的关系并未提及。因此，本领域技术人员在对比文件 1 的基础上，不能获得通过调整施加在电极上的持续时间来获得最优抑制肿瘤细胞增长速度的技术启示。其次，"第一和第二输出状态的持续时间为 20～500ms 之间"不是本领域常用技术手段。尽管本领域技术人员具备常规的试验能力，对施加在电极上的时间可以进行选取并试验，但是时间的选取范围是非常大的，应当意识到 20ms 到 500ms 的时间周期（不到半秒）在可选的时间轴上是非常短的区间，在一个较长的时间轴上，选取一个极其短暂的时间段，在无法预期效果且现有技术并未给出技术启示的前提下，并不是容易的。第三，本申请取得了预料不到的技术效果。由本申请的说明书附图 3 可以看出，本申请中施加在电极上的持续时间为 20ms 到 500ms 时，与其他施加的持续时间相比，细胞增殖率有明显降低，由于现有技术中并无施加时间与细胞增殖率之间关联性的研究，并且现有的医学理论也无法对之进行推测，因此，本领域技术人员难以预测或推理出施加持续时间为 20ms 到 500ms 时能够取得最佳的效果。在施加其他时间时细胞增殖率无明显变化的情况下，选择 20ms 到 500ms 细胞增殖率明显降低，这种变化是突变的，且超出了本领域技术人员的预期，取得了预料不到的技术效果。如果一项发明相对于现有技术取得了预料不到的技术效果，则该发明具有突出的实质性特点和显著的进步，具备创造性。对于区别特征（2），在需要两种控制状态的情况下，使用方波来作为控制信号，对本领域的技术人员来说是显而易见的。区别特征（1）的存在，使得权利要求 1 具备创造性。在此基础上，其他权利要求也具备创造性。最终法院判决撤销了被诉决定，并判决被告就本专利申请重新作出复审决定。判决后，双方当事人均未上诉。

回 案例解析

审查发明是否具备创造性时，应当审查发明是否具有突出的实质性特点，同时还应当审查发明是否具有显著的进步。发明有突出的实质性特点，是指对所述技术领域的技术人员来说，发明相对于现有技术是非显而易见的。发明有显著的进步，是指发明与现有技术相比能够产生有益的技术效果。这是评价发明创造性的通常做法。当然专利审查指南也规定了创造性判断时的辅助考量因素，例如，发明是否克服了技术偏见、发明是否取得了预料不到的技术效果、发明在商业上是否获得成功等。

发明取得了预料不到的技术效果，是指发明同现有技术相比，其技术效果产生"质"的变化，具有新的性能；或者产生"量"的变化，超出人们预期的想象。这种"质"的或者"量"的变化，对所属技术领域的技术人员来说，事先无法预测或者推理出来。当发明产生了预料不到的技术效果时，一方面说明发明具有显著的进步，同时也不必再怀疑其技术方案是否具有突出的实质性特点，即可以得出该发明是非显而易见的，具备创造性。正因为上述规定，在审查及审判实践中，对于如何认定"预料不到的技术效果"及其对创造性的影响尚存困惑和分歧。

该案即是比较少见的以取得"预料不到的技术效果"进而主张创造性，并被人民法院支持的案例。该案中，当施加在电极上的持续时间为 1000ms 及以上时，细胞控制增长率大约保持在 75% 左右，且变化趋势缓慢，当施加在电极上的持续时间为 500ms 时，细胞控制增长率陡降至 60% 左右，施加时间为持续下降至 50ms 时，细胞控制增长率缓慢下降直至最低值为 50% 左右，施加时间为 20ms 时，细胞控制增长率回升至 60%

左右，而施加时间为 10ms 时，细胞控制增长率又陡升至 75% 左右。可见，涉案申请中施加在电极上的持续时间为 20ms 到 500ms 时，与其他施加的持续时间相比，细胞增殖率有明显降低，由于现有技术中并无施加时间与细胞增殖率之间关联性的研究，并且现有的医学理论也无法对之进行推测，因此，本领域技术人员难以预测或推理出施加持续时间为 20ms 到 500ms 时能够取得最佳的效果。故法院认定涉案专利同现有技术相比，其技术效果产生了量的变化，超出了人们预期的想象，事先无法预测或者推理出来，则应当认为发明取得了预料不到的技术效果。

但是，我们也应该注意到，该案中"预料不到的技术效果"的认定也是在对本专利技术方案的非显而易见性进行判断并得出肯定性的结论之后，将其作为一个辅助性考虑因素，从而加深了法官在创造性判断时的内心确认。而"预料不到的技术效果"是否可以单独作为创造性判断的考虑因素，是需要我们进一步在司法实践中进行探索的问题。

（撰稿人：赵 明）

包含参数特征的产品权利要求创造性判断的法律适用

——评伊士曼公司诉专利复审委员会
发明专利驳回复审行政纠纷案

◻ **关键词**

参数特征　创造性

◻ **裁判要点**

判断发明是否具备创造性是在将发明与申请日以前已有技术进行新颖性比对的基础上进行的，在比对过程中亦应按照相同的规则处理。但是，这一推定原则适用的前提是参数特征所限定的特征与现有技术相应的特征相比没有结构或组成的变化。如果本领域技术人员可以判断参数特征所限定的特征与现有技术相应的特征相比有结构或组成的变化，已经说明该特征与现有技术所公开的内容不同，不存在以不同参数限定同样产品的情况，则上述推定原则的适用基础就不再存在。如果参数特征所限定的特征与现有技术相应的特征相比没有结构和组成的变化，则应适用该推定原则，若申请人不能提交证据证明与现有技术可以区分，则只能针对其他的区别特征判断发明是否具有创造性。

双方当事人争议的参数特征限定的是纤维中磺基聚酯的性质。该申请权利要求1中的磺基聚酯与对比文件1中的磺基聚酯组成并不相同，被诉决定亦明确认定二者的组成构成区别。因此，该案中适用参数特征推定原则的基础不存在，该申请权利要求1对熔体黏度的限定系对一种不同成分的磺基聚酯的性质的进一步限定，构成与对比文件公开的技术方案的区别。

被诉决定对该申请权利要求1与对比文件1之间的区别特征认定错误，据此对该申请权利要求1进行的创造性判断缺乏依据。

◻ **相关法条**

2000年《专利法》第二十二条第三款

◎ **案件索引**

一审：（2015）京知行初字第 2556 号

◎ **当事人**

原告：伊士曼化工公司（以下简称"伊士曼公司"）

被告：专利复审委员会

◎ **基本案情**

原告伊士曼化工公司因发明专利申请驳回复审行政纠纷一案，不服被告专利复审委员会于 2014 年 12 月 10 日作出的第 80170 号复审请求审查决定，在法定期限内向法院提起行政诉讼。原告诉称，第一，被诉决定将适用于参数限定的化学产品新颖性判断的推定规则适用于创造性判断，缺乏法律依据。第二，关于参数限定的化学产品新颖性判断的推定规则通常应当在有合理理由怀疑参数是现有技术产品的固有特性时才可适用，该案中显然不存在这样的合理怀疑。而且这种推定通常适用于现有技术公开了具体产品的情形，而该案中对比文件 1 公开的是玻璃化转化温度的范围，涵盖了无数个具体产品，这种推定不可能被推翻，因此只能对该申请权利要求 1 中的参数范围与对比文件 1 中的参数范围进行比较。第三，该申请的技术方案具有预料不到的技术效果。请求法院撤销被诉决定，判令被告重新作出复审请求审查决定。

该案涉及申请号为 200780001225.7，名称为"获自磺基聚酯的水可分散的纤维和多组分纤维"的发明专利申请，申请人为伊士曼公司，优先权日为 2006 年 1 月 31 日，申请日为 2007 年 1 月 16 日，公开日为 2009 年 1 月 28 日。

经实质审查，国家知识产权局原审查部门以该申请权利要求 1~28 不具备 2000 年《专利法》第二十二条第三款规定的创造性为由，于 2012 年 5 月 11 日作出驳回决定，驳回了该申请。

驳回决定所引用的对比文件 1 是公开日为 2014 年 12 月 23 日，公开号为 US2004/0258910A1 的美国专利申请文件。对比文件 1 公开了一种多组分纤维，包括：A）玻璃转化温度（Tg）至少为 57℃ 的水可分散的磺基聚酯，所述磺基聚酯包括：（i）约 50~约 96mol% 的间苯二甲酸或对苯二甲酸的一种或多种残基，基于总酸残基；（ii）约 4~约 30mol% 的钠代磺基间苯二甲酸的残基，基于总酸残基；（iii）一种或多种二醇残基，基于总二醇残基，其中至少 25mol% 是具有以下结构的聚（乙二醇）：$H-(OCH_2-CH_2)_n-OH$，其中 n 是 2~约 500 的整数；（iv）0~约 20mol% 的具有 3 个或以上官能团的支化单体的残基，基于总重复单元，其中该官能团是羟基、羧基或其组合；和 B）多个区段，其包括与所述磺基聚酯不溶混得一种或多种水不可分散的聚合物，其中该区段通过介于所述区段之间的磺基聚酯基本上彼此隔离；其中该纤维具有海岛型或扇饼型断面的多组分纤维，包含小于 10wt% 的颜料或填料，基于纤维的总重量。

对比文件 1 还公开了一种制造上述具有成形断面的多组分纤维的方法；一种使前述多组分纤维与水接触以除去所述水可分散的磺基聚酯，由此形成微旦数纤维的方法；一种搭叠并收集前述多组分纤维以形成非织造网，然后使非织造网与水接触以除去所述水可分散的磺基聚酯，由此形成微旦数纤维网的方法。

伊士曼公司对上述驳回决定不服，于 2012 年 8 月 27 日向专利复审委员会提出了复审请求，同时提交了权利要求书的修改替换页和在该案的实质审查过程中答复第二次审查意见通知书的意见陈述书。

2012 年 9 月 24 日，伊士曼公司再次提交了权利要求书的修改替换页。

经形式审查合格，专利复审委员会依法受理了该复审请求，并将其转送至原审查部门进行前置审查。原审查部门在前置审查意见书中坚持驳回决定。随后，专利复审委员会成立合议组对该案进行审理，并于 2014 年 5 月 30 日向伊士曼公司发出"复审通知书"。伊士曼公司于 2014 年 9 月 12 日提交了意见陈述书、权利要求书的修改替换页以及附件 1。修改后的权利要求书共有 28 项权利要求，其中权利要求 1、12、18、19、21 为独立权利要求，独立权利要求的内容为：

"1. 一种具有成形断面的多组分纤维，所述多组分纤维包括：

（A）至少一种水可分散的磺基聚酯；和

（B）多个域，所述域包括与所述磺基聚酯不溶混的一种或多种水不可分散的聚合物，其中所述域通过介于所述域之间的所述磺基聚酯基本上彼此隔离，

其中所述多组分纤维的初纺旦数小于 6 单丝旦数；

其中所述水可分散的磺基聚酯显示出小于 12000 泊的熔体黏度，在 240℃ 在 1 弧度/秒的应变速率下测量的；

其中所述磺基聚酯包括小于 25mol% 的至少一种磺基化单体的残基，基于二酸或二醇残基的总摩尔数，60~80mol% 的对苯二甲酸的一种或多种残基和 0~30mol% 的间苯二甲酸，基于总酸残基。"

"12. 一种纤维制品，其包括根据权利要求 1 的多组分纤维。"

"18. 一种用于制造具有成形断面的多组分纤维的方法，包括：

（A）纺丝至少一种水可分散的磺基聚酯和与所述磺基聚酯不溶混的一种或多种水不可分散的聚合物以生产多组分纤维，其中所述多组分纤维具有多个域，所述域包括

所述水不可分散的聚合物并且所述域通过介于所述域之间的所述磺基聚酯基本上彼此隔离；和

其中所述水可分散的磺基聚酯显示出小于 12000 泊的熔体黏度，在 240℃ 在 1 弧度/秒的应变速率下测量的，和其中所述磺基聚酯包括小于 25mol% 的至少一种磺基化单体的残基，基于二酸或二醇残基的总摩尔数，60～80mol% 的对苯二甲酸的一种或多种残基和 0～30mol% 的间苯二甲酸，基于总酸残基；和

其中所述多组分纤维的初纺旦数小于 6 单丝旦数。

19. 一种用于生产微旦数纤维的方法，其包括：

（A）将至少一种水可分散的磺基聚酯和与所述水可分散的磺基聚酯不溶混的一种或多种水不可分散的聚合物纺丝成多组分纤维，其中所述多组分纤维具有多个域，所述域包括所述水不可分散的聚合物，其中所述域通过介于所述域之间的所述磺基聚酯基本上彼此隔离；其中所述多组分纤维的初纺旦数小于 6 单丝旦数；其中所述水可分散的磺基聚酯显示出小于 12000 泊的熔体黏度，在 240℃ 在 1 弧度/秒的应变速率下测量的，和其中所述磺基聚酯包括小于 25mol% 的至少一种磺基化单体的残基，基于二酸或二醇残基的总摩尔数，60～80mol% 的对苯二甲酸的一种或多种残基和 0～30mol% 的间苯二甲酸，基于总酸残基；和

（B）使所述多组分纤维与水接触以除去所述水可分散的磺基聚酯，由此形成微旦数纤维。"

"21. 一种用于制造微旦数纤维网的方法，包括：

（A）将至少一种水可分散的磺基聚酯和与所述磺基聚酯不溶混的一种或多种水不可分散的聚合物纺丝成多组分纤维，所述多组分纤维具有多个域，所述域包括所述水不可分散的聚合物，其中所述域通过介于所述域之间的所述磺基聚酯基本上彼此隔离；其中所述多组分纤维的初纺旦数小于 6 单丝旦数；其中所述水可分散的磺基聚酯显示出小于 12000 泊的熔体黏度，在 240℃ 在 1 弧度/秒的应变速率下测量的，和其中所述磺基聚酯包括小于 25mol% 的至少一种磺基化单体的残基，基于二酸或二醇残基的总摩尔数，60～80mol% 的对苯二甲酸的一种或多种残基和 0～30mol% 的间苯二甲酸，基于总酸残基；

（B）收集步骤（A）的所述多组分纤维以形成非织造网；和

（C）使所述非织造网与水接触以除去所述磺基聚酯，由此形成微旦数纤维网。"

附件 1 为声明及其中文译文，内容为伊士曼公司的员工斯科特·E. 乔治声明使水可分散性磺基聚酯的玻璃转变温度和/或特性黏度相互关联以确定磺基聚酯的熔体黏度是不可能的。磺基聚酯的玻璃化转变温度、特性黏度和熔体黏度之间没有关联性。

该案庭审中，伊士曼公司明确表示对被诉决定关于从属权利要求 2~11、13~17、20、22~28 的评述无异议。

◎ **判决结果**

第一，撤销专利复审委员会作出的第 80170 号复审请求审查决定；

第二，专利复审委员会针对第 200780001225.7 号"获自磺基聚酯的水可分散的纤维和多组分纤维"发明专利申请重新作出复审请求审查决定。

◎ **裁判理由**

该案的焦点问题为被诉决定认定该申请不具备 2000 年《专利法》第二十二条第三款规定的创造性是否正确的问题，具体涉及包含参数特征的产品权利要求新颖性审查推定原则的适用问题。

该申请权利要求 1 中，双方当事人争议的参数特征为在 240℃在 1 弧度/秒的应变速率下测量的水可分散的磺基聚酯显示出小于 12000 泊的熔体黏度，该参数所限定的是纤维中磺基聚酯的性质。关于磺基聚酯的组成，该申请权利要求 1 中的磺基聚酯包括小于 25mol% 的至少一种磺基化单体的残基，基于二酸或二醇残基的总摩尔数，60~80mol% 的对苯二甲酸的一种或多种残基和 0~30mol% 的间苯二甲酸，基于总酸残基。而对比文件 1 中的磺基聚酯包括：（i）约 50~约 96mol% 的间苯二甲酸或对苯二甲酸的一种或多种残基，基于总酸残基；（ii）约 4~约 30mol% 的钠代磺基间苯二甲酸的残基，基于总酸残基；（iii）一种或多种二醇残基，基于总二醇残基，其中至少 25mol% 是具有以下结构的聚（乙二醇）：$H-(OCH_2-CH_2)_n-OH$，其中 n 是 2~约 500 的整数；（iv）0~约 20mol% 的具有 3 个或以上官能团的支化单体的残基，基于总重复单元，其中该官能团是羟基、羧基或其组合。二者的组成并不相同，被诉决定亦明确认定二者的组成构成区别。因此，该案中适用参数特征推定原则的基础不存在，该申请权利要求 1 对熔体黏度的限定系对一种不同成分的磺基聚酯的性质的进一步限定，构成与对比文件公开的技术方案的区别。

被诉决定对该申请权利要求 1 与对比文件 1 之间的区别特征认定错误，据此对该申请权利要求 1 进行的创造性判断缺乏依据。基于同样的理由，被诉决定对该申请权利要求 12、18、19、21 进行的创造性判断亦缺乏依据。在对其引用的权利要求的创造性判断缺乏依据的情况下，被诉决定对从属权利要求 2~11、13~17、20、22~28 进行的创造性判断亦缺乏依据。被诉决定应在重新认定区别特征的基础上，对该申请是否具备创造性进行判断。

◨ **案例解析**

该案对涉及包含参数特征的产品权利要求创造性判断的法律适用问题进行了分析和阐述。《专利审查指南》对参数表征的产品权利要求的新颖性判断原则进行了规定。该案判决对该规定进行了分析，认为之所以存在该原则，是因为对同一产品的不同物理化学性质的描述会使同一产品出现不同的表征形式。对于一些隐含了产品具有某种特定结构、组成的参数，本领域技术人员可以判断以该参数限定的产品与现有技术的区别。但由于现有技术对产品的公开很难穷尽所有参数，本领域技术人员对于一些参数无法判断其限定的产品与现有技术的区别，如果该产品实质与现有技术所公开的产品相同，只是对现有技术未明确披露的参数进行了描述，就会不当地获得授权。因此，该案判决首先明确了在创造性判断中仍适用新颖性判断中对于参数特征产品权利要求的推定规则，继而明确这一推定原则适用的前提是参数特征所限定的特征与现有技术相应的特征相比没有结构或组成的变化，指出了行政机关直接适用参数特征推定原则的不当，有效地纠正了行政机关的错误。

（撰稿人：范晓玉　崔　宁）

功能性特征的认定和二审法院对一审程序中临时禁令申请的处理

——评上诉人卢卡斯公司、富可公司与被上诉人瓦莱奥公司、原审被告陈某强侵害发明专利权纠纷案

◎ **关键词**

功能性特征的认定　临时禁令申请　先行判决

◎ **裁判要点**

功能性特征是指不直接限定发明技术方案的结构、组分、步骤、条件或其之间的关系等，而是通过其在发明创造中所起的功能或者效果对结构、组分、步骤、条件或其之间的关系等进行限定的技术特征。如果某个技术特征已经限定或者隐含了发明技术方案的特定结构、组分、步骤、条件或其之间的关系等，即该技术特征还同时限定了其所实现的功能或者效果，原则上亦不属于《最高人民法院关于审理侵犯专利权纠纷案件应用法律若干问题的解释（二）》第八条所称的特征。

对当事人不服原判提起上诉的案件，当事人在一审程序中提出行为保全申请的，在第二审人民法院接到报送的案件之前，由第一审人民法院管辖；在第二审人民法院接到报送的案件之后，由第二审人民法院管辖。如果情况紧急或者可能给申请人造成其他损害，且第二审法院无法在行为保全申请处理期限内做出终审判决的，应当依法及时对行为保全申请作出处理。

◎ **相关法条**

2008 年《专利法》第五十九条，《最高人民法院关于审理侵犯专利权纠纷案件应用法律若干问题的解释（二）》第八条

◎ **案件索引**

一审：（2016）沪 73 民初 859 号
二审：（2019）最高法知民终 2 号

◎ **当事人**

上诉人（一审被告）：厦门卢卡斯汽车配件有限公司（以下简称"卢卡斯公司"）

上诉人（一审被告）：厦门富可汽车配件有限公司（以下简称"富可公司"）

被上诉人（一审原告）：瓦莱奥清洗系统公司（Valeo Systèmes d'Essuyage）（以下简称"瓦莱奥公司"）

一审被告：陈某强

◎ **基本案情**

瓦莱奥公司是涉案"机动车辆的刮水器的连接器及相应的连接装置"发明专利的专利权人，该专利仍在保护期内。该专利权利要求为："1. 刮水器的连接器，其用于保证一刮水器臂和一刮水器刷体的一部件之间的连接与铰接，所述连接器从后向前纵向嵌在所述刮水器臂的向后纵向弯曲成 U 形的前端部内，并且包括至少一可弹性变形的元件——所述元件把所述连接器锁定在所述刮水器臂的前端部中的嵌入位置上，以及包括两个纵向垂直的侧边，所述侧边设置成容纳在所述刮水器刷体的部件的两个侧翼之间；所述连接器的特征在于，所述连接器通过一安全搭扣锁定在所述刮水器臂中的嵌入位置，所述安全搭扣活动安装在一关闭位置和一开放位置之间，在所述关闭位置，所述安全搭扣面对所述锁定元件延伸，用于防止所述锁定元件的弹性变形，并锁定所述连接器，而所述开放位置可以使所述连接器从所述刮水器臂中解脱出来。2. 如权利要求 1 所述的刮水器的连接器，其特征在于，所述安全搭扣相对所述刮水器刷体的部件活动安装。3. 如权利要求 2 所述的刮水器的连接器，其特征在于，所述安全搭扣相对所述刮水器刷体的部件铰接安装。4. 如权利要求 3 所述的刮水器的连接器，其特征在于，所述安全搭扣绕所述刮水器刷体的部件的一垂直轴铰接安装。5. 如权利要求 4 所述的刮水器的连接器，其特征在于，所述安全搭扣的铰接轴位于所述部件的一侧翼的纵向前端。6. 如权利要求 2 至 5 中任一项所述的刮水器的连接器，其特征在于，通过互补形状的弹性的嵌合结构保证把所述安全搭扣保持在关闭位置。7. 如权利要求 1 至 5 中任一项所述的刮水器的连接器，其特征在于，所述锁定元件是一爪，所述爪从所述连接器的一侧边的纵向前端向前自由且纵向地延伸，并且，它的自由端具有一斜面式或鸟嘴式形状，所述斜面式或鸟嘴式形状向所述连接器内横向延伸，并且，在所述连接器处于嵌入位置时，正对着所述刮水器臂的纵向前端的前表面延伸。8. 如权利要求 7 所述的刮水器的连接器，其特征在于，所述安全搭扣形成一保护罩，所述保护罩在关闭位置面对着所述连接器的锁定爪的自由端的外侧表面延伸。9. 如权利要求 1

至5中任一项所述的刮水器,其特征在于,所述搭扣防止所述锁定爪向所述连接器外部横向地变形,因而确保所述连接器不会脱出到所述刮水器臂的前端部之外。10. 连接装置,其将一刮水器刷体连接至一刮水器臂,其特征在于,它包括一按照权利要求1至9中任一项所述的连接器与一插接在所述刮水器刷体上的部件。"

该案被诉侵权产品为S850、S851、S950三个型号的机动车辆刮水器,由刮水器刷体、连接器以及安全搭扣组成。其中,连接器铰接安装在刮水器刷体的底座上,连接器可将刮水器臂和刮水器刷体进行连接,连接后,刮水器臂可随同连接器绕刮水器刷体底座上的水平轴线转动。连接器上有两个外伸或延伸的侧边构成一对可弹性变形的元件,该侧边位于刮水器刷体底座的两个侧翼之间。弹性元件端部向连接器内横向弯折(S850、S851型号)或凸起(S950型号),可将刮水器臂前弯曲部卡入、限定在装配连接位置即嵌入位置。连接器上方有一安全搭扣,其后部铰接安装在刮水器底座上,可绕铰接点所确定的水平轴线转动关闭或打开。连接器通过互补形状的弹性的嵌合结构保证把安全搭扣保持在关闭位置。安全搭扣两侧壁的内表面设有一对垂直于侧壁的凸起,当安全搭扣处于关闭位置时,安全搭扣的前部处于弹性元件的前方位置,包容并封闭了弹性元件,安全搭扣侧壁内的凸起对应弹性元件的外表面并限制其弹性张开,从而能够锁定弹性元件,防止刮水器臂从弹性元件中脱出。安全搭扣内前方还设置有一横向挡板(S950型号)或一对中间连接的凸起(S850、S851型号),在安全搭扣处于关闭位置时,横向挡板或凸起位于刮水器臂的前方。

瓦莱奥公司向原审法院起诉请求:判令卢卡斯公司、富可公司和陈某强立即停止侵权行为,即卢卡斯公司、富可公司立即停止制造、销售和许诺销售被诉侵权产品,陈某强立即停止制造和销售被诉侵权产品;判令卢卡斯公司、富可公司和陈某强销毁已制造的被诉侵权产品以及用于制造被诉侵权产品的设备、模具、图纸等相关实物和资料;判令卢卡斯公司、富可公司和陈某强连带支付赔偿金暂计500万元及因制止侵权行为而支付的合理开支暂计100万元;该案所有诉讼费和保全费由卢卡斯公司、富可公司和陈某强共同负担。在原审诉讼过程中,瓦莱奥公司请求原审法院确认被诉侵权产品S850、S851、S950三个型号的刮水器落入涉案发明专利权利要求1–10的保护范围,并先行判决卢卡斯公司、富可公司和陈某强立即停止侵害涉案专利权的行为。

◉ **判决结果**

一审判决:卢卡斯公司、富可公司于判决生效之日起立即停止对涉案发明专利权的侵害。

二审判决:驳回上诉,维持原判。

◎ **裁判理由**

一、关于被诉侵权产品是否落入涉案专利权利要求 1 的保护范围

（一）关于被诉侵权产品是否具备"刮水器的连接器，其用于保证一刮水器臂和一刮水器刷体的一部件之间的连接与铰接"的技术特征

卢卡斯公司和富可公司上诉主张，被诉侵权产品的刮水器臂与连接器连接，连接器与刮水器刷体部件铰接，刮水器臂与刮水器刷体部件之间并未直接接触，没有铰接关系，且涉案专利连接器必须连接"标准的刮水器臂"，而被诉侵权产品还可以用于非标准的刮水器臂，故不具备涉案专利权利要求 1 的上述技术特征。对此，分析如下：

第一，关于上述技术特征中"保证一刮水器臂和一刮水器刷体的一部件之间的连接与铰接"的解释。2008 年《专利法》第五十九条中规定，"发明专利权的保护范围以其权利要求的内容为准，说明书及附图可以用于解释权利要求的内容。"据此，专利权利要求及其特定用语的解释，应该根据专利权利要求的记载，结合说明书及附图，从本领域普通技术人员的角度理解，不能脱离说明书及附图而断章取义或者割裂曲解。首先，从涉案专利权利要求的上述技术特征文字描述看，其限定了连接器用于保证刮水器臂与刮水器刷体部件之间的连接与铰接，但并未限定刮水器臂和刮水器刷体部件之间直接接触。其次，涉案专利说明书及其附图亦表明，连接器与刮水器刷体部件之间并不需要直接接触。涉案专利说明书第［0043］段和第［0044］段的文字记载以及附图 1 和附图 3 的图示均表明，刮水器臂与连接器连接，连接器与刮水器刷体部件之间铰接，从而通过连接器保证了刮水器臂与刮水器刷体部件之间的连接与铰接。这进一步印证了涉案专利权利要求 1 的上述技术特征并未要求刮水器臂和刮水器刷体部件之间直接接触。

第二，关于上述技术特征是否应解释为必须或者只能用于连接标准的刮水器臂。首先，关于使用环境特征的解释。涉案专利的保护主题是"刮水器的连接器"，但是上述技术特征并未直接限定连接器的结构，而是限定了该连接器与其他部件即刮水器臂、刷体部件等之间的连接关系，实际上限定了该连接器所使用的环境，属于使用环境特征。使用环境特征对于被保护对象的限定程度需要根据个案情况具体确定。一般情况下，使用环境特征应该理解为要求被保护对象可以用于该使用环境即可，不要求被保护对象只能用于该使用环境；但本领域普通技术人员在阅读专利权利要求书、说明书以及专利审查档案后可以明确而合理地得知被保护对象只能用于该使用环境的除外。其次，该使用环境特征不能解释为涉案专利所保护的连接器只能用于连接标准的刮水

器臂。涉案专利权利要求并未记载涉案专利所保护的连接器只能用于连接标准的刮水器臂。尽管涉案专利说明书关于发明目的的记载提及"可以把任何类型的刮水器安装在一标准的臂和一标准的连接器上",但并未排除连接非标准的刮水器臂。同时,上述记载仅是涉案专利发明目的的一部分,涉案专利的发明目的还包括"提出一种把连接器固定在刮水器刷体的一个部件上的装置,所述装置可以把连接器锁定在安装位置"。从发明所解决的技术问题及提出的技术方案看,本领域普通技术人员完全可以理解,只要涉案专利所保护的连接器的宽度与刮水器臂相适应,涉案专利技术方案就能够把连接器锁定在安装位置上,并非只能连接标准的刮水器臂。

第三,关于被诉侵权产品是否具备上述使用环境特征。首先,卢卡斯公司和富可公司认可,被诉侵权产品的连接器与刮水器臂连接,连接器和刮水器刷体部件铰接。这本身意味着被诉侵权产品通过连接器实现了刮水器臂与刮水器刷体部件之间的连接与铰接。同时,被诉侵权产品连接器与刮水器臂及刮水器刷体部件之间的连接、铰接关系与涉案专利说明书及相应附图所公开的连接、铰接关系并无不同。其次,前已述及,涉案专利的上述使用环境特征不能解释为所保护的连接器只能用于连接标准的刮水器臂。《最高人民法院关于审理侵犯专利权纠纷案件应用法律若干问题的解释(二)》第九条规定:"被诉侵权技术方案不能适用于权利要求中使用环境特征所限定的使用环境的,人民法院应当认定被诉侵权技术方案未落入专利权的保护范围。"据此,只要被诉侵权产品能够用于专利权利要求中使用环境特征所限定的使用环境,即具备该使用环境特征;至于被诉侵权产品是否还可以用于其他使用环境,原则上不影响侵权判定结果。因此,在被诉侵权产品能够实现刮水器臂与刮水器刷体部件之间的连接与铰接的情况下,无论被诉侵权产品是否还可以用于连接非标准的刮水器臂,对该案侵权判定结果并无实质影响。

综上,被诉侵权产品具备"刮水器的连接器,其用于保证一刮水器臂和一刮水器刷体的一部件之间的连接与铰接"的技术特征。卢卡斯公司和富可公司的相应上诉理由不能成立,不予支持。

(二) 关于被诉侵权产品是否具备"并且包括至少一可弹性变形的元件,所述元件把所述连接器锁定在所述刮水器臂的前端部中的嵌入位置上"的技术特征

卢卡斯公司和富可公司上诉主张,涉案专利权利要求1在不同地方使用的"锁定"一词应当等效,被诉侵权产品的弹性元件只能把连接器"定位"在刮水器臂前端部中的嵌入位置上,并不能"锁定"。对此,分析如下:

第一,关于上述技术特征中的"锁定"一词的解释。首先,前已述及,权利要求的解释应当结合本领域普通技术人员阅读说明书及附图后对权利要求的理解,不得脱离说明书的语境。涉案专利所要解决的技术问题是减少或者防止机动车刮水器的连接器在外力作用下意外脱出。在这一语境下，本领域技术人员可以理解，当连接器的弹性元件把连接器"锁定"在刮水器臂的前端部中的嵌入位置上时，该"锁定"并非意指完全锁住固定，而是起到一定的封锁、限定作用即可。其次，虽然"所述元件把所述连接器锁定在所述刮水器臂的前端部中的嵌入位置上"和"所述安全搭扣面对锁定元件延伸，用于防止所述锁定元件的弹性变形，并锁定所述连接器"两处均使用"锁定"一词，但并不意味着该两处"锁定"在效果上完全相同。从涉案发明的整体技术方案看，本领域普通技术人员可以理解，刮水器的连接器的锁定由两个方面共同保证：一是利用连接器的弹性元件实施的"锁定"，即连接器的弹性元件"把所述连接器锁定在所述刮水器臂的前端部中的嵌入位置上"；二是利用安全搭扣实施的进一步"锁定"，即"所述安全搭扣面对锁定元件延伸，用于防止所述锁定元件的弹性变形，并锁定所述连接器"。两者共同作用才能实现连接器的最终"锁定"，减少或者防止连接器的意外脱出。其中，安全搭扣实施的"锁定"是在弹性元件实施的"锁定"的基础上进行的，是对弹性元件实施的"锁定"的进一步增强，其最终的锁定效果当然优于仅由弹性元件进行锁定的效果。因此，上述两处"锁定"带来的效果显然是不同的，不可能等效。

第二，关于被诉侵权产品是否具备上述技术特征。首先，被诉侵权的 S850、S851 型号产品的弹性元件端部向连接器内横向弯折，S950 型号产品的弹性元件端部两侧具有凸起，可卡入与弹性元件宽度相适配的刮水器臂前弯曲部，并封锁、限定在刮水器臂前端部的装配连接位置即嵌入位置上。其次，只要被诉侵权产品的弹性元件能够把连接器封锁、限定在与其宽度相适配的刮水器臂前端部的嵌入位置上，就具备涉案专利权利要求的上述技术特征。当被诉侵权产品的弹性元件连接与其宽度不相适配的刮水器臂时，无论是否能够实现"锁定"效果，不影响该案侵权判定结果。最后，被诉侵权产品实际上难以用于与其弹性元件端部宽度不相适配的刮水器臂。瓦莱奥公司的专家辅助人田伟超指出，保证安全是刮水器在设计时的重要考虑因素，当刮水器臂与连接器不相适配时会产生晃动，影响刮水效果并可能造成安全隐患。这一意见具有合理性。当被诉侵权产品用于与弹性元件端部宽度不相适配的刮水器臂，特别是当刮水器臂的宽度小于弹性元件端部宽度时，安装后的刮水器臂在使用时必然会出现晃动，影响刮水效果。这种情况显然是应当避免的。被诉侵权的 S851 型号产品外包装也明确记载"出现颤动，应即更换雨刮"。因此，被诉侵权产品在实际应用时需要用于与其弹性元件端部宽度相适配的刮水器臂。

综上，被诉侵权产品具备"并且包括至少一可弹性变形的元件，所述元件把所述连接器锁定在所述刮水器臂的前端部中的嵌入位置上"的技术特征。卢卡斯公司和富可公司的相应上诉理由不能成立，不予支持。

（三）关于被诉侵权产品是否具备"在所述关闭位置，所述安全搭扣面对所述锁定元件延伸，用于防止所述锁定元件的弹性变形，并锁定所述连接器"的技术特征

从卢卡斯公司和富可公司的上诉理由可知，其实质上认为，涉案专利权利要求1的上述技术特征是功能性特征，原审判决关于实现该功能所必不可少的技术特征的认定错误，被诉侵权产品不具有与上述功能性特征相同或者等同的技术特征。对此，分析如下：

第一，关于上述技术特征是否属于功能性特征。原审法院以该技术特征仅仅披露了安全搭扣与锁定元件之间的方向及位置关系，该方位关系并不足以防止锁定元件的弹性变形，本领域普通技术人员仅通过阅读权利要求不能直接、明确地确定实现"防止锁定元件的弹性变形，并锁定连接器"这一功能的具体实施方式为由，认定该技术特征属于功能性特征。对此，法院认为，首先，关于功能性特征的界定。《最高人民法院关于审理侵犯专利权纠纷案件应用法律若干问题的解释（二）》第八条对功能性特征及其侵权对比方法作了明确规定。该条第一款规定："功能性特征，是指对于结构、组分、步骤、条件或其之间的关系等，通过其在发明创造中所起的功能或者效果进行限定的技术特征，但本领域普通技术人员仅通过阅读权利要求即可直接、明确地确定实现上述功能或者效果的具体实施方式的除外。"第二款规定："与说明书及附图记载的实现前款所称功能或者效果不可缺少的技术特征相比，被诉侵权技术方案的相应技术特征是以基本相同的手段，实现相同的功能，达到相同的效果，且本领域普通技术人员在被诉侵权行为发生时无须经过创造性劳动就能够联想到的，人民法院应当认定该相应技术特征与功能性特征相同或者等同。"根据该规定，功能性特征是指不直接限定发明技术方案的结构、组分、步骤、条件或其之间的关系等，而是通过其在发明创造中所起的功能或者效果对结构、组分、步骤、条件或其之间的关系等进行限定的技术特征。如果某个技术特征已经限定或者隐含了发明技术方案的特定结构、组分、步骤、条件或其之间的关系等，即使该技术特征还同时限定了其所实现的功能或者效果，原则上亦不属于上述司法解释所称的功能性特征，不应作为功能性特征进行侵权比对。其次，关于涉案专利权利要求1中"在所述关闭位置，所述安全搭扣面对所述锁定元件延伸，用于防止所述锁定元件的弹性变形，并锁定所述连接器"的技术特征是否属于功能性特征。上述技术特征实际上限定了安全搭扣与锁定元件之间的方位关系并隐含了特定结构——"安全搭扣面对所述锁定元件延伸"，该方位和结构所起到的作用是"防止所述锁定元件的弹性变形，并锁定所述连接器"。根据这一方位和结构关系，结合涉案专利说明书及其附图，特别是说明书第［0056］段关于"连接器的锁定由搭扣的垂直侧壁的内表面保证，内表面沿爪外侧表

面延伸，因此，搭扣阻止爪向连接器外横向变形，因此连接器不能从钩形端解脱出来"的记载，本领域普通技术人员可以理解，"安全搭扣面对所述锁定元件延伸"，在延伸部分与锁定元件外表面的距离足够小的情况下，就可以起到防止锁定元件弹性变形并锁定连接器的效果。可见，"在所述关闭位置，所述安全搭扣面对所述锁定元件延伸，用于防止所述锁定元件的弹性变形，并锁定所述连接器"这一技术特征的特点是，既限定了特定的方位和结构，又限定了该方位和结构的功能，且只有将该方位和结构及其所起到的功能结合起来理解，才能清晰地确定该方位和结构的具体内容。这种"方位或者结构+功能性描述"的技术特征虽有对功能的描述，但是本质上仍是方位或者结构特征，不是前述司法解释所称的功能性特征。最后，需要说明的是，虽然当事人未对原审法院关于上述特征属于功能性特征的认定提出异议，但是权利要求的解释是法律问题，且功能性特征与其他类型的技术特征在侵权比对方法上有明显差异，可能影响侵权判定结果，故法院特予指出并予纠正。

第二，关于技术特征侵权比对。涉案专利权利要求1"在所述关闭位置，所述安全搭扣面对所述锁定元件延伸，用于防止所述锁定元件的弹性变形，并锁定所述连接器"这一技术特征既限定了安全搭扣与锁定元件的方位和结构关系，又描述了安全搭扣所起到的功能，该功能对于确定安全搭扣与锁定元件的方位和结构关系具有限定作用。该技术特征并非功能性特征，其方位、结构关系的限定和功能限定在侵权判定时均应予以考虑。该案中，被诉侵权产品的安全搭扣两侧壁内表面设有一对垂直于侧壁的凸起，当安全搭扣处于关闭位置时，其侧壁内的凸起朝向弹性元件的外表面，可以起到限制弹性元件变形张开、锁定弹性元件并防止刮水器臂从弹性元件中脱出的效果。被诉侵权产品在安全搭扣处于关闭位置时，安全搭扣两侧壁内表面垂直于侧壁的凸起朝向弹性元件的外表面，属于涉案专利权利要求1所称的"所述安全搭扣面对所述锁定元件延伸"的一种形式，且同样能够实现"防止所述锁定元件的弹性变形，并锁定所述连接器"的功能。因此，被诉侵权产品具备与"在所述关闭位置，所述安全搭扣面对所述锁定元件延伸，用于防止所述锁定元件的弹性变形，并锁定所述连接器"这一技术特征相同的技术特征。原审法院在认定上述特征属于功能性特征的基础上，以被诉侵权产品前部包容锁定元件加局部垂直延伸锁定的手段与涉案专利整体面对锁定元件加局部平行延伸锁定的手段构成等同为由，认定被诉侵权产品具有与上述特征等同的技术特征，比对方法及结论虽有偏差，但并未影响该案侵权判定结果。

第三，关于被诉侵权产品增加的技术特征。被诉侵权产品安全搭扣内前方还设置有一横向挡板（S950型号）或一对中间连接的凸起（S850、S851型号），在安全搭扣处于关闭位置时，横向挡板或凸起位于刮水器臂的前方。首先，上述特征系被诉侵权产品增加的技术特征。在被诉侵权产品具备涉案专利全部技术特征的情况下，被诉侵权产品已经利用了涉案专利的技术贡献，该增加的技术特征及其产生的附加技术效果对于专利侵权判定结果不具有实质影响。其次，卢卡斯公司和富可公司所称的被诉侵权产品因增加技术特征所带来的更优技术效果难以成立。如果被诉侵权产品连接器连接与其弹性元件宽度相适配的刮水器臂，此时刮水器臂的向前移动将被弹性元件端部的内向弯折或者凸起阻挡，安全搭扣内前方的横向挡板或凸起不能起到阻挡作用，该增加的技术特征实际上并未产生卢卡斯公司和富可公司所称的技术效果。同时，如果被诉侵权产品连接器连接比其弹性元件宽度更小的刮水器臂，刮水器臂向前移动时，弹性元件端部的内向弯折或者凸起不能发挥锁定作用，安全搭扣内前方的横向挡板或凸起可能会起到一定的阻挡作用。但是如前所述，此时，由于刮水器臂的宽度小于连接器弹性元件的宽度，在使用时必然会产生晃动并影响刮水效果，这种情况应当予以避免。

综上，被诉侵权产品具备"在所述关闭位置，所述安全搭扣面对所述锁定元件延伸，用于防止所述锁定元件的弹性变形，并锁定所述连接器"的技术特征。原审法院认定上述特征属于功能性特征，虽然适用法律有误、技术特征比对方法与结论有所偏差，但并未影响该案侵权判定结果。因此，被诉侵权产品落入涉案专利权利要求1的保护范围，卢卡斯公司和富可公司的行为侵害了涉案专利权，其相应上诉理由不能成立，不予支持。

二、该案诉中行为保全申请应如何处理

瓦莱奥公司在该案原审过程中提出责令卢卡斯公司、富可公司及陈某强停止侵害涉案专利权的诉中行为保全申请，并提供了相应担保。原审法院作出支持专利权人关于停止侵害专利权诉请的部分判决后，对于诉中行为保全申请尚未作出处理，该部分判决进入上诉审理程序。对于瓦莱奥公司的上述诉中行为保全申请应如何处理，分析如下：

（一）关于该案诉中行为保全申请的管辖

《最高人民法院关于适用〈中华人民共和国民事诉讼法〉的解释》第一百六十一条规定："对当事人不服一审判决提起上诉的案件，在第二审人民法院接到报送的案件之前，当事人有转移、隐匿、出卖或者毁损财产等行为，必须采取保全措施的，由第一审人民法院依当事人申请或者依职权采取。第一审人民法院的保全裁定，应当及时报送第二审人民法院。"参照上述规定，对当事人不服原审判决提起上诉的案件，当事人在第一审程序中提出行为保全申请的，在第二审人民法院接到报送的案件之前，由第一审人民法院管辖；在第二审人民法院接到报送的案件之后，应由第二审人民法院管辖。该案中，由于案件已经由二审法院受理，与该案有关的行为保全申请亦应由二审法院管辖和处理。

(二)关于该案诉中行为保全申请的具体处理

该案需要考虑的特殊情况是,原审法院虽已作出关于责令停止侵害涉案专利权的部分判决,但并未生效,专利权人继续坚持其在一审程序中的行为保全申请。虽然该行为保全申请与判令停止侵害的部分判决在内容上存在重叠的可能,在功能上具有尽快明确各方当事人之间的法律关系状态、提高纠纷解决效率的类似之处,但作为两种不同的制度设计,责令停止侵害的行为保全申请在特定情况下仍具有独特价值。例如,当发生申请人利益被侵害的紧急情况或者给申请人造成损害的其他情况,判令停止侵害的部分判决因处于上诉状态而尚未发生效力时,责令停止侵害的诉中行为保全措施可以起到及时制止侵权行为的效果,更加有效保护专利权。特别是,在我国相关民事诉讼法律并未规定未生效判决临时执行制度的现实情况下,责令停止侵害的行为保全的价值更加明显。鉴此,第二审人民法院对于停止侵害专利权的行为保全申请,可以考虑如下情况,分别予以处理:如果情况紧急或者可能造成其他损害,专利权人提出行为保全申请,而第二审人民法院无法在行为保全申请处理期限内作出终审判决的,应当对行为保全申请单独处理,依法及时作出裁定;符合行为保全条件的,应当及时采取保全措施。此时,由于原审判决已经认定侵权成立,第二审人民法院可根据案情对该行为保全申请进行审查,且不要求必须提供担保。如果第二审人民法院能够在行为保全申请处理期限内作出终审判决的,可以及时作出判决并驳回行为保全申请。该案中,瓦莱奥公司在二审程序中坚持其责令卢卡斯公司、富可公司停止侵害涉案专利权的诉中行为保全申请,但是瓦莱奥公司所提交的证据并不足以证明发生了给其造成损害的紧急情况,且二审法院已经当庭作出判决,该案判决已经发生法律效力,另行作出责令停止侵害涉案专利权的行为保全裁定已无必要。因此,对于瓦莱奥公司的诉中行为保全申请,不予支持。

回 案例解析

该案涉及功能性特征的认定和二审法院对一审程序中临时禁令申请的处理问题。

一、功能性特征的认定

《最高人民法院关于审理侵犯专利权纠纷案件应用法律若干问题的解释(二)》第八条规定,功能性特征,是指对于结构、组分、步骤、条件或其之间的关系等,通过其在发明创造中所起的功能或者效果进行限定的技术特征,但本领域普通技术人员仅通过阅读权利要求即可直接、明确地确定实现上述功能或者效果的具体实施方式的除外。与说明书及附图记载的实现前款所称功能或者效果不可缺少的技术特征相比，被诉侵权技术方案的相应技术特征是以基本相同的手段，实现相同的功能，达到相同的效果，且本领域普通技术人员在被诉侵权行为发生时无须经过创造性劳动就能够联想到的，人民法院应当认定该相应技术特征与功能性特征相同或者等同。

《专利审查指南 2010》第二部分第二章第 3.2.1 节规定：通常，对于产品权利要求来说，应当尽量避免使用功能或者效果特征来限定发明。只有在某一技术特征无法用结构特征来限定，或者技术特征用结构特征限定不如用功能或效果特征来限定更为恰当，而且该功能或者效果能通过说明书中规定的实验或者操作或者所述技术领域的惯用手段直接和肯定地验证的情况下，使用功能或者效果特征来限定发明才可能是允许的；对于权利要求中所包含的功能性特征限定的技术，应当理解为覆盖了所有能够实现所述功能的实施方式。

实践中，确定功能性技术特征及其保护范围一直是一个难以把握的问题。事实上，被认定为功能性特征的普遍有三种情况：其一，在同一权利要求中，在阐述完零部件名称或形状构造特征之后，将功能性特征作为解释紧接着写于其后或者将功能性限定作为定语合并为一个句子。例如，"横梁，其用于连接并支撑左右立柱"，此处用功能性特征对部件作进一步限定。再例如，"下夹持模上设有供上夹持模沿夹紧方向导向移动装配的导向柱，所述上夹持模在其导向移动行程上具有用于远离下夹持模而释放型材的释放位和靠近下夹持模而夹紧型材的夹紧位，所述下夹持模和上夹持模之间设有用于向上夹持模施加由夹紧位运动到释放位的作用力的复位弹簧，所述夹持送料机构还包括用于驱动上夹持模由释放位运动到夹紧位的驱动装置。"此处，先阐述部件名称，再以功能性特征作为定语进一步限定部件之间连接关系。其二，直接以功能性特征来描述部件之间的空间位置、连接关系和互相作用方式。例如，"控制件以活动的方式确保传动臂沿径向向外方向移动，上述控制件与控制按钮动态配合，控制按钮沿基本呈轴向方向活动安装在盖上，适于控制传动臂沿径向向内方向移动"。其三，仅以纯功能特征限定前述的技术特征。例如，"在专利从属权利要求中表述：保护套克服了水在低温情况下结冰使导管易折断的弊端"。❶ 可以看出，在当前司法实践中，仅以纯功能或效果限定的技术特征并不常见，往往只要权利要求中带有包含功能性的表述，就会被认定为功能性特征。该案一审法院即持此观点，认为"在所述关闭位置，所述安全搭扣面对所述锁定元件延伸，用于防止所述锁定元件的弹性变形，并锁定所述连接器"的技术特征仅仅披露了安全搭扣与锁定元件即弹性元件之间的方向及位置关系，

❶ 张学军. 功能性特征的内容确定与保护范围［J］. 人民司法，2015（18）：85.

该方位关系并不足以防止锁定元件的弹性变形，本领域普通技术人员仅通过阅读权利要求不能直接、明确地确定实现"防止锁定元件的弹性变形，并锁定连接器"这一功能的技术方案，故上述技术特征属于功能性特征。这显然与《最高人民法院关于审理侵犯专利权纠纷案件应用法律若干问题的解释（二）》第八条规定并不相符，二审法院明确指出，上述技术特征实际上限定了安全搭扣与锁定元件之间的方位关系并隐含了特定结构——"安全搭扣面对所述锁定元件延伸"，该方位和结构所起到的作用是"防止所述锁定元件的弹性变形，并锁定所述连接器"。根据这一方位和结构关系，结合涉案专利说明书及其附图，特别是说明书第［0056］段关于"连接器的锁定由搭扣的垂直侧壁的内表面保证，内表面沿爪外侧表面延伸，因此，搭扣阻止爪向连接器外横向变形，因此连接器不能从钩形端解脱出来"的记载，本领域普通技术人员可以理解，"安全搭扣面对所述锁定元件延伸"，在延伸部分与锁定元件外表面的距离足够小的情况下，就可以起到防止锁定元件弹性变形并锁定连接器的效果。可见，"在所述关闭位置，所述安全搭扣面对所述锁定元件延伸，用于防止所述锁定元件的弹性变形，并锁定所述连接器"这一技术特征的特点是，既限定了特定的方位和结构，又限定了该方位和结构的功能，且只有将该方位和结构及其所起到的功能结合起来理解，才能清晰地确定该方位和结构的具体内容。这种"方位或者结构+功能性描述"的技术特征虽有对功能的描述，但是本质上仍是方位或者结构特征，不是前述司法解释所称的功能性特征。二审法院采用的这一标准也更加贴近《专利审查指南2010》的描述。事实上，"方位或者结构+功能性描述"的技术特征必然隐含了特定的方位和结构以及功能，此类技术特征显然不符合《专利审查指南2010》"对于权利要求中所包含的功能性特征限定的技术，应当理解为覆盖了所有能够实现所述功能的实施方式"的规定。

据此，二审法院通过该案明确指出：如果某个技术特征已经限定或者隐含了发明技术方案的特定结构、组分、步骤、条件或其之间的关系等，即该技术特征还同时限定了其所实现的功能或者效果，原则上亦不属于功能性特征。

二、二审法院对一审程序中临时禁令申请的处理问题

该案较为特殊的地方在于，权利人在一审中提起了行为保全申请，尽管一审法院已经通过先行作出关于责令停止侵害涉案专利权的部分判决来保护权利人，但该判决尚未生效，而专利权人仍然坚持申请行为保全。在此情况下，行为保全申请的管辖及具体处理就成了亟待解决的问题。

《最高人民法院关于适用〈中华人民共和国民事诉讼法〉的解释》第一百六十一条规定，对当事人不服一审判决提起上诉的案件，在第二审人民法院接到报送的案件之前，当事人有转移、隐匿、出卖或者毁损财产等行为，必须采取保全措施的，由第一审人民法院依当事人申请或者依职权采取。第一审人民法院的保全裁定，应当及时报送第二审人民法院。

参照上述规定，对当事人不服原审判决提起上诉的案件，当事人在第一审程序中提出行为保全申请的，在第二审人民法院接到报送的案件之前，由第一审人民法院管辖；在第二审人民法院接到报送的案件之后，应由第二审人民法院管辖。该案中，由于案件已经由二审法院受理，则该行为保全申请亦应由二审法院管辖和处理。

二审法院指出，虽然该案行为保全申请与一审法院先行作出的判令停止侵害的部分判决在内容上存在重叠的可能，在功能上具有尽快明确各方当事人之间的法律关系状态、提高纠纷解决效率的类似之处，但作为两种不同的制度设计，责令停止侵害的行为保全申请在特定情况下仍具有独特价值。例如，当发生申请人利益被侵害的紧急情况或者给申请人造成损害的其他情况，判令停止侵害的部分判决因处于上诉状态而尚未发生效力时，责令停止侵害的诉中行为保全措施可以起到及时制止侵权行为的效果，更加有效保护专利权。特别是，在我国相关民事诉讼法律并未规定未生效判决临时执行制度的现实情况下，责令停止侵害的行为保全的价值更加明显。

换言之，尽管内容、功效上有类似之处，但先行判决与行为保全仍然是两个并行的独立制度，在已有判令停止侵害的部分判决的情况下，仍然需要就行为保全申请进行审查。

此时，可以考虑如下情况分别予以处理：第一，如果情况紧急或者可能造成其他损害，专利权人提出行为保全申请，而第二审人民法院无法在行为保全申请处理期限内作出终审判决的，应当对行为保全申请单独处理，依法及时作出裁定；符合行为保全条件的，应当及时采取保全措施。因原审判决已经认定侵权成立，第二审人民法院可根据案情对该行为保全申请进行审查，且不要求必须提供担保。第二，如果第二审人民法院能够在行为保全申请处理期限内作出终审判决的，可以及时作出判决并驳回行为保全申请。

该案中，瓦莱奥公司在二审程序中坚持其责令卢卡斯公司、富可公司停止侵害涉案专利权的诉中行为保全申请，但是瓦莱奥公司所提交的证据并不足以证明发生了给其造成损害的紧急情况，且二审法院已经当庭作出判决，该案判决已经发生法律效力，另行作出责令停止侵害涉案专利权的行为保全裁定已无必要。因此，对于瓦莱奥公司的诉中行为保全申请，不予支持。

（撰稿人：宋　晖）

制药方法专利侵权案件的审理思路

——评礼来公司诉华生公司侵害发明专利权纠纷案

◎ **关键词**

新产品　重复诉讼　诉讼时效　制药方法专利

◎ **裁判要点**

在查明所备案的药物制备方案同实际使用的工艺可能不同时，不能就此推定侵权成立，而是应当进一步查明涉案侵权产品实际使用的工艺流程，在此基础上同涉案专利进行比对。

◎ **相关法条**

2001 年《专利法》第六十二条第一款，《民事诉讼法》第七十九条，《民法通则》第一百四十条，《最高人民法院关于适用中华人民共和国民事诉讼法的解释》第二百四十七条

◎ **案件索引**

一审：（2013）苏民初字第 0002 号
二审：（2015）民三终字第 1 号

◎ **当事人**

上诉人（一审原告）：礼来公司（Eli Lilly and Company）（又称"伊莱利利公司"）

被上诉人（一审被告）：常州华生制药有限公司（以下简称"华生公司"）

◎ **基本案情**

1991 年 4 月 24 日，英国利利工业公司向国家专利局申请名称为"制备一种噻吩并

苯二氮杂化合物的方法"的第91103346.7号中国发明专利申请（即涉案专利），授权公告日为1995年2月19日，涉案专利权因期满而于2011年4月24日终止。1998年3月17日，涉案专利的专利权人变更为"英国伊莱利利有限公司"；2002年2月28日专利权人变更为"礼来公司"。2013年7月25日，礼来公司向江苏省高级人民法院起诉，请求判令被告华生公司赔偿其经济损失1510.6万元，合理支出1528800元，并责令华生公司在《医药经济报》刊登声明，消除侵权所造成的不良影响。其主要依据为，华生公司使用落入涉案专利权保护范围的制备方法生产药物奥氮平并面向市场销售，（2008）苏民三终字第0241号（以下简称"前案"）判决认定华生公司侵权成立，判令其停止侵权并赔偿礼来公司经济损失人民币50万元。但是，在前案起诉日（2003年9月29日）至涉案专利权有效期届满日（2011年4月24日）期间，华生公司的侵权行为一直在持续。

华生公司认为，礼来的诉讼理由不成立。其主要理由如下：第一，礼来公司的诉讼同前案构成重复诉讼；第二，礼来公司在该案的起诉超过诉讼时效；第三，华生公司制造奥氮平所使用的工艺同涉案专利不同，并未落入涉案专利权利要求保护范围。2003年至今，华生公司一直使用2008年补充报批的奥氮平备案生产工艺，该备案文件已于2010年9月8日获国家食品药品监督管理总局❶批准，具备可行性。

在前案中，被告华生公司主张其使用制造工艺同涉案专利不同，并主张其使用的工艺为2003年在国家药监局申报备案的工艺流程。但经鉴定，华生公司2003年备案方案不具备可行性，不能生产出奥氮平，华生公司依法应当承担举证不能的法律后果。据此，推定礼来公司关于华生公司生产奥氮平的方法落入其涉案专利权保护范围的主张成立。在该案一审过程中，被告华生公司主张其生产奥氮平使用的是2008年在国家食品药品监督管理总局申报备案的工艺流程，一审江苏省高级人民法院以华生公司在该案中的陈述同前案矛盾而不予采纳。同时江苏省高级人民法院认为华生公司未提供生产记录、生产规程等证据证明其实际使用工艺流程同其2008年向国家药监局申报备案工艺流程相同，未尽到证明责任。该案二审过程中，华生公司新提交生产记录、生产规程、补充申请注册资料等。

回 **判决结果**

一审判决：华生公司侵犯礼来公司涉案专利，赔偿礼来公司经济损失及合理支出

---

❶ 根据2018年3月13日在第十三届全国人民代表大会第一次会议上《关于国务院机构改革方案的说明》，将国家食品药品监督管理总局的职责等职责整合组建国家市场监督管理总局，不再保留国家食品药品监督管理总局。单独组建国家药品监督管理局，由国家市场监督管理总局管理。为了理解连贯，本书沿用机构改革前名称。

350 万元，驳回礼来公司其他诉讼请求。

二审判决：撤销江苏省高级人民法院（2013）苏知民初字第 0002 号民事判决；驳回礼来公司的所有诉讼请求。

回 裁判理由

第一，关于该案是否为重复诉讼。前案二审法院对礼来公司在闭庭后提出的增加损害赔偿数额的诉讼请求未予理涉，前案二审判决判令华生公司赔偿礼来公司的"经济损失 50 万元"仅为针对前案起诉日之前的被诉侵权行为所作的裁判。现礼来公司就前案起诉日至涉案专利权到期日期间的被诉侵权行为提起该案侵权诉讼，两案的诉讼请求不同，礼来公司对前案裁判结果也不持异议，故该案不属于重复诉讼。对于华生公司关于该案与前案构成重复诉讼，该案的审理违反一事不再理原则的上诉理由。

第二，关于该案是否已过诉讼时效。2008 年《专利法》所规定的侵犯专利权的诉讼时效为两年，自专利权人或者利害关系人得知或者应当得知侵权行为之日起计算。该案系礼来公司针对华生公司在前案起诉日 2003 年 9 月 29 日至涉案专利权到期日 2011 年 4 月 24 日期间持续生产销售奥氮平的行为提起的侵害涉案专利权诉讼，在此期间，礼来公司指控华生公司生产销售奥氮平的行为侵害同一专利权的纠纷一直处于前案的诉讼之中。该案诉讼时效因前案一直处于诉讼期间而中断。因此，该案未超过诉讼时效。

第三，关于华生公司奥氮平制备工艺是否落入涉案专利权保护范围。该案所涉及的专利产品为新产品，应当由华生公司提供证据证明其实际使用的奥氮平制备工艺反应路线未落入涉案专利权保护范围。根据查明的事实，2003 年至涉案专利权到期日期间华生公司一直使用 2008 年补充备案工艺的反应路线生产奥氮平。而该工艺同涉案专利在反应步骤及关键中间体都存在不同，未构成等同。

第四，由于华生公司所使用的工艺同涉案专利不同，不构成侵权，因此不承担赔偿责任。

回 案例解析

一、关于专利侵权诉讼中重复诉讼的认定

该案的争议焦点之一是该案是否属于重复诉讼。禁止重复诉讼的制度价值主要有以下几点："第一，违背诉讼经济原则或价值追求；第二，重复诉讼可能造成后诉与前

诉的矛盾裁判，由此损害司法裁判的权威；第三，重复诉讼加重被告的讼累。"❶ 我国现行法律对于"重复诉讼"的规定见于《最高人民法院关于适用〈中华人民共和国民事诉讼法〉的解释》第二百四十七条："当事人就已经提起诉讼的事项在诉讼过程中或者裁判生效后再次起诉，同时符合下列条件的，构成重复起诉：（一）后诉与前诉的当事人相同；（二）后诉与前诉的诉讼标的相同；（三）后诉与前诉的诉讼请求相同，或者后诉的诉讼请求实质上是否定前诉的裁判结果。当事人重复起诉的，裁定不予受理；已经受理的，裁定驳回起诉，但法律、司法解释另有规定的除外。"在侵权案件中"只有存在能够引发侵权请求权的法律事实，才会发生侵权请求权。能够引发侵权请求权的法律事实也就是侵权请求权的发生根据"。❷ 在专利侵权案件中亦是如此，专利侵权行为是产生侵犯专利权损害赔偿请求权的基础，在侵权行为发生时，权利人可选择某个时间段内的侵权行为主张损害赔偿。

该案与前案中当事人相同。首先，礼来公司在前案中所主张的侵权损害赔偿截至 2003 年 9 月 29 日（即前案立案日），虽然在前案二审期间，礼来公司请求变更诉讼请求，增加赔偿数额（对应于 2003 年 9 月 29 日至 2011 年 4 月 24 日的侵权期间），但是该请求并未被前案二审法院所理涉。其次，华来公司生产涉案侵权药品的行为虽然是持续的，但并非不可分的整体，针对前案立案之后被诉侵权行为产生的损害后果仍具有独立的诉权。最后，前案从 2003 年立案至二审结束，前后持续将近 8 年，这超出当事人对诉讼的一般预期。如果认定该案属于重复诉讼，将严重损害礼来公司的权利。因此，针对华来公司 2003 年 9 月 23 日起至 2011 年 4 月 24 日的侵权行为，礼来公司仍旧享有损害赔偿请求权。

二、关于该案是否超过诉讼时效

2001 年《专利法》第六十二条第一款中规定："侵犯专利权的诉讼时效为二年，自专利权人或者利害关系人得知或者应当得知侵权行为之日起计算。"一审和二审法院关于该案如何适用该条款在理由上有所不同。一审法院认为，礼来公司在 2003 年 9 月就前案向南京中院提起侵犯专利权诉讼，在前案二审判决生效之后，才确切知道华生公司构成侵权，该案诉讼时效应自前案二审判决生效之日起计算。该案二审中，最高人民法院认为被诉侵权行为系一个持续的过程，且前案礼来公司起诉之后，华生公司并未停止被诉侵权行为，礼来公司前案的起诉导致该案的诉讼时效中断。该案中，由于被诉侵权行为是一个持续的过程，跨越前案一审和二审审理期间，就前案立案之后

---

❶ 张卫平. 重复诉讼规制研究：兼论一事不再理 [J]. 中国法学, 2015 (2): 51.
❷ 郭明瑞. 论侵权请求权 [J]. 烟台大学学报（哲学社会科学版）, 2013, 26 (3): 17.

的被诉侵权行为产生的损失礼来公司仍有独立的诉权。由于在前案中被诉侵权行为并未停止，因此前案立案导致该案诉讼时效中断。

三、药品制备方法专利侵权的认定思路

2001 年《专利法》第五十七条第二款中规定，专利侵权纠纷涉及新产品制造方法的发明专利的，制造同样产品的单位或者个人应当提供其产品制造方法不同于专利方法的证明。该条款设置了新产品方法专利侵权案件举证责任倒置的规则。适用该条款，需要首先证明涉案侵权产品为"新产品"，然后由被告证明涉案侵权产品所使用的制备方法同涉案侵权专利不同。围绕该条款，该案至少阐明了以下问题。

（一）药品领域"新产品"的认定

在相关案件中，法院对于由哪一方承担证明涉案产品为"新产品"的认定标准有所差异。在"醋酸奥曲肽"案❶中，北京市第二中级人民法院认为，"新产品的认定应界定在国内第一次制造出的产品，而且该产品与专利申请日之前国内已有制造的同类产品相比有明显区别的范畴下。"在"左旋氨氯地平药品"案❷中，最高人民法院再审认为应当以是否"在中国上市"或在"国内市场上出现"为判断标准。而在该案中，一审法院认为应当以"在中国市场上出现"为认定新产品的标准，由于原被告双方对此没有争议，最高人民法院在二审过程中未予评价。《最高人民法院关于审理侵犯专利权纠纷案件应用法律若干问题的解释》第十七条规定："产品或者制造产品的技术方案在专利申请日以前为国内外所知的，人民法院应当认定该产品不属于专利法第六十一条第一款规定的新产品。"相较而言，上述几个司法案例同该解释中关于认定"新产品"所适用的范围标准是不同的。值得注意的是，"醋酸奥曲肽"案判决系该解释实施之前作出，"左旋氨氯地平药品"案及该案判决均为该解释实施之后做出的，可见在司法审判实践中，法院对于药品领域的"新产品"的理解同该解释有所不同，在某种程度上审判实践对该解释有所修正。

在认定是否属于"新产品"的过程中，一般由原告进行初步举证，在初步证明涉案侵权产品并未在中国市场上出现或上市后，证明责任转移至被告。在被告不能举出相关反证的情况下，可认定涉案产品为"新产品"。

（二）比对思路

在涉及药品制备方法侵犯专利权的案件中，需首先查明涉案药品所采用的生产工

---

❶ （2006）二中民初字第 11593 号判决。

❷ （2009）民提字第 84 号。

艺，进一步同涉案专利进行比对，认定涉案产品所使用的方法是落入涉案专利权利要求保护范围。

在我国，药品生产实行严格的市场准入制度。新药品上市、制备工艺等都需要经过医药主管部门审判及备案。《药品管理法》第十条第一款规定，除中药饮片的炮制外，药品必须按照国家药品标准和国务院药品监管部门批准的生产工艺进行生产，生产记录必须完整准确。药品生产企业改变影响药品质量的生产工艺的，必须报原批准部门审核批准。依照该条款规定，药品生产企业在生产药品之前必须经过医药主管部门的审批，生产药品所采用的生产工艺也需遵照之前审批的工艺流程。因此，在医药制备方法专利案件中，可推定药品生产企业在主管部门备案的工艺流程即为其所生产药品所采用的工艺，由当事人按照举证规则证明备案工艺流程是否落入涉案专利权利要求保护范围。

在该案一审程序中，江苏省高级人民法院因华生公司对于生产奥氮平所采用的工艺流程的陈述与前案不一致而不予采纳其理由。且前案中，上海市科技咨询服务中心出具的鉴定报告书亦证明使用 2003 年华生公司的备案方法无法生产出奥氮平，该备案的生产工艺不可行。据此，该案一审法院认定被告华生公司未能证明其生产奥氮平所采用的工艺同涉案专利不同，判决华生公司侵权成立并应当承担侵权责任。

但在该案二审程序中，最高人民法院并未止步于此。最高人民法院认为，在有证据证明被诉侵权产品所实际采用的工艺流程同其实际备案的工艺流程可能不同时，不能就此推定被告未尽到证明责任，而是要进一步查明被诉侵权产品实际采用的工艺流程，在此基础上同涉案专利进行比对。其理由在于，大规模工业化生产的药品制备工艺步骤烦琐复杂，制备工艺的完善往往需要经历较长的时间，其长期的技术积累过程通常是在保持基本反应路线稳定的情况下，针对实际生产中发现的缺陷不断优化调整反应条件和操作细节。结合其他证据，最高人民法院认为被告华生公司 2008 年补充备案工艺真实可行，其在 2008 补充备案工艺之前使用反应路线完全不同的其他制备工艺生产奥氮平的可能性不大，进而认定自 2003 年至涉案专利权到期日期间，华生公司一直使用 2008 年补充备案工艺的反应路线生产奥氮平。最终，最高人民法院认定华生公司生产奥氮平所实际使用的工艺反应路线同涉案专利不构成相同或等同，华生公司不构成侵犯涉案专利权。

（撰稿人：王仲阳）

标准必要专利案件中的侵权责任认定与禁令救济

——原告西电捷通公司诉被告索尼公司侵害发明专利权纠纷案

◙ **关键词**

标准必要专利　FRAND 承诺　禁令救济

◙ **裁判要点**

（1）专利侵权的构成要件并不会因为涉案专利是否为标准必要专利而改变。也就是说，即使未经许可实施的是标准必要专利，也同样存在专利侵权的问题。

（2）在双方最终协商未果的情形下，被告实施涉案专利能否绝对排除原告寻求停止侵害救济的权利，仍需要考虑双方在专利许可协商过程中的过错。

◙ **相关法条**

2008 年《专利法》第十一条、第六十五条第一款、第六十九条第一款第（一）项，《最高人民法院关于审理侵犯专利权纠纷案件应用法律若干问题的解释》第七条

◙ **案件索引**

一审：（2015）京知民初字第 1194 号

二审：（2017）京民终 454 号

◙ **当事人**

上诉人（一审原告）：西安西电捷通无线网络通信股份有限公司（以下简称"西电捷通公司"）

被上诉人（一审被告）：索尼移动通信产品（中国）有限公司（以下简称"索尼公司"）

◙ **基本案情**

西电捷通公司系名称为"一种无线局域网移动设备安全接入及数据保密通信的方法"、专利号为 ZL02139508.X 的发明专利（即涉案专利）的权利人。涉案专利从 2003 年起

即成为我国无线局域网产业广泛采纳的标准。西电捷通公司主张索尼公司作为移动通信设备（手机）制造商，通过其生产并销售的 L39h、XM50t、S39h 等 35 款手机（以下简称"被控侵权产品"）实施了涉案专利权利要求 1、权利要求 2、权利要求 5、权利要求 6 的技术方案，构成侵权。

索尼中国公司答辩称，（1）其不构成直接侵权。且用于 WAPI 测试的实现涉案专利的专用设备，由西电捷通公司合法销售，故涉案专利已经权利用尽。（2）涉案专利已经纳入国家强制标准，西电捷通公司也进行了专利许可的承诺，故索尼公司的行为不构成侵权。

西电捷通公司于 2003 年 1 月 7 日向全国信息技术标准化技术委员会（以下简称"全国信标委"）出具声明，其上记载：西电捷通公司作为标准起草组成员之一，参与制定了国家标准《无线局域网媒体访问控制和物理层规范》和《无线局域网媒体访问控制和物理规范：2.4GHz 频段较高速物理层扩展规范》的起草工作。在上述标准中，实现的技术方案有可能涉及西电捷通公司的技术专利权。如涉及，西电捷通公司声明如下：在全国信标委的监督管理下，在西电捷通公司的权利范围内，西电捷通公司或其委托授权的第三方愿意与任何将使用该标准专利权的申请者，在合理的无歧视的期限和条件下协商专利授权许可。

自 2009 年 3 月至 2015 年 3 月，西电捷通公司与索尼公司通过电子邮件就涉案专利许可的问题进行了协商，最终索尼公司于 2015 年 3 月 13 日答复称，"索尼移动可以接受《保密协议》第 1 至 10 条的约定内容，前提是西电捷通向我们提供侵权分析表。《保密协议》第 1 至 10 条应于索尼移动收到西电捷通提供的侵权分析表之日起生效。索尼移动现阶段不能接受西电捷通作出的其他陈述。明确起见，索尼移动在全面评估西电捷通主张的专利并认定该等专利具有合理价值前，不能与西电捷通进行任何商业谈判。"

◙ **判决结果**

一审判决：第一，索尼公司立即停止侵权行为；第二，索尼公司赔偿西电捷通公司经济损失 8629173 元及合理支出 474194 元。

二审判决：驳回上诉，维持原判。

◙ **裁判理由**

北京知识产权法院在裁判主文中不仅对间接侵权的适用规则、权利用尽抗辩的适用范围等问题进行了详细论述，还对标准必要专利对侵权判定的影响、涉标准必要专利案件中颁发禁令的适用规则等标准必要专利的相关内容进行了详述。标准必要专利相关裁判理由如下。

一、标准必要专利对侵权判定的影响

被告认为，由于获得工信部规定的无线局域网的入网许可必须通过 WAPI 功能的检验，因此涉案专利事实上是强制实施的，被告实施标准必要专利不构成专利侵权。原告认为，根据国家质检总局、国家认监委和国家标准委于 2004 年 4 月 29 日发布的 2004 年第 44 号《公告》，涉案专利自 2004 年 6 月 1 日就已经延期强制实施。专利许可声明不能成为原告请求保护专利权的障碍。

首先，关于涉案标准是否为强制性国家标准。1988 年实施的《中华人民共和国标准化法》第七条第一款规定："国家标准、行业标准分为强制标准和推荐性标准。保障人体健康，人身、财产安全的标准和法律、行政法规规定强制执行的标准是强制标准，其他标准是推荐性标准。"该案中，双方当事人对涉案标准系作为强制性国家标准颁布实施、涉案标准已于 2004 年 6 月 1 日延期强制实施、涉案标准自 2009 年左右开始已经事实上强制实施、获得工信部无线局域网入网许可必须通过 WAPI 功能检验的事实不持异议，分歧在于 2004 年 6 月 1 日延期强制实施以及 2009 年左右开始事实上强制实施的事实是否影响涉案标准的定性。对此，法院认为，一方面，涉案标准事实上就是强制性标准，这从涉案标准编号中使用的 "GB" 就可以看出；另一方面，涉案标准自 2009 年左右开始已经事实上强制实施，使得涉案标准于 2004 年 6 月 1 日延期强制实施的事实状态不复存在。因此，涉案标准为强制性国家标准，涉案专利为纳入强制性国家标准的必要专利。

其次，关于涉案专利是否为标准必要专利对侵权判定有无影响。在现行法律框架下，判断专利侵权与否的法律依据为 2008 年《专利法》第十一条的规定，即发明和实用新型专利权被授予之后，除了该法另有规定的以外，任何单位或者个人未经专利权人许可，都不得实施其专利，否则构成侵犯专利权。具体的判断规则为《最高人民法院关于审理侵犯专利权纠纷案件应用法律若干问题的解释》第七条规定的 "全面覆盖原则"。值得注意的是，上述相关法律条款和司法解释判断规则中并未区分相关专利是普通专利还是标准必要专利，即专利侵权的构成要件并不会因为涉案专利是否为标准必要专利而改变。也就是说，即使未经许可实施的是标准必要专利，也同样存在专利侵权的问题。

最后，原告作出的 FRAND 许可声明能否成为被告不侵权抗辩的事由。经查，原告确曾作出过 "愿意与任何将使用该标准专利权的申请者在合理的无歧视的期限和条件下协商专利授权许可" 的声明，即被告所称的 FRAND 许可声明。但是，FRAND 许可声明仅系专利权人作出的承诺，系单方民事法律行为，该承诺不代表其已经作出了许可，即仅基于涉案 FRAND 许可声明不能认定双方已达成了专利许可合同。

综上，涉案专利纳入国家强制标准且原告已作出 FRAND 许可声明不能作为被告不侵权的抗辩事由。

二、涉标准必要专利案件中颁发禁令的适用规则

原告认为，其自 2009 年即向被告提出专利许可，给出了清单和报价，但被告没有达成交易的意愿，应该适用禁令救济。被告认为，原告没有向其提供侵权比对表，被告对是否构成侵权不清楚，没有明显的过错，故不应适用禁令救济。

双方争议的"禁令救济"在我国法律体系中体现为"停止侵害"。根据《侵权责任法》第十五条的规定，承担侵权责任的方式包括停止侵害。被控侵权人构成对专利权的侵犯，权利人请求判令其停止侵权行为的，人民法院应予支持，但基于国家利益、公共利益的考量，人民法院可以不判令被控侵权人停止被诉行为，而判令其支付相应的合理费用。可见，在我国现行法律框架中，专利侵权案件中适用停止侵害的侵权责任承担方式是一般规则，不适用是例外。

但是，该案有其特殊之处，即涉案专利为标准必要专利。原告在向全国信标委出具的《关于两项国家标准可能涉及相关专利权的声明》中，承诺其"愿意与任何将使用该标准专利权的申请者在合理的无歧视的期限和条件下协商专利授权许可"。在此情形下，被告作为涉案专利的潜在被许可方，基于对原告承诺的"合理的无歧视的期限和条件"进行专利授权许可的信赖，而实施涉案专利有其合理性基础。但是，该合理性基础的前提是双方善意协商。在双方协商未果的情形下，被告实施涉案专利能否绝对排除原告寻求停止侵害救济的权利，仍需要考虑双方在专利许可协商过程中的过错。具体来讲，在双方均无过错，或者专利权人有过错、实施人无过错的情况下，对于专利权人有关停止侵权的诉讼请求不应支持，否则可能造成专利权人滥用其标准必要专利权，不利于标准必要专利的推广实施；在专利权人无过错，实施人有过错的情况下，对于专利权人有关停止侵权的诉讼请求应予支持，否则可能造成实施人对专利权人的"反向劫持"，不利于标准必要专利权的保护；在双方均有过错的情况下，则应基于专利权人和实施人的过错大小平衡双方的利益，决定是否支持专利权人有关停止侵权的诉讼请求。

该案中，双方当事人自 2009 年 3 月至 2015 年 3 月期间就涉案专利许可的问题进行了协商。原告向被告提供了专利许可清单，但被告就其被控侵权的手机产品是否侵权提出了质疑，并且要求原告提供详细的权利要求对照表。在双方协商的过程中，被告始终坚持"要求原告提供权利要求对照表"的主张，直到其 2015 年 3 月 13 日提出终止谈判止。期间，原告表示在签署保密协议或者在 2009 年保密协议的基础上可以将权利要求对照表提供给被告，但被告坚持要求原告提供没有任何保密信息的权利要求对照表。基于双方的协商过程及上述意见分歧，该案需要讨论：被告要求原告提交权利要求对照表是否合理；原告要求签署保密协议是否合理。

首先，关于被告要求原告提交权利要求对照表是否合理。根据被告的抗辩意见，被告与原告在沟通协商邮件中提到的"权利要求对照表"就是实务中的侵权比对表。在正式的许可谈判之前，标准必要专利的实施人有权获得与专利权人主张的专利实施行为（或者侵权行为）相关的信息，包括涉案专利（或者专利清单）、实施专利的侵权产品、侵权产品与涉案专利、涉案标准的对应关系等，以便于作出侵权评估。甚至在某些协商情形下，专利权人还会向实施人提供详略程度不一的权利要求对照表。但是，需要注意的是，并不是说这种权利要求对照表是必须提供的，尤其是在专利实施人基于已有的条件能够作出侵权评估的情形下。该案中，涉案专利为 WAPI 技术的核心专利，且为标准必要专利，涉案标准于 2009 年左右就已事实上强制实施，原告在与被告协商的过程中解释了 WAPI 相关技术、提供了专利清单和许可合同文本，在此基础上，被告理应能够判断出其涉案手机中运行的 WAPI 功能软件是否落入涉案专利的权利要求保护范围，而非一定需要借助于原告提供的权利要求对照表。但是，被告在协商过程中反复提及"不认同其现在或者计划中的产品用到了 WAPI 专利"，"没有发现索尼移动需要获得西电捷通专利授权许可的理由"，"我们还没有识别出这些专利和我们的产品是相关的"等内容，明显具有拖延谈判的故意。因此，被告要求原告提交权利要求对照表并非合理。

其次，原告要求签署保密协议是否合理。根据实务中的通常做法，权利要求对照表需要对专利权利要求覆盖的技术特征与被控侵权产品的技术特征进行比对，并且可能包含专利权人的相关观点和主张，在此情形下，专利权人要求双方签署保密协议的主张具有合理性。因此，原告在同意提供权利要求对比表的基础上要求签署保密协议是合理的。

据此，双方当事人迟迟未能进入正式的专利许可谈判程序，过错在专利实施方，即该案被告。在此基础上，原告请求判令被告停止侵权具有事实和法律依据，法院予以支持。

▣ 案例解析

标准必要专利（Standards-Essential Patents，SEP），是指相关产品要达到行业的技术标准而必须使用的专利技术，主要集中在通信领域。近年来，随着通信领域技术日新月异的发展，标准必要专利权利人和标准实施者之间的纠纷亦显著增加。基于我国巨大的市场和知识产权保护水平的逐步提高，我国法院亦逐步成为涉标准必要专利纠纷解决优选地。当然，司法实践中，标准必要专利权利人和标准实施者出于利益和效率的最大化考虑，往往会达成和解以致案件调撤结案。在余下为数不多的以判决方式结案的案件中，涉及的问题包括 FRAND 承诺的性质、禁令救济和费率等。

一、FRAND 承诺

由于标准实施者为使产品达到行业标准而必须实施标准必要专利，且不存在其他替代技术方案以供选择。故标准必要专利权利人容易对标准实施者产生"劫持"效应。所谓"劫持"效应，是指在专利被纳入标准后，专利持有者以此为条件在与标准实施者的谈判过程中施加压力以获取更高许可费。为了抵消"劫持"效应，多数标准组织在其政策中往往要求标准必要专利权利人作出 FRAND 承诺，给予标准实施者"公平、合理、无歧视"（Fair, Reasonable and Non-discriminatory）许可，此为 FRAND 承诺。❶

关于 FRAND 承诺的性质，学界存在民事法律行为说、要约说、要约邀请说等。法律行为说认为，FRAND 承诺是专利权人按照要求，基于使其专利进入标准成为标准必要专利的目的，直接面向标准化组织和间接面向所有潜在的标准实施者公开作出的真实意思表示。该意思表示作出后，不可撤销，会引起相应法律后果，因而 FRAND 承诺属于法律行为。❷ 要约邀请说认为，FRAND 承诺满足我国合同法所规定的要约邀请的要件。要约邀请是希望他人向自己发出要约的意思表示。拍卖公告、招标公告、招股说明书、商业广告等为要约邀请。FRAND 承诺作为标准必要专利持有者以 FRAND 条件许可其专利的意思表示，类似于拍卖公告、招标公告，虽未给出具体的交易价格，但已经表明了交易的意愿，故应属于要约邀请。❸ 在该案中，北京知识产权法院认为 FRAND 承诺仅系专利权人作出的承诺，系单方民事法律行为。

虽然对 FRAND 承诺的性质并无统一定性，但对标准必要专利和 FRAND 承诺能否成为标准实施者抗辩的依据，实践中已形成统一意见。即标准必要专利和 FRAND 承诺不能成为标准实施者不构成侵权的依据。如在该案中，北京知识产权法院即认为涉案专利纳入国家强制标准且原告已作出 FRAND 许可声明不能作为被告不侵权的抗辩事由。对此，《最高人民法院关于审理侵犯专利权纠纷案件应用法律若干问题的解释（二）》第二十四条第一款规定，推荐性国家、行业或者地方标准明示所涉必要专利的信息，被诉侵权人以实施该标准无须专利权人许可为由抗辩不侵犯该专利权的，人民

---

❶ 张广良. 标准必要专利 FRAND 规制在我国的适用研究 [J]. 中国人民大学学报, 2019 (1).

❷ 李扬. FRAND 承诺的法律性质及其法律效果 [J]. 知识产权, 2018 (11).

❸ 同❶。

法院一般不予支持。该条款虽未明确将 FRAND 承诺纳入其中，但标准必要专利往往伴随 FRAND 承诺，故标准必要专利和 FRAND 承诺已不能成为标准实施者主张不构成侵权的当然理由。

二、禁令救济

依通说，在进行标准必要专利许可使用费率谈判时，只有当标准必要专利权人无明显过错，遵循 FRAND 承诺，而标准实施者存在明显过错，违反 FRAND 承诺时，标准必要专利权人向标准实施者提出停止实施其专利的诉讼请求，才能够被支持。❶ 该观点亦被《最高人民法院关于审理侵犯专利权纠纷案件应用法律若干问题的解释（二）》第二十四条第二款所印证。该条款规定，推荐性国家、行业或者地方标准明示所涉必要专利的信息，专利权人、被诉侵权人协商该专利的实施许可条件时，专利权人故意违反其在标准制定中承诺的公平、合理、无歧视的许可义务，导致无法达成专利实施许可合同，且被诉侵权人在协商中无明显过错的，对于权利人请求停止标准实施行为的主张，人民法院一般不予支持。

因此，在司法实践中，对停止侵权行为等相关禁令适用与否，应着重考量标准必要专利权利人和标准实施者在磋商过程中的主观过错。若标准必要权利人因势压人，意图"劫持"标准实施者，以提高标准必要专利许可使用费率，则在诉讼中其相关禁令请求一般不会得到支持。反之，若标准必要专利权利人在磋商中并无过错，而标准实施者故意消极谈判、拖延谈判，则在诉讼中标准必要专利权利人的相关禁令请求一般会得到支持。如在该案中，北京知识产权法院亦重点考量了双方当事人协商过程中的过错情况，并最终认定，双方当事人迟迟未能进入正式的专利许可谈判程序，过错在专利实施方，即该案被告。在此基础上，原告请求判令被告停止侵权具有事实和法律依据，法院予以支持。

关于禁令救济的问题，《北京市高级人民法院专利侵权判定指南（2017）》第一百五十二条、第一百五十三条也进行了相应规定。即若标准必要专利权利人和标准实施者在协商过程中均无明显过错的，若标准实施者及时向法院提交相应担保的，对专利权人的禁令请求一般不予支持。若双方均存在过错的，应在分析双方当事人的过错程度，并判断许可协商中断的承担主要责任一方后，再确定是否支持标准必要专利权利人的禁令请求。

可见，关于禁令救济问题，司法实践中应达成如下共识：（1）禁令适用与否取决于标准必要专利权利人与标准实施者的主观过错的认定；（2）在双方均无过错，或者

---

❶ 祝建军. 标准必要专利适用禁令救济时过错的认定 [J]. 知识产权，2015 (5).

专利权人有过错、实施者无过程的情况下，专利权人不能获得禁令救济；（3）在专利权人无过错，实施者有过错的情况下，专利权人可以获得禁令救济；（4）在双方均有过错的情况下，应综合考虑双方过错大小再确定是否给予专利权人禁令救济。❶

（撰稿人：杨恩义　周丽婷）

---

❶ 陈志兴. 读懂法官思维——知识产权司法实务与案例解析［M］. 北京：中国法制出版社，2019：106.

在方法发明专利的侵权判断中适用
优势证据规则和举证责任的合理转移规律

——赵某新诉中国文化遗产研究院侵害发明专利权纠纷案

▣ **关键词**

方法发明专利　优势证据规则　举证责任转移

▣ **裁判要点**

对于方法发明专利而言，如果不考虑优势证据规则和举证责任的转移规律，一味强调应由权利人举证证明被诉侵权人使用的方法落入权利人专利方法的保护范围，并在权利人尽其所能但无法提供直接证据时令其败诉，则不仅可能导致最终裁判结果与客观事实南辕北辙，也会导致方法发明专利权的保护难以落到实处。

▣ **相关法条**

2008 年《专利法》第十一条第一款、《最高人民法院关于适用〈中华人民共和国民事诉讼法〉的解释》第九十条、第一百〇八条

▣ **案件索引**

一审：（2015）京知民初字第 7 号

二审：（2017）京民终 402 号

▣ **当事人**

原告：赵某新

被告：中国文化遗产研究院（以下简称"文化遗产研究院"）

▣ **基本案情**

赵某新系名称为"古建彩绘的制作方法"，专利号为 201010156763.7 的发明专利（以下简称"涉案专利"）的权利人。赵某新因发现文化遗产研究院负责制作的所有

天花均系采用涉案专利方法制作，认为文化遗产研究院擅自使用赵某新享有专利权的方法生产产品，其行为侵害了赵某新的合法权益。故起诉至北京知识产权法院。

被告为证明其系采取传统手绘方法制作安远庙天花，向北京知识产权法院提交了2013年4月至10月间的施工现场照片和施工人员自行制作的2013年8月、9月和10月的《施工日志》及天花谱子的实物照片等证据，上述证据中，文化遗产研究院主张5月至9月间的数幅照片表明施工人员系采用手绘方式制作，具体涉及的是包黄胶步骤。在《施工日志》的"工作范围及事项"一栏有诸如"普度殿内三层彩画刷色沥粉""普度殿内三层包黄胶""普度殿内三层贴金打金胶""普度殿内三层刷栏杆打点活"等记载，文化遗产研究院主张，刷色、沥粉、包黄胶、打点活等均系手绘方法所特有的工艺步骤。但其同时表示，沥粉之前的步骤在上述施工日志中没有记录，因之前的步骤并非在现场完成，而是在北京完成的。

2015年3月12日，赵某新向北京知识产权法院提出司法鉴定申请，请求对文化遗产研究院的安远庙天花是手绘还是丝网印刷进行鉴定。文化遗产研究院亦同意通过鉴定的方式查明案情。后双方共同选定北京明正司法鉴定中心作为鉴定机构，对河北省承德市安远庙天花是手绘还是丝网印刷进行鉴定，鉴定天花的范围为"方光大线之内除沥粉贴金以及圆光朔火纠粉白色渐变部分以及局部打点活的颜色部分之外的所有颜色部分"。2016年5月10日，在北京知识产权法院及双方当事人、承德市文物局工作人员的见证下，北京明正司法鉴定中心对被控侵权的安远庙天花使用拍照和高倍放大镜提存的方式进行现场取样，取得了安远庙中两块天花的照片等信息作为检材。2016年6月27日，在北京知识产权法院及双方当事人、北京明正司法鉴定中心鉴定人员的见证下，赵某新使用涉案专利的丝网印刷方法制作并任意选定一块天花，北京明正司法鉴定中心对该天花使用拍照和高倍放大镜提存的方式进行现场取样，取得该天花的照片等信息作为对比样本。

2016年7月29日，北京明正司法鉴定中心出具了京正〔2015〕文鉴字第170号《司法鉴定意见书》，结论为：检材与样本为同一种印刷方式形成。具体理由为：检材与样本在网格形态、网眼痕迹、气"泡""坑"点、露白及挤墨现象等特征反映一致，属于本质性的符合特征，差异点可以得到解释，反映出同一种印刷方式的痕迹特征。

◎ **判决结果**

一审判决：被告文化遗产研究院向原告赵某新支付使用费及赔偿原告赵某新经济损失共计50万元。

二审判决：驳回上诉，维持原判。

◎ **裁判理由**

2008 年《专利法》第十一条第一款规定："发明和实用新型专利权被授予后，除本法另有规定的以外，任何单位或者个人未经专利权人许可，都不得实施其专利，即不得为生产经营目的制造、使用、许诺销售、销售、进口其专利产品，或者使用其专利方法以及使用、许诺销售、销售、进口依照该专利方法直接获得的产品。"第十三条规定："发明专利申请公布后，申请人可以要求实施其发明的单位或者个人支付适当的费用。"原告系涉案方法专利的申请人和专利权人，其对涉案专利享有的合法权利依法应受保护。未经其许可，任何单位和个人都不得使用其专利方法。

该案中，原告主张被告制作安远庙天花使用了丝网印刷方法，且该方法落入涉案专利权利要求 1 的保护范围，被告则抗辩称其系采用手绘方法制作，于是原告向北京知识产权法院申请对安远庙天花是手绘还是丝网印刷进行鉴定，被告亦同意采取鉴定的方式查明案情。双方共同选定的鉴定机构所出具的第 170 号司法鉴定意见书认为，被告制作的安远庙天花与原告使用涉案专利方法制作的天花系采用同一种印刷方式形成。被告虽对鉴定结论不予认可，但并未提交证据证明鉴定结论存在明显依据不足的情形，或者提交其他有效证据推翻鉴定结论。因此，上述司法鉴定结论可以初步证明被告制作安远庙天花有较大可能使用了与涉案专利相同的方法。

被告主张其系使用手绘方法制作，则其有责任提供证据加以证明。被告提交的证据中，施工现场照片和施工日志仅反映了天花制作过程中"沥粉"及其后的工艺步骤，具体包括"沥粉""刷色""包黄胶""打点活"等，但上述工艺步骤并非该案争议的方法步骤特征，第 170 号司法鉴定意见书对安远庙天花的鉴定范围就是"除沥粉贴金以及圆光朔火纠粉白色渐变部分以及局部打点活的颜色部分之外的部分"，并认定鉴定范围内的部分采用了丝网印刷方法制作，故上述工艺步骤是否为手工操作与被告是否实施了涉案专利方法的证明无关。并且，施工日志理应完整反映整个施工过程，被告提交的施工日志和施工照片并不完整，且恰好缺失了与该案待证事实相关的部分，令人难以信服。被告提交的工程设计方案、国家文物局的批复以及技术验收专家意见等证据虽显示安远庙天花理应绘制完成，但不足以推翻司法鉴定意见的结论，并使合议庭形成安远庙天花系手绘方法制作的内心确信。

综上，鉴于被控侵权行为即安远庙天花的制作过程在原告发现之时即已结束，原告无任何其他途径可以直接证明被控侵权行为所使用的完整方法，而经过鉴定部门的专业鉴定，可以确定被告制作的安远庙天花与用涉案专利方法制作的天花采用同一种印刷方式形成。此时举证责任应转移至被告，被告应当证明其使用的方法与原告专利方法不同。然而如上所述，被告并未提交有效证据证明其完整的施工方法。被告关于其系采用手绘方法制作的辩解与鉴定结论明显相悖，北京知识产权法院不予采信。因此，虽然现有证据无法直接证明被告制作安远庙天花的步骤与涉案专利权利要求 1 的步骤一致，但综合全案情况，北京知识产权法院认为被告制作安远庙天花使用了涉案专利权利要求 1 所保护的方法具有高度可能性，北京知识产权法院对该事实予以确认。

关于使用费和赔偿损失的具体数额，北京知识产权法院综合考虑涉案专利的类别、被控行为的性质和情节、安远庙清代彩画修复工程的合同金额 4949438.15 元、北京知识产权法院现场勘验时对安远庙天花修复工程在整个安远庙清代彩画修复工程中的占比估计等因素，对原告要求被告支付其使用费并赔偿其经济损失共 50 万元的主张予以全额支持。

◉ 案例解析

在侵害专利权民事纠纷案件中，根据"谁主张，谁举证"的举证分配规则，权利人应当举证证明被诉侵权人未经许可实施侵权行为的事实，并在举证不能时承担不利后果，在实践中权利人通常通过公证购买被诉侵权产品以完成举证责任。但对于方法发明专利而言，由于其权利保护范围由方法步骤构成，而方法步骤的实施一般在被诉侵权人的经营场所内或者诉侵权人管理、控制的场所内完成，故权利人通常很难直接举证证明被诉侵权人使用了其专利方法。

对于涉及方法专利的侵害专利权纠纷案件，如果涉及新产品制造方法，专利法及相关法律法规给予了特殊保护。2008 年《专利法》第六十一条第一款规定，专利侵权纠纷涉及新产品制造方法的发明专利的，制造同样产品的单位或者个人应当提供其产品制造方法不同于专利方法的证明。《最高人民法院关于民事诉讼证据的若干规定》❶第四条第一款第（一）项规定，因新产品制造方法发明专利引起的专利侵权诉讼，由制造同样产品的单位或者个人对其产品制造方法不同于专利方法承担举证责任。即在涉及新产品制造方法的发明专利案件中实行举证责任倒置规制。

而对于非新产品制造方法发明专利侵权纠纷的举证责任分配，相关法律和司法解释均无具体规定。但权利人同样存在举证困难的尴尬局面。若仅简单适用一般举证分配规则，一味强调由权利人举证证明被诉侵权人使用了其方法发明专利权，并在权利人尽其所能仍无法提供直接证据时令其败诉，则不仅可能无法查清客观事实，也会导

---

❶ 本文指 2001 年 12 月 6 日最高人民法院审判委员会第 1201 次会议通过，2019 年修订前的《最高人民法院关于民事诉讼证据的若干规定》。

致方法发明专利权的保护难以落到实处。《最高人民法院关于适用〈中华人民共和国民事诉讼法〉的解释》第一百○八条规定，对负有举证证明责任的当事人提供的证据，人民法院经审查并结合相关事实，确信待证事实的存在具有高度可能性的，应当认定该事实存在。《最高人民法院关于民事诉讼证据的若干规定》第七条规定，在法律没有具体规定，依本规定及其他司法解释无法确定举证责任承担时，人民法院可以根据公平原则和诚实信用原则，综合当事人举证能力等因素确定举证责任的承担。

根据上述规定，为查明客观事实，在公平和诚实信用的基础上，法院可以对举证责任进行合理分配。对于非新产品的方法专利而言，专利权人如果能够证明被诉侵权人制造了同样产品，且尽其所能仍无法举证证明被诉侵权人使用了该专利方法，但结合已查明事实及日常生活经验，能够认定被诉侵权人有较大可能使用了其发明专利权的，则应当认定权利人完成了初步举证责任，不应要求专利权人承担进一步的举证责任，而应考虑优势证据规则和举证责任的转移规则合理分配举证责任，由被诉侵权人提供其制造方法不同于专利方法的证据，被诉侵权人拒不举证或举证不能的，可以推定被诉侵权人使用了该专利方法。如在该案中，被告始终认为被控侵权产品为手绘并非印刷完成，但根据鉴定意见书，被告制作的安远庙天花与原告使用涉案专利方法制作的天花系采用同一种印刷方式形成。北京知识产权法院根据鉴定意见书结论，认为原告已完成初步举证责任，能够初步证明被告制作安远庙天花有较大可能使用了与涉案专利相同的方法。故将举证责任转移至被告处，在被告举证不能的情况下由其承担不利后果。

因此，在非新产品方法专利权案件中亦存在举证责任转移的情况，但上述举证责任转移的前提是，权利人提交了可靠的初步证据证明被告有较大可能使用了其专利方法。若权利人未尽其所能完成举证责任或其提交的初步证据无法使法官形成内心确认认为被诉侵权人有较大可能使用了其专利方法，则不能适用举证责任转移规则。如在原告吴建明与被告北大方正集团有限公司、方正国际软件（北京）有限公司侵害发明专利权纠纷案，[1] 涉案专利为方法发明专利，原告据以证明被告侵犯其涉案专利的证据仅为演示文稿，在无法与原件核对一致且考虑到此种电子证据易于修改的情况下，北京知识产权法院对上述证据不予认可，并最终认定无证据表明被告实施了侵犯涉案专利的行为，驳回了原告的诉讼请求。此案因原告未完成初步举证责任，故未适用举证责任转移规则，仍由原告承担举证不能的不利后果。

（撰稿人：杨恩义）

---

[1] 北京知识产权法院（2016）京 73 民初 480 号民事判决书。

外观设计设计特征的整体考察

——评"陆风越野车"外观设计专利权无效行政纠纷案

◉ **关键词**

外观设计设计特征　设计空间　现有设计　整体观察　综合判断

◉ **裁判要点**

在外观设计专利"明显区别"的判断上，应当基于一般消费者的知识水平与认知能力，坚持整体观察、综合判断的原则进行考量。在判断具体设计特征对整体视觉效果的影响权重时，应当以一般消费者对设计空间的认知为基础，结合设计特征所处位置，在现有设计中出现的频率，是否受到功能、美感等方面的限制及限制程度，是否容易为一般消费者所察觉等因素予以确定。

◉ **相关法条**

2008 年《专利法》第二十三条第二款

◉ **案件索引**

二审：（2018）京行终 4169 号

◉ **当事人**

上诉人（一审被告）：专利复审委员会
上诉人（一审第三人）：捷豹路虎有限公司（以下简称"路虎公司"）
上诉人（一审第三人）：杰拉德·加布里埃尔·麦戈文（以下简称"麦戈文"）
被上诉人（一审原告）：江铃控股有限公司（以下简称"江铃公司"）

◉ **基本案情**

该专利系专利号为 201330528226.5、名称为"越野车（陆风 E32 车型）"的外观设计专利，其申请日为 2013 年 11 月 6 日，授权公告日为 2014 年 4 月 23 日，专利权人为江铃公司。

2014 年 7 月 25 日路虎公司向专利复审委员会提出了无效宣告请求，其理由是该专利不符合 2008 年《专利法》第二十三条第一款和第二款的规定。

2015 年 8 月 3 日麦戈文向专利复审委员会提出了无效宣告请求，其理由是该专利不符合 2008 年《专利法》第二十三条第一款、第二款和第二十七条第二款的规定，请求宣告该专利无效。

2016 年 6 月 3 日，专利复审委员会作出第 29146 号无效宣告请求审查决定（以下简称"被诉决定"）。专利复审委员会认为：在确定本专利与对比设计的相同点与不同点的情况下，综合考虑一般消费者的知识水平和认知能力、设计空间及现有设计、惯常设计、独特设计的状况、本专利与对比设计的相同点和不同点对于整体视觉效果的影响等因素，从整体上观察，本专利与对比设计在整体视觉效果上没有明显区别，本专利不符合 2008 年《专利法》第二十三条第二款的规定，因此作出被诉决定，宣告本专利全部无效。

原告江铃公司不服被诉决定，向北京知识产权法院（以下简称"一审法院"）提起行政诉讼。一审法院认为：第一，作为 SUV 类型汽车的一般消费者，其更应关注该类型汽车的基本造型轮廓、主体结构以及主要部件的布局所带来的美感，不应考虑包括汽车设计的顺序及难易程度等因素。被诉决定从设计顺序、难易和视觉关注程度考虑，认定汽车各个面对整体视觉效果的影响权重由高至低依次为侧面、前面、后面、顶面确有不当。第二，被诉决定认定 SUV 类型汽车的设计空间较大并无不妥。第三，应当用整体观察、综合判断的原则判断本专利与对比设计是否具有明显区别，被诉决定的判断方法正确。第四，本专利与对比设计车身比例基本相同，侧面主要线条的位置、立柱的倾斜角度、车窗的外轮廓及分割的比例基本相同，前后面车身的外轮廓及主要部件的相互位置关系亦基本相同；本专利与对比设计在前车灯、进气格栅、细长进气口、雾灯、贯通槽、辅助进气口、倒 U 形护板、后车灯、装饰板、车牌区域及棱边等部位存在不同的设计特征，其组合后形成的视觉差异对 SUV 类型汽车的整体外观产生了显著的影响，足以使一般消费者将本专利与对比设计的整体视觉效果相区分。即相比于相同点，上述不同点对于本专利与对比设计的整体视觉效果更具有显著影响。故本专利与对比设计具有明显区别。江铃公司的诉讼理由部分具备事实及法律依据，其诉讼请求应予支持。被诉决定认定事实不清，适用法律错误，应予撤销。

专利复审委员会不服一审判决，向北京市高级人民法院（以下简称"二审法院"）提起上诉称：第一，原审判决关于一般消费者的知识水平和认知能力认定错误，适用法律错误；第二，原审判决忽略了两设计相同点对整体视觉效果的影响力，违背了整体观察、综合判断的判断原则。

路虎公司、麦戈文不服一审判决，向二审法院提起上诉称：第一，对一般消费者的知识水平与认知能力认定存在错误，应当包括对常用设计手法具有常识性的了解；第二，原审判决忽略了设计空间较大时，区别点对一般消费者注意力影响较小的情况；第三，原审判决片面夸大不同点对整体视觉效果的影响，没有整体考虑相同点和不同点的设计特征，也没有综合考虑相同点、不同点所处位置以及在现有设计中出现的频率等因素对整体视觉效果影响的权重。

回 判决结果

二审判决：撤销一审判决，驳回江铃控股有限公司的诉讼请求。

回 裁判理由

一、关于一般消费者的知识水平和认知能力的界定

该案中因专利申请日为 2013 年 11 月 6 日，《专利法》及其实施细则并未对一般消费者予以明确规定。参照《专利审查指南 2010》的规定，该案中作为 SUV 外观设计判断主体的一般消费者，基于其对申请日前申请的专利、市场上销售的汽车、汽车广告中披露的信息以及汽车类书籍中公开的在先设计等现有设计状况和对该类汽车常用设计手法的了解，一般消费者应当知晓该类汽车的产品结构组成、主要部件的功能和设计特点，以及车身三维立体形状、各组成部分的比例和位置关系以及车身表面装饰件的形状、布局等均对整体视觉效果产生不同程度的影响。

二、本专利与对比设计是否具有明显区别

该案中，两者的相同点中：（1）三维立体形状基本相同，因其设计空间较大且最容易引起一般消费者注意，故影响权重高；（2）悬浮式车顶设计相同，因其构成独特设计且极其醒目，故影响权重较高；（3）侧面腰线及前大灯上扬设计相同，但江铃公司未成功举证其为惯常设计，故具有一定影响；（4）主要装饰件布局及位置关系，部分装饰件外形及比例关系相同，但江铃公司未成功举证其为惯常设计，且装饰件设计空间大、易被一般消费者察觉，故具有较大影响；（5）其他局部细节处理相同，但或为独特设计特征，或为功能性设计特征。因此上述相同设计特征对整体视觉效果具有一定影响。而两者的区别点多为现有设计公开或现有设计给出了相同的设计手法，故其对整体视觉效果的影响权重明显低于相同点所产生的影响的权重，因此不具有实质区别。

◻ **案例解析**

该案涉及如何运用"整体观察、综合判断"的原则对涉案专利与对比设计之间是否构成实质区别进行判断，带给我们如下启示。

一、一般消费者的认定

在判断外观设计设计特征是否对整体效果产生显著影响以及影响的权重时，一般消费者的知识水平与认知能力具有基础性、前提性的作用。认定一般消费者应当具有什么样的能力通常会考虑到外观设计产品的技术领域，使用领域等多个方面。其不同的定位决定了其关注的内容的不同，决定了设计特征之间的区别对整体视觉效果是否有显著的影响。从《专利审查指南 2010》中相关规定可以看出，该"一般消费者"并非常规理解的"一般消费者"，其既具有购买者特征（对外观设计产品之间在形状、图案以及色彩上的区别具有一定的分辨力，但不会注意到产品的形状、图案以及色彩的微小变化），亦具有设计者的特征（对诉争设计申请日之前相同种类或者相近种类产品的外观设计及其常用设计手法具有常识性的了解）。可见，我国现有规定中的判断主体应是具有设计能力的一般消费者。

二、设计空间对整体视觉效果的影响

设计空间即设计者设计某类产品的外观设计时的自由度，即其一般情况下所能设计的外观设计的范围。设计空间一般受现有设计的数量、产品的功能、固有形状、设计者通常设计能力、消费者的生活观念等因素的限制。笔者认为，设计空间与一般消费者的知识水平与认知能力息息相关，不仅现有设计的设计空间可以影响到一般消费者的知识水平与认知能力，一般消费者的知识水平与认知能力也会影响当下或者未来产品设计空间的大小。

在设计空间与外观设计整体效果的关系上，设计空间一般通过一般消费者的知识水平与认知能力与外观设计整体效果联系在一起的。对于某项设计特征是否对外观设计整体视觉效果产生影响及相同或不同设计特征对外观设计整体视觉效果产生影响的权重方面，设计空间越大，设计者的创作自由度越高，该产品领域内的外观设计越多种多样，一般消费者越不容易注意到比较细微的设计差别，不同设计特征对整体的视觉效果影响越小；反之，设计空间越小，创作自由度越低，该产品领域内外观设计必然存在较多的相同或者相似之处，一般消费者通常会注意到不同设计特征之间的较小区别，不同设计特征对整体效果影响越大。

三、惯常设计对整体视觉效果的影响

2008 年《专利法》第二十三条第四款规定，现有设计，是指申请日以前在国内外为公众所知的设计。就设计特征在现有设计中出现的频率而言，有三种情况且对整体效果产生不同影响：（1）某种设计特征在现有设计中从未出现过，这种设计特征被称为独特设计特征或创新性设计特征；（2）某种设计特征在各个相互独立的产品制造商设计外观时均采用的特征，这种设计特征被称为惯常设计；（3）介于创新设计与惯常设计之间的设计。对于创新性设计特征，能对整体视觉效果产生显著影响。而惯常性设计则对外观设计整体视觉效果不产生显著影响。需要指出的是，此处所称惯常设计特征仅限于相同设计特征中的惯常设计特征，至于不同设计特征中的惯常设计则仍应予以考虑。

在判断相同或不同设计特征对整体视觉效果的影响时，如果主张相同点为惯常设计，需要承担举证责任，举证成功，则不考虑相同设计特征对外观设计整体显著性的影响；如果举证不成，则相同设计特征仍对外观设计整体显著性产生影响。正如该案江铃公司对侧面腰线的设计主张惯常设计并未得到支持。

在某项设计特征出现在现有设计中的频率介于创新性设计与惯常设计之间的情况，则应考虑其出现的频率的高低以确定设计特征对整体效果的影响。通常情况下，在确定不同设计特征对整体视觉效果的影响情况下，以在先设计为视角，某项设计特征在现有设计中出现的频率较低，在本领域内并不常见，其相同设计特征是在先设计特色所在，此时很有可能认为在后设计主要模仿在先设计，两者的不同设计特征对整体视觉效果不具有显著影响；如果设计特征在现有设计中出现频率较高，即本领域大多使用这样的设计，此时不同设计特征很有可能会起到更重要的作用，会对整体视觉效果产生更显著的影响。

四、功能性设计特征对整体视觉效果的影响

最高人民法院指出，"功能性设计特征是指那些在该外观设计产品的一般消费者看来，由所要实现的特定功能所唯一决定而并不考虑美学因素的设计特征。……功能性设计特征的判断标准并不在于该设计特征是否因功能或技术条件的限制而不具有可选择性，而在于一般消费者看来，该设计特征是否由特定功能所决定，从而不需要考虑该设计特征是否具有美感。"除此之外，还有装饰性设计特征与功能性兼装饰性设计特征。

一般情况下，功能性设计特征对外观设计的整体视觉效果不具有显著影响。在进行外观设计比对时，应排除功能性设计特征所带来的视觉影响。也就是说，即便两产品的视觉效果较为近似，但如果这一近似仅仅或主要来源于功能性设计特征，则不能仅依此而认定两者构成近似的外观设计，而应进一步判断其他设计特征是否会对消费

者产生显著的视觉效果。

当然并非只要有功能性的设计特征就是功能性设计特征。否则将意味着只有纯装饰性的设计特征才可作为外观设计进行保护。功能性兼装饰性设计特征会对设计空间产生影响，进而影响一般消费者的知识水平与认知能力，从而影响某项设计特征是否会对整体视觉效果产生影响及其影响的权重。一般情况下，实现某一技术功能的可选择方案越少，则其设计空间越小，反之则设计空间越大。同样的差异程度，设计空间越小，认定近似的可能性越小。

五、整体观察，综合判断原则

我国《专利审查指南 2010》明确规定了整体观察、综合判断这一原则。"所谓整体观察、综合判断是指由诉争设计与对比设计的整体来判断，而不从外观设计的部分或者局部出发得出判断结论。"正如二审判决所述，整体观察指的是外观设计产品带给一般消费者的整体视觉效果，综合判断是对影响外观设计整体效果的各项因素综合进行考量。

结合该案，笔者认为在进行具体判断时，可以考虑如下步骤和因素：第一，对诉争设计与对比设计整体效果是否近似进行观察：（1）如果整体效果近似或者有一定的近似程度，有待进一步判断；（2）如果不近似且这种不近似是由功能性设计特征所决定的，也需进一步判断；（3）如果整体效果不近似且这种不近似并非功能性设计特征所决定的，则可以直接认定两者整体视觉效果不近似。第二，确定两者整体视觉效果近似、有一定近似程度或者整体视觉效果不近似但是这种不近似是由功能性设计特征所决定的情况下，进行如下判断：（1）要明确诉争设计与对比设计的相同设计特征与不同设计特征；（2）要排除构成功能性特征及惯常设计特征的相同设计特征；（3）将剩下的相同和不同设计特征进行比对，以确定相同设计特征与不同设计特征对一般消费者的影响，进而判断对整体视觉效果影响的权重，当然，这一过程则需要考虑设计空间的大小，各类设计特征所占的比例，消费者的关注程度，使用状态下是否容易注意的到等诸多因素。

（撰稿人：马宏浩）

专利侵权赔偿数额的计算

——评布鲁克公司诉迪盈特公司、 万悦公司侵害发明专利权纠纷案

◙ 关键词

专利侵权　证据规则　赔偿计算

◙ 裁判要点

（1）根据该案庭审中的比对情况，结合检验报告、供货合同、产品合格证记载的相关信息，可以确认被诉侵权产品落入涉案专利权利要求3、4的保护范围，两被告对此亦予以认可，故认定该案中被诉侵权的钢丝网为侵权产品。

（2）两被告未提交证据证明涉案侵权产品的来源，应就此承担举证不能的不利后果。结合公证书所附检验报告和网页记载，可说明两被告并非仅因涉案公证过程中的购买要求而定制侵权产品。且两被告在涉案侵权行为中只有名义上的分工，实际作用无法区分，故法院认定两被告共同实施了制造、销售、许诺销售侵权产品的行为。

（3）两被告的财务信息不能如实反映其销售侵权产品的获利情况，故不能作为认定赔偿数额的依据。在被告没有提供能够如实反应被诉侵权产品销售量和获利方面的证据，且对于原告提供的被告网站上所公布的数据，被告未能提供反证推翻证据真实性的前提下，可以以原告提供的被告网站上所公布的相关数据作为计算被告侵权获利的依据。原告提出的计算成本和费用的数据，符合本行业、两被告企业及涉案侵权产品的基本情况，在被告未提供其他真实、有效的数据的情况下，法院以原告提出的数据作为认定被告生产、销售涉案侵权产品利润率的依据。但在计算营业利润时，对所得税不应予以扣减。以此计算出的两被告侵权获利，即使考虑未全部销售的因素，也超过原告主张的赔偿数额，因此，法院对原告主张的赔偿数额予以全额支持。

（4）对有证据支持的合理费用，法院予以全额支持。由于权利人因公证、翻译、聘请律师等维权事项必然支付费用，故应在合理支出中予以考虑，但在无具体数额证据的情况下，对该部分合理支出从低酌定支持。

◎ **相关法条**

2008 年《专利法》第十一条第一款、第六十五条第一款，《最高人民法院关于审理专利纠纷案件适用法律问题的若干规定》第二十条第二款、第二十二条

◎ **案件索引**

一审：（2015）京知民初字第 1579 号

◎ **当事人**

原告：布鲁克（成都）工程有限公司（以下简称"布鲁克公司"）

被告：北京市迪盈特进出口贸易有限公司（以下简称"迪盈特公司"）、安平县万悦金属丝网制品有限公司（以下简称"万悦公司"）

◎ **基本案情**

原告布鲁克公司是"用作碎石护屏或用于保护土壤表层的丝网及其制造方法和装置"发明专利权（专利号为 ZL99800172.4）的专利权人，原告认为两被告制造、销售和许诺销售的高强度钢丝网产品落入了该专利权的保护范围，构成共同侵权，诉至法院，请求判令两被告立即停止侵权行为，赔偿侵权行为带来的经济损失 600 万元，两被告销毁库存侵权产品及用于生产侵权产品的设备和模具，支付合理费用 25 万元。

◎ **判决结果**

第一，迪盈特公司、万悦公司于判决生效之日起，立即停止制造、销售、许诺销售侵害 ZL99800172.4 号"用作碎石护屏或用于保护土壤表层的丝网及其制造方法和装置"发明专利权的涉案产品。

第二，迪盈特公司、万悦公司于判决生效之日起 10 日内，共同赔偿布鲁克公司经济损失 600 万元及合理支出 15 万元。

第三，驳回布鲁克公司的其他诉讼请求。

◎ **裁判理由**

原告布鲁克公司是"用作碎石护屏或用于保护土壤表层的丝网及其制造方法和装置"发明专利权的专利权人，该专利权现合法有效，受专利法的保护。

根据庭审中将被诉侵权产品与涉案专利权利要求 3、权利要求 4 进行比对所确认的

事实，结合检验报告、供货合同、产品合格证记载的相关信息，可以确认被诉侵权产品落入涉案专利权利要求3、权利要求4的保护范围，被告迪盈特公司、被告万悦公司对此亦予以认可，故认定该案中被诉侵权的钢丝网为侵害涉案专利权的侵权产品。

被告迪盈特公司、被告万悦公司均主张其并未制造涉案侵权产品，只是按照客户要求收购了部分废弃产品进行清洗处理，并按客户要求制作合格证，且公证的过程存在引诱的行为。对此，第一，该案中通过公证取得的侵权产品系买方通过与被告迪盈特公司签订合同而购买，合同中记载生产者为被告万悦公司，而被告迪盈特公司、被告万悦公司未提交证据证明涉案侵权产品的来源，应就此承担举证不能的不利后果。第二，被告迪盈特公司在（2014）京长安内经证字第14749号公证书记录的销货过程中提交了其于2013年11月自行委托检验得出的检验报告，表明其在2013年11月已经能够提供与该次销货合同约定的货物相同的货物，而并非仅因该次购买的要求而定制侵权产品。第三，（2014）京长安内经证字第14749号公证书记录的销货过程之后不足一个月内所进行的公证保全表明，被告迪盈特公司、被告万悦公司在网站中宣称两公司已提供了包括"TEC-CO格栅网"等产品在内的大量钢丝护网类产品，并具备销售大量货物的能力，该宣传本身构成许诺销售行为，亦可说明两被告并非仅因该次购买的要求而定制侵权产品；（2015）京长安内经证字第9164号公证书表明被告万悦公司具备专业的生产设备。第四，被告迪盈特公司、被告万悦公司的网页宣传，被告迪盈特公司、被告万悦公司称两公司的实际经营者均为孙许洸等事实表明，被告迪盈特公司、被告万悦公司在涉案侵权行为中只有名义上的分工，实际作用无法区分。综上，法院认定被告迪盈特公司、被告万悦公司共同实施了制造、销售、许诺销售侵权产品的行为。

被告迪盈特公司、被告万悦公司应对其制造、销售、许诺销售涉案侵权产品的行为承担停止侵权行为、向专利权人赔偿经济损失及合理诉讼支出的民事责任。由于判令被告迪盈特公司、被告万悦公司停止制造、销售、许诺销售侵权产品已经足以制止其侵权行为，故法院对于原告布鲁克公司提出的判令被告迪盈特公司、被告万悦公司销毁库存侵权产品及用于生产侵权产品的设备和模具的诉讼请求，法院不予支持。

原告布鲁克公司主张以被告侵权获利确定赔偿数额，关于计算被告侵权获利的依据，被告迪盈特公司、被告万悦公司提交的企业年度报告书、企业所得税汇算清缴鉴证报告书、资产负债表、损益表等证据均为单方出具，未经审计。且在该案公证保全的购买过程中，货款由买方汇入孙晓华的个人账户。可见，被告迪盈特公司、被告万悦公司的财务信息不能如实反映其销售侵权产品的获利情况，故不能作为认定赔偿数额的依据。

与（2013）二中民初字第13945号案件的案情类似，原告布鲁克公司以涉案专利权作为权利依据，被告没有提供能够如实反应被诉侵权产品销售量和获利方面的证据，对于原告提供的被告网站上所公布的数据，被告未能提供反证推翻证据的真实性。因此，与上述判决中的相关认定相同，法院认为在此前提下，可以以原告提供的被告网站上所公布的相关数据作为计算被告侵权获利的依据。

被告迪盈特公司、被告万悦公司的网站中载明其公司总营业额为1000万美元至5000万美元，但同时列出了公司的经营范围包括高强度铁丝网、电焊网片等多种产品，故该总营业额只能作为侵权情节的佐证，不能直接认定为涉案侵权产品的营业额。关于制造及销售数量，虽然被告迪盈特公司、被告万悦公司的网站中载明的供货能力并不意味着其实际生产和销售数量，但结合公证录音中关于"24小时生产"，"还有一万做完"，需要约一个月时间，"再过两个月产能能翻一倍"，"还在谈65的订单，这个订单是常年的，每月五六千平米"等表述，以及公证现场查看的设备情况的佐证，可见其实际供货能力及生产、销售数量与网站中宣称的供货能力基本相符，在被告迪盈特公司、被告万悦公司无法提供证明其销售数量的真实、有效的数据的情况下，法院根据原告布鲁克公司的主张，以网站中载明的供货能力作为认定被告迪盈特公司、被告万悦公司生产、销售涉案侵权产品数量的依据，即按每周5000平方米，每年生产50周计算，产量折合25万平方米/年。关于销售价格，由于公证购买的产品价格直接体现了涉案侵权产品的实际销售价格，故法院以两次公证购买的平均价格55元/平方米作为不含增值税的产品价格计算侵权获利。关于利润率的计算，原告布鲁克公司主张的原料成本9元/公斤，每平方米钢丝网的重量1.65公斤，原料损耗约5%，设备6台，每台设备3班倒生产，每人月工资6000元，设备价值40万元，折旧年限10年，销售、管理费用15%等数据，符合本行业、两被告企业及涉案侵权产品的基本情况，在被告迪盈特公司、被告万悦公司未提供其他真实、有效的数据的情况下，法院以原告布鲁克公司提出的上述数据作为认定被告迪盈特公司、被告万悦公司生产、销售涉案侵权产品利润率的依据。但在计算营业利润时，仅扣减销售、管理费用及城建税、教育费附加和地方教育附加，对所得税不应予以扣减。因此，法院按照如下方式计算被告迪盈特公司、被告万悦公司的侵权获利：

单位产品原料成本=单位重量原料成本×单位产品重量×（1+损耗率）=9×1.65×（1+5%）=15.59（元/平方米）。

单位产品人工成本=（人均月工资×设备台数×每台设备工人数量）/月产量=（6000×6×3）/20000=5.4（元/平方米）。

单位产品设备损耗成本=设备价值×设备数量/折旧年限/年产量=400000×6/10/250000=0.96（元/平方米）。

单位产品成本＝原料成本＋人工成本＋设备损耗成本＝15.59＋5.4＋0.96＝21.95（元/平方米）。

以两年侵权时间计算。

毛利润＝（销售价格－单位产品成本）×两年产量＝（55－21.95）×500000＝16525000（元）。

销售、管理费用＝销售价格×两年产量×15%＝55×500000×15%＝4125000（元）。

营业税金及附加＝两年产量×［不含增值税价格/（1－增值税税率）］×增值税税率×（城建税、教育费附加和地方教育附加比例）＝500000×［55/（1－17%）］×17%×10%＝563253（元）。

营业利润＝毛利润－销售、管理费用－营业税金及附加＝16525000－4125000－563253＝11836747（元）。

即使考虑未全部销售的因素，被告迪盈特公司、被告万悦公司的侵权获利也超过了原告布鲁克公司主张的赔偿数额，因此，法院对原告布鲁克公司主张的赔偿数额予以全额支持。

原告布鲁克公司主张为制止侵权行为所支付的合理开支中，购买侵权产品的费用12.6万元、检测费用1800元、运费及装卸费2145元系有证据支持的费用，法院对此予以全额支持。原告布鲁克公司对其主张的其余合理支出未提交相应证据，由于权利人因公证、翻译、聘请律师等维权事项必然支付费用，故应在合理支出中予以考虑，但在无具体数额证据的情况下，法院对该部分合理支出从低酌定支持。

□ **案例解析**

该案在运用证据规则的基础上对赔偿数额进行了详细计算，在判决中详细列明了单位产品原料成本、单位产品人工成本、单位产品设备损耗成本、单位产品成本、毛利润、销售和管理费用、营业利润的计算公式和计算结果。其中，判决认为两被告的财务信息不能如实反映其销售侵权产品的获利情况，故不能作为认定赔偿数额的依据；认为在被告没有提供能够如实反应被诉侵权产品销售量和获利方面的证据，且对于原告提供的被告网站上所公布的数据，被告未能提供反证推翻证据真实性的前提下，可以以原告提供的被告网站上所公布的相关数据作为计算被告侵权获利的依据；对于计算利润率中的成本和费用所需的具体数据，判决认为原告提出的数据符合本行业、两被告企业及涉案侵权产品的基本情况，在被告未提供其他真实、有效的数据的情况下，应以原告提出的数据作为认定被告生产、销售涉案侵权产品利润率的依据。但在计算营业利润时，对所得税不应予以扣减；在合理支出的计算方面，判决对有证据支持的近 13 万元合理费用予以全额支持。对于无证据支持的部分，认为由于权利人因公证、翻译、聘请律师等维权事项必然支付费用，故应在合理支出中予以考虑，但在无具体数额证据的情况下，对该部分合理支出从低酌定支持，共判令赔偿合理支出 15 万元。该判决一方面对于赔偿数额进行了非常详细的计算，另一方面对合理支出区分有无证据支持的部分，分别进行了认定，体现了有理有据地加大知识产权司法保护力度，依法保护专利权人合法权益的理念。

（撰稿人：范晓玉　崔　宁）

著作权

演绎作品的独创性表达认定

——评大头儿子公司与央视动画公司著作权权属、侵权纠纷案

◘ **关键词**

演绎作品　独创性表达　举证责任

◘ **裁判要点**

就演绎作品的著作权而言，其权利范围仅限于自己创作的部分，而不能及于原作，因此，判断行为是否侵权演绎作品著作权，应当判断该行为是否侵犯了演绎作品的独创性表达部分。但该案中，该独创性表达部分不能具体确定，在此情况下，二审法院通过一系列逻辑推理及论证，最终认定涉案行为已侵犯演绎作品的独创性表达部分，构成侵权。

◘ **相关法条**

2010 年修订的《中华人民共和国著作权法》（以下简称"2010 年《著作权法》"）第十二条

◘ **案件索引**

一审：（2016）京 0105 民初 46001 号

二审：（2018）京 73 民终 20 号

◘ **当事人**

上诉人（一审被告）：杭州大头儿子文化发展有限公司（以下简称"大头儿子公司"）

被上诉人（一审原告）：央视动画有限公司（以下简称"央视动画公司"）

一审被告：北京时代佳丽商贸有限公司（以下简称"时代佳丽公司"）

回 基本案情

央视动画公司起诉称：大头儿子公司未经许可，擅自授权他人使用制作央视动画公司享有权利的"大头儿子"形象玩偶，时代佳丽公司销售了上述玩偶，侵犯了央视动画公司演绎作品的著作权。故请求一审法院判令大头儿子公司、时代佳丽公司停止上述侵权行为，大头儿子公司赔偿经济损失及合理支出共计 28 万元。一审法院经审理，最终支持了央视动画公司的上述诉讼请求。大头儿子公司不服，向北京知识产权法院提起上诉，称其受让取得了刘泽岱 1994 年大头儿子简笔画原型图，表达内容即刘泽岱与央视动画公司为 2013 年补充协议附图造型，大头儿子公司系依据该原始造型授权制作的玩偶，故大头儿子公司未侵权。而央视动画公司未能举证证明其演绎作品的独创性部分，应承担举证不利的后果等。

1994 年，动画片《大头儿子和小头爸爸》（1995 年版，以下简称"1995 版动画片"）的导演崔世昱到刘泽岱家中，委托其为即将拍摄的 1995 版动画片创作人物形象。刘泽岱当场用铅笔勾画创作了 1994 版简笔画原型图，刘泽岱享有该 1994 版简笔画原型图的著作权。1995 版动画片美术创作团队在 1994 版简笔画原型图的基础上，进行了进一步的设计和再创作，最终制作成符合动画片标准造型的 1995 版动画片标准设计图。刘泽岱未再参与之后的创作。刘泽岱创作的 1994 版简笔画原型图底稿由于年代久远和单位变迁，目前各方均无法提供。中央电视台和东方电视台联合摄制了 1995 版动画片，并于 1995 年播出。

生效判决认定：1995 版动画片人物形象系在刘泽岱 1994 版简笔画原型图的基础上，根据动画片艺术表现的需要增添了新的艺术创作成分，构成对刘泽岱 1994 版简笔画原型图的演绎作品。后中央电视台于 2013 年摄制了《新大头儿子和小头爸爸》动画片（以下简称"2013 版动画片"）。2013 版动画片人物形象仍属于对刘泽岱 1995 版简笔画原型图的演绎作品。中央电视台为上述 1995 版动画片、2013 版动画片三个主要人物形象演绎作品的作者，享有演绎作品的著作权。

2012 年 12 月 14 日，洪亮受让取得了刘泽岱 1994 版简笔画原型图的著作权。2013 年 1 月 23 日，洪亮向浙江省版权局申请作品登记，取得 11-2013-F-1733 号作品登记证书，该证书载明作品名称：大头儿子；作品类型：美术作品；作者：刘泽岱；著作权人：洪亮。刘泽岱本人确认洪亮登记的美术作品并非刘泽岱 1994 版简笔画原型图，而是 1995 版动画片美术创作团队创作的标准设计图。

2013 年 1 月 4 日，刘泽岱（乙方）与央视动画公司（甲方）签订《〈大头儿子和小头爸爸〉美术造型委托制作协议》，该协议约定乙方为甲方制作的动画片《大头儿子和小头爸爸》创作"大头儿子""小头爸爸""围裙妈妈"三个人物造型。协议签订后，刘泽岱并没有向央视动画公司交付作品。至 2013 年 7 月 30 日期间，刘泽岱两次退回央视动画公司支付的 1 万元委托费用，并向央视动画公司发出终止合同通知函。央视动画公司则三次退回 1 万元委托费用，并函复要求刘泽岱继续履行《〈大头儿子和小头爸爸〉美术造型委托制作协议》。

2013 年 8 月 8 日，刘泽岱（乙方）与央视动画公司（甲方）签订《〈大头儿子和小头爸爸〉美术造型委托制作协议补充协议》（以下简称"2013 年补充协议"），协议载明：20 世纪 90 年代中期，甲方通过崔世昱邀请乙方参与 1995 版动画片其中主要人物造型的创作；甲方以委托创作的方式有偿取得了"大头儿子""小头爸爸""围裙妈妈"三个人物造型除署名权以外的全部著作权，并据此制作了 156 集的 1995 版动画片；乙方收取了相关的委托创作费用，除享有"大头儿子""小头爸爸""围裙妈妈"三个人物造型的署名权外，不再享有《大头儿子和小头爸爸》动画片中相关造型的其他任何权利；为使《大头儿子和小头爸爸》的经典形象继续在电视荧屏上绽放，甲方决定继续制作该片，甲乙双方于 2013 年 1 月 4 日签署的《〈大头儿子和小头爸爸〉美术造型委托制作协议》合法有效，双方应继续履行各自未尽合同义务，乙方无权单方面终止该协议的履行；乙方保证未接受过任何第三方的委托另行创作三个人物造型，也未通过转让、许可使用等方式授权第三方取得或使用相关造型作品。该补充协议附有附件附图，附图内容为"大头儿子""小头爸爸""围裙妈妈"三个人物造型（以下简称"2013 年补充协议附图造型"），该附件附图为复印件。大头儿子公司以此作为刘泽岱转让其 1994 版简笔画原型图著作权权利的表达内容的载体，并当庭认可其授权生产、销售的涉案大头儿子玩偶形象系依此使用的。但央视动画公司提出该附图是其 1995 版动画片第二季中大头儿子的人物形象，并提交了 1995 版动画片两季人物造型设计对比图（以下简称"对比图"）。该对比图显示大头儿子在第二季（79~156 集）中的主要形象与第一季（1~78 集）主要形象相比，服装上出现了彩色横条纹圆领衫。央视动画公司主张，该形象从未在第一季出现过。二审庭审中，法庭当庭播放了 1995 版动画片光盘，在第 82 集 1 分 05 秒处出现了前述对比图中大头儿子第二季主要形象。

2015 年 1 月，中央电视台出具授权确认书，确认将其拥有的 1995 版动画片的全部著作权及动画片中包括但不限于文学剧本、造型设计、美术设计等作品除署名权之外的全部著作权专属授权央视动画公司使用，授权内容自 2007 年起生效。

后大头儿子公司授权他人生产了涉案"大头儿子"玩偶形象，时代佳丽公司对涉案玩偶进行了销售。2016 年 6 月 3 日，央视动画公司对购买涉案玩偶过程进行了证据保全公证。大头儿子公司认可时代佳丽公司销售的涉案玩偶系其提供，并称 2013 年补充协议附图造型即为刘泽岱 1994 版简笔画原型图，其已经受让取得该作品著作权，故其据此对外授权生产、销售涉案玩偶并不侵权。时代佳丽公司已将涉案玩偶产品下架，停止销售。经比对，涉案玩偶形象与央视动画公司主张的权利形象即 1995 版动画片、2013 版动画片大头儿子人物形象基本一致。

在浙江法院系列案件中，大头儿子公司从未主张过 2013 年补充协议附图造型即为刘泽岱 1994 版简笔画原型图。相反，刘泽岱本人则陈述称，央视动画公司进行著作权登记的 1995 版动画片人物形象与刘泽岱 1994 版简笔画原型图有一些变化。刘泽岱同时称，其转让给洪亮的是其所画的原稿，1995 版动画片标准设计图的著作权是中央电视台的，不是刘泽岱的。崔世昱亦称刘泽岱完成 1994 版简笔画原型图后将底稿交给崔世昱，因年代久远该底稿已经丢失，但 1994 版简笔画原型图是单个正面比较粗糙的形象，并不适合做动画片。

为证明 2013 年补充协议附图造型即为刘泽岱 1994 版简笔画原型图，大头儿子公司在二审庭审中提交了杭州铁路运输法院（2017）浙 8601 民初 3815、3817、3818 号案件（以下简称"杭州铁路法院案件"）民事判决书，上述案件系大头儿子公司在该案一审判决作出之后于 2017 年 10 月 30 日起诉至法院。杭州铁路法院在判决中认定："根据谁主张谁举证及优势证据原则，现有证据可以证明刘泽岱创作的 1994 版动画形象手稿与《补充协议》中附图的人物造型一致，本院对《补充协议》附图即为刘泽岱 1994 版动画形象手稿复制件予以认定。"该判决尚未生效，央视动画公司已就上述案件提起上诉。

庭审中，大头儿子公司主张，刘泽岱 1994 版简笔画原型图底稿在央视动画公司处，故央视动画公司有义务提供，并称 1995 版动画片人物形象虽是演绎作品，仍包含有刘泽岱原创作品的独创性表达元素，故涉案行为不构成侵权。

回 判决结果

一审判决：第一，大头儿子公司、时代佳丽公司于判决生效之日起停止授权生产、销售涉案侵权产品；第二，大头儿子公司于判决生效之日起十日内赔偿央视动画公司经济损失 20 万元；第三，大头儿子公司于判决生效之日起十日内赔偿央视动画公司合理费用 8 万元；第四，驳回央视动画公司的其他诉讼请求。

二审判决：驳回上诉，维持原判。

◎ **裁判理由**

一审法院经审理认为：大头儿子公司作为其涉案玩偶使用的权利人，应就其使用的依据进行举证；尤其对其提出的涉案玩偶形象是依据刘泽岱享有著作权的1994版简笔画原型图作品的形象进行生产使用的情况，负有举证的义务。大头儿子公司无法举证证明其抗辩主张的权利依据，故大头儿子公司应当承担举证不能的法律后果。通过对比大头儿子公司授权生产、销售的玩偶形象与央视动画公司主张权利的涉案动画形象，二者明显一致，故可以认定大头儿子公司授权生产、销售的玩偶形象使用了央视动画公司主张权利的作品。尽管央视动画公司涉案作品是对刘泽岱1994版简笔画原型图的演绎创作，其仍就该演绎作品享有著作权，其权利受到法律保护。大头儿子公司未经许可，使用了央视动画公司的涉案作品形象，显然侵犯了央视动画公司对涉案作品享有的演绎作品的著作权，应当承担相应的法律责任。

北京知识产权法院经审理认为：2013年补充协议附图造型并非刘泽岱1994版简笔画原型图的表达内容，而是已经过演绎后的1995版动画片卡通人物形象，该演绎作品的著作权为央视动画公司享有。在案证据虽不能确定中央电视台对1995版动画片、2013版动画片人物作品享有独创性的具体内容，但从黑白简笔画到彩色动漫卡通形象的事实，结合大头儿子公司在该案中多次陈述其授权生产、销售的涉案玩偶来源于2013年补充协议附图造型中的人物形象，足以认定大头儿子公司使用了演绎作品中具有独创性表达的演绎部分内容，故大头儿子公司的行为构成侵权。对于赔偿数额及合理支出，综合考虑大头儿子动画片的知名度、大头儿子公司的侵权情节、主观故意、侵权范围及影响等因素，以及央视动画公司提交了合理支出的证明，一审法院认定的赔偿数额及合理支出均无不妥。最终，北京知产法院终审判决驳回大头儿子公司的上诉请求。

◎ **案例解析**

该案中，央视动画公司主张的权利是演绎作品的著作权，大头儿子公司的行为是否构成侵权主要考虑以下几个方面：第一，央视动画公司主张演绎作品著作权的权利基础；第二，大头儿子公司授权制作涉案大头儿子玩偶是否具有合法权利来源；第三，央视动画公司在该案中是否应举证证明其演绎作品相较于原作品的独创性部分。

关于央视动画公司的权利基础。1994年，刘泽岱用铅笔勾画创作了"大头儿子""小头爸爸""围裙妈妈"三个人物形象正面图，该作品系黑白铅笔画（以下简称"刘泽岱1994版简笔画原型图"）。央视动画公司主张权利的作品系在刘泽岱1994版简笔画原型图基础上，进行的进一步的设计和再创作，最终制作形成了符合动画片标准造型的三个人物标准设计图以及之后的转面图、比例图等（以下简称"1995 版动画片标准设计图"）。对此，浙江法院的终审判决已确认：央视动画公司享有 1995 版动画片、2013 版动画片演绎作品的著作权。其对两版动画片中的三个主要人物形象享有著作权；并认定两者存在一定的区别。故，法院认为，央视动画公司作为演绎作品的著作权人，即作为 1995 版动画片、2013 版动画片演绎作品的权利人，已尽到了相关举证责任。

关于大头儿子公司授权制作涉案大头儿子玩偶是否具有合法权利来源。大头儿子公司主张，其受让取得了刘泽岱 1994 版简笔画原型图，表达内容即刘泽岱与央视动画公司为 2013 年补充协议附图造型，大头儿子公司系依据该原始造型授权制作的玩偶，故大头儿子公司未侵权。根据已查明的事实，大头儿子公司虽受让取得了刘泽岱 1994 版简笔画原型图的著作权，但该作品并未实际发表，大头儿子公司亦无法提供该作品底稿。至于该作品的表达内容是否为 2013 年补充协议附图造型，法院认为，首先，2013 年补充协议的文字记载与事实存在明显矛盾之处，故不能仅凭协议的文字表述得出附图造型系刘泽岱 1994 版简笔画原型图的结论；其次，经比对，补充协议附图人物形象与 1995 版动画片中人物形象基本一致，且人物的头发、衣服等部位有明显的颜色深浅及细节绘制，明显不属于铅笔勾勒的简笔画形象；第三，如果补充协议附图为 1994 版简笔画原型图，则与刘泽岱本人所称"1995 版动画片人物形象与之相比有一些变化"相矛盾；第四，2013 年补充协议附图造型比较 1995 版动画片标准设计图而言，更为复杂丰富，不符合 1995 版动画片标准设计图系通过 1994 版简笔画原型图演绎而来的演绎逻辑。综合上述分析，法院认为，2013 年补充协议附图造型并非刘泽岱 1994 版简笔画原型图的表达内容，而是已经过演绎创作后的 1995 版动画片卡通人物形象，该演绎作品的著作权已经生效判决认定为央视动画公司享有。故大头儿子公司的该项抗辩不能成立。

关于央视动画公司在该案中是否应举证证明其演绎作品相较于原作品的独创性部分。演绎作品是利用已有作品创作的新作品，演绎作品既利用了原作品的表达，又具有演绎者的独创性表达。大头儿子公司认为，其享有原作品的著作权，央视动画公司如果主张其侵犯演绎作品的著作权，应当举证证明其演绎的独创性部分内容，对该部分内容负有举证责任。对此，二审法院认为，虽然在案证据不能确定刘泽岱 1994 版简笔画的具体表达内容，但可以确定 1995 版、2013 版动画片人物形象演绎作品与刘泽岱 1994 版简笔画原型图存在区别，上述区别即为央视动画公司具有独创性的表达，央视动画公司对其演绎创作的独创性表达部分享有著作权；在案证据虽不能确定大头儿子公司侵权的具体内容，但从黑白简笔画到彩色动漫卡通形象的事实，结合大头儿子公司在该案中多次陈述其授权生产、销售的涉案玩偶来源于 2013 年补充协议附图造型中的人物形象，足以认定大头儿子公司使用了演绎作品中具有独创性表达的演绎部分内容，足以认定大头儿子公司的涉案行为构成侵权。

该案是典型的涉及演绎作品著作权侵权案件。构成演绎作品需要具备两个条件：一是利用了已有作品的表达；二是包含了演绎者的创作。而演绎者的独创性表达是其获得演绎作品著作权的基础。该案的特殊性在于侵权人享有与该演绎作品相对应的原作品的著作权，在此情况下，对于侵权行为如何认定，是该案审理的重点。就演绎作品的著作权而言，其权利范围仅限于自己创作的部分，而不能及于原作，因此，判断行为是否侵权演绎作品著作权，应当判断该行为是否侵犯了演绎作品的独创性表达部分。但该案中，该独创性表达部分不能具体确定，在此情况下，二审法院通过一系列逻辑推理及论证，最终认定涉案行为已侵犯演绎作品的独创性表达部分，构成侵权。该案的论证过程对于同类演绎作品著作权侵权案件或具有一定的参考价值。

（撰稿人：夏　旭　兰国红）

微信公众号侵害信息网络传播权的责任认定

——评天脉聚源公司与华视网聚公司
侵害作品信息网络传播权纠纷案

◎ **关键词**

微信公众号　在线播放　信息网络传播权

◎ **裁判要点**

微信公众号是通过互联网络向不特定的微信用户发送文字、图片、语音、视频等相关内容，微信用户关注相关微信公众号后，即可根据个人选定的时间和地点，通过信息网络获取该微信公众号上发布的相关信息，故通过微信公众号传播相关内容的行为属于我国著作权法规定的信息网络传播行为。

◎ **相关法条**

2010年《著作权法》第十条第一款第（十二）项

◎ **案件索引**

一审：（2015）东民（知）初字第15582号
二审：（2016）京73民终289号

◎ **当事人**

上诉人（一审被告）：天脉聚源（北京）传媒科技有限公司（以下简称"天脉聚源公司"）

被上诉人（一审原告）：华视网聚（常州）文化传媒有限公司（以下简称"华视网聚公司"）

◎ **基本案情**

2015年4月23日，华视网聚公司委托代理人刘潇雅在北京市东方公证处公证人员的监督下对微信公众号"天脉聚源阳光微电视"（以下简称"涉案微信公众号"）提供电视剧《石敢当之雄峙天东》（以下简称"涉案电视剧"）在线播放的情况进行证据保全，主要过程为：将 iPhone4 手机进行清洁性处理，连接公证处无线局域网，下载安装微信 App，在添加朋友界面搜索"天脉聚源阳光微电视"，点击第一个搜索结果"天脉聚源阳光微电视"，显示账号主体为天脉聚源（北京）传媒科技有限公司，企业名称为天脉聚源（北京）传媒科技有限公司。点击关注该微信公众号，点击下方"看电视"，进入"阳光微电视"界面，点击"电影电视剧"栏目，显示的影片列表包含涉案电视剧，内含第 1 集、第 2 集，点击均可以完整播放。

华视网聚公司向北京市东城区人民法院起诉称：华视网聚公司是涉案电视剧在中国大陆的独占性信息网络传播权人，并享有对于侵权行为依法维权的权利。华视网聚公司发现天脉聚源公司未经授权，通过其经营的涉案微信公众号提供涉案电视剧的在线播放服务。华视网聚公司认为天脉聚源公司非法提供涉案电视剧在线播放的行为侵害了其对涉案电视剧享有的专有独占性信息网络传播权，给其造成极大经济损失，请求判令天脉聚源公司：（1）立即停止通过其所经营的"天脉聚源阳光微电视"微信公众号提供涉案电视剧的在线播放服务；（2）赔偿华视网聚公司经济损失 5 万元；（3）承担该案诉讼费用。

天脉聚源公司答辩称：涉案微信公众号系旨在向海内外宣传中国电视作品的技术平台，具有一定的政治性和公益性，且天脉聚源公司并未在涉案微信公众号上发布广告或从事其他获取商业利益的行为，故天脉聚源公司对涉案电视剧并非商业性使用，不构成侵权；天脉聚源公司在涉案微信公众号上播放涉案电视剧的技术测试行为属于2010 年《著作权法》第二十二条第（六）项规定的"为科学研究，少量复制已经发表的作品，供科研人员使用"的情况，属于合理使用；涉案微信公众号上的涉案电视剧点击次数极少，天脉聚源公司在接到通知之日即将涉案电视剧链接在涉案微信公众号上删除，未给华视网聚公司造成经济损失，且华视网聚公司亦无证据证明其经济损失，故华视网聚公司主张的经济赔偿缺乏依据。

北京市东城区人民法院查明：《石敢当之雄峙天东》正版光盘内含电视剧 50 集，电视剧片尾播放画面显示"本剧信息网络传播权由华视网聚（常州）文化传媒有限公司独家享有""出品　山东卫视传媒有限公司　北京完美影视传媒有限责任公司　天津完美文化传媒有限公司"。2014 年 12 月 26 日，山东省新闻出版广电局颁发编号为（鲁）剧审字（2014）第 011 号的国产电视剧发行许可证，载明："剧目名称：石敢当之雄峙天东，长度 50 集（常规剧集），申报机构：山东卫视传媒有限公司。"2015 年 1月 23 日，山东卫视传媒有限公司出具版权声明函，声明其作为电视剧《石敢当之雄峙天东》的联合出品方及署名单位，只享有该片出品方署名权及该片投资收益的分配权，并有权按电视剧《石敢当之雄峙天东》联合投资摄制合同的约定分享由此产生的全部总收入，其不享有该片其他任何版权，该片（含剧本）之所有版权及其他衍生权利归北京完美影视传媒股份有限公司。同日，天津完美文化传播有限公司出具版权声明函，声明其作为电视剧《石敢当之雄峙天东》的联合出品方及署名单位，只享有该片出品方署名权及该片投资收益的分配权，并有权按电视剧《石敢当之雄峙天东》联合投资摄制合同的约定分享由此产生的全部总收入，其不享有该片其他任何版权，该片（含剧本）之所有版权及其他衍生权利归北京完美影视传媒股份有限公司。2014 年 11 月 26 日，经工商行政管理部门核准，北京完美影视传媒股份有限公司名称变更为"北京完美影视传媒有限责任公司"。2015 年 1 月 26 日，北京完美影视传媒有限责任公司出具授权书，将影视节目《石敢当之雄峙天东》的信息网络传播权以独占专有的形式授予华视网聚（常州）文化传媒有限公司，授权范围包括信息网络传播权、制止侵权的权利以及以上两项权利的转授权权利，授权期限为 8 年，起始日期为首轮卫视首集首播日，独占专有维权的权利期限为自授权影视节目创作完成之日起至授权期限结束止，授权地域为全球范围内。华视网聚公司、天脉聚源公司双方均认可涉案电视剧首轮卫视首集首播日为 2015 年 2 月 15 日。

该案庭审中，华视网聚公司、天脉聚源公司双方均认可涉案微信公众号在线播放的电视剧《石敢当之雄峙天东》第 1 集、第 2 集与华视网聚公司主张权利的正版光盘中相应剧集一致，并认可涉案微信公众号仅播放了第 1 集与第 2 集。天脉聚源公司认可涉案微信公众号"天脉聚源阳光微电视"系其经营管理。天脉聚源公司表示涉案电视剧系其通过技术手段从贵州卫视播出信号中碎片化截取而来，截取后存储于其管理的私有化云端，网络用户通过微信公众号在线观看涉案电视剧时，就是访问其私有化云端所保存的截取的电视节目片段。其私有化云端存储所截取的电视节目是临时的，具体时间根据委托方要求确定，可能是 24 小时或者几天。此外，天脉聚源公司表示诉讼前已经停止传播涉案电视剧，华视网聚公司认可天脉聚源公司已经停止在涉案微信公众号上在线播放涉案电视剧，故撤回要求天脉聚源公司停止侵权的诉讼请求。

回 **判决结果**

一审判决：天脉聚源公司赔偿原华视网聚公司经济损失人民币 3000 元；驳回华视网聚公司其他诉讼请求。

二审判决：驳回上诉，维持原判。

回 **裁判理由**

根据我国 2010 年《著作权法》第十条第一款第（十二）项的规定，信息网络传播权，即以有线或者无线方式向公众提供作品，使公众可以在其个人选定的时间和地点获得作品的权利。

天脉聚源公司在微信公众号"天脉聚源阳光微电视"中播放电视剧《石敢当之雄峙天东》第 1 集、第 2 集，即属于通过信息网络向微信公众号订阅用户提供作品播放的行为，属于信息网络传播行为。华视网聚公司对涉案电视剧《石敢当之雄峙天东》享有独家信息网络传播权，天脉聚源公司未经华视网聚公司的许可，在其经营的涉案微信公众号上提供涉案电视剧的播放服务，且播放过程中并无界面跳转亦未显示涉案电视剧的其他来源，故天脉聚源公司的上述行为构成对涉案电视剧信息网络传播权的侵犯。

关于具体的赔偿数额，因根据该案证据不能确定涉案侵权行为造成的实际损失或侵权获利情况，故综合考虑涉案电视剧的知名度、市场价值，侵权具体方式、主观过错程度等因素酌情予以确定。

回 **案例解析**

该案涉及微信公众号在线播放与信息网络传播权的理解和判断问题。

一、关于信息网络传播权

在互联网出现之前，传播方式仅传播者"单向"提供作品，公众只能被动地接受作品，比如观看画展或者歌舞剧，公众只能在演出方限定的时间和地点观赏作品。而互联网的运用使得传播模式可以实现"交互式传播"，即公众可以通过互联网自主地选择信息内容、接受信息的时间和地点。为应对著作权保护的新挑战，2001 年《著作权法》修订时增加了信息网络传播权的规定。

2010 年《著作权法》第十条第（十二）项规定，信息网络传播权即以有线或者无线方式向公众提供作品，使公众可以在其个人选定的时间和地点获得作品的权利。从法律定义上来看侵犯信息网络传播权有三个要件。第一是行为方式要件要求以有线或无线的方式；第二是对象要件要求是向公众传播；第三是结果要件要求公众可以在选定的时间和地点接触到作品。

《信息网络传播权保护条例》第二十六条第一款规定，信息网络传播权，是指以有线或者无线方式向公众提供作品、表演或者录音录像制品，使公众可以在其个人选定的时间和地点获得作品、表演或者录音录像制品的权利。

从上述法条来看，"个人"指向的是接受作品、表演或者录音录像制品的用户，故符合该要件的传播行为的特点在于接受该内容的用户具有主动权，并且能够按照其个人需要决定是否获得、获得内容以及获得时间，因此，"个人选定"具有"按照个人需要的意思"。信息网络传播权的其他要件在著作权的其他权利中有所体现，比如广播权、放映权和表演权等，但"个人选定"这一要件在其他权利中并未涉及，因此，公众在其他权利下无主动选择的权利，仅能被动地按照作品提供者的安排接受作品的内容，故"个人选定"是信息网络传播权的独有特征，亦为这一权利各个构成要件的核心要件。

二、关于微信公众号传播性质的认定

微信公众号即微信公众账号，是深圳市腾讯计算机系统有限公司针对个人或企业用户推出的合作推广业务，用户注册微信公众账号后可以通过微信公众平台进行品牌推广。不特定的微信用户关注微信公众账号后将成为该账号的订阅用户，微信公众账号可以通过微信公众平台发送文字、图片、语音、视频等内容与订阅用户这一相对特定的群体进行沟通互动。虽然微信公众号在发布信息的渠道、阅读终端等方面与传统的互联网传播方式有所区别，但其实质仍然是通过互联网络向不特定的微信用户发送文字、图片、语音、视频等相关内容。微信用户关注相关微信公众号后，通过相应的操作，即可根据个人选定的时间和地点，通过信息网络获取该微信公众号上发布的相关信息，符合信息网络传播权的构成要件，故通过微信公众号传播相关内容的行为属于我国著作权法规定的信息网络传播行为。

该案中，天脉聚源公司在微信公众号"天脉聚源阳光微电视"中播放电视剧《石敢当之雄峙天东》第1集、第2集，即属于通过信息网络向微信公众号订阅用户提供作品播放的行为，属于信息网络传播行为。天脉聚源公司主张其并非"向公众提供作品"而牟利的商业行为，但是否商业牟利与微信公众号的传播性质认定无关，故天脉聚源公司在微信公众号"天脉聚源阳光微电视"中播放电视剧《石敢当之雄峙天东》的行为属于我国著作权法规定的信息网络传播行为。

三、关于侵权行为的认定

关于天脉聚源公司是否构成侵权行为的认定。根据该案查明的事实，华视网聚公司对涉案电视剧《石敢当之雄峙天东》享有独家信息网络传播权，天脉聚源公司未经华视网聚公司的许可，在其经营的涉案微信公众号上提供涉案电视剧的播放服务，且播放过程中并无界面跳转亦未显示涉案电视剧的其他来源，故天脉聚源公司的上述行为构成对涉案电视剧信息网络传播权的侵犯。

天脉聚源公司主张其在涉案微信公众号播放涉案电视剧并非出于商业目的，未发布任何广告，仅是进行技术测试，其行为属于我国 2010 年《著作权法》第二十二条第（六）项规定的合理使用行为，属于"为学校课堂教学或者科学研究，翻译或者少量复制已经发表的作品，供教学或者科研人员使用，但不得出版发行"的情形，故其并未侵犯华视网聚公司对涉案电视剧享有的信息网络传播权。但根据该案证据，天脉聚源公司在涉案微信公众号中介绍其功能为"最好用的中文电视直播，海外华人的最佳选择。100+路直播频道无论身处何地，你都可以拥有家一般舒适的收视体验"等，其中并无任何有关技术测试或测试版本的表述，天脉聚源公司亦未就此进一步举证证明，且在公证证据保全过程中能够完整播放涉案电视剧第 1 集、第 2 集，并非临时性存储和使用，超出了合理使用的范围，故天脉聚源公司在涉案微信公众号播放涉案电视剧的行为不属于我国 2010 年《著作权法》第二十二条第（六）项规定的合理使用行为。

四、关于侵权责任的承担

根据 2010 年《著作权法》第四十八条第（一）项，未经著作权人许可，通过信息网络向公众传播其作品的，侵权人应当根据情况承担停止侵害、消除影响、赔礼道歉、赔偿损失等民事责任。

该案一审审理过程中，天脉聚源公司表示已经停止在涉案微信公众号上传播涉案影视作品，盛世骄阳公司对此予以认可并撤回了要求天脉聚源公司停止侵权的诉讼请求，故天脉聚源公司无须再就此承担停止侵权的法律责任。

关于损失赔偿数额的确定，2010 年《著作权法》第四十九条规定："侵犯著作权或者与著作权有关的权利的，侵权人应当按照权利人的实际损失给予赔偿；实际损失难以计算的，可以按照侵权人的违法所得给予赔偿。赔偿数额还应当包括权利人为制止侵权行为所支付的合理开支。权利人的实际损失或者侵权人的违法所得不能确定的，由人民法院根据侵权行为的情节，判决给予五十万元以下的赔偿。"

该案中，盛世骄阳公司既未提交其因涉案被诉侵权行为受到损失的证据，也未提供天脉聚源公司因涉案被诉侵权行为获得利益的证据，故该案无法依据被侵权人受到的实际损失或侵权人因侵权获得的利益确定具体的赔偿数额。因此，法院综合考虑涉案影视作品的知名度、市场价值、天脉聚源公司涉案侵权行为的具体方式、主观过错程度等因素确定赔偿数额。

（撰稿人：杜文婷　张晓津）

视频类手机应用软件（App）的侵权责任认定

——评央视国际公司诉豆果信息公司、
豆果扬天公司侵害作品信息网络传播权纠纷案

◙ **关键词**

信息网络传播权　搜索链接　在线播放

◙ **裁判要点**

视频类 App 进行深度链接时所涉影视作品未经权利人授权，而视频类 App 又无法证明其仅提供搜索、链接服务，则可被认定为盗版内容的提供者，构成直接侵权。

◙ **相关法条**

《侵权责任法》第八条、第三十六条第一款，2010 年《著作权法》第十条第一款第（十二）项、第十一条第四款、第十五条第一款、第四十八条第（一）项、第四十九条，《最高人民法院关于审理侵害信息网络传播权民事纠纷案件适用法律若干问题的规定》第六条

◙ **案件索引**

一审：（2014）石民（知）初字第 8807 号民事判决书
二审：（2015）京知民终字第 1444 号民事判决书

◙ **当事人**

上诉人（原审被告）：北京豆果信息技术有限公司（以下简称"豆果信息公司"）、北京豆果扬天网络科技有限公司（以下简称"豆果扬天公司"）
被上诉人（原审原告）：央视国际网络有限公司（以下简称"央视国际公司"）

◙ **基本案情**

《舌尖上的中国》第二季（即涉案节目）内容共计 8 集，分别为"第一集　脚步"

"第二集　心传""第三集　时节""第四集　家常""第五集　相逢""第六集　秘境""第七集　三餐""第八集　花絮"，于 2014 年 4 月 18 日开始在中央电视台综合频道（CCTV-1）与中央电视台纪录频道（CCTV-9）并播，并在 CNTV、爱奇艺、乐视网等多个网络平台同步播出；中央电视台纪录频道（CCTV-9），已于 2014 年 6 月 18 日至 25 日推出了涉案节目精简版，包括《花絮》在内共计 8 集。涉案节目正版音像制品封面印有"CCTV9 纪录"内容，光盘片头和片尾画面左上角均显示"CCTV1 综合"、右上角均显示"CNTV"水印，片头署名"CCTV9 纪录"、片尾署名"中央电视台"内容。央视国际公司经中央电视台授权在全世界范围内独占行使涉案节目的著作权或与著作权有关的权利。

央视国际公司发现由豆果信息公司、豆果扬天公司共同开发的手机 App 应用软件"舌尖上的中国 2"（简称"涉案软件"）中，未经许可通过信息网络向公众提供中央电视台出品的电视系列节目《舌尖上的中国》第二季的在线播放服务，认为其侵害了央视国际公司信息网络传播权。故央视国际公司诉至法院。

一审法院认定豆果信息公司、豆果扬天公司未经许可，共同通过涉案软件向公众提供涉案节目的在线播放服务，侵害了央视国际公司对涉案节目所享有的独占信息网络传播权，应当共同承担停止侵害、赔偿损失的民事责任。

豆果信息公司、豆果扬天公司共同上诉称：第一，央视国际公司提供的公证书存在程序瑕疵，其仅对手机中的"照片"进行了清空，没有对手机恢复出厂设置，不能确保取证设备的清洁度。且该两份公证书所附公证录像截屏不全面，无法证明上诉人直接提供涉案作品的在线播放服务。第二，上诉人与央视国际公司取证的涉案软件版本完全一致（均为 1.0.0），仅因为苹果手机型号、操作系统等差异产生软件"更新日期"不同，一审法院以此为由对上诉人提供的公证书不予采信，存在事实认定错误。第三，上诉人提交的公证书充分证明涉案作品系存储于"搜狐视频"服务器中，且在"搜狐视频"页面下进行播放，故上诉人仅仅提供了搜索链接服务。第四，即便上诉人构成侵权，由于涉案软件上线时间极短，影响力极小，一审判决侵权赔偿数额过高。除此以外，上诉人豆果信息公司还单独上诉称，其并非涉案软件的经营者，不是该案的适格主体。

该案二审期间，豆果信息公司、豆果扬天公司提交了以下证据材料：证据一为（2015）京东方内民证字第 10456 号公证书及公证光盘，邮件打印件、网页打印件，公证内容为：豆果信息公司委托代理人柳慧冲在苹果公司官方网站页面输入问题，"去年 6 月用 iPhone5 装一项 App，版本为 1.0.0，大小为 7.9MB，更新时间为 2014 年 5 月 6 日；11 月用 iPhone4 装同一 App，版本为 1.0.0，但大小为 8.3MB，更新时间为 2014 年 5 月 5 日。测试发现其他 App 也是如此，不同设备安装相同 App，大小和更新时间不同，求解"。网页打印件对上述提问予以再次确认。豆果信息公司、豆果扬天公司声称的苹果公司的回复邮件未经公证，回复内容为："不同的设备下载 App 大小不同，首先我们需要确认 App 下载来源，此外我们不同设备系统版本，例如：iOS7、iOS8，所匹配 App 也不是完全相同，这是很正常的"。上述证据用以证明同一 App 软件存在大小不一致的问题是因需在不同版本的设备上安装使用所致，不能据此断定 App 软件本身进行过修改。证据二为（2015）京东方内民证字第 10455 号公证书及公证光盘。公证内容为：豆果信息公司委托代理人柳慧冲使用 iPhone4s 及 iPhone6 分别在 App Store 下载"舌尖上的中国 2"和"央视影音"。iPhone4s 显示"舌尖上的中国 2"更新于 2014 年 5 月 6 日，大小 7.9MB，"央视影音"更新于 2015 年 8 月 3 日，大小 18.8MB。iPhone6 显示"舌尖上的中国 2"更新于 2014 年 5 月 6 日，大小 8.3MB，"央视影音"更新于 2014 年 8 月 3 日，大小 19.7MB。该证据用以证明同一 App 软件存在大小不一致的情况是正常现象，不能据此断定其对 App 软件本身进行过修改。

法院经审查对上述证据认证如下：对证据一（2015）京东方内民证字第 10456 号公证书及公证光盘的真实性、合法性予以认可，就其关联性将综合其他在案证据予以考虑，而邮件打印件、网页打印件因系豆果信息公司、豆果扬天公司自行打印，且央视国际公司对此不予认可，故法院对其真实性及其与前述公证书的对应性均不予认可。对证据二（2015）京东方内民证字第 10455 号公证书及公证光盘的真实性、合法性予以认可，就其关联性将综合其他在案证据予以考虑。

判决结果

一审判决：第一，豆果信息公司、豆果扬天公司于一审判决生效后立即停止通过手机 App 软件"舌尖上的中国 2"提供电视节目《舌尖上的中国 2》的在线播放服务；第二，豆果信息公司、豆果扬天公司于一审判决生效后 10 日内共同赔偿央视国际公司经济损失 25 万元以及诉讼合理支出 2.3 万元，共计 27.3 万元；第三，驳回央视国际公司的其他诉讼请求。

二审判决：驳回上诉，维持原判。

裁判理由

法院认为，豆果信息公司、豆果扬天公司主张在涉案节目点击播放过程中，可以看到播放页面发生了跳转，但未提交证据予以证明。涉案节目的播放未离开过涉案软件，亦未显示有跳转至搜狐视频网站的绝对网络地址，故对豆果信息公司、豆果扬天公司关于其提供的仅是网络链接服务的主张不予支持。该案中仅凭"搜狐视频"的水印不足以证明节目系链接自搜狐视频网站，由此认定豆果信息公司、豆果扬天公司对涉案节目提供了在线播放，应承担侵权责任。

◎ **案例解析**

在视频类 App 的侵权纠纷案件中，直接对抗的两方法律主体为作品权利人和 App 经营者，后者为免除其法律责任通常会提出其系搜索、链接服务提供者的抗辩，从而引入可能存在的第三方主体，即其他网络服务提供者等。应该说从本质上来看，App 侵权不过是网络侵权方式由电脑（PC 端）向手机（移动端）迁移的结果，对其基本的认定规则都可沿用网络纠纷案件中一直以来逐渐形成的规则体系。对于视频类 App 侵权责任的归责原则，仍应适用过错责任原则。但视频类 App 有其自身特点：（1）功能设定性。任何 App 在完成发布时，各项功能就已经被定义，即使有供用户进行选择的参数和功能，也是由开发者设定的。（2）主机关联性。App 的各种功能的实现大多都要与服务器相联通配合完成。（3）内容可控性。App 进行视频播放的内容，一般会在相应服务器上有对应的播放地址，因此播放内容可以通过主机进行控制管理。（4）可升级性。一款 App 通常都会有不同的版本，可以更新升级，增加新功能，优化用户体验。由其自身特性所带来的与传统网络侵权表现形式上的不同之处，会导致具体案件中判断结果的差异。

在视频类 App 被诉侵权案件中一个重要的特点是，视频类 App 出于界面简洁、用户友好体验等特点，大多在点击播放视频之后直接出现播放画面，看不出跳转过程，也不会在页面顶端显示具体的网页链接地址。也即采取深度链接的方式，用户点击搜索链接后即可直接在 App 内播放视频，而无须再进入其他网络服务提供商的网站。在实际案件中，这一特点也是双方当事人的必争之地，双方围绕这一特点展开举证质证，发表针锋相对的辩论意见。

根据《最高人民法院关于审理侵害信息网络传播权民事纠纷案件适用法律若干问题的规定》第四条和第六条，权利人主张网络服务提供者传播作品、表演、录音录像制品，需要提供初步证据予以证明，而由后者举证证明其仅提供网络服务；网络服务提供者称其提供的仅是自动接入、自动传输、信息存储空间、搜索、链接 P2P（点对点）等服务，但无法举证证明的，应认为网络服务提供者的行为构成信息网络传播行为。此时，法律规定的落脚点是服务器标准，但用户对于网络服务提供者的感知状况会影响举证责任的分配。也就是说，如果用户感知到视频内容为视频类 App 提供，那么原告（权利人）即完成了初步证据的举证，推定视频类 App 在服务器中自行上传了视频内容。此时举证责任转移至被告（视频类 App），其作为实际掌握软件技术的一方，必须提供反驳证据来否定用户感知的结果。如这一事实处于真伪不明的状态时，由被告（视频类 App 经营者）承担举证不利的法律后果，视频类 App 经营者属于提供权利人作品的法律身份认定，构成直接侵权。

在所涉影视作品为盗版作品的情况下，此时需看作为被告方的视频类 App 经营者能否完成其确为提供搜索、链接服务的网络服务提供者的举证责任。

如果其能够提供充分证据证明其仅是提供搜索、链接服务，那么视频类 App 经营者应否承担侵权责任，应当看其是否具备明知或应知的主观过错。应当说，实施深度链接的行为，会赋予视频类 App 经营者较高的注意义务。因为在深度链接的情况下，播放画面是在点击后直接出现的，没有跳转过程，此时视频类 App 带给网络用户的观感相较于一般的链接服务而言，其更接近于视频内容的直接提供者。此时结合案件具体案情，如视频类 App 未尽到与其能力范围相匹配的合理注意，则可能会被认定为间接侵权责任中的帮助侵权。

然而司法实践中更常见的情形是，视频类 App 难以完成其仅提供搜索、链接服务的充分举证。由于原告（权利人）为证明侵权行为的公证取证在先，被告（视频类 App 经营者）的抗辩、举证在后，一个案件从原告取证，再起诉至法院立案，到被告收到法院传票，再举证反驳，其间经历的时间通常不会太短，涉案 App 一直处于技术更新、版本升级的变化发展中。被告即使试图模拟原告的取证过程以说明其当时仅为提供链接服务，实际中或是因被告的举证难以完全恢复至与原告公证时刻的相同情形而不具有可比性，或是因视频类 App 一直处于被告的控制之下而难以保证证据材料的客观真实性等，导致被告提供的证据材料较难被法院采信作为定案证据。在该案中，豆果信息公司、豆果扬天公司提出，视频画面中有其他网络服务提供者的水印，己方并非提供该视频内容而仅是提供了搜索、链接服务，同时还提交了关于抓包程序的公证书等予以佐证。但法院经过审理发现，豆果信息公司、豆果扬天公司在公证中使用的涉案软件与央视国际公司公证中使用的涉案软件存在不一致且未能做出合理解释，无法实现其证明目的，故法院对豆果信息公司、豆果扬天公司提交的公证书证据未予采信。豆果信息公司、豆果扬天公司仅凭节目播放视频画面显示的"搜狐视频"水印不足以证明视频系链接自其他网络服务提供商。在此种情形下，法院基于深度链接的特点——视频画面在点击播放过程中未离开过视频类 App，视频播放界面仍属于 App 的组成部分——即视频类 App 具备了提供影视作品的外观，而无充分证据证明其仅提供搜索、链接服务，认定视频类 App 为盗版内容的提供者，构成直接侵权。

（撰稿人：刘仁婧　赵　明）

QQ 群管理者不适用法律规定的关于"网络服务提供者"的归责和免责条件

——评武汉泰和电器与北京科技出版社著作权权属、侵权纠纷案

◎ **关键词**

信息网络传播权　QQ 群　文件分享　举证责任

◎ **裁判要点**

开放式 QQ 群内的文件分享行为，本质上属于信息网络传播权控制的范围。文件上传者应当为其未经许可提供他人作品的行为承担法律责任。在初步证据指向某行为人实施该提供行为时，该行为人对其反驳意见负有举证责任，否则应承担举证不能的不利后果。

◎ **相关法条**

2010 年《著作权法》第十条第一款第（十二）项，《信息网络传播权保护条例》第二条，《最高人民法院关于审理侵害信息网络传播权民事纠纷案件适用法律若干问题的规定》第三条，《最高人民法院关于民事诉讼证据的若干规定》第二条

◎ **案件索引**

一审：（2015）西民（知）初字第 13278 号

二审：（2015）京知民终字第 2323 号

◎ **当事人**

上诉人（一审被告）：武汉泰和电器有限公司（以下简称"武汉泰和电器"）

被上诉人（一审原告）：北京科学技术出版社有限公司（以下简称"北京科技出版社"）

回 **基本案情**

北京科技出版社通过与案外人廖頔签订《图书出版合同》，获得了该案涉案作品《跟着君之学烘焙Ⅱ》的信息网络传播权。武汉泰和电器在其淘宝网店"泰和电器专营店"中，承诺向购买烤箱的用户免费赠送烘焙电子书。北京科技出版社在北京市国立公证处从武汉泰和电器店铺在线购买了烤箱并获取了电子书《跟着君之学烘焙Ⅱ》。北京市国立公证处对上述过程进行了公证，该公证书显示：打开 IE 浏览器，在地址栏中输入 www.taobao.com，并点击转入该页面，页面显示后，点击页面左上角"亲，请登录"，使用会员名为"bkjpress22"的用户登录；在所显示的页面搜索栏中输入"美的电烤箱"，点击"搜索"，页面显示后浏览网页；在所显示的页面中，点击店名显示为"泰和电器专营店"，标价为 189 元的"Media/美的 MG15KX-AA 电烤箱多功能家用烘焙蛋糕迷你正品特价"，页面显示后，浏览页面；鼠标移动至页面左上角"泰和电器专营店"，查看店铺信息，点击"工商执照"后的图标，在显示的页面输入验证码，浏览打开的网页；付款成功后，在所显示的页面点击"查看已买到的宝贝"，页面显示后，点击"Media/美的 MG15KX-AA 电烤箱多功能家用烘焙蛋糕迷你正品特价"；联系泰和电器专营店客服，运行"阿里旺旺 2013"，使用会员名为"bkjpress22"的用户名登录后，询问客服获得电子书的方式；按照泰和电器专营店客服处获得的方法下载电子书：使用新注册的 QQ 号 3052450161 登录 QQ，查找群号为 385108109 的 QQ 群，验证加入该 QQ 群，下载群文件中的"261 跟着君之学烘焙 2.pdf""【初学推荐】跟着君之学烘焙.pdf""261 君之的 10 分钟蛋糕.pdf""入群新收必看（3）.txt"，保存在 QQ 默认保存下载的文件夹中。

通过上述公证书所附光盘视频可见：（1）在天猫电器城"泰和电器专卖店"中，标价为 189.00 元的"Media/美的 MG15KX-AA 电烤箱多功能家用烘焙蛋糕迷你正品特价"的商品页面下部显示内容包括："③送烘焙电子食谱《我的美味烘焙食谱》《玩味烘焙文化》《电烤箱烘焙食谱》三本书封面叠放图"，"④送终身烘焙指导泰和创意烘焙交流群下单后联系客服咨询"等信息；（2）在"阿里旺旺 2013"运行界面，北京科技出版社委托代理人使用名为"bkjpress22"的用户名与"泰和电器专卖店"客服"人头马"聊天内容包括"bkjpress22：请问，送的电子书怎么给我呢""'泰和电器专卖店：人头马'：烘焙 qq 交流群下载食谱：385108109（群文件下载食谱）"等；（3）385108109 的 QQ 群名为"泰和创意烘焙交流站 3"。在"文件"栏目显示 2014 年 8 月文件包括"261 跟着君之学烘焙 2.pdf"，该文件下方标注"73.5MB 121 次下载　梓熙 2014-8-15"。

北京科技出版社认为武汉泰和电器的行为侵犯了其依法享有的信息网络传播权，

损害了其利益。故诉至法院，要求判令武汉泰和电器停止侵权、赔偿损失及合理支出。

武汉泰和电器辩称：（1）北京科技出版社无证据证明发布涉案电子书之人的身份，无法确认"梓熙"是何人、其与武汉泰和电器是否有关、其是否为武汉泰和电器工作人员。（2）北京科技出版社公证下载涉案电子书的行为并非武汉泰和电器推荐。涉案 QQ 群文件中有十几个不同的电子食谱，北京科技出版社只选择了君之所著的电子书。（3）虽然武汉泰和电器工作人员是涉案 QQ 群群主，但 QQ 群的实际管理者是腾讯公司，该公司接受用户的举报。武汉泰和电器工作人员与 QQ 群成员的关系严格讲是网络用户之间的关系，武汉泰和电器不是网络服务提供者，无法履行监督、管理、技术支持、身份甄别、信息检查等义务，不应承担网络服务提供者的责任。（4）即使武汉泰和电器应当承担侵权责任，北京科技出版社主张 10 万元为其实际损失缺乏事实和法律依据。涉案电子书已经被删除，损害后果有限。（5）涉案 QQ 群的成员人数仅为 600 多个。只有该群成员才能看到群文件，侵权事实影响范围有限。（6）北京科技出版社并不能证明其涉案图书的市场知名度。综上所述，请求法院依法驳回北京科技出版社全部诉讼请求。

回 判决结果

一审判决：第一，武汉泰和电器于判决生效之日起 10 日内赔偿北京科技出版社经济损失 9000 元；第二，武汉泰和电器于判决生效之日起 10 日内赔偿北京科技出版社因诉讼支出的合理费用 2000 元；第三，驳回北京科技出版社其他诉讼请求。

二审判决：驳回上诉，维持原判。

回 裁判理由

一审法院认为：根据公知常识，QQ 是一款基于互联网络的即时通信软件。以商业为目的使用 QQ 软件开设局域性交流平台并从中进行商业信息传播的经营者，如通过 QQ 群向买家赠送电子图书、提供售后服务信息等，负有一定的知识产权注意义务。涉案 QQ 群的运行已成为武汉泰和电器网络营销模式中的重要一环，武汉泰和电器作为特定 QQ 群"创意烘焙交流站 3385108109"的管理和控制者，具备相应的信息管理能力，对涉案 QQ 群内的信息传播行为负有一定的知识产权注意义务，应当采取合理措施预防侵权，包括应公开其名称、联系方式等信息以便处理投诉并应对群员作出在 QQ 群中不得传播侵犯他人知识产权的信息的警示；否则，对 QQ 群中出现的信息网络传播侵权行为所导致的损害应承担连带赔偿责任。

涉案电子书"261 跟着君之学烘焙 2. pdf"系由网友"梓熙"上传至武汉泰和电器

开设的 QQ 群 "创意烘焙交流站 3385108109"，网友 "梓熙" 擅自提供涉案作品的信息传播，使公众可以在选定的时间和地点，获得涉案作品，其行为侵犯了北京科技出版社享有的信息网络传播权，应当依法承担相应责任。武汉泰和电器作为涉案 QQ 群的设立和管理者，不能提供网友 "梓熙" 的真实身份信息，未采取预防侵权的合理措施，未及时制止涉案侵权行为，对因此给北京科技出版社造成的权利损害应承担赔偿经济损失的责任。

二审法院生效裁判认为：该案中，涉案行为系未经权利人许可，系通过在 QQ 群中设置共享文件的方式，向他人提供涉案作品，使 QQ 群中成员可以在个人选定的时间和地点下载获得涉案作品。虽然涉案 QQ 群成员有限，但该 QQ 群属于开放式群组，面向的是不特定的群成员，任何人可以通过购买商品等方式进入该群，符合公众可以在其个人选定的时间和地点获得作品的要件。故，涉案行为构成侵犯信息网络传播权。

武汉泰和电器作为 QQ 群的建立者和管理者，与网络服务提供商的性质是不同的。QQ 群是腾讯公司推出的多人聊天交流平台，任何一个 QQ 用户均可以创建群并邀请他人入群。QQ 群空间亦为腾讯公司提供，用户可以通过共享文件、上传照片等方式实现交流互动。因此，提供涉案网络服务的并不是 QQ 群的建立者和管理者，不适用法律规定的关于 "网络服务提供者" 的归责和免责条件。故原审法院关于武汉泰和电器的行为性质属于 "网络服务提供者" 的帮助侵权行为的认定有误，应予纠正。

对于武汉泰和电器是否应当承担责任的问题，二审法院认为，在案证据已可将涉案作品提供行为的主体初步指向武汉泰和电器，故北京科技出版社已完成了初步举证责任。武汉泰和电器否认涉案作品系其提供，应当对自己的主张负有举证责任。武汉泰和电器仅提交了上传人 "梓熙" 的 QQ 基本信息，未能完成其举证责任，应承担举证不利的后果，由此，二审法院推定涉案作品系由武汉泰和电器提供，其应为该侵权行为承担相应的法律责任。

▣ **案例解析**

该案的涉案行为与常见的信息网络传播权侵权行为不同，涉案作品的传播方式为 QQ 群中的文件分享，故，该案首先应对涉案行为是否落入信息网络传播权控制范围进行分析。该案的争议焦点为武汉泰和电器是否应为涉案侵权行为承担责任，承担何种责任。对此，一审法院认为武汉泰和电器应承担帮助侵权责任，二审法院根据举证责任分配原则认定，武汉泰和电器应承担直接侵权责任。具体分析如下。

一、涉案行为是否落入信息网络传播权的控制范围

信息网络传播权，即以有线或者无线方式向公众提供作品，使公众可以在其个人选定的时间和地点获得作品的权利。根据《最高人民法院关于审理侵害信息网络传播权民事纠纷案件适用法律若干问题的规定》第三条规定，网络用户、网络服务提供者未经许可，通过信息网络提供权利人享有信息网络传播权的作品、表演、录音录像制品，除法律、行政法规另有规定外，人民法院应当认定其构成侵害信息网络传播权行为。通过上传到网络服务器、设置共享文件或者利用文件分享软件等方式，将作品、表演、录音录像制品置于信息网络中，使公众能够在个人选定的时间和地点以下载、浏览或者其他方式获得的，人民法院应当认定其实施了前款规定的提供行为。

根据上述规定，构成侵犯信息网络传播权至少要满足三个条件：第一，未经权利人许可；第二，通过信息网络的提供行为；第三，公众可以在其个人选定的时间和地点获得作品。该案中，首先，涉案行为未经权利人许可。其次，涉案行为系通过在 QQ 群中设置共享文件的方式，向他人提供涉案作品。最后，此种方式使 QQ 群中成员可以在个人选定的时间和地点下载获得涉案作品。虽然涉案 QQ 群成员有限，但该 QQ 群属于开放式群组，面向的是不特定的群成员，任何人可以通过购买商品等方式进入该群，符合公众可以在其个人选定的时间和地点获得作品的要件。综上，法院认定涉案行为落入信息网络传播权控制范围，构成侵犯信息网络传播权。

二、武汉泰和电器是否应当为涉案侵权行为承担责任，承担何种责任

一审法院认为，武汉泰和电器作为涉案 QQ 群的管理和控制者，对涉案 QQ 群内的信息传播行为负有一定知识产权注意义务，应当采取合理措施预防侵权，否则应对群中出现的信息网络传播权侵权行为导致的损害承担连带赔偿责任。故一审法院认定的武汉泰和电器的行为性质，应属于 "网络服务提供者" 的帮助侵权行为。

对此，二审法院有不同意见：武汉泰和电器作为 QQ 群的建立者和管理者，与网络服务提供商的性质是不同的。QQ 群是腾讯公司推出的多人聊天交流平台，任何一个 QQ 用户均可以创建群并邀请他人入群。QQ 群空间亦为腾讯公司提供，用户可以通过共享文件、上传照片等方式实现交流互动。因此，提供涉案网络服务的并不是 QQ 群的建立者和管理者，不适用法律规定的关于 "网络服务提供者" 的归责和免责条件。

对于武汉泰和电器是否应承担侵权责任，分析如下：设置共享文件、使群成员可以在个人选定的时间和地点获得涉案作品的主体应为侵权行为的责任承担主体。根据涉案公证书所载，武汉泰和电器在经营过程中，承诺消费者在购买其电烤箱后，可以通过验证身份加入其管理控制的 QQ 群，获得烘焙电子书。由此可见：（1）武汉泰和电器建立管理涉案 QQ 群与其销售电烤箱的行为紧密相关；（2）购买烤箱后进群需通过客服处获得的方法验证；（3）消费者经指引进入 QQ 群获得烘焙电子书符合其承诺

内容。因此，涉案作品提供行为的主体已可以初步指向武汉泰和电器，可以认定北京科技出版社已完成了初步举证责任。

《最高人民法院关于民事诉讼证据的若干规定》（法释〔200〕33号）第二条规定，当事人对自己提出的诉讼请求所依据的事实或者反驳对方诉讼请求所依据的事实有责任提供证据加以证明。没有证据或者证据不足以证明当事人的事实主张的，由负有举证责任的当事人承担不利后果。武汉泰和电器否认涉案作品系其提供，应当对自己的主张负有举证责任。该案中，武汉泰和电器仅提交了上传人"梓熙"的QQ账户显示的基本信息，而未通过查询消费者购买记录、客服聊天记录、进群验证信息等相关信息进一步提供上传人"梓熙"的买家联系方式、地址等个人身份信息以证明该上传人系购买其电器的其他用户而非其工作人员。因此，武汉泰和电器在有能力提供上述信息而未提供的情况下，其未能完成相应的举证责任，应承担举证不利的后果。由此，根据证据规则，应推定涉案作品系由武汉泰和电器提供，其应为该侵权行为承担相应的法律责任。

（撰稿人：夏　旭　兰国红）

"短" 对短视频创作性的影响

——评微播视界公司与百度在线公司、百度网讯公司
侵害作品信息网络传播权纠纷案

◎ **关键词**

短视频　独创性　创作性

◎ **裁判要点**

视频的长短与创作性的判定没有必然联系。客观而言，视频时间过短，有可能很难形成独创性表达，但有些视频虽然不长，却能较为完整地表达制作者的思想感情，则具备成为作品的可能性。在此情形下，视频越短，其创作难度越高，具备创作性的可能性越大。

◎ **相关法条**

2010 年《著作权法》第十一条、第十五条，2013 年《著作权法实施条例》第二条，《最高人民法院关于审理著作权民事纠纷案件适用法律若干问题的解释》第十五条，《侵权责任法》第三十六条第二款、第三款，《信息网络传播权保护条例》第二十二条

◎ **案件索引**

一审：（2018）京 0491 民初 1 号

◎ **当事人**

原告：北京微播视界科技有限公司（以下简称"微播视界公司"）
被告：百度在线网络技术（北京）有限公司（以下简称"百度在线公司"）
被告：百度网讯科技有限公司（以下简称"百度网讯公司"）

◎ **基本案情**

微播视界公司向北京互联网法院诉称：抖音短视频网站和手机软件（合称"抖音平台"）系由其合法拥有并运营的原创短视频分享平台。"黑脸 V"是抖音平台上知名的大"V"用户，以其充满想象力、独具设计感的人物形象和视频作品，在抖音平台上深受用户喜爱，已经获得了 2637 万粉丝关注，其每部作品也都具有很高的点击量和获赞数量。2018 年 5 月 12 日，抖音平台上发布的《5.12，我想对你说》短视频（以下简称"《我想对你说》短视频"），系由"黑脸 V"独立创作完成并上传，该短视频是在 13 秒的时长内，通过设计、编排、剪辑、表演等手法综合形成的作品，充分表达了对汶川地震十周年的缅怀。作品一经发布就受到了网民的广泛赞誉，点赞量达到 280 多万，成为以类似摄制电影的方法创作的作品（以下简称"类电作品"）。经"黑脸 V"合法授权，微播视界公司依法对《我想对你说》短视频在全球范围内享有独家排他的信息网络传播权及以微播视界公司名义进行独家维权的权利。

百度在线公司为伙拍小视频手机软件 Android 系统的开发者，百度网讯公司为伙拍小视频手机软件 iOS 系统的开发者，其共同向用户提供伙拍小视频手机软件的下载、安装、运营和相关功能的更新、维护，并对伙拍小视频手机软件进行宣传和推广。

百度在线公司、百度网讯公司未经微播视界公司许可，擅自将《我想对你说》短视频在伙拍小视频上传播并提供下载、分享服务，从而吸引大量的网络用户在伙拍小视频上浏览观看，侵害了微播视界公司对《我想对你说》短视频享有的信息网络传播权。同时，被控侵权短视频上未显示抖音和用户 ID 的水印，其必然实施了消除上述水印的行为，存在破坏原告相关技术措施的故意，此行为亦构成对微播视界公司信息网络传播权的侵犯。

微播视界公司请求法院判令百度在线公司、百度网讯公司在该案判决生效之日起 3 日内，在百度网网站首页（www.baidu.com）及伙拍小视频客户端首页显著位置连续 24 小时刊登声明，消除影响；赔偿经济损失 100 万元及合理支出 5 万元。

诉讼过程中，微播视界公司认可被控侵权短视频已被删除。

百度在线公司、百度网讯公司共同辩称：第一，《我想对你说》短视频不具有独创性，不构成著作权法保护的作品。第二，微播视界公司没有起诉的权利基础；百度在线公司仅是伙拍小视频手机软件登记的开发者，不是该案的适格被告。第三，伙拍小视频手机软件仅提供信息存储空间服务，被控侵权短视频是注册用户 ID451670 上传的；百度网讯公司已经依法履行了法律规定的提示和管理义务，且在收到微播视界公司的有效投诉后，已经及时进行了删除处理。第四，微播视界公司所诉称的 100 万元的经济损失是依据抖音平台的播放量、转发量、点赞量估算的，这些数据是可以操作的；消除影响的责任承担方式不适用侵害财产权利。

◎ 判决结果

一审判决：驳回微播视界公司的诉讼请求。

◎ 裁判理由

谢某为《我想对你说》短视频的制作者，微播视界公司依据谢某的许可，取得了一定期限内的该短视频的独占信息网络传播权及维权的权利，有权提起该案诉讼。

百度在线公司是伙拍小视频手机软件（Android 系统）的经营者，应对该软件的应用平台承担法律责任，百度在线公司是该案的适格被告。

《我想对你说》短视频是在已有素材的基础上进行的选择、编排，体现了制作者的个性化表达，并且带给观众积极向上的精神享受，具备独创性，构成类电作品。

被控侵权短视频系伙拍小视频手机软件用户（ID 为 451670）提供；百度在线公司和百度网讯公司作为提供信息存储空间的网络服务提供者，对于伙拍小视频手机软件用户的提供被控侵权短视频的行为，不具有主观过错，在履行了"通知-删除"义务后，不构成侵权行为，不应承担相关责任。

◎ 案例解析

该案被广泛称为"抖音短视频"诉"伙拍小视频"信息网络传播权纠纷案，系北京互联网法院受理的第一案。

2013 年《著作权法实施条例》第二条规定，著作权法所称作品，是指文学、艺术和科学领域内具有独创性并能以某种有形形式复制的智力成果。将一定义可分解为四个要件：（1）场景要件，在文学、艺术和科学领域内；（2）实质要件，具有独创性；（3）形式要件，能以某种有形形式复制；（4）主体要件，须为人类的智力成果。"独创性"又包括两个要件：（1）"独"，即独立完成；（2）"创"，即创作性。对一项智力成果是否构成著作权法意义上的作品的认定，关键点往往在于对其是否具备创作性的认定。

2013 年《著作权法实施条例》第四条第（十一）项规定，电影作品和以类似摄制电影的方法创作的作品，是指摄制在一定介质上，由一系列有伴音或者无伴音的画面组成，并且借助适当装置放映或者以其他方式传播的作品。某一短视频如能构成作品，在现有的著作权法制度体系下，其应归属于类电作品。

短视频之所以广受、深受欢迎，一个重要原因正在于其"短"给制作、观看两个方面都带来了更强的便捷性，更充分地调动起相关受众的碎片化时间。瞬时灵感火花，即可启动一个创作；片刻休憩时间，即可完成一个观看。

关于"短"对短视频创作性的影响，本文从以下两个角度进行分析。

一、"短"对短视频作品本身的影响

对于任何一种作品，"创作性"都要求其必须具备一定的"容量"。

此"容量"之含义因作品种类而异。例如，在文字作品、口述作品、音乐、戏剧、曲艺、舞蹈、杂技艺术作品、电影作品和类电作品中意味着长度，在建筑作品中意味着体积，在摄影作品中意味着面积。"容量"所容是作品的创作性，无一定"容量"则创作性无以承载。

此"容量"之适当度乃是区分创作素材与创作成果的临界点，此临界点之确定因作品种类而异，在同一作品种类中因具体作品而异，并无一个绝对普遍适用的标准。例如，在一篇文章中，字组成词，词组成句，句组成段，段组成节，节组成篇，而创作素材和创作成果之界限的确定，取决于截止到哪个界限的部分具备了足够的创作性。一个具体的智力成果中，达不到临界点的部分只构成创作素材，越过了临界点的部分才构成创作成果，也即著作权法意义上的作品。

短视频相较于长视频，因其"容量"有限，越过创作素材与创作成果之间临界点的难度也相对更高。

在审查外观设计的新颖性、区别性时，有一个"设计空间"的概念。设计空间是指设计者在设计特定产品的外观时的自由度。设计者在特定产品领域中的设计自由度通常要受到现有设计、技术、法律以及观念等多种因素的制约和影响。[1] 在设计空间更为有限的产品上，一般消费者更容易注意到一项设计与现有设计之间的细微区别，对此区别应抱以更高的接受度和认可度。因而，在设计空间较小的产品领域中，对外观设计新颖性、区别性的审查标准不宜过高。

与之相似，在审查视频的创作性时，也应有一个"创作空间"的概念。一般而言，视频的长度与创作自由度正向相关。短视频的长度限制带来的是对制作者创作自由度的限制。因此，对短视频创作性的审查标准不宜过高，如果其整体上体现了一定的艺术效果，意味着其已具备足够的创作性。

另外，虽然创作素材与创作成果之临界点在具体作品中总是相对而言的，但某一作品种类的"基本创作素材"却是确定的。文字作品的基本创作素材是文字，视频作品的基本创作素材是画面。因而，某一作品种类应当有一个广为适之的"基本容量"。

---

[1] 王迁. 知识产权法教程 [M]. 5版. 北京：中国人民大学出版社，2016：329.

对于文字作品而言，"创"意味着文字组合应当具备起码的长度。[1] 对于视频作品而言，"创"意味着画面组合亦应如是。

该案中，《我想对你说》短视频整体时长为 13 秒，在给定主题和素材的情形下，其创作空间受到一定的限制，体现出创作性难度较高。该短视频画面为一个蒙面黑脸帽衫男子站在灾后废墟中以手势舞方式进行祈福，手势舞将近结束时呈现生机勃勃景象，光线从阴沉灰暗变为阳光明媚，地面从沟壑不平到平整，电线杆从倾斜到立起，黑脸帽衫男子的衣袖也变为红色，最后做出比心的手势。该短视频构成了一个有机统一的视听整体，其中包含了制作者多方面的智力劳动，具有创作性。

二、"短"对短视频再创作与已有创作的差异部分的影响

创作分为两种情况，一种是从无到有的"原创作"，另一种是在已有创作基础上的"再创作"。原创作和再创作的作品都必须要有一定的容量，但这并不意味着再创作与已有创作的差异部分也必须要有同等的容量。这在以短见长的作品形式中体现尤为明显，比如短视频、近体诗等。

从长度的视角衡量，短视频与电影之关系，可类比于近体诗与长篇小说之关系。再创作过程中对已有创作素材少量的增、改、编、删，远不足以使电影、长篇小说具有"独"和"创"，形成新作品。但对短视频、近体诗的再创作而言，相关受众对少量的增、改、编、删的注意力更强，从而使其整体更易具有"独"；对少量的增、改、编、删所带来的艺术美感的感知力更强，从而使其整体更易具有"创"。

（一）创作素材之增带来创作性

在近体诗中，例如，将五绝每句各加二字成为七绝，为他人残句续一二句而成整诗，等等。在短视频中，例如在已有短视频的首尾或中间插入新片段，此新片段或与原短视频的结合足以承载一定的创作性。

（二）创作素材之改带来创作性

在近体诗中，例如王安石《泊船瓜洲》，将"春风又到江南岸"中的"到"改为"绿"，全诗因之而成新作。在短视频中，例如将已有短视频中的某个片段替换为另一片段而有画龙点睛之妙。

（三）创作素材之编带来创作性

在近体诗中，例如杜牧《清明》重编句读，乃成："清明时节雨，纷纷路上行人，欲断魂。借问酒家何处？有牧童，遥指杏花村。"在短视频中，例如通过插入停顿、加

---

[1] 王迁. 著作权法 [M]. 北京：中国人民大学出版社，2015 年：31.

减播放速度等对已有视频重编节奏而形成新的个性化表达。

在近体诗中，例如回文诗正是对顺序的重编，通过倒写全诗而成新作。在短视频中，例如将显示从瓶中往地上洒水的已有作品进行倒序播放，显示把地上积水收归瓶中的"特异功能"。

在近体诗中，例如集句诗，从多首诗作中各摘一句加以汇编而成新作。在短视频中，例如按一问一答的构思，将从多个视频中截取的本无关联的片段加以剪辑形成幽默效果。

（四）创作素材之删带来创作性

在近体诗中，再以杜牧《清明》为例，删字而成："时节雨纷纷，行人欲断魂。酒家何处有，遥指杏花村。"首句清明本是标题，二句行人本在路上，三句本是借问之语，四句省略牧童反而使读者对借问的对象和场景有了更多想象空间，产生一种留白之美。如按上述思路，通过删字反而形成新作。在短视频中，例如将一个长视频中的部分片段删去，再将剩余片段拼接播放，产生意料不到的艺术效果，从而形成新作。

由上可知，短视频再创作与已有创作的差异部分的长度与其创作性认定没有必然联系。如果说作品本身应当具备起码的长度，那么再创作相对于已有创作的更长部分，在特殊情形下可以微乎其微，甚至可为负数。而这也正体现出文学艺术作品创作的神奇与魅力。

该案审理中，微播视界公司确认《我想对你说》短视频中的手势舞及伴音来自全国党媒信息公共平台及人民网示范视频，背景图片是从网络中下载。根据查明事实，全国党媒信息公共平台及人民网的示范视频和网络下载图片是原本没有任何关系的独立元素，"黑脸 V"将上述元素结合制作出的《我想对你说》短视频，与前两者存在能够被客观识别的差异。法院认为，虽然该短视频是在已有素材的基础上进行创作，但其编排、选择及呈现给观众的效果，与其他用户的短视频完全不同，体现了制作者的个性化表达，具有创作性。

短视频之"短"，于其创作性而言是一把双刃剑。一方面，"短"意味着承载创作性的容量有限，这使其更不易具备创作性；另一方面，"短"意味着对其创作性的要求标准应适当降低，这又使其更易具备创作性。前者是从创作作品层面而言，后者是从审查作品层面而言，于此，"短"之双刃剑作用在冲突与矛盾中又达到了和谐与统一。

（撰稿人：张忠涛）

"通知与移除"规则与过错归责的适用

——评现代快报公司、现代快报无锡分公司与字节跳动科技公司、字节跳动网络公司侵害著作权纠纷案

◉ **关键词**

避风港原则　通知与移除　过错归责

◉ **裁判要点**

《信息网络传播权保护条例》第二十三条规定中的"侵权的作品"与"所链接的作品"均指作品在被上传至被链网站时，没有经过权利人的许可。此时上传者的行为构成对信息网络传播权的直接侵权，而对该作品设链或保持链接的行为，则为这种未经许可的传播提供了便利。如果设链者对此明知或应知，其行为属于间接侵权。

◉ **相关法条**

《信息网络传播权保护条例》第二十二条、第二十三条

◉ **案件索引**

一审：（2015）锡知民初字第 00219 号
二审：（2018）苏民终 588 号

◉ **当事人**

上诉人（一审被告）：北京字节跳动科技有限公司（以下简称"字节跳动科技公司"）
被上诉人（一审原告）：江苏现代快报传媒有限公司（以下简称"现代快报公司"）
被上诉人（一审原告）：江苏现代快报传媒有限公司无锡分公司（以下简称"现代快报无锡分公司"）
一审被告：北京字节跳动网络技术有限公司（以下简称"字节跳动网络公司"）

◎ **基本案情**

现代快报公司、现代快报无锡分公司向江苏省无锡市中级人民法院（以下简称"一审法院"）诉称：其发现"今日头条"新闻平台未经许可使用其享有著作权的《打工妹……》《为能多见见孙子……》《9旬老太……》《仪仗队……》《煤气泄漏……》《女子民政局……》六文。头条网的ICP备案显示备案号为京ICP备12023439号，主办单位为字节跳动科技公司；苹果系统中"今日头条"App下载页显示的开发者是字节跳动科技公司，安卓系统中"今日头条"客户端显示的开发者是字节跳动网络公司。综上，请求法院判令字节跳动科技公司、字节跳动网络公司停止侵害涉案作品著作权的行为，删除侵权网页，在手机新闻客户端"今日头条"上公开赔礼道歉、消除影响；连带赔偿其经济损失20万元及合理开支10100元；承担该案诉讼费用。

经一审法院核对，上述六文与《现代快报》刊登的文章，除《叶落归根，9旬老太……》《出租屋爆燃……》《办离婚时起争执……》三文标题的字词有所改变外，内容均一致。

一审法院判决：字节跳动科技公司赔偿现代快报公司、现代快报无锡分公司经济损失10万元及合理费用10100元。

字节跳动科技公司不服一审判决，向江苏省高级人民法院（以下简称"二审法院"）提起上诉称：现代快报公司、现代快报无锡分公司对《出租屋爆燃……》一文不享有著作权，针对该文无权提起诉讼。字节跳动科技公司对《为能多见见孙子……》《女子民政局……》《仪仗队……》《煤气泄漏……》四文仅提供链接服务，对上述四文已尽到合理的审查义务。一审判决确定的赔偿数额及合理费用畸高。

◎ **判决结果**

一审判决：第一，字节跳动科技公司于判决生效之日起10日内赔偿现代快报公司、现代快报无锡分公司经济损失10万元；第二，字节跳动科技公司于判决生效之日起10日内赔偿现代快报公司、现代快报无锡分公司合理费用10100元；第三，驳回现代快报公司、现代快报无锡分公司的其他诉讼请求。

二审判决：驳回上诉，维持原判。

◎ **裁判理由**

一审法院认为，涉案六文属于著作权法意义上的作品，并非时事新闻。现代快报公司、现代快报无锡分公司享有涉案六文的著作权,具有原告主体资格。对《打工妹……》《9旬老太……》两文,字节跳动科技公司提供的是信息存储空间服务,在其及时删除涉案作品的情况下,不应承担赔偿责任。对《为能多见见孙子……》《女子民政局……》《仪仗队……》《煤气泄漏……》四文,现有证据不足以证明字节跳动科技公司仅提供链接服务;退一步说,即使其确实仅提供链接服务,由于其主观上存在过错,不能完全免责。字节跳动网络公司不属于法律意义上的网络服务提供者。综合考虑今日头条的影响力、传播范围及其主观过错等因素,支持赔偿经济损失10万元及合理费用10100元。

二审法院认为,现代快报公司、现代快报无锡分公司对《出租屋爆燃……》一文享有著作权,可以单独提起诉讼。字节跳动科技公司主张其对《为能多见见孙子……》《女子民政局……》《仪仗队……》《煤气泄漏……》四文仅提供链接服务的辩解不能成立;即使其仅对上述四文提供了链接服务,因其未经权利人许可,亦构成侵权。一审判决确定的赔偿数额并无不当。

回 案例解析

该案涉及网络环境中新闻作品的著作权保护问题,包括传统媒体与新媒体的冲突与融合,新闻集合式新媒体与其他形式新媒体的关系,新闻因来源渠道不同而带来的法律风险不同等。

涉案六篇文章分属两种情形。法院认定字节跳动科技公司对其中两文不构成侵权,属于对"通知与移除"规则的适用;认定其对另外四文构成侵权,属于对过错归责的适用。该案较为完整地体现了关于网络服务提供者是否侵权的判断中以"通知与移除"规则为原则、以过错归责为例外的思维路径。

《最高人民法院关于充分发挥知识产权审判职能作用 推动社会主义文化大发展大繁荣和促进经济自主协调发展若干问题的意见》第六条指出,要维护"通知与移除"规则的基本价值,除根据明显的侵权事实能够认定网络服务提供者具有明知或者应知的情形外,追究网络服务提供者的侵权赔偿责任应当以首先适用"通知与移除"规则为前提。

"避风港"条款实质上是在传统的合理使用和法定许可之外新设的免责事由,其作用与合理使用和法定许可并无不同。任何免责事由都是有法定条件的,法律为"避风港"的适用设定了实体条件和程序条件(如通知移除程序)。❶"避风港"条款的实质,是网络服务提供者在客观上实施了间接侵权行为的情况下因其主观上无过错而免责。

---

❶ 孔祥俊. 网络著作权保护法律理念与裁判方法 [M]. 北京:中国法制出版社,2015:105.

将现行法律、行政法规、司法解释中涉及"通知与移除"规则、过错归责的相关条款集中梳理，本文认为：过错，是判断网络服务提供者责任承担的核心线索。

按时间轴顺序，以过错为线索，从提供网络服务过程的各具体阶段入手，寻找责任的起始点与覆盖面，可以对网络服务提供者的责任承担问题更好地进行理解。网络服务提供者从某一阶段开始具有过错，则其责任也从该阶段开始产生，且其就此之后的损害部分与侵权的网络用户共同承担责任。

本文将提供网络服务的相关过程划分为四个阶段。

第一阶段：建立网络服务平台。

这一阶段，要判断网络服务平台所提供的服务是否属于"避风港原则"所能适用的服务种类。本文认为，"避风港原则"的适用以网络服务提供者客观上实施了间接侵权行为为前提。如果网络服务提供者实施的是直接侵权行为，如主动直接地为网络用户提供侵权的作品、表演、录音录像制品，则径行以一般过错归责进行认定，而无"避风港原则"的适用余地。

该案中六篇文章，之所以认定字节跳动科技公司侵权与否有异，在逻辑链条上第一步的原因就在于其对不同文章所提供网络服务的种类不同。

《打工妹……》《9旬老太……》两文分别由成都商报和汉网用户上传，字节跳动科技公司的服务仅构成《信息网络传播权保护条例》第二十二条规定所指的"提供信息存储空间"，属于"避风港原则"可适用之情形。

《为能多见见孙子……》《女子民政局……》《仪仗队……》《煤气泄漏……》四文，字节跳动科技公司称其与第三方网站签订了以链接方式进行作品传播的相关协议，且第三方网站存在涉案作品，但其并未提供证据证明用户阅读今日头条客户端中的涉案作品时存在跳转或链接到第三方网站的情形，故并不能以此证明其服务仅构成《信息网络传播权保护条例》第二十三条规定所指的"提供链接服务"。若不对"即使字节跳动科技公司仅提供链接服务"的让步情况下进行进一步论述，至此，因字节跳动科技公司的服务种类不属于"避风港原则"可适用之情形，法院可直接以一般过错归责对其责任进行认定。

第二阶段：具体网络服务行为。

网络服务提供者在该阶段可能的过错因素有：改变服务对象所提供的作品、表演、录音录像制品，明知或应知服务对象提供的作品、表演、录音录像制品侵权，从服务对象提供作品、表演、录音录像制品中直接获得经济利益，等等。

本文认为，网络服务提供者的过错，在主观方面表现为明知或应知，在客观方面表现为能为而不为。对于过错的判断，应当根据网络服务的种类、对网络用户隐私权的尊重、作品的类型及提供形式、现有可行的技术措施等因素进行综合判断，本着保护利益平衡的价值取向，找到过错认定标准的合理值，力求"通知与移除"规则的效用最大化。

该案中六篇文章，之所以认定字节跳动科技公司侵权与否有异，主要在于对其在这一阶段的过错判断不同。

对《打工妹……》《9旬老太……》两文，字节跳动科技公司仅提供信息存储空间，不宜对其苛以过重的注意义务。对此两文，其在本阶段不具有过错。

对《为能多见见孙子……》《女子民政局……》《仪仗队……》《煤气泄漏……》四文，即使认为字节跳动科技公司仅提供链接服务，但是：（1）其主张《为能多见见孙子……》《女子民政局……》系从与其有授权许可协议的中国江苏网及东方网链接而来，其虽在协议中要求对方承担知识产权权利瑕疵担保责任，却未要求对方提供任何关于对方享有合法的信息网络传播权所涉权利人的清单列表。（2）《为能多见见孙子……》一文首页首段后标明"现代快报记者薛晟通讯员苟连静"，应足以引起其注意，但其却未通过设置关键词等方式对合作网站不享有信息网络传播权的作品进行筛选甄别。（3）其主张《仪仗队……》《煤气泄漏……》两文系通过新浪网合法授权链接而来，但其登载两文的时间却在其与新浪网的合作协议有效期满之后；其虽称与新浪网的协议可续展执行，但并未提供证据证明。至此，即可认定字节跳动科技公司因具有过错而对上述四文构成侵权。

本文进一步提出一种让步的假设：即使字节跳动科技公司在收到现代快报公司、现代快报无锡分公司的通知后，断开上述四文的链接，其亦不能完全免责。这是因为，"通知"不是网络服务提供者承担责任的前置程序。

司法实践中存在一种情况：著作权人不经通知便起诉，网络服务提供者则援引避风港条款，试图以"通知与移除"规则作为免责屏障。由此便出现一个问题："通知"是否为网络服务提供者承担责任的前置程序？对此问题的讨论，本质上是对"通知与移除"规则、过错归责的关系的见仁见智。如今大家虽基本达成共识，对此问题给出了否定的答案，但对这一答案的解释路径却有所不同。本文认为，若按时间轴顺序，以过错为线索，对这一答案的理解便容易很多。网络服务提供者在第二阶段如已产生过错，其已构成侵权；时间轴是客观的，通知与移除是第三、第四阶段之事，不能倒过来对第二阶段之事产生影响。

第三阶段：查收被侵权人通知。

网络服务提供者在该阶段可能的过错因素有：未设置具体、有效、便捷的接收通知程序（如投诉电话、投诉邮箱、投诉按钮），未在合理期限内查看、处理收到的通知，等等。

第四阶段：采取必要措施。

网络服务提供者在该阶段可能的过错因素有：未采取删除、屏蔽、断开链接等必要措施，虽采取必要措施但未在合理期限内，等等。

《最高人民法院关于审理侵害信息网络传播权民事纠纷案件适用法律若干问题的规定》第十四条规定，人民法院认定网络服务提供者采取的删除、屏蔽、断开链接等必要措施是否及时，应当根据权利人提交通知的形式，通知的准确程度，采取措施的难易程度，网络服务的性质，所涉作品、表演、录音录像制品的类型、知名度、数量等因素综合判断。本文认为，网络服务提供者采取必要措施不及时的，应就从合理期限届满之时至实际采取措施之时内的损害部分承担责任。

该案中，对《打工妹……》《9 旬老太……》两文，在没有证据证明字节跳动公司明知或应知涉案作品侵权，也没有证据证明其改变了涉案作品并从中获利，故在其及时删除涉案作品的情况下，其不承担赔偿责任。

知识产权法是一门寻求利益平衡之法，其总体制度架构的一端是知识产权权利人的利益，另一端是社会公众的利益，中心点则是激发创作、创造、创新。具体到"避风港原则"这一微观的制度设计，其牵连着网络服务提供者、网络用户、著作权利人三方的利益。

网络服务提供商为他人提供的服务大致可分为三类：第一类是"网络接入服务"；第二类是"信息存储服务"；第三类是"信息定位服务"。❶ 当前，网络服务提供的具体模式愈呈多样化发展之态。如该案中的"今日头条"，其新闻来源的技术控制，据字节跳动科技公司陈述：用户设置搜索的关键词，今日头条根据相关算法集合所有合作网站里的相关内容。此即是一种提供新闻服务的新模式。对于此种应用新模式的网络服务提供者，应把握"通知与移除"规则与过错归责的本质，在个案中结合具体案情就其是否构成侵权进行判断。

（撰稿人：张忠涛）

---

❶ 王迁. 知识产权法教程［M］. 5 版. 北京：中国人民大学出版社，2016：251.

《醉荷》著作权侵权纠纷案

——评项某仁诉彭某冲侵害著作权纠纷案

◎ **关键词**

涉外案件　临摹　复制权　权利的限制

◎ **裁判要点**

临摹是创作还是复制，应当根据具体案件情况判断临摹出的成果仅仅是单纯地再现了原作品，还是产生了源自临摹者的带有临摹者个性的劳动成果。

◎ **相关法条**

2010 年《著作权法》第十条第一款第（五）项、第二十二条

◎ **案件索引**

一审：（2015）朝民（知）初字第 9141 号
二审：（2015）京知民终字第 1814 号

◎ **当事人**

上诉人（一审被告）：彭某冲
被上诉人（一审原告）：项某仁

◎ **基本案情**

项某仁诉称：2007 年 6 月，福建美术出版社出版发行了由其创作的收录了美术作品《醉荷》的工笔人物画册。2014 年 10 月 1 日及 11 月 17 日，人民网上分别发布了题为《心似莲花·胸怀天下——"鬼才田七"欧洲巡回展莫斯科拉开帷幕》《心似莲花·胸怀天下——柏林中国文化艺术展倒计时 100 天》的文章，两文章中均配有美术作品《荷中仙》的照片，经比对，《荷中仙》除画幅上部有红色文字外，整个画面的

构图、造型、色彩、线条等与《醉荷》完全一致，属于《醉荷》的复制品。彭某冲擅自复制及修改《醉荷》，并将复制件展览，经人民网一再报道，侵犯了其对《醉荷》享有的复制权、展览权、信息网络传播权、署名权、修改权及保护作品完整权。故请求法院判令彭某冲：（1）在《法制日报》中缝以外版面连续七日刊登声明，向其赔礼道歉（声明中须登载原作品和侵权作品）；（2）赔偿其经济损失 43 万元、精神损害抚慰金 5 万元；（3）销毁侵权复制品《荷中仙》。

彭某冲在一审答辩称：（1）临摹行为并非著作权法意义上的复制行为，故其未侵害项某仁的复制权；（2）其在临摹作品《荷中仙》中增加了自己的创造性劳动，该作品具有一定的独创性，是一幅新作品；（3）其未将临摹作品《荷中仙》进行著作权法意义上的使用，未侵害项某仁的著作权；（4）无论该临摹作品《荷中仙》是否能够成为符合具有独创性标准的作品，其都不是一个著作权法意义上的复制件，因此其对于该临摹作品原件的展览，不应受到项某仁作品复制件展览权的限制；（5）其参加的涉案展览是公益性展览，未对《荷中仙》进行商业性使用。

一审法院经审理查明：2007 年 1 月，福建美术出版社出版发行了项某仁创作的工笔人物画册《彩炫笔歌——项某仁工笔人物画》，在该画册第 77 页收录有项某仁主张权利的涉案彩色美术作品《醉荷》。在该美术作品右侧中间部位有题款的文字表述"醉荷丙戌维仁书于青岛"以及红色的引首章"宁神"、人名章"项氏维仁"，在左下角有红色的压角章"驰神印思"。

2014 年 10 月 1 日，彭某冲的画展"心似莲花·胸怀世界 慈善天缘作品欧洲巡回展"在莫斯科中央美术宫举办。该画展是为庆祝中俄建交 65 周年而由中国驻俄罗斯大使馆主办、莫斯科中国文化中心承办的。在该画展中展出了由彭某冲提供的《荷中仙》。

将《荷中仙》与《醉荷》进行比对，两者的画面内容、人物造型、荷叶及花瓣形状、元素布局、构图、线条、色调等一致，不同之处在于前者尺寸大后者尺寸小，两者人物眼神有稍许不同，前者色彩比后者色彩深。另外，《荷中仙》画面上方用红色字体从左至右竖行书写有佛经《心经》。该《荷中仙》中无《醉荷》中的上述题款文字及印章，但在画面的左右两侧加盖了五个与《醉荷》中的印章不同的红色引首章、压角章、人名章，并署名有彭某冲的笔名"田七"。在该画上端背面粘贴有一纸条，上面写有"荷中仙绢 临摹 2008 年习作"。

二审中另查明：项某仁在一审法庭辩论时主张，依据我国 2010 年《著作权法》第二十二条的规定，上诉人彭某冲的行为是非法复制，而非临摹。彭某冲的委托诉讼代理人在一审的代理词中指出：2001 年《著作权法》修改时明确将"临摹"从著作权法意义上的"复制"行为中去掉。因此，临摹作品并不侵犯原作的复制权。彭某冲在上诉状中指出：所谓的复制，应当是指通过一定的技术手段，由绝大多数的普通人员，就可以进行的以较为经济的方式，将原作品制作成一份或多份复制件的行为。

◉ **判决结果**

一审判决：第一，彭某冲于判决生效之日起 10 日内销毁涉案侵权复制品《荷中仙》；第二，彭某冲于判决生效之日起 30 日内履行在《法制日报》上刊登致歉函的义务，向项某仁公开赔礼道歉（致歉函内容须于判决生效后 10 日内送一审法院审核，逾期不履行，一审法院将在相关媒体上刊登判决主要内容，所需费用由彭某冲承担）；第三，彭某冲于判决生效之日起 10 日内赔偿项某仁经济损失 10 万元；第四，驳回项某仁的其他诉讼请求。如果彭某冲未按判决指定的期间履行给付金钱义务，应当依照《民事诉讼法》第二百五十三条之规定，加倍支付延迟履行期间的债务利息。

二审判决：驳回上诉，维持原判。

◉ **裁判理由**

法院生效判决认为：该案的双方当事人均为中国公民，项某仁主张彭某冲在俄罗斯联邦莫斯科市、德意志联邦共和国柏林市展览的《荷中仙》系擅自复制其《醉荷》作品，彭某冲的行为侵犯其复制权、展览权和信息网络传播权。因此，该案产生的侵权民事关系的法律事实发生在俄罗斯莫斯科、德国柏林，依据上述规定，该案属于涉外民事案件。彭某冲依据我国《著作权法》对其行为进行了辩论，即双方当事人均引用了《中华人民共和国著作权法》。因此可以认定，双方当事人已经就该案应适用的法律做出了选择，故该案适用我国《著作权法》。

一、彭某冲的临摹行为是否属于 2010 年《著作权法》的复制行为

该案中，项某仁涉案的美术作品《醉荷》公开发表于 2007 年 1 月，应当认定彭某冲具有接触《醉荷》的客观条件和可能性。将《荷中仙》与《醉荷》相比，两者在画面内容、人物造型、荷叶及花瓣形状、元素布局、构图、线条、色调等方面均一致，前者附着在绢材质上而后者附着在纸材质上，不同之处仅在于尺寸大小不同、人物眼神有稍许不同、色彩深浅略有差异，据此可以认定前者是临摹自后者所形成的，因此彭某冲的《荷中仙》并未体现出其本人的具有独创性的劳动成果，而仅仅是再现了项某仁的美术作品《醉荷》的表达，故彭某冲涉案的临摹行为属于对《醉荷》的复制。

二、彭某冲的涉案行为是否侵害项某仁的著作权及其应当承担的民事责任

该案中，彭某冲在以临摹的手段复制项某仁的涉案美术作品《醉荷》后，将该复制品用于公开展览,该行为未经项某仁的许可,同时亦未标明临摹自《醉荷》及指明项某仁的姓名,其行为属于对他人作品进行著作权法意义上的使用行为,侵害了项某仁的署名权、复制权、展览权。彭某冲在临摹品《荷中仙》中将《醉荷》中的题款和印章删除,在不同的位置又加盖上了不同的印章,在画面上方书写了佛经《心经》,且对画面颜色深浅做了处理,侵害了项某仁对《醉荷》享有的修改权和保护作品完整权。彭某冲主张其参加的涉案展览属于公益性展览,但鉴于其在该展览中公开展出了临摹品《荷中仙》,且经过网络媒体予以报道,客观上会对项某仁行使自己作品的著作权并据此获得经济利益造成不利影响,故彭某冲仍应当为此承担相应的民事责任。鉴于书画作品的特点,相对于承载了书画作品的载体的价值,未承载书画作品的载体本身的价值微乎其微,故而一审法院判决销毁侵权复制品并无不当。

对于赔偿经济损失的具体数额,一审法院综合考虑项某仁涉案作品的独创性程度,彭某冲涉案侵权行为的性质和情节,彭某冲主观过错程度等因素,酌情确定彭某冲赔偿项某仁经济损失 10 万元并无不当,二审法院予以支持。

◉ **案例解析**

该案判决首先论述了该案是否属于涉外案件以及法律适用问题;其次,详细论述了涉案被诉美术作品是否构成对原作者美术作品的临摹,并明确阐述了涉案临摹行为属于著作权法上的复制行为,擅自展览临摹件且未署原作者姓名的行为构成侵害原作者的著作权。

一、涉外案件及适用法律的认定

涉外民事关系是指具有涉外因素的民事关系。具有涉外因素的民事关系通常会涉及冲突规范及其实体法的适用。《涉外民事关系法律适用法》第八条规定,涉外民事关系的定性,适用法院地法律。据此,作为审理该案的法院,应当根据我国的法律确定一审法案是否属于涉外民事关系。

《最高人民法院关于适用〈中华人民共和国民事诉讼法〉的解释》第五百二十二条规定:"有下列情形之一,人民法院可以认定为涉外民事案件:(一)当事人一方或者双方是外国人、无国籍人、外国企业或者组织的;(二)当事人一方或者双方的经常居所地在中华人民共和国领域外的;(三)标的物在中华人民共和国领域外的;(四)产生、变更或者消灭民事关系的法律事实发生在中华人民共和国领域外的;(五)可以认定为涉外民事案件的其他情形。"该案产生的侵权民事关系的法律事实发生在俄罗斯莫斯科、德国柏林,依据上述规定,该案属于涉外民事案件。

《涉外民事关系法律适用法》第五十条规定，知识产权的侵权责任，适用被请求保护地法律，当事人也可以在侵权行为发生后协议选择适用法院地法律。该案系侵害著作权纠纷，故除了可以适用被请求保护地法律外，也可以由当事人在侵权行为发生后协议选择适用法院地法律。关于协议选择适用法院地法律，《最高人民法院关于适用〈中华人民共和国涉外民事关系法律适用法〉若干问题的解释（一）》第八条规定，当事人在一审法庭辩论终结前协议选择或者变更选择适用的法律的，人民法院应予准许。各方当事人援引相同国家的法律且未提出法律适用异议的，人民法院可以认定当事人已经就涉外民事关系适用的法律做出了选择。该案中，项某仁在一审中虽然没有明确列明其法律适用的选择，但其起诉状所列理由完全系从我国《著作权法》的规定出发；项某仁在一审法庭辩论时明确依据我国2010年《著作权法》第二十二条的规定，主张上诉人彭某冲的行为是非法复制，而非临摹。彭某冲亦是依据我国著作权法对其行为进行了辩论，即双方当事人均引用了《中华人民共和国著作权法》。因此，可以认定，双方当事人已经就该案应适用的法律做出了选择，故该案适用我国《著作权法》。

二、对临摹行为性质的认定

我国现行著作权法中未明确规定临摹的性质，彭某冲因此提出其涉案临摹行为不是著作权法意义上的复制行为，进而据此认为其不构成侵权。2010年《著作权法》第十条第一款第（五）项规定，复制权是指以印刷、复印、拓印、录音、录像、翻录、翻拍等方式将作品制作一份或者多份的权利。虽然该条款规定的复制权所控制的复制行为中未明确列举有临摹，但在2010年《著作权法》对"权利的限制"中规定有第二十二条第一款第（十）项，即"对设置或陈列在室外公共场所的艺术作品进行临摹、绘画、摄影、录像"，而"权利的限制"中所规定的作品使用行为本来为著作权人的专有权利所控制，未经许可实施该种行为属于侵权行为，但基于公共政策考量的因素，立法限制了著作权人的权利，使未经许可实施的该种行为不属于侵权行为。故可以得出结论，尽管法律未明确规定临摹属于复制行为，但鉴于法律将一定条件下的临摹规定为合理使用行为，也即该种临摹行为本属于著作权人的专有权利所控制的行为，故不能仅因法律未规定临摹属于复制就当然得出未经许可的临摹一定不构成侵权的结论。

临摹是否属于复制行为，应当根据著作权法的规定、基本原理并结合具体案件情况进行分析和判断。2013年《著作权法实施条例》第二条规定，作品是指文学、艺术和科学领域内具有独创性并能以某种有形形式复制的智力成果。根据该规定，独创性是构成作品的实质条件。所谓独创性，即智力劳动成果是由劳动者独立完成的，来源于劳动者，而非抄袭自他人，且该劳动成果具有一定程度的智力创造性，体现出作者独特的智力判断与选择，在一定程度上带有作者的个性。作品是由作者的创作行为产生的，故作者的创作行为必定是能够产生带有作者个性特点的源自作者本人的劳动成果的行为，而不是对他人作品的简单、单纯的再现。根据著作权法的规定，复制是一种将作品制作成一份或多份从而仅仅单纯再现了作品却未产生或增加源自作者本人的劳动的行为。因此，临摹是创作还是复制，应当根据具体案件情况判断临摹出的成果仅仅是单纯地再现了原作品，还是产生了源自临摹者的带有临摹者个性的劳动成果。如果临摹品仅仅是原作品的单纯的再现，或者虽与原作品相比有一定的差异，但该差异过于细微，在视觉上与原作品差异很少，体现不出临摹者的个性、判断或选择，那么该临摹品就是原作品的复制件，该临摹行为就应当属于复制行为。如果临摹品在原作品的基础上加入了源自于临摹者本人的创造性劳动，与原作品在视觉上差异明显，且该差异部分也能够体现临摹者的个性、判断或选择，那么该临摹品即属于在原作品基础上创作的演绎作品，该临摹行为即属于演绎创作行为。不可否认，无论是属于复制行为还是演绎创作行为，临摹者在临摹过程中均需要一定的技巧，甚至有时还需要临摹者具有并运用高超的绘画技能，但技巧和技能不是区分复制行为与创作行为的关键因素，有些复制行为同样需要运用一定的工作技能和技巧，两者区分的关键是是否产生了带有劳动者本人个性的源自其本人的劳动成果，因此以临摹者具有并运用了一定的绘画技能和技巧为由一概否定临摹有可能属于复制而一概认为临摹属于创作的观点不可取。该案中，彭某冲的《荷中仙》并未体现出其本人的具有独创性的劳动成果，而仅仅是再现了项某仁的美术作品《醉荷》的表达，故《荷中仙》实为《醉荷》的复制品，彭某冲涉案的临摹行为属于对《醉荷》的复制。

（撰稿人：杨柳青）

不正当竞争

关于游戏领域不正当竞争行为的认定

——评光宇在线公司上诉腾讯科技公司、
腾讯计算机公司不正当竞争纠纷案

◎ **关键词**

竞争关系　虚假宣传　不正当竞争

◎ **裁判要点**

在认定光宇在线公司与腾讯科技公司、腾讯计算机公司具有竞争关系的前提下，光宇在线公司开发运营的《最萌英雄》的游戏启动界面标识、角色形象、角色名称系对《英雄联盟》游戏的模仿，违反1993年《反不正当竞争法》第二条规定，构成不正当竞争；光宇在线公司在其经营的光宇游戏网站在宣传推广《最萌英雄》游戏时多次使用诸如"Q版LOL英雄皆在此"等的表述，违反1993年《反不正当竞争法》第九条规定，构成虚假宣传的不正当竞争行为。

◎ **相关法条**

1993年《反不正当竞争法》第二条、第九条

◎ **案件索引**

一审：（2016）京0108民初15454号民事判决

二审：（2018）京73民终371号

◎ **当事人**

上诉人（一审被告）：北京光宇在线科技有限责任公司（以下简称"光宇在线公司"）

被上诉人（一审原告）：腾讯科技（深圳）有限公司（以下简称"腾讯科技公司"）

被上诉人（一审原告）：深圳市腾讯计算机系统有限公司（以下简称"腾讯计算机公司"）

◙ **基本案情**

《最萌英雄》游戏由光宇在线公司开发经营，2014 年 1 月 23 日内测，于 2014 年 5 月 16 日公测。光宇游戏网站最萌英雄专栏（网址为 yxim. gyyx. cn）于 2014 年 1 月 23 日发布报道 "《最萌英雄》内测开启　萌英雄超神不坑爹"，2014 年 5 月 15 日发布报道 "《最萌英雄》安卓版明日公测　萌系卡牌送豪礼"。

腾讯科技公司和腾讯计算机公司经合法授权，取得《英雄联盟》网络游戏在中国大陆地区的独家运营代理权，经过腾讯科技公司和腾讯计算机公司积极投入运营，该游戏在我国取得了较高的市场知名度和良好的市场信誉。2016 年 3 月 14 日，腾讯科技公司和腾讯计算机公司通过公证处对下载并运行《最萌英雄》游戏、《最萌英雄》的相关网页进行保全，认为光宇在线公司运营《最萌英雄》游戏，向用户提供该游戏下载等服务，对腾讯科技公司和腾讯计算机公司构成不正当竞争，故向北京市海淀区人民法院提起诉讼，请求判令光宇在线公司赔礼道歉、消除影响，并赔偿腾讯科技公司和腾讯计算机公司经济损失及合理费用共计 300 万元。

该案一审过程中，腾讯科技公司和腾讯计算机公司主张光宇在线公司通过开发经营《最萌英雄》游戏实施了三项不正当竞争行为：第一，在《最萌英雄》游戏启动界面使用与《英雄联盟》游戏启动界面近似的标识。第二，《最萌英雄》游戏中 21 个角色抄袭了《英雄联盟》游戏中对应角色形象。比如，《最萌英雄》游戏中的瑞雯、锤石狱长、仙巫女、时光老头、爱射、teemo 的角色名称抄袭了《英雄联盟》游戏中的锐雯、魂锁典狱长锤石、仙灵女巫、时光守护者、寒冰射手艾希、提莫的角色名称。第三，光宇在线公司宣传《最萌英雄》游戏是前身 LOL《英雄联盟》的手游力作，构成虚假宣传。

北京市海淀区人民法院一审判决光宇在线公司在光宇游戏网站或一家游戏平台（游戏平台选择范围为该案公证书涉及的游戏平台）游戏栏目首页连续 48 小时刊登声明，就该案侵权行为为原告腾讯科技公司和腾讯计算机公司消除影响。被告光宇在线公司赔偿原告腾讯科技公司和腾讯计算机公司经济损失 100 万元及合理费用 29760 元。

光宇在线公司不服一审判决，上诉称：第一，一审判决对游戏启动界面与角色形象是否构成侵权问题适用法律错误，应适用 2010 年《著作权法》，而不应适用 1993 年《反不正当竞争法》。一审判决在未对游戏启动界面和角色形象进行著作权认定的情况下，直接适用 1993 年《反不正当竞争法》第二条原则条款的规定，属于法律适用错误。第二，涉案两款游戏的游戏类别、操作方式、玩家体验、客户群体等方面均不相同，上诉人光宇在线公司与被上诉人腾讯科技公司和腾讯计算机公司不存在竞争关系。第三，光宇在线公司开发运营的《最萌英雄》游戏并未抄袭《英雄联盟》的游戏启动界面标识与角色形象，不构成不正当竞争，且游戏启动界面标识与角色形象应属著作权法规定的美术作品，著作权法作为特别法应当优先于反不正当竞争法适用。第四，该案实质为著作权侵权纠纷，著作权法并不保护表达所反映的思想或事实，光宇在线公司在宣传中提及《英雄联盟》，不构成虚假宣传。

判决结果

一审判决：判令被告就该案侵权行为为原告消除影响消除影响，赔偿原告经济损失 100 万元及合理费用 29760 元。

二审判决：驳回上诉，维持原判。

裁判理由

第一，在知识产权侵权行为发生时，当事人有权选择依据相关部门法或是反不正当竞争法提起诉讼。虽然涉案《英雄联盟》游戏启动界面与角色形象可能构成著作权法所规定的美术作品，但在腾讯科技公司和腾讯计算机公司选择依据反不正当竞争法提起不正当竞争纠纷诉讼的情况下，该案应适用反不正当竞争法进行审理，并不存在需优先适用著作权法的问题。

第二，光宇在线公司与腾讯公司均为网络游戏的运营者，光宇在线公司应当知晓《英雄联盟》游戏的存在。虽然《英雄联盟》游戏为端游，《最萌英雄》游戏为手游，但两者均为网络游戏，且两款游戏玩家群体存在重叠，故光宇在线公司与腾讯科技公司、腾讯计算机公司具有竞争关系。

第三，光宇在线公司开发运营的《最萌英雄》的游戏启动界面标识、角色形象、角色名称系对《英雄联盟》游戏的模仿，违反了经营者应遵守的诚实信用原则和公认的商业道德，具有不正当性，违反了 1993 年《反不正当竞争法》第二条的规定，构成不正当竞争。此外，光宇在线公司在其经营的光宇游戏网站在宣传推广《最萌英雄》游戏时多次使用诸如"Q 版 LOL 英雄皆在此"等的表述，强调其游戏为《英雄联盟》游戏的 Q 版，英雄角色为《英雄联盟》游戏的 Q 版英雄角色，使人误认为《最萌英雄》游戏为《英雄联盟》游戏的手游 Q 版，违反了 1993 年《反不正当竞争法》第九条的规定，构成虚假宣传的不正当竞争行为。

回 **案例解析**

该案通过对反不正当竞争法与著作权法的法律适用进行论述，最终通过 1993 年《反不正当竞争法》第二条和第九条认定光宇在线公司与腾讯科技公司、腾讯计算机公司具有竞争关系，光宇在线公司开发运营的《最萌英雄》的游戏启动界面标识、角色形象、角色名称系对《英雄联盟》游戏的模仿，构成不正当竞争；光宇在线公司在其经营的光宇游戏网站在宣传推广《最萌英雄》游戏时多次使用诸如 "Q 版 LOL 英雄皆在此" 等的表述，构成虚假宣传的不正当竞争行为。

一、关于反不正当竞争法与著作权法的法律适用问题

该案中，腾讯科技公司和腾讯计算机公司一审中主张光宇在线公司实施了三项不正当竞争行为，其以不正当竞争纠纷为案由提起诉讼，并非以侵害著作权纠纷作为案由。

在知识产权侵权行为发生时，当事人有权选择依据相关部门法或是反不正当竞争法提起诉讼。虽然涉案《英雄联盟》游戏启动界面与角色形象可能构成著作权法所规定的美术作品，但在腾讯科技公司和腾讯计算机公司选择依据反不正当竞争法提起不正当竞争纠纷诉讼的情况下，该案应适用反不正当竞争法进行审理，并不存在需优先适用著作权法的问题。而且，判断是否构成不正当竞争，亦应根据反不正当竞争法的相关规定进行判定，与当事人主张的相关内容是否应受到著作权法的保护无关。因此，该案适用 1993 年《反不正当竞争法》并无不当。

二、关于竞争关系和不正当竞争行为的认定

该案就上诉人光宇在线公司与被上诉人腾讯科技公司和腾讯计算机公司是否具有竞争关系、上诉人光宇在线公司的涉案行为是否构成不正当竞争行为进行了详细的阐述。

（一）关于上诉人光宇在线公司与被上诉人腾讯科技公司和腾讯计算机公司是否具有竞争关系问题

就竞争关系的认定而言，北京知识产权法院从三方面进行了分析：第一，光宇在线公司与腾讯科技公司、腾讯计算机公司均为网络游戏的运营者，且《英雄联盟》游戏上线运营时间较长，积累了广泛的市场知名度和影响力，光宇在线公司应当知晓《英雄联盟》游戏。第二，网络游戏根据不同的标准可以细化为很多类别。《英雄联盟》游戏为端游，《最萌英雄》游戏为手游，但两者均属于网络游戏，游戏细分类别的差异并不影响两者均为网络游戏。第三，光宇在线公司在对《最萌英雄》游戏进行宣传中的相关描述与《英雄联盟》游戏的玩家比对体验等，可看出两者玩家群体有所重叠。因此，《英雄联盟》和《最萌英雄》两款游戏的游戏类别、操作方式、玩家体验、客户群体等方面近似，光宇在线公司与腾讯科技公司、腾讯计算机公司具有竞争关系。

（二）关于上诉人光宇在线公司的涉案行为是否构成不正当竞争行为问题

就光宇在线公司涉案模仿游戏启动界面标识与角色形象的行为是否构成不正当竞争行为问题，该案援引了最高人民法院（2009）民申字第1065号山东省食品进出口公司、山东山孚集团有限公司、山东山孚日水有限公司与马达庆、青岛圣克达诚贸易有限公司不正当竞争纠纷民事判决关于1993年《反不正当竞争法》第二条原则条款的适用条件的认定，即虽然人民法院可以适用反不正当竞争法的一般条款来维护市场公平竞争，但同时应当注意严格把握适用条件，以避免不适当干预而阻碍市场自由竞争。凡是法律已经通过特别规定作出穷尽性保护的行为方式，不宜再适用反不正当竞争法的一般规定予以管制。总体而言，适用1993年《反不正当竞争法》第二条第一款和第二款认定构成不正当竞争应当同时具备以下条件：一是法律对该种竞争行为未作出特别规定；二是其他经营者的合法权益确因该竞争行为而受到了实际损害；三是该种竞争行为因确属违反诚实信用原则和公认的商业道德而具有不正当性或者说可责性，这也是问题的关键和判断的重点。该案中，腾讯科技公司和腾讯计算机公司指控光宇在线公司在运营《最萌英雄》游戏中实施的模仿游戏启动界面标识与角色形象的相关行为构成不正当竞争。上述行为不属于1993年《反不正当竞争法》第二章所列举的不正当竞争行为，腾讯科技公司和腾讯计算机公司也并未依据该列举式规定主张权利，而是依据该法第二条的原则性规定主张权利，一审法院以1993年《反不正当竞争法》第二条作为该案法律适用的依据，并无不当。

该案中，《英雄联盟》游戏的启动界面标识主要由"英雄联盟"文字、"LEAGUE OF LEGENDS"英文、镶宝石的剑盾及一对展翼构成；《最萌英雄》游戏的启动界面标识主要由卡通化的"最萌英雄"文字、配剑及一对展翼构成，整体风格较为卡通。虽然《英雄联盟》游戏的启动界面标识与《最萌英雄》游戏的启动界面标识存在一些差别，但是两者的整体外观、文字组成、配剑、展翼等元素十分相近，故《英雄联盟》游戏的启动界面标识与《最萌英雄》游戏的启动界面标识属于近似的标识。

对于腾讯科技公司和腾讯计算机公司一审中主张的21个角色形象，从整体风格来说，《最萌英雄》游戏的角色形象与《英雄联盟》游戏的角色形象相比更萌、更为卡通。虽然《最萌英雄》游戏的部分角色与《英雄联盟》游戏的部分角色在动作、表情、服装等方面存在一定差异，但是在眼睛、发型、头饰、装备等主要特征设计上十分相近，故《最萌英雄》游戏中的21个角色形象与《英雄联盟》游戏中对应角色形象属于近似的角色形象。且《最萌英雄》游戏中的瑞雯等6个角色名称与《英雄联盟》游戏中的锐雯等的角色名称亦十分相近，鉴于两款游戏的部分角色形象构成近似，光宇在线公司在宣传推广《最萌英雄》游戏时强调该游戏为《英雄联盟》的"Q版"游戏、"英雄联盟的角色Q版化"，且光宇在线公司未提交证据证明《最萌游戏》启动界面标识、相关角色形象和角色名称等系其自行设计，因此北京知识产权法院认定《最萌英雄》游戏具有模仿《英雄联盟》游戏的故意。鉴于《英雄联盟》游戏上线运行时间早于《最萌英雄》游戏，《最萌英雄》游戏使用了与《英雄联盟》游戏启动界面标识近似的标识，亦有21个角色使用了与《英雄联盟》游戏相近似的角色形象，6个角色使用了与《英雄联盟》游戏相近似的角色名称，故光宇在线公司开发运营的《最萌英雄》的游戏启动界面标识、角色形象、角色名称系对《英雄联盟》游戏的模仿，违反了经营者应遵守的诚实信用原则和公认的商业道德，具有不正当性，违反了1993年《反不正当竞争法》第二条的规定，构成不正当竞争。

（三）关于光宇在线公司在宣传中提及《英雄联盟》的行为是否构成虚假宣传的不正当竞争行为问题

1993年《反不正当竞争法》第九条规定，经营者不得利用广告或者其他方法，对商品的质量、制作成分、性能、用途、生产者、有效期限、产地等作引人误解的虚假宣传。

该案中，《英雄联盟》游戏上线运营时间较长，积累了广泛的市场知名度和影响力，光宇在线公司应当知晓《英雄联盟》游戏。光宇在线公司未提交证据证明其取得《英雄联盟》游戏权利人的授权或者与腾讯科技公司和腾讯计算机公司存在合作关系或者其他关系。光宇在线公司在其经营的光宇游戏网站在宣传推广《最萌英雄》游戏时多次使用诸如"Q版LOL英雄皆在此"等的表述，强调其游戏为《英雄联盟》游戏的Q版，英雄角色为《英雄联盟》游戏的Q版英雄角色，使人误认为《最萌英雄》游戏为《英雄联盟》游戏的手游Q版，构成虚假宣传。

（撰稿人：杜文婷　张晓津）

浏览器更改 UA 设置的不正当竞争行为认定

——评合一公司与乐视公司不正当竞争纠纷案

◎ **关键词**

浏览器　更改 UA 设置　不正当竞争

◎ **裁判要点**

优酷网视频提供服务区分不同终端系统提供有广告或没有广告的视频节目并非出于合一公司的主动经营行为，是第三方系统设置或合一公司自身技术等原因而被动发生的结果。针对这一结果，其他经营者不应为了自身经营利益，主观故意利用这种结果，损害合一公司本应获得的经营利益。根据该案在案证据及当事人陈述可认定，乐视公司将安卓系统下的乐视浏览器在访问优酷网时的 UA 设置更改为 iPhone 端标识，系其主观故意为之，客观上使市场中通过 iPhone 终端浏览器访问优酷网的用户量增加，而使本应从安卓系统终端播放视频中可获得的广告收益减少。因此，乐视公司有意针对优酷网更改乐视浏览器 UA 设置为 iPhone 端标识的行为，不当干扰了合一公司的正常经营活动，损害了合一公司本应获得的合法利益，对合一公司构成不正当竞争。

◎ **相关法条**

1993 年《反不正当竞争法》第二条

◎ **案件索引**

一审：（2016）京 0108 民初 18471 号
二审：（2017）京 73 民终 1923 号

◎ **当事人**

上诉人（一审被告）：乐视网信息技术（北京）股份有限公司（以下简称"乐视公司"）

被上诉人（一审原告）：合一信息技术（北京）有限公司（以下简称"合一公司"）

基本案情

合一公司系视频综合类服务网站优酷网的经营者。乐视公司是网络电视机顶盒乐视盒子以及乐视浏览器的经营者。优酷网提供的免费视频均有片头广告和暂停广告，但 2016 年 3 月 23 日前后，因为 iOS 系统（苹果操作系统）的专门设置而使优酷网向 iPhone 端提供免费视频时不显示片头广告和暂停广告，而向其他系统终端推送的免费视频均存在视频广告。基于此，乐视公司将安卓系统下的乐视浏览器在访问优酷网时的 UA 设置更改为 iPhone 端标识，当用户使用乐视盒子中的乐视浏览器播放优酷网中的视频内容时，不会出现视频的片头广告以及暂停广告。

合一公司主张，乐视公司实施的前述涉案行为，屏蔽了优酷网的贴片广告，破坏了优酷网的 UI 设置，干扰了优酷网的正常运营，对合一公司构成不正当竞争，故起诉至法院。

判决结果

一审判决：第一，自判决生效之日起，被告乐视公司不得更改乐视电视浏览器 User-Agent 设置，链接优酷网 iPhone 端；第二，自判决生效之日起十日内，被告乐视公司向原告合一公司赔偿经济损失 20 万元；第三，驳回原告合一信息技术（北京）有限公司的其他诉讼请求。

二审判决：驳回上诉，维持原判。

裁判理由

法院生效判决认为，优酷网视频提供服务区分不同终端系统提供有广告或没有广告的视频节目并非出于合一公司的主动经营行为，是第三方系统设置或合一公司自身技术等原因而被动发生的结果。针对这一结果，其他经营者不应为了自身经营利益，主观故意利用这种结果，损害合一公司本应获得的经营利益。

该案中，乐视公司认可其将安卓系统下的乐视浏览器在访问优酷网时的 UA 设置更改为 iPhone 端标识，系其故意为之，该行为客观上使市场中通过 iPhone 终端浏览器访问优酷网的用户量增加，而使本应从安卓系统终端播放视频中可获得的广告收益减少。因此，乐视公司有意针对优酷网更改乐视浏览器 UA 设置为 iPhone 端标识的行为，不当干扰了合一公司的正常经营活动，损害了合一公司本应获得的合法利益，对合一公司构成不正当竞争，依法应当承担停止侵权、赔偿损失等民事责任。乐视公司不得针对优酷网更改乐视浏览器的 UA 设置，链接优酷网 iPhone 端。关于赔偿损失的数额，因合一公司未能提交证据证明其因该案不正当竞争行为造成的实际损失或乐视公司因此获得的非法收益，一审法院酌情考虑多因素确定该案赔偿数额为 20 万元并无不当。

回 案例解析

一、该案审理应当适用 1993 年《反不正当竞争法》第二条

1993 年《反不正当竞争法》的立法目的在于保障社会主义市场经济健康发展，鼓励和保护公平竞争，制止不正当竞争行为，保护经营者和消费者的合法权益。在传统经济模式下，同业经营者的范围仅限于经营者在针对同一商品或者服务领域的竞争。但是随着社会经济的迅速发展进步，尤其是随着互联网行业的出现和蓬勃壮大，出现了不同于传统经济模式的双边市场。如在某涉网络不正当竞争纠纷案件中，原告为一家典型的视频播放平台的经营者，其以通过版权交易和技术手段向广大网民免费提供视频节目的播放服务，同时以网民观看视频节目同时收看的广告数量向广告主收取广告费，以此维系其版权交易和技术服务的支出，进而实现盈利。表面看，其视频播放服务是免费的，但其广告收入的多少取决于参与收看其视频节目的网民数量及次数。被告经营的是路由器硬件的生产和销售及后续网络服务领域，其与原告所经营的前述视频分享网站领域看似并非同业，但是经过分析可知，二者经营成败的核心利益都在于网络用户的数量，当其中一方利用他人的竞争优势或以使用影响他人经营模式等不正当手段增加自身网络用户时，因该行为必然会使他人网络用户减少，从而二者在各自的最终的核心利益，即网络用户的争夺方面，会产生直接影响，在此基础上，双方构成竞争关系。

该案中，合一公司系经营优酷网提供视频综合类服务的互联网公司，乐视公司在乐视网"关于乐视"中介绍：乐视公司"致力于打造基于视频产业、内容产品和智能终端的'平台+内容+终端+应用'完整生态系统"，"乐视垂直产业链整合业务涵盖互联网视频、影视制作与发行"等。因合一公司与乐视公司同属于互联网企业，且均经营视频业务，双方在争夺网络用户等市场利益方面存在竞争关系，故该案的审理适用1933 年《反不正当竞争法》。

该案中合一公司主张乐视公司实施的涉案侵权行为并不属于我国 1993 年《反不正当竞争法》中规定的具体不正当竞争行为类型，而属于互联网领域出现的新的不正当竞争行为类型，故对该行为是否构成不正当竞争行为的判断需要结合 1993 年《反不正当竞争法》的立法精神，运用一般条款即 1993 年《反不正当竞争法》第二

条规定进行审查分析。

根据 1993 年《反不正当竞争法》第二条第一款的规定，经营者在市场交易中，应当遵循自愿、平等、公平、诚实信用的原则，遵守公认的商业道德。该法第二条第二款规定，不正当竞争，是指经营者违反该法规定，损害其他经营者的合法权益，扰乱社会经济秩序的行为。据此，违反 1993 年《反不正当竞争法》第二条规定的不正当竞争行为，应当是指违反公平竞争、诚实信用原则和公认的商业道德，扰乱正常的市场交易秩序，使其他经营者的合法权益受到损害的行为。在互联网企业的市场竞争中，应当遵守的商业道德包括对于竞争对手经营模式和合法经营权益的尊重等内容。在市场公平竞争的过程中，经营者可以千方百计地为网络用户提供各种服务，从而增加自身网络用户的数量。但是，经营者向网络用户所提供的服务亦应当遵守相应的规则，不应当以影响其他经营者正当合法的经营模式或损坏其他经营者的合法经营权益为代价获取自身利益。

二、乐视公司更改乐视浏览器的 UA 设置链接访问优酷网的 iPhone 端的行为对合一公司构成不正当竞争

根据该案查明的事实，优酷网提供的免费视频均有片头广告和暂停广告，但合一公司承认在 2016 年 3 月 23 日前后，因为 iOS 系统的专门设置而使优酷网向 iPhone 端提供免费视频时不显示片头广告和暂停广告，但优酷网向其他系统终端推送的免费视频存在视频广告。根据该案在案证据及当事人陈述可以推知，优酷网视频提供服务区分不同终端系统提供有广告或没有广告的视频节目并非出于合一公司的主动经营行为，是第三方系统设置或合一公司自身技术等原因而被动发生的结果。针对这一结果，其他经营者不应为了自身经营利益，主观故意利用这种结果，损害合一公司本应获得的经营利益。

该案中，乐视公司认可其将安卓系统下的乐视浏览器在访问优酷网时的 UA 设置更改为 iPhone 端标识，系其故意为之，该行为客观上使市场中通过 iPhone 终端浏览器访问优酷网的用户量增加，而使本应从安卓系统终端播放视频中可获得的广告收益减少。因此，乐视公司有意针对优酷网更改乐视浏览器 UA 设置为 iPhone 端标识的行为，不当干扰了合一公司的正常经营活动，损害了合一公司本应获得的合法利益，对合一公司构成不正当竞争，依法应当承担停止侵权、赔偿损失等民事责任。乐视公司不得针对优酷网更改乐视浏览器的 UA 设置，链接优酷网 iPhone 端。关于赔偿损失的数额，因合一公司未能提交证据证明其因该案不正当竞争行为造成的实际损失或乐视公司因此获得的非法收益，北京知识产权法院认为，一审判决明确列明的酌情考虑的多方面因素包含了乐视公司实施不正当竞争行为的主观过错程度、行为方式、情节及损害程度、损害后果等因素，其据此确定的 20 万元赔偿数额并不过高，二审法院对此不持异议并予以维持。

三、该案的启示和创新意义

该案入选北京法院 2017 年度十大知识产权创新案例，并获得 2018 年全国优秀案例分析二等奖。

该案系浏览器经营者有意对自己的浏览器采取技术措施以获得视频网站为特定系统终端提供的服务内容，被认定为不正当竞争纠纷的典型案件。该案与此前已有生效判决认定的浏览器屏蔽视频网站贴片广告的行为结果表现形式相同，但该案中，法院通过分析当事人抓包公证书、专家辅助人出庭、当庭勘验等多种方式，查明了被告采取的技术措施并不是直接改变视频网站广告播放模式，而是直接对自己浏览器 UA 设置进行修改，使用户通过乐视浏览器网站访问优酷网时，优酷网将安卓端浏览器误认为 iPhone 端浏览器，从而推送不带广告的视频内容。并且，乐视公司在诉讼中承认，其更改 UA 设置的行为是在发现优酷网就不同终端推送不同内容后才有针对性作出的。

该案的启示在于，随着互联网经济的蓬勃发展和技术的不断更新，终端设备也日益呈现出多样化发展的趋势。实践中，许多视频网站或基于追求自身利益最大化的经营策略考量，或由于不同软硬件之间的技术兼容性问题，会根据所访问浏览器的 UA 信息作为不同系统终端的识别标识，主动或被动地推送不同的视频内容，该行为在不损害公共利益情况下应认定属于视频网站的经营自主权范畴，其正当商业经营利益应当受到法律保护。其他经营者如果违反诚实信用原则，故意破坏视频网站的正当经营活动，不正当地利用他人的经营模式或市场成果为自身牟取利益，从而损害了视频网站的合法权益，则可构成不正当竞争行为。

该案的创新意义在于：一方面，明确了互联网行业虽然鼓励自由竞争和创新，但竞争自由和创新必须以不侵犯他人合法权益为边界，面对互联网领域涌现的新形式的不正当竞争行为，1993 年《反不正当竞争法》第二条仍应充分发挥其明晰市场竞争规则的积极作用。根据 1993 年《反不正当竞争法》第二条第一款的规定，经营者在市场交易中，应当遵循自愿、平等、公平、诚实信用的原则，遵守公认的商业道德。根据该法第二条第二款，不正当竞争是指经营者违反该法规定，损害其他经营者的合法权益，扰乱社会经济秩序的行为。据此，违反 1993 年《反不正当竞争法》第二条规定的不正当竞争行为，应当是指违反公平竞争、诚实信用原则和公认的商业道德，扰乱正常的市场交易秩序，使其他经营者的合法权益受到损害的行为。在查明该案事实的基础上，法院综合考虑该案情况，最终认定乐视公司更改乐视浏览器的 UA 设置链接访问优酷网的 iPhone 端的行为违反了 1993 年《反不正当竞争法》第二条，对合一公司构成不正当竞争。另一方面，面对互联网领域新出现的不正当竞争行为，法院在确定赔偿数额时应当特别慎重，应综合考量行为人实施不正当竞争行为的主观过错程度、行为方式、情节及损害程度、损害后果等因素酌情确定。该案中，法院考虑到涉案不正当竞争行为系通过改变乐视公司自身产品设计获得用户体验更佳的优酷网服务，虽然能达到不播放视频广告的效果，但该效果的实现依赖于优酷网针对不同系统终端的不同设置或不同服务展现形式，对合一公司正常经营活动的干扰从持续时间、实际效果看均低于主动采取技术措施屏蔽、过滤视频广告的行为。合一公司调整优酷网向不同系统终端推送内容的服务，即能达到制止涉案行为发生效果的作用，因此对涉案不正当竞争行为酌情从低确定赔偿数额。

（撰稿人：刘义军）

单一客户名单构成商业秘密的认定标准

——评北京万岩通软件有限公司诉北京恰行者科技有限公司等侵害商业秘密案

◎ **关键词**

商业秘密　特定客户

◎ **裁判要点**

在仅包含一个特定客户的单一客户名单，如果其上附着的客户信息属于在长期稳定交易关系中形成的深度信息，如包含客户需求类型、特殊经营规律、交易习惯、交易倾向、验收标准、利润空间、价格承受能力，以及相关负责人联络方式、性格特点等难以从公共渠道获得，或者正当获得需要投入一定人力、物力、时间成本的信息，上述信息同时具备价值性、秘密性、保密性，对其按照商业秘密进行保护能够遏制不劳而获、促进公平有序竞争的，则应认定该单一客户名单属于商业秘密。

◎ **相关法条**

1993 年《反不正当竞争法》第二条、第十条、第二十条，《最高人民法院关于审理不正当竞争民事案件应用法律若干问题的解释》第九条、第十条、第十一条

◎ **案件索引**

一审：（2016）京 0108 民初 7465 号
二审：（2017）京 73 民终 1776 号

◎ **当事人**

上诉人（一审被告）：北京恰行者科技有限公司（以下简称"恰行者公司"）
上诉人（一审被告）：石某某
上诉人（一审被告）：陈某
被上诉人（一审原告）：北京万岩通软件有限公司（以下简称"万岩通公司"）

◎ **基本案情**

2012 年 7 月，陈某、石某某入职万岩通公司，签署了包括《保密协议》《员工知识产权承诺协议》等一系列具有保密性质的协议。二人在职期间受万岩通公司指派，参与了与管道公司的项目合作，涉及移动应用平台项目。2014 年 5 月 7 日，陈某配偶李某某与石某某（后变更为石某某之母韩某）作为自然人股东成立恰行者公司，李某某占股 70%，石某某占股 30%。2014 年 6 月，陈某、石某某自万岩通公司离职。后，陈某、石某某以恰行者公司名义与管道公司开展合作，2014 年 12 月，恰行者公司与管道公司签订《中国石油企业移动应用平台项目平台更新功能完善技术服务合同》。2015 年 11 月，管道公司信息中心出具《中国石油企业移动应用平台项目系统运维与用户支持技术服务工作任务书》，邀请恰行者公司作为单一来源方谈判采购，恰行者公司进行了三轮报价，第三轮报价为 235 万元。

另，恰行者公司与管道公司合作期间，其接触的管道公司项目负责人有曹某、安某某、张某等人，上述人员同为陈某、石某某在万岩通公司任职期间接触到的管道公司相关项目人员。

万岩通公司主张恰行者公司、陈某、石某某侵犯其商业秘密即客户名单，其内容包括管道公司客户交易习惯、需求、价格承受能力、项目负责人的性格特点、联系方式、地址以及万岩通公司与其形成的稳定交易关系，故起诉至法院，要求恰行者公司、陈某、石某某停止侵害万岩通公司商业秘密的行为，公开向万岩通公司赔礼道歉、消除影响，共同赔偿万岩通公司经济损失 50 万元及合理费用 2 万元，合理费用包括律师费 1.6 万元，交通费 4000 元，并承担该案诉讼费用。

◎ **判决结果**

一审判决：恰行者公司、陈某、石某某立即停止侵害万岩通公司涉案商业秘密的行为、共同赔偿北京万岩通软件有限公司经济损失 20 万元、律师费 1.6 万元，并在恰行者公司网站刊登声明，消除影响。

二审判决：驳回上诉，维持原判。

◎ **裁判理由**

该案主要争议焦点有三个：（1）对于存在长期稳定合作关系的特定客户，有关该客户的特定信息能够构成商业秘密；（2）恰行者公司、陈某、石某某的行为是否构成侵犯商业秘密；（3）一审判决确定的赔偿数额是否适当。

一、关于该案商业秘密的认定

商业秘密，是指不为公众所知悉、能为权利人带来经济利益、具有实用性并经权利人采取保密措施的技术信息和经营信息。依照相关法律和司法解释，商业秘密具有以下三个特点：秘密性、价值性、保密性。秘密性是指"不为公众所知悉"，即有关信息不为其所属领域的相关人员普遍知悉和容易获得；价值性则是指"能为权利人带来经济利益、具有实用性"，即有关信息具有现实的或者潜在的商业价值，能为权利人带来竞争优势；保密性则是指"采取保密措施"，即权利人应采取与其商业价值等具体情况相适应的合理保护措施来防止信息泄露。

第一，关于秘密性。管道公司作为中石油系统的企业，考虑到其开展业务的准入门槛和市场化程度，虽然在相关网络媒体上有相关项目的概括性介绍，但所属领域的相关人员通过公开渠道无从得知具体项目内容、审批资金来源、前期服务的运营标准、项目验收标准、价格承受能力等核心信息，也无从知晓相关负责人联络方式、性格特点、交易习惯、交易倾向等深度信息，而这些信息是把握商业机遇和取得竞争优势的关键，特别是对于软件开发运维服务这类更新换代快、时限性要求较高的领域。

第二，关于价值性。兵家曰："知己知彼，百战不殆。"商业如战场，在具体的商业项目中，客户的交易需求、特殊偏好、实际验收标准、价格承受能力，往往是极为重要的核心信息，特别是价格承受底线等敏感信息，往往需要在长期的商业合作、商务谈判、市场调研中才能获得，也是商业主体争取竞争优势、成功获取项目的关键。掌握客户的核心需求、特殊偏好以及价格底线，能够使得竞争者在最短的时间、以最低的代价在竞争中把握机遇，成功获得合作机会，赚取商业利润，显然具有重要的商业价值。该案中，陈某、石某某在万岩通任职期间，作为核心人员长期参与万岩通公司与管道公司之间的移动平台运维项目，完全有机会通过参加相关商业谈判，审查合同中的技术细节等渠道接触上述信息。

第三，关于保密性。保密性的要求应当根据涉密载体的特性、权利人保密的意愿、保密措施的可识别程度、保密信息的知悉人员范围等因素，根据具体情况予以判断。

该案中，万岩通公司与陈某、石某某签署了包含保密与竞业禁止的劳动合同、竞业限制协议、员工知识产权承诺协议、保密协议，通过多重书面形式强调了保守商业秘密的要求。虽然陈某辩称竞业禁止协议因万岩通公司未向其发送书面竞业限制告知书而未生效，但查阅该竞业禁止协议的条款可知，该协议明确了万岩通公司有权在二人离职之前的任何时间发送竞业限制告知书，而二人在离职之前约一个月即发起成立了与万岩通公司有直接竞争关系的恰行者公司，实际上否决了万岩通依据竞业禁止协议所享有的在二人离职之前的任何时间发送竞业限制告知书的选择权。

经二审法院询问，万岩通公司称其与管道公司签订的商业合同等信息，限制在本公司一定范围内的人员知悉，结合陈某、石某某以上的主观状态与客观行为，二审法院认定万岩通公司对涉案商业秘密基本上采取了相适应的保密措施。

二、恰行者公司、陈某、石某某的行为是否构成侵犯商业秘密。

根据查明的事实，万岩通公司与管道公司合作多年，针对管道公司的需求、习惯、交易倾向做出了有针对性的商业开发策略，取得了单一来源谈判的资格。在此过程中付出了人力、物力和时间，也取得相应的竞争优势。陈某亦认可恰行者公司与管道公司所签协议属于平台软件的维护服务，而该平台软件的开发者就包含万岩通公司。

陈某、石某某均于 2012 年 7 月加入万岩通公司，分别担任软件项目负责人和软件开发人员，二人均是万岩通公司向管道公司提供移动平台软件运维服务的核心人员。陈某在万岩通公司的法定代表人杨仕敏带队与管道公司进行商业谈判时亦在场，对整个商务谈判内容知情，亦知晓万岩通公司提供的报价等敏感信息。陈某与石某某在 2014 年 5 月尚未离职时，就作为实际控制人共同发起成立了恰行者公司，并于 2014 年 6 月双双离职，同年年底恰行者公司即与管道公司成功签署《中国石油企业移动应用平台项目平台更新功能完善技术服务合同》，该合同的服务内容正是陈某、石某某在万岩通公司就职期间从事的工作内容。

管道公司作为中石油系统的项下企业，对客户资质、能力有较为严格的要求。恰行者公司作为一个刚成立不久、规模有限的小型公司，在当时并不具备单一来源谈判资格的情形下，却在成立后不久迅速与管道公司签订了大额合同，且在该合同中管道公司的相关工作人员与陈某、石某某离职前所负责项目的管道公司工作人员高度重合。显然这不是由恰行者公司通过对客户有针对性地开发、研究，付出人力、物力、财力和时间，而产生的正当竞争力。恰行者公司虽然对此否认，但未提供任何证据证明。

通过以上事实可知，陈某、石某某作为实际控制人发起成立恰行者公司之后，接续其在万岩通公司的工作经历，利用其作为核心人员掌握的万岩通公司与管道公司之间的具体项目内容、服务运营标准、价格承受能力、相关负责人联络方式、性格特点、交易习惯、交易倾向等深度信息，抢夺万岩通公司与管道公司的交易机会，挤占万岩通公司的市场空间，其行为违背公认的商业秩序与商业道德，构成对万岩通公司商业秘密的侵犯。

此外，虽然陈某称其 2011 年参与了管道公司移动平台前期 DEMO（小样）的建设，并提供证人出庭作证，但前期 DEMO 一般为公司内部开发的具有演示性的前期论证软件，基本不具备实用功能，该项目与万岩通公司、恰行者公司向管道公司提供的移动平台软件运维服务项目在项目要求、服务标准、服务内容等方面都不尽相同。另外，鉴于软件开发服务领域的时效性较强，即使陈某曾经参与前期项目建设，也不能证明在当时就能够得知几年以后管道公司的项目需求、建设方向、具体负责人情况。故依据现有证据，上诉人主张其曾经参与过前期 DEMO 的开发，来证明其了解后续运维项目的深度信息，理由显然不充分。

三、一审法院判定的赔偿数额是否适当

根据上述分析，上诉人利用万岩通公司与管道公司多年合作中积累的应属商业秘密的核心信息，迅速建立不正当的竞争优势，抢占万岩通公司的交易伙伴，并与管道公司实际签署了合作协议，且因此管道公司出于防止商业秘密及"反竞争限制"等法律风险的考虑，于 2015 年发函暂停与万岩通公司、恰行者公司的相关合作。虽然具体损失无法量化，但上诉人的以上行为确对万岩通公司的市场经营造成不利影响，且有证据证明恰行者公司自认其商业利润约 30%，故一审法院综合考虑涉案侵权行为的情节、后果、主观恶意程度及商业利益损失等因素酌情确定的赔偿数额，并无不当，二审法院对一审法院所做的自由裁量予以确认。

▣ 案例解析

《最高人民法院关于审理不正当竞争民事案件应用法律若干问题的解释》第十三条规定："商业秘密中的客户名单，一般是指客户的名称、地址、联系方式以及交易的习惯、意向、内容等构成的区别于相关公知信息的特殊客户信息，包括汇集众多客户的客户名册，以及保持长期稳定交易关系的特定客户。"

实践中，认定单一特定客户名单构成商业秘密的尺度和标准则较为模糊。据统计，2006 年以来，北京市海淀区人民法院审理的因员工离职引发的侵害商业秘密纠纷案件，原告获得支持的比例不到 10%，究其原因，很大程度上与原告无法准确判断离职员工带走的信息是否属于商业秘密有关。

《反不正当竞争法》的立法目的在于保护公平竞争，保护经营者和消费者的合法权益，促进社会主义市场经济健康发展。为衡平相关主体的利益诉求，在确定具体标准时应把握以下两个原则：一是避免过分扩大商业秘密的认定范围，防止权利人垄断与其具有长期稳定关系的客户，以保持市场活力；另一个是避免过高地设定商业秘密的门槛，从而放纵侵权人不劳而获的行为。

该案采用了客观标准与价值判断相结合的方法，第一步进行特征筛选，审查有

关信息是否基本具备商业秘密的基本特征；第二步结合立法目的进行价值判断，衡平反不正当竞争法中的多元价值诉求，以校验第一步中所采用的尺度是否准确、合理。

1. 客观标准的判断

认定单一客户名单附着的信息是否构成商业秘密，一般有以下几个客观要件。

（1）具有秘密性、保密性、价值性。

首先审查相关信息是否具备秘密性、保密性、价值性等基本特征。具体来说，审查相关信息是否不为公众所知悉，是否在权利人内部限定了知悉范围，是否采取了相适的保密措施，是否可用来在相关领域建立一定的竞争优势。

（2）在长期稳定的交易关系中形成，正常情况下难以获得。

一般来说，深度信息是在长期稳定的商务往来、相互信任的交易关系下获知的，偶然的、一次性的交易关系中形成的信息不在此列。深度信息一般包括客户的需求类型、特殊经营规律、交易习惯、交易倾向、验收标准、利润空间、价格承受能力，以及相关负责人联络方式、性格特点。以上信息若非通过长期的感知和总结，甚至有针对性的调研，是很难获知的。

（3）权利人获取上述深度信息，付出了一定的人力、物力、财力、时间成本。

通过公共渠道不需要耗费太多精力即可获得的信息不在此列，在具体衡量时，亦应当注意对尺度的把握，简单整理的信息，虽然需要付出一定的劳动，但通常达不到商业秘密的高度。

（4）侵权人利用不正当手段获取相关信息，或者为建立不正当竞争优势进行了相关准备工作。

如果侵权人用不正当手段获取相关信息，或为谋求不正当竞争优势进行了准备工作，则从侧面表明了相关信息的秘密性、价值性。

该案中，陈某、石某某在 2014 年 5 月尚未离职时，就作为实际控制人共同发起成立了恰行者公司，并于 2014 年 6 月双双离职，同年年底恰行者公司即与管道公司成功签署《技术服务合同》，该合同的服务内容正是陈某、石某某在万岩通公司就职期间从事的工作内容。其利用在万岩通公司获知的客户深度信息，短期建立起不正当竞争优势，既有主观谋划又有长期准备，从侧面印证了相关信息属于商业秘密的事实。

2. 根据《反不正当竞争法》的立法目的进行价值衡量

对基本符合以上特征的客户信息，要结合《反不正当竞争法》的立法目的进行价值衡量，既要避免权利人垄断市场，也要遏制侵权人不劳而获，合理确定判断尺度。

如相关信息在未经权利人同意的情况下，被他人利用并建立不正当的竞争优势，侵占原属于权利人的交易机会和市场空间，则应按照商业秘密加以保护。如果对相关信息按照商业秘密进行认定，其结果却导致权利人垄断长期交易客户，不利于良性市场竞争，则应当重新审视判断尺度，予以严格把握。

（撰稿人：张　宁）

商标侵权及不正当竞争纠纷中侵权行为
与损害赔偿数额之间的因果关系考量

——评中青社诉湖南文艺公司、中南博集天卷公司等
擅自使用知名商品特有名称、包装、装潢纠纷案

◻ **关键词**

商标侵权及不正当竞争纠纷 侵权行为 损害赔偿 因果关系

◻ **裁判要点**

涉案侵权图书的内容具有其独立的市场价值，在涉案权利图书的全部销售利润中，必然有部分利润并非因湖南文艺公司、中南博集天卷公司擅自使用权利图书作为知名商品的特有名称、装潢而获得，故基于公平原则考量，涉案侵权图书的销售利润不应当简单地被认定为全部归属于中国青年出版社。综合考虑权利图书的知名度及影响力，权利图书特有的名称及装潢对涉案侵权图书的贡献率，湖南文艺公司、中南博集天卷公司实施涉案不正当竞争行为的主观过错程度、性质和情节、可能给中青社造成的不利影响等因素，法院酌定涉案侵权图书销售利润中的 80% 应当归属于中青社。

◻ **相关法条**

1993 年《反不正当竞争法》第五条、第二十条，2013 年《商标法》第六十三条，2013 年《著作权法实施条例》第二十八条，《最高人民法院关于审理不正当竞争民事案件应用法律若干问题的解释》第一条、第二条、第四条、第十七条第一款，《最高人民法院关于审理商标民事纠纷案件适用法律若干问题的解释》第十五条

◻ **案件索引**

一审：（2015）东民（知）初字第 19458 号

二审：（2016）京 73 民终 822 号

◎ **当事人**

上诉人（一审原告）：中国青年出版社（以下简称"中青社"）

被上诉人（一审被告）：北京市新华书店王府井书店（以下简称"王府井书店"）

被上诉人（一审被告）：湖南文艺出版社有限责任公司（以下简称"湖南文艺公司"）

被上诉人（一审被告）：中南博集天卷文化传媒有限公司（以下简称"中南博集天卷公司"）

一审被告：北京博集天卷图书发行有限公司

一审被告：北京当当科文电子商务有限公司

一审被告：北京京东叁佰陆拾度电子商务有限公司

一审被告：亚马逊卓越有限公司

一审被告：浙江天猫网络有限公司

一审被告：北京鹏润伟业印刷有限公司

◎ **基本案情**

《高效能人士的七个习惯》（以下简称"权利图书"）的作者为美国史蒂芬·柯维，中青社多年来持续出版发行了该书的多个版本，其中最新版本的图书定价为68元。湖南文艺公司、中南博集天卷公司经权利人许可，出版发行了《高效能人士的七个习惯·人际关系篇》（以下简称"被控侵权图书"），该书作者亦为美国史蒂芬·柯维，定价39.8元。中青社认为，湖南文艺公司出版、中南博集天卷公司发行、鹏润伟业公司印刷及北京博集天卷公司、王府井书店等销售的涉案侵权图书与中青社的权利图书名称、装潢相似，侵害了其知名商品的特有名称、装潢权益，故请求法院判令湖南文艺公司、中南博集天卷公司立即停止对中青社的涉案不正当竞争行为，并消除影响，赔偿其经济损失90万元及相应合理支出。

◎ **判决结果**

一审判决：驳回中青社的全部诉讼请求。

二审判决：第一，撤销北京市东城区人民法院（2015）东民（知）初字第19458号民事判决；第二，湖南文艺公司、中南博集天卷公司于判决生效后立即停止出版、发行"使用《高效能人士的七个习惯·人际关系篇》名称及其封面设计"的图书；第三，王府井书店于判决生效后立即停止销售"使用《高效能人士的七个习惯·人际关系篇》名称及其封面设计"的图书；第四，自判决生效之日起30日内，湖南文艺公司、中南博集天卷公司在《中国新闻出版报》上刊登声明，就该案不正当竞争行为为中青社消除影响（声明内容须经法院审核，逾期不履行，法院将依中国青年出版社申请，在相关媒体公布判决书主要内容，费用由湖南文艺公司、中南博集天卷公司承担）；第五，自判决生效之日起 10 日内，湖南文艺公司、中南博集天卷公司共同赔偿中青社经济损失 425960 元及为该案诉讼支付的合理开支 6 万元；第六，驳回中青社的其他诉讼请求。

◎ **裁判理由**

一审法院认为：依据现有证据不能认定中青社出版发行的《高效能人士的七个习惯（25 周年纪念版）》（ISBN 978-7-5153-2639-9）一书为知名商品。该案中，权利图书、涉案侵权图书的英文书名有着"People"与"Families"的不同，同时权利图书的中文书名系由英文原名直译缺少独创性；在封面整体的装潢设计的颜色上等方面明显不同，且标注的出版社亦不同，封底的推荐语中载有有关家庭文化的推荐内容，因此即使翻译的中文书名一致，相关公众在图书市场中选购图书时对于这种不同施加通常的注意力是可以发现的。经比对，中青社关于权利图书书名"高效能人士的七个习惯"及封面装潢为知名商品的特有名称与装潢的主张亦不能成立。综上所述，中青社的诉讼请求缺乏依据，一审法院不予支持。

据此，一审法院作出判决：驳回中青社的全部诉讼请求。中青社不服，仍持原审诉讼意见上诉至二审法院，要求改判支持其全部诉讼请求。其他当事人均同意原判。

二审法院经审理认为：现有证据足以证明中青社的权利图书的名称和装潢属于知名商品的特有名称和特有装潢。湖南文艺公司、中南博集天卷公司出版、发行涉案侵权图书使用了与中青社的权利图书近似的名称和装潢，容易导致相关公众的混淆误认，侵害了中青社的知名商品特有名称、装潢权益。但基于公平原则考量，涉案侵权图书的销售利润不应当简单地被认定为全部归属于中青社。综合考虑权利图书的知名度及影响力，权利图书特有的名称及装潢对涉案侵权图书的贡献率，湖南文艺公司、中南博集天卷公司实施涉案不正当竞争行为的主观过错程度、性质和情节、可能给中青社造成的不利影响等因素，二审法院酌定涉案侵权图书销售利润中的 80% 应当归属于中青社。据此，北京知识产权法院二审该判，具体判项如前。

◎ **案例解析**

《高效能人士的七个习惯》的作者为美国史蒂芬·柯维，中国中青社多年来持续出版发行了该书的多个版本，其中最新版本的图书定价为 68 元。湖南文艺公司、中南博集天卷公司经权利人许可，出版发行了《高效能人士的七个习惯·人际关系篇》，该书作者亦为美国史蒂芬·柯维，定价39.8元。中青社认为，其出版发行的权利图书已持续畅销十余年，是在读者中有很高知名度的知名商品，该书书名和封面设计属于知名商品特有的名称和装潢。湖南文艺公司出版、中南博集天卷公司发行、鹏润伟业公司印刷及北京博集天卷公司、王府井书店、当当公司、京东公司、亚马逊公司、天猫公司销售的涉案侵权图书与中青社的权利图书名称、装潢相似，侵害了其知名商品的特有名称、装潢权益，故请求法院判令湖南文艺公司出版、中南博集天卷公司立即停止对中青社的涉案不正当竞争行为，并为其消除影响，赔偿其经济损失90万元及相应合理支出。

一审法院认为，被控侵权图书未侵害中青社主张的权利图书作为知名商品的特有名称、装潢权益，故判决驳回了中青社的全部诉讼请求。中青社不服一审判决，上诉至北京知识产权法院。二审法院认为，现有证据足以证明中青社的权利图书的名称和装潢属于知名商品的特有名称和特有装潢。湖南文艺公司、中南博集天卷公司出版、发行涉案侵权图书使用了与中青社的权利图书近似的名称和装潢，容易导致相关公众的混淆误认，该行为构成不正当竞争，侵害了中青社的知名商品特有名称、装潢权益。但基于公平原则考量，涉案侵权图书的销售利润不应当简单地被认定为全部归属于中青社。综合考虑权利图书的知名度及影响力，权利图书特有的名称及装潢对涉案侵权图书的贡献率，湖南文艺公司、中南博集天卷公司实施涉案不正当竞争行为的主观过错程度、性质和情节、可能给中青社造成的不利影响等因素，二审法院酌定涉案侵权图书销售利润中的80%应当归属于中青社。综上，二审法院对一审判决予以改判，并计算湖南文艺公司、中南博集天卷公司应当赔偿中青社因被侵权所遭受的损失为：23元/册×23150册×80%＝425960元。

该案系擅自使用知名商品特有名称、包装、装潢的不正当竞争纠纷，涉及证据众多，案情较为复杂，存在多个争议焦点，但这里笔者仅就中青社所受损失的赔偿数额确定问题进行探讨。❶

该案中，二审法院在计算权利人中青社的经济损失时，严格遵守了2013年《商标法》第六十三条规定的精神，但没有机械适用《最高人民法院关于审理商标民事纠纷案件适用法律若干问题的解释》第十五条的相关规定，而是充分参考、借鉴了日本、

---

❶ 该案虽为不正当竞争纠纷，但由于我国相关法律规定不正当竞争行为的损害赔偿额可以参照确定侵犯注册商标专用权的损害赔偿额的方法进行，故该案探讨的损害赔偿数额的确定问题不仅涉及不正当竞争纠纷案件，亦涉及商标侵权纠纷案件。

美国前述立法规定及司法经验，没有简单地将侵权人的涉案侵权图书销量直接推定为权利人损失的销量，并据此计算其损失，而是在充分考量在案证据的基础上，不仅酌情确定了权利图书的单品利润，而且充分考量了权利人的损失与侵权行为之间的因果关系，在综合考虑权利图书的知名度及影响力，权利图书特有的名称及装潢对涉案侵权图书的贡献率，侵权人实施涉案不正当竞争行为的主观过错程度、性质和情节、可能给权利人造成的不利影响等因素，酌情确定涉案侵权图书销售利润中的80%应当归属于权利人，并据此确定了权利人应得的损害赔偿数额。

具体而言，该案中中青社主张湖南文艺公司、中南博集天卷公司应当赔偿其因被侵权所遭受的损失，该损失的计算方式为湖南文艺公司、中南博集天卷公司出版、发行涉案侵权图书的数量乘以中青社权利图书的单品利润。关于权利图书的单品利润，中青社主张系权利图书的批发销售价格减去权利图书的印刷费。根据中青社提交的若干份购销合同记载的内容，在湖南文艺公司、中南博集天卷公司未提交证据予以反驳的情况下，法院对中青社有关权利图书的批发销售价格通常系其定价的60%的主张予以采纳。根据中青社提交的北京慧美印刷有限公司出具的印刷证明，其中显示该公司受中青社委托，印刷装订权利图书的成本为印刷装订费1.71元/册，纸张材料费4.56元/册，印制成本合计每册6.27元。湖南文艺公司对上述证据材料的真实性不持异议，但不认可其证明目的。中南博集天卷公司、北京博集天卷公司对上述证据的真实性及证明目的均不予认可，但鉴于其未提交证据予以反驳，亦未充分说明该印刷证明内容有何明显不当之处，法院对该证据的真实性予以确认，并采纳中青社有关权利图书的印制成本为每册6.27元的主张。中青社主张鉴于权利图书最近出版的25周年纪念版的定价为68元，其批发零售价格应为定价68元×60%的批发折扣等于40.8元，其单品利润应为40.8元减去6.27元等于34.53元。对此法院认为，中青社前述有关权利图书单品利润的计算未扣减其编辑、校核成本，版税成本及仓储、物流成本等，故其计算的权利图书单品利润偏高，法院对其该主张不予采信，并综合考量权利图书的知名度及畅销情况，权利图书的印刷量及印数次数对印数成本的影响，图书出版行业中畅销书的通常利润率等情况，酌情确定权利图书的单品利润为23元。

关于涉案侵权图书的销售量问题，根据北京市新闻出版广电局于2015年12月9日出具的京新广公字（2015）第4号政府信息公开告知书可知，湖南文艺公司于2015年11月4日委托鹏润伟业公司印刷的涉案侵权图书的印数为23150册；湖南文艺公司曾委托鹏润伟业公司印刷涉案侵权图案书，鹏润伟业公司出具的《图书印刷委托书》中载明涉案侵权图书于2015年底的印数为23150册；涉案侵权图书的版权页载明其系由鹏润伟业公司于 2015 年 11 月第 1 次印刷；上述内容能够相互印证，且湖南文艺公司亦认可涉案侵权图书的实际印数为 23150 册，故法院综合上述情况对该印数予以确认。中青社认为湖南文艺公司、中南博集天卷公司实际出版、发行涉案侵权图书的数量要远高于 23150 册，并提交了天猫网销售涉案侵权图书的网页打印件，其中显示仅天猫网中涉案侵权图书的库存和在售数量合计为 27839 册。对此法院认为，中青社统计的天猫网中涉案侵权图书的专营店数量达 126 家，其中显示的涉案侵权图书难以确认均系湖南文艺公司、中南博集天卷公司实际出版、发行；且天猫网中显示的涉案侵权图书库存和销售数量的权威性较低，在缺乏其他有效证据佐证的情况下，其真实性难以确认，并不足以推翻北京市新闻出版广电局出具的京新广公字（2015）第 4 号政府信息公开告知书及鹏润伟业公司出具的《图书印刷委托书》中记载的涉案侵权图书的印数。综上，法院对中青社有关涉案侵权图书的实际印数远高于 23150 册的主张不予采纳。

此外，该案中考虑到涉案侵权图书系湖南文艺公司、中南博集天卷公司获得权利人授权而出版、发行的图书，考虑到擅自使用他人知名商品的特有名称、装潢的涉案不正当竞争行为与涉案侵权图书销售利润之间的因果关系，涉案侵权图书的内容具有其独立的市场价值，在涉案权利图书的全部销售利润中，必然有部分利润并非因湖南文艺公司、中南博集天卷公司擅自使用权利图书作为知名商品的特有名称、装潢而获得，故基于公平原则考量，涉案侵权图书的销售利润不应当简单地被认定为全部归属于中青社。综合考虑权利图书的知名度及影响力，权利图书特有的名称及装潢对涉案侵权图书的贡献率，湖南文艺公司、中南博集天卷公司实施涉案不正当竞争行为的主观过错程度、性质和情节、可能给中青社造成的不利影响等因素，法院酌定涉案侵权图书销售利润中的 80% 应当归属于中青社。

综上，法院计算湖南文艺公司、中南博集天卷公司应当赔偿中青社因被侵权所遭受的损失为：23 元/册×23150 册×80%＝425960 元。

（撰稿人：刘义军）

虚假宣传不正当竞争纠纷中原告适格问题的司法认定

——评创磁公司、恒业公司上诉穆某远、陈某民等虚假宣传不正当竞争纠纷案

◎ **关键词**

虚假宣传　竞争关系　直接利害关系　原告适格

◎ **裁判要点**

竞争关系认定的日益广义化，虽然赋予经营者通过起诉的方式参与诉讼的更大可能性，但并不意味着诉权赋予的任意性，经营者欲对他人实施的虚假宣传等不正当竞争行为提起诉讼，除需证明两者之间存在竞争关系外，还应当初步证明其与案件具有直接利害关系。立案登记制条件下，前述"直接利害关系"不能对原告的起诉资格要求过高，在查明原告与该案没有直接利害关系的情况下，法院应当判决驳回原告的诉讼请求。我国未来修订《反不正当竞争法》时可考虑赋予消费者团体诉权，并对经营者的代表人诉讼问题进行具体规定。

◎ **相关法条**

1993 年《反不正当竞争法》第一条、第二条、第九条第一款、第二十条，《民法通则》第一百三十条，《最高人民法院关于审理不正当竞争民事案件应用法律若干问题的解释》第八条、第九条

◎ **案件索引**

一审：（2015）海民（知）初字第 20815 号

二审：（2016）京 73 民终 156 号

◎ **当事人**

上诉人（一审被告）：北京创磁空间影视文化传媒有限公司（以下简称"创磁公司"）

上诉人（一审被告）：福建恒业影业有限公司（以下简称"恒业公司"）

被上诉人（一审原告）：穆某远

被上诉人（一审原告）：陈某民

一审被告：北京搜狐互联网信息服务有限公司

回 **基本案情**

深圳影业公司为《黑楼孤魂》（以下简称"《黑》片"）的出品人及著作权人。穆某远、陈某民为《黑》片的编剧，穆某远为《黑》片的导演。创磁公司为《枉死楼之诡八楼》（以下简称"《枉》片"）出品人，恒业公司为《枉》片发行人。

穆某远、陈某民提交了（2014）京方圆内民证字第 09019 号公证书，其中主要记载有如下内容：（1）时光网、豆瓣网中有关于《黑》片如"简陋不代表不吓人""音效好过特效，国产最优恐怖电影""赤裸裸的炒作""黑楼孤魂！新中国第一恐怖片""实际上，它究竟有没有吓死过人还是值得怀疑的。由于电影反映了一些敏感的社会问题，以'吓死人'为由来禁播这部电影是比较能够站得住脚的""在电影院里把人都吓死了""黑市票甚至炒到六块钱一张（正常票价才几毛钱）"等的网友影评。（2）中国知网中检索到的《电影评介》杂志中刊载有涉及《黑》片的影评文章。穆某远、陈某民欲以此证明《黑》片在中国具有良好声誉。

搜狐网（网址：www.sohu.com）搜狐娱乐电影新闻栏目中于 2014 年 8 月 29 日刊载《〈诡八楼〉发布番外特辑　回顾"鬼楼"神秘传说》一文（以下简称"《诡》文"）并发布《枉》片先导海报、预告片。海报上注明宣传语"翻拍 1989 年禁映恐怖电影《黑楼孤魂》"。《诡》文中有"以'北京四大鬼宅'之一鬼八楼为背景的恐怖悬疑惊悚电影《诡八楼》将于 9 月 19 日与全国观众见面。……近日片方曝光番外特辑，为观众呈现这座鬼宅不为人知的历史与现状……当地的一些居民都表示上世纪六七十年代很多人在此楼遭遇迫害致死……而在这些被迫害的人的故事中，'黑楼孤魂'流传得最广。""改编自'黑楼孤魂'事件　破禁公映　《诡八楼》取材自流传很广的'黑楼孤魂'恐怖事件，将因为放映之时吓死观众的 1989 年被禁映恐怖片《黑楼孤魂》重新搬上大银幕。据悉，此次翻拍，不仅借鉴了 89 版《黑楼孤魂》中的种种恐怖惊悚元素，更把人性的种种欲念锁进其中"等内容。于搜狐网搜狐视频栏目中以"诡八楼"为关键词进行搜索可获得"诡八楼终极预告片"播放链接，点击播放片中显示"翻拍 1989 年禁映电影《黑楼孤魂》"大幅字幕。

穆某远、陈某民主张搜狐网中的上述有关《枉》片是翻拍《黑》片的宣传内容构成反不正当竞争法中规定的引人误解的虚假宣传。创磁公司、恒业公司及搜狐公司均确认搜狐网中的有关《枉》片的宣传内容为创磁公司、恒业公司向搜狐公司提供，搜狐公司系免费提供宣传。

◎ **判决结果**

一审判决：第一，自判决生效之日起七日内，创磁公司、恒业公司于搜狐网（网址：www.sohu.com）首页持续四十八小时发布声明，为穆某远、陈某民消除影响（声明内容需经一审法院审核，逾期不履行，一审法院将依穆某远、陈某民的申请，在相关媒体公布判决的主要内容，其费用由不履行此义务的创磁公司、恒业公司共同承担）；第二，自判决生效之日起十日内，创磁公司、恒业公司共同向穆某远、陈某民赔偿经济损失 15 万元；第三，驳回穆某远、陈某民的其他诉讼请求。

二审判决：驳回上诉，维持原判。

◎ **裁判理由**

法院生效裁判认为，穆某远、陈某民作为《黑》片剧本的编剧，系向市场提供智力成果的市场主体，就其作品享有相应交易机会和经济利益，构成反不正当竞争法中的经营者。同时，创磁公司与恒业公司作为影片的出品人和发行人，搜狐公司作为网络媒体，在影视文化、娱乐媒体等经营领域与穆某远、陈某民存在竞争关系，故穆某远、陈某民作为该案原告主体适格。

创磁公司作为《枉》片的著作权人，未经《黑》片剧本著作权人穆某远、陈某民或《黑》片著作权人深圳影业公司的许可而翻拍其作品，创磁公司与恒业公司亦未据证指出《枉》片与《黑》片在作品内容上存在何种承继关系或关联关系，却在《枉》片的图文宣传及预告片中宣称《枉》片系"翻拍 1989 年禁映恐怖电影《黑楼孤魂》""破禁公映""将因为放映之时吓死观众的 1989 年被禁映恐怖片《黑楼孤魂》重新搬上大银幕。""借鉴了 1989 年版《黑楼孤魂》中的种种恐怖惊悚元素"等。此后观影人给出的《枉》片影评中有"《诡八楼》：定位不准、乱造舆论是否属于虚假宣传""恐怖片做宣传，整天都会是啥以前上映时候吓死过人，其实年代久远，几乎无法证实。但是，今天我看了以后，我忽然有个疑问：他们当年，是被气死的吧？？？"等内容，可见此一宣传已经在相关公众中产生误导及负面影响，认为《枉》片与《黑》片存在"翻拍"的关联关系。创磁公司与恒业公司存在主观过错，其行为已构成引人误解的虚假宣传，应承担相应法律责任。

◎ **案例解析**

该案曾被 2016 年国际保护知识产权协会（AIPPI）中国分会评为 2015—2016 年度

十大热点版权案例之一。该案首次论证了未获授权的翻拍影视剧在宣传中声称"翻拍"他人影视作品的行为是否构成不正当竞争，并首次论证了被"翻拍"影视作品剧本的著作权人有权基于反不正当竞争法主张权利。该案从著作权视角和反不正当竞争法视角对该行为进行了详细的分析、定性，对规范影视剧行业中的此类虚假宣传行为具有较为重要的指导意义。但笔者在本文中不对该案涉及的法律问题进行逐一评析，而仅对该案中折射出的虚假宣传不正当竞争纠纷中原告是否适格的司法认定问题进行分析。

一、原告与被告之间是否存在竞争关系——司法认定原告是否适格的首要前提

虚假宣传通常是指以捏造散布虚构事实、歪曲事实或者其他误导性方式，对商品质量作出的与实际情况不相符的宣传。❶ 虚假宣传并非我国知识产权法固有的法律概念，而是在完善我国知识产权保护过程中，参考国际条约和国外立法，通过反不正当竞争法对该类型的市场竞争行为予以规范的结果。《保护工业产权巴黎公约》第十条之二规定，"在经营过程中使用的使公众对商品的性质、制造方法、特点、用途或者数量易于产生误解的所有表示或者说法"为误导公众（原文为"mislead the public"）的不正当竞争行为。❷ 此后，世界知识产权组织将"虚假宣传"也明确定义为"misleading the public"。❸ 美国《兰哈姆法》第四十三条第一款规定，任何对于事实的"虚假或者误导"的描述或者陈述，应当予以禁止；其中的事实是指商品、服务或者商业活动的本质、特征、质量和地理来源。根据该规定，不仅表面"虚假"的广告应当受到禁止，而且表面虽然不属虚假但"误导"他人的广告，也应当予以禁止。❹ 德国2008年修订的反不正当竞争法对虚假宣传的定义进行了扩大，规制的对象从广告扩大到了商业行为。只要引人误导，不论通过何种方式手段，属于商业行为即受该法的规制。❺

我国1993年《反不正当竞争法》涉及虚假宣传的规定主要有第五条第四项和第九条。其中第五条第（四）项规定："经营者不得采用下列不正当手段从事市场交易，损害竞争对手……（四）在商品上伪造或者冒用认证标志、名优标志等质量标志，伪造产地，对商品质量作引人误解的虚假表示。"第九条规定："经营者不得利用广告或者其他方法，对商品的质量、制作成分、性能、用途、生产者、有效期限、产地等作引人误解的虚假宣传。广告的经营者不得在明知或者应知的情况下，代理、设计、制作、

---

❶ 孔祥俊. 反不正当竞争法原理 [M]. 北京：知识产权出版社，2005：293.

❷ KARL TOANSON. 国际民事商事公约与惯例 [M]. 蒋兆康，陶修明，陈思明，等，译. 北京：中国政法大学出版社，2007：1024.

❸ 孔祥俊. 公平交易执法前沿问题研究 [M]. 北京：工商出版社，2008：384.

❹ 李明德. 美国知识产权法 [M]. 北京：法律出版社，2014：645.

❺ 范长军. 德国反不正当竞争法研究 [M]. 北京：法律出版社，2010：249.

发布虚假广告。"《最高人民法院关于审理不正当竞争民事案件应用法律若干问题的解释》（法释〔2007〕2 号，以下简称《不正当竞争民事案件司法解释》） 第八条第一款列举了以下三种特定情形：（1）对商品作片面的宣传或者对比。例如，经营者将自己产品的优点与其他经营者产品的缺点进行片面的对比宣传，即使其所作宣传是真实的，但如果宣传内容引人误解，则可能误导消费者，损害其他经营者的利益。如果该虚假宣传损害了其他经营者的商业信誉，还可能构成 1993 年《反不正当竞争法》第十四条规定的商业诋毁行为。（2）将科学上未定论的观点、现象等当作定论的事实用于商品宣传。经营者将科学上未定论的观点、现象等当作定论的事实用于商品宣传，即使这些观点、现象确实存在，但因在商品宣传中使消费者将未定论的东西误认为定论的东西，而对商品质量等产生误解，就可以构成虚假宣传行为。（3）以歧义性语言或者其他引人误解的方式进行商品宣传。只要该宣传行为足以使消费者产生误解的，便可认定构成虚假宣传行为。

由前述论述可知，"引人误解"是虚假宣传的本质特征和根本要求，经营者的宣传内容只要是产生引人误解的后果，即使内容真实（但不全面），也构成了虚假宣传。《不正当竞争民事案件司法解释》第八条规定了法院在判断"引人误解"时的考量因素，即法院应当根据日常生活经验、相关公众一般注意力、发生误解的事实和被宣传对象的实际情况等因素，对引人误解的虚假宣传行为进行认定。司法实践中，虚假宣传的认定具有较大的弹性，各地法院在个案审判中也进行了卓有成效的探索。例如，北京高院在其审理的加多宝（中国）饮料有限公司、广东加多宝饮料食品有限公司上诉广州医药集团有限公司、广州王老吉大健康产业有限公司虚假宣传纠纷一案中❶认为，在具体案件中对相关行为是否构成虚假宣传，不应过分纠结于广告用语等宣传内容是否真实、表达方式是否准确，而是应当根据上述法律和司法解释的具体规定和认定原则，以是否引人误解为标准加以具体认定。《不正当竞争民事案件司法解释》第八条第二款规定："以明显的夸张方式宣传商品，不足以造成相关公众误解的，不属于引人误解的虚假宣传行为。"显然，根据上述规定，虽然明显夸张的宣传方式所表达的内容并不真实，但如果此种宣传方式并未造成相关公众误解，则仍不应将其认定为虚假宣传；同理，即使相关宣传内容有据可查、确有出处，但如果其表述内容、表达方式失之片面，或者是以歧义性语言或者其他引人误解的方式进行宣传，则因其容易造成相关公众误解，故仍应将其认定为虚假宣传。

司法实践中，虚假宣传行为的一个重要特点为，其损害对象具有广泛性和不特定

---

❶ 北京市高级人民法院（2015）高民（知）终字第 879 号民事判决书。

性，故谁有权以受害者的名义作为原告提起诉讼便成为一个值得研究的问题。根据《民事诉讼法》第一百一十九条规定，原告是与本案有直接利害关系的公民、法人和其他组织，即只有与争议的民事实体权利义务关系存在实质上联系的人才能以自己的名义提起诉讼。具体到虚假宣传不正当竞争纠纷案件中，有权提起诉讼的原告需要以其因该虚假宣传行为受到损害为前提，否则该诉讼就变成了公益诉讼，而我国反不正当竞争法并没有规定公益诉讼。此种情况下，原告与被告之间是否存在竞争关系，便成为人民法院判断原告是否受到被告实施的涉案虚假宣传行为的直接损害，从而认定原告是否系本案适格原告的首要前提。

二、现代反不正当竞争法的发展趋势——竞争关系认定的日益广义化

1993 年《反不正当竞争法》第二条第二款规定，不正当竞争是指经营者"损害其他经营者的合法权益"的行为，即是经营者之间的行为。按照通常理解，不正当竞争行为必须限于竞争者之间实施的行为，以行为人和受害人之间为同业竞争者（相同或类似商品服务的经营者）为前提。例如，1993 年《反不正当竞争法》第五条第（二）项规定的仿冒行为，原则上应限于在相同或类似商品上使用相同或近似的知名商品特有名称等行为，因为如果不对此进行限制，则必然与我国注册商标专用权的保护制度不协调。但是，现代市场经济的发展导致市场竞争态势复杂化，出现了非同行业的市场参与人严重违反诚实信用原则，违背善良风俗，损害他人竞争能力，严重影响正常的市场竞争秩序的行为和现象。由于是在市场竞争中发生的，对市场格局和竞争关系产生重大影响，也对正当守法的经营者造成了严重损害，适当拓展反不正当竞争法的适用范围，有助于更好地维护公平竞争的市场环境，符合社会现实和社会需要。因此，在许多情况下对于竞争关系的理解不宜如此狭义，只要实质上是以损人利己、搭车模仿等不正当手段进行竞争、从而获取竞争优势或破坏他人竞争优势的行为，就可以认定构成不正当竞争行为。竞争关系的广义化，是反不正当竞争法本身变化的结果。反不正当竞争法由民事侵权法发展而来，起初仅仅保护竞争者利益，但在其发展过程中，其立法目标已经由保护竞争者利益不断向保护消费者权益和维护公共利益方面拓宽，由单纯的私权保护不断向实现市场管制目标发展。这就使不正当竞争行为的界定不限于同业竞争者之间的竞争行为，而拓展到非同业竞争者的竞争损害。因为，在市场资源相对稀缺的前提下，竞争行为除直接使同业竞争者受到损害外，还会使其他参与市场竞争的经营者受到损害。如果将竞争关系限定为同业竞争者之间的关系，将可能使其他受到侵害的市场参与者的合法权益得不到相应保护，从而有悖于反不正当竞争法

的立法目标。●

该案中，穆某远、陈某民既是《黑》片剧本的著作权人，又是《黑》片的编剧，系向市场提供智力成果并获取经济报酬的市场主体，构成 1993 年《反不正当竞争法》中规定的经营者。创磁公司与恒业公司作为《枉》片的出品人和发行人，搜狐公司作为对《枉》片实施宣传行为的网络媒体，虽然均与穆某远、陈某民并不存在直接的同业竞争关系，但综合考量该案情况可以认定，穆某远、陈某民作为《黑》片剧本的著作权人和《黑》片的编剧，在影视文化、娱乐媒体等经营领域与创磁公司、恒业公司及搜狐公司存在《反不正当竞争法》上规定的广义的竞争关系。具体理由包括如下两方面：

一方面，2010 年《著作权法》第十五条规定："电影作品和以类似摄制电影的方法创作的作品的著作权由制片者享有，但编剧、导演、摄影、作词、作曲等作者享有署名权，并有权按照与制片者签订的合同获得报酬。电影作品和以类似摄制电影的方法创作的作品中的剧本、音乐等可以单独使用的作品的作者有权单独行使其著作权。"该案中，《黑》片剧本与《黑》片之间存在着不可分割的紧密关系，《黑》片电影的拍摄实质上是穆某远、陈某民将其对《黑》片剧本享有的著作权中的摄制权、改编权许可《黑》片的制片者深圳影业公司行使之结果。换言之，《黑》片系《黑》片剧本的演绎作品，《黑》片的制片者及他人在行使对该演绎作品的著作权时，均不得侵害原作（即《黑》片剧本）著作权人的权利。穆某远、陈某民作为《黑》片剧本的著作权人，对《黑》片的翻拍（即再次拍摄）享有许可权和最终的控制权，即使其将《黑》片剧本的摄制权、改编权许可或转让给《黑》片的制片者，其对《黑》片剧本仍享有著作权法规定的人身权利及其他财产权利。因此，穆某远、陈某民基于其对《黑》片剧本享有的著作权而在影视文化、娱乐媒体等经营领域内享有潜在的交易机会及获取经济报酬的可能性，从而与创磁公司、恒业公司及搜狐公司在上述领域存在竞争关系。

另一方面，穆某远、陈某民作为《黑》片的编剧，对《黑》片享有署名权。著作权法意义上的署名权是表明作者身份，在作品上署名的权利。署名权系一种作者表明其与作品之间存在创作关系事实的权利，其所要保护的是作为某一作品创作者的身份利益。剧本作为一种特殊的文字作品，其创作的目的就是用于影视作品的拍摄，并且通过影视作品的播出体现剧本作者的创作内容，因此体现剧本作者的人格权利最为重要的方式就是在影视作品中进行编剧署名。而相关公众对剧本的接受，则主要是通过对根据剧本改编的影视作品的观看来完成的，在此情形下，使相关公众能够对剧本作

● 孔祥俊. 反不正当竞争法的创新性适用 [M]. 北京：中国法制出版社，2014：115-116.

品的作者进行识别的最主要方式就是影视作品字幕中的编剧的署名权。因此，影视作品字幕中编剧的署名权属于著作权法意义上剧本的法定署名权。

该案中，穆某远、陈某民指控创磁公司、恒业公司在搜狐网中有关《枉》片是翻拍《黑》片的相关宣传内容构成引人误解的虚假宣传，并举证证明《枉》片在相关公众中已客观存在一定的负面评价。而该指控如果成立，则会使相关公众将其对《枉》片的负面评价延伸至《黑》片，这将不仅直接损害《黑》片著作权人的合法权益，亦会间接损害穆某远、陈某民基于其创作行为而以编剧身份在《黑》片字幕中署名的人格权利。穆某远、陈某民作为向市场提供智力成果的市场主体，其人格权利在市场经营中承载着较多的商业化利益，在市场资源相对稀缺的前提下，此种商业化利益的受损，将可能导致其在影视文化、娱乐媒体等经营领域的竞争优势减弱或丧失。因此，穆某远、陈某民作为《黑》片的编剧，亦与创磁公司、恒业公司及搜狐公司在上述领域存在着广义的竞争关系。

三、原告应与案件具有直接利害关系——司法认定原告是否适格的根本标准

最高人民法院在其审理的北京黄金假日旅行社有限公司上诉携程计算机技术（上海）有限公司、上海携程商务有限公司、河北康辉国际航空服务有限公司、北京携程国际旅行社有限公司虚假宣传纠纷案❶中认为，只有因该经营者的行为同时违反不正当竞争法的规定，并给其他经营者的合法权益造成损害时，其他经营者才有权提起民事诉讼，才涉及该经营者应否承担不正当竞争的民事责任问题。即使是对 1993 年《反不正当竞争法》第九条第一款规定的引人误解的虚假宣传行为，也并非都是经营者可以主张民事权利的行为，还应当符合经营者之间具有竞争关系、有关宣传内容足以造成相关公众误解、对经营者造成了直接损害这三个基本条件。北京市高级人民法院在其审理的加多宝（中国）饮料有限公司、广东加多宝饮料食品有限公司上诉广州医药集团有限公司、广州王老吉大健康产业有限公司虚假宣传纠纷案❷中认为，如果在无法律明确规定的情况下将市场经济活动中一般意义上的竞争关系等同于民事诉讼法中的直接利害关系，则既有可能使经营者面临不可预测的诉讼风险，难以激发经营者参与市场竞争的积极性和主动性；也将架空民事诉讼法的明文规定，使既有的民事诉讼法理论和诉讼实践受到严重冲击。因此，对于包括虚假宣传纠纷在内的不正当竞争纠纷，仍然应当严格按照民事诉讼法的规定，审查原告的诉讼主体资格。应该说，这两个判决的上述裁判理由体现了《民事诉讼法》第一百一十九条规定规定的精神，即在虚假

---

❶ 最高人民法院（2007）民三终字第 2 号民事判决书。
❷ 北京市高级人民法院（2015）高民（知）终字第 879 号民事判决书。

宣传不正当竞争纠纷案件中，有权提起诉讼的原告不仅要与被告存在竞争关系，而且需要与案件具有直接利害关系，其应当系因该虚假宣传而直接遭受损害的经营者。但对该问题，笔者认为仍有进一步论证的必要。

实践中，当事人与案件是否具有利害关系，往往要经过实质审理，通过当事人在法庭上进行主张和抗辩才能做出裁判。在案件进入实体审理之前对原告的主体资格进行实质审查，无疑不利于民事主体合法权益的维护。因此，《民事诉讼法》第一百一十九条规定的"直接利害关系"不能对原告的起诉资格要求过高。有学者认为，具有"直接利害关系"应解释为"原告在起诉时需具备诉权享有要件的要求"，即原告在起诉时需证明自己因诉讼可能获得的"利益"。这种"利益"只是原告观念上认为的利益，至于这种利益是否确实满足实体法上"实体利益"的要求，法院无须在起诉阶段审查确定。❶ 笔者对此表示赞同。具体到虚假宣传不正当竞争纠纷案件的审理中，笔者认为，法院应当区分两种不同情形：（1）对于发生于同业竞争者之间的纠纷，由于原告与被告提供的商品或服务具有替代关系，两者之间争夺商业机会的特征较为明显，故可以直接推定原告的起诉已经符合《民事诉讼法》第一百一十九条的规定。（2）对于发生于非同业竞争者之间的纠纷，如果认定被告实施的行为属于不正当手段进行竞争、从而获取竞争优势或破坏他人竞争优势的行为，从而认定原告与被告之间存在广义的竞争关系，法院仍需进一步审查原告的起诉是否符合《民事诉讼法》第一百一十九条的规定。

这里需要进一步探讨的问题是，民事诉讼中的原告适格究竟是诉讼成立要件还是权利保护要求，对此理论上历来有争议，这里不再赘述。❷ 概而言之，如果将原告适格问题作为诉讼成立要件，在原告不适格的情况下，法院应当以诉讼不成立为由裁定驳回起诉。如果将原告适格问题作为权利保护要件，在原告不适格的情况下，法院应当以原告的主张缺乏依据为由判决驳回其诉讼请求。对此笔者认为，近几年来，我国在民事诉讼领域已大力推行案件受理制度改革，并已基本确立了立案登记制度，该制度的确立旨是为充分保障当事人诉权，切实解决人民群众反映的"立案难"问题。根据该制度精神，对符合法定立案要件的起诉，人民法院应当依法受理。但是，一项法律规则常不只要实现一个目的，毋宁常以不同的程度追求多数目的。❸《民事诉讼法》第一百一十九条关于原告应与案件具有"直接利害关系"的规定也表明，立案制度的功

---

❶ 肖建华，王勇. 论我国民事诉讼立案登记的积极要件——兼评《民事诉讼法》第119条［J］. 浙江工商大学学报，2017（2）.

❷ 毕玉谦，谭秋桂，杨路. 民事诉讼研究及立法论证［M］. 北京：人民法院出版社，2006：164-174.

❸ 卡尔·拉伦茨. 法学方法论［M］. 陈爱娥，译. 北京：商务印书馆，2003：209.

能并不仅局限于保护当事人的诉权，亦隐含着对当事人滥用诉权的规制。应当说，立案登记制并非是绝对的形式登记，强化法院对立案要件的审查管理，摒弃法律范围之外的利益诉求才是该制度的理论精髓。因此，针对虚假宣传不正当竞争纠纷案件，在立案登记制的背景下，再考量到司法实践中对竞争关系认定日益广义化的趋势，笔者认为，原告适格问题更适宜被认定为权利保护要件，使虚假宣传不正当竞争纠纷案件能够更容易进入实体审理程序。此种情况下，如法院经审理发现经营者之间没有因具体法律行为和法律关系的存在而建立特定化的联系，特定的经营者未因其他经营者的竞争行为而遭受合法权益的损害，则难以认定上述经营者之间具有直接的利害关系。在缺乏直接利害关系、不符合《民事诉讼法》第一百一十九条规定的情况下，经营者并不必然具有作为原告对其他经营者提起民事诉讼的主体资格。此种情况下，法院应当判决驳回原告的诉讼请求。这更有利于维护市场竞争秩序，更有利于维护正当经营者的合法权益。

该案中，二审法院在论证穆某远、陈某民与创磁公司、恒业公司及搜狐公司存在市场竞争关系的基础上，进一步论证认为，穆某远、陈某民作为《黑》片剧本的著作权人，对《黑》片的翻拍享有许可权和最终的控制权。穆某远、陈某民指控创磁公司、恒业公司有关《枉》片是翻拍《黑》片的相关宣传内容构成引人误解的虚假宣传，并举证证明《枉》片在相关公众中已客观存在一定的负面评价。而该指控如果成立，则会使相关公众将其对《枉》片的负面评价延伸至《黑》片，这将不仅直接损害穆某远、陈某民作为《黑》片著作权人的合法权益，亦会间接损害穆某远、陈某民作为《黑》片编剧的正当权益。因此，就创磁公司、恒业公司在搜狐网中有关《枉》片是翻拍《黑》片的相关宣传内容构成引人误解的虚假宣传争议而言，穆某远、陈某民与创磁公司、恒业公司及搜狐公司并非一般意义上的市场竞争关系，穆某远、陈某民与该案的诉讼具有直接的利害关系，符合民事诉讼法关于原告资格的规定。

在此基础上，法院认为，创磁公司作为《枉》片的著作权人，其并未经《黑》片剧本的著作权人穆某远、陈某民授权许可而翻拍《黑》片，且创磁公司与恒业公司亦未提交证据证明《枉》片与《黑》片在作品内容上存在何种承继关系或关联关系，其在搜狐网中有关《枉》片的宣传中宣称的《枉》片系"翻拍1989年禁映恐怖电影《黑楼孤魂》""破禁公映""将因为放映之时吓死观众的1989年被禁映恐怖片《黑楼孤魂》重新搬上大银幕""借鉴了89版《黑楼孤魂》中的种种恐怖惊悚元素"等内容构成虚假宣传。且前述虚假宣传已经在相关公众中产生明显误导及一定负面影响，客观上已经使至少部分公众认为《枉》片与《黑》片存在着"翻拍"的关联关系，从而构成1993年《反不正当竞争法》第九条规定的引人误解的虚假宣传。

四、关于该案的延伸思考——虚假宣传不正当竞争纠纷中消费者是否享有诉权及受损害经营者的代表人诉讼问题

"传统的反不正当竞争法直接保护的是竞争者利益，间接或反射保护消费者和公众的利益。竞争行为日益显著的外部性使得消费者、公众也成为反不正当竞争法应予考量的保护主体。因此，现代反不正当竞争法因其'多重法域，多元目的的背景'，其保护的主体呈现多元化"。❶ 在此背景下，有学者认为，在开展反不正当竞争诉讼时应赋予消费者行使相应诉权的权利。❷ 还有学者认为，不正当竞争法保护的是消费者在竞争行为作用下整体的自由选择权和知情权，在消费者整体权利遭受损害情况下，消费者利益作为判断行为正当性的标准之一将发挥作用，可以直接将引起这一损害的竞争行为认定为不正当竞争，并依照权利与救济相衡原则，赋予消费者团体以独立的诉权，以更好地实现保护消费者利益的立法目的。❸ 对此笔者认为，反不正当竞争法无疑是保护消费者利益的重要法律，消费者利益常常是和公共利益交叉和重合的，消费者利益是否受到损失亦是判断经营者实施的行为是否构成不正当竞争的重要标准。但是，我国 1993 年《反不正当竞争法》第二十条只是赋予被侵害的经营者提起民事诉讼的权利，并未赋予消费者依照该法提起诉讼的权利，《反不正当竞争法》对于消费者权益的保护是抽象和间接的，这种抽象、间接的保护在实践中使得个体消费者或消费者团体均无权针对经营者的不正当竞争行为向法院起诉。值得探讨的是，在虚假宣传等不正当竞争纠纷中，由于受害者的广泛性和不特定性，我国在将来修订《反不正当竞争法》时，可以考虑借鉴德国反不正当竞争法❹的规定，赋予消费者协会以团体诉权，为消费者群体的集体利益提供保护，消费者团体在不正当竞争纠纷案件中可以作为诉讼主体提出排除侵害和赔偿损失的请求，而消费者及其他市场参与者个人却不享有反不正当竞争法上的请求权。❺

此外，由于经营者在实施虚假宣传等不正当竞争行为时，可能损害众多、不特定

---

❶ 郑友德，等. 论《反不正当竞争法》的保护对象——兼评"平竞争权"[J]. 知识产权，2008（5）.

❷ 陈晓艳. 诉权配置与主体拓展——以反不正当竞争诉讼为视角 [J]. 法律适用，2010（4）：78.

❸ 杨华权，姜林萌. 论反不正当竞争法对消费者权益的独立保护 [J]. 竞争政策研究，2016（5）：42.

❹ 德国 2004 年修订的反不正当竞争法将消费者纳入保护作为修订法律的创新重点之一，明文规定保护竞争者、消费者和市场参与者的利益，并赋予消费者团体作为诉讼主体提起诉讼的权利。参见：郑友德，万志前. 德国反不正当竞争法的发展与创新 [J]. 法商研究，2007（1）.

❺ 值得注意的是，国务院法制办公室于 2016 年 2 月发布的《反不正当竞争法（修订草案送审稿）》第十七条第二款规定："经营者或者消费者受到不正当竞争行为侵害的，可以依法向人民法院起诉。"这就明确赋予了消费者在不正当竞争纠纷中诉权，但该规定是否妥当，争议较大，也遭受一些学者的批评，后来该规定被删除。李明德. 关于《反不正当竞争法》修订的几个问题 [J]. 知识产权，2017（6）.

经营者（竞争对手）的利益，但就受到损害的经营者个体而言，只要其遭受了损害，就成为特定的受害者。既然特定的受害者受到了特定的损害，他当然可以就自己遭受的损害寻求民事救济。但对于有些虚假宣传行为，由于每个受害者所遭受经济损失较小而无动力提起诉讼，故在我国现行法框架下，笔者认为，为更好地维护市场竞争秩序，遏制前述不正当竞争行为，受损害的经营者可以根据我国《民事诉讼法》第五十三条的规定，即由人数众多的一方当事人中的一人或数人代表众多当事人提起诉讼，其他人则不直接参加诉讼，但判决得致力及于代表人及被代表的多数人。但由于我国民事诉讼法对于代表人诉讼的启动程序缺乏明确的法定标准，也未规定完善的听证程序，在虚假宣传等不正当竞争案件中如何解决受害者的"搭便车"问题及损害赔偿数额的分摊问题，仍值得进一步的研究。

（撰稿人：刘义军）

网络环境下竞争行为的正当性判断

——评"金山毒霸"不正当竞争纠纷案

◎ **关键词**

竞争行为　正当性　商业道德　网址导航

◎ **裁判要点**

对用户以及其他服务提供者的干预行为应以"实现其功能所必需"为前提，被告通过虚假弹窗、恐吓弹窗等方式擅自变更或诱导用户变更其浏览器主页，不正当地抢夺流量利益的行为，不仅损害了其他经营者的合法权益，也侵害了终端用户的知情权与选择权，有违诚实信用原则和公认的商业道德。

◎ **相关法条**

1993 年《反不正当竞争法》第二条

◎ **案件索引**

一审：（2016）沪 0115 民初 5555 号
二审：（2018）沪 73 民终 5 号

◎ **当事人**

原告：上海二三四五网络科技有限公司（以下简称"二三四五网络公司"）

被告：北京猎豹网络科技有限公司（以下简称"猎豹网络公司"）、北京猎豹移动科技有限公司（以下简称"猎豹移动公司"）、北京金山安全软件有限公司（以下简称"金山公司"）

◎ **基本案情**

原告二三四五公司系 2345 网址导航、2345 王牌浏览器的经营者，其中 2345 网址导航在中国网址导航市场中排名前列。猎豹网络公司、猎豹移动公司、金山公司（以下简称"三被告公司"）共同经营金山毒霸软件，并通过以下六类行为将终端用户设定的 2345

网址导航主页变更为由被告猎豹移动公司主办的毒霸网址大全：（1）通过金山毒霸的"垃圾清理"功能变更浏览器主页；（2）通过金山毒霸升级程序的"一键清理"弹窗，默认勾选"立即锁定毒霸网址大全为浏览器主页，保护浏览器主页不被篡改"，无论用户是否取消该勾选，浏览器主页均被变更；（3）通过金山毒霸的"一键云查杀""版本升级""浏览器保护"等功能变更浏览器主页，并针对不同浏览器进行区别对待；（4）通过金山毒霸的"安装完成"弹窗，默认勾选"设置毒霸导航为浏览器主页"，无论用户是否取消该勾选，浏览器主页均被变更；（5）通过金山毒霸"开启安全网址导航，防止误入恶意网站"弹窗，诱导用户点击"一键开启"变更浏览器主页；（6）通过金山毒霸的卸载程序篡改用户计算机注册表数据以变更浏览器主页。原告以上述行为构成篡改主页、劫持流量等不正当竞争行为为由，向法院起诉请求判令：（1）三被告立即停止对原告实施篡改主页、劫持流量等不正当竞争行为；（2）判令三被告公开澄清事实、消除影响；（3）判令三被告共同赔偿原告经济损失 1000 万元和原告支出的公证费 13060 元。

▣ 判决结果

一审判决：判令三被告立即停止实施不正当竞争行为，刊登声明消除影响，并连带赔偿原告经济损失 300 万元及合理费用 13060 元。

二审判决：驳回上诉，维持原判。

▣ 裁判理由

一审法院认为，三被告作为安全软件以及与原告经营的一般终端软件具有直接竞争关系软件的经营者，在发挥安全软件正常功能时未采取必且合理的方式，超出合理限度实施了干预其他软件运行的行为。三被告利用网络用户对其作为安全软件经营者的信任，或未告知用户，或通过虚假弹窗、恐吓弹窗变更用户浏览器主页，直接侵害了网络用户的知情权和选择权，在非法获利的同时亦使原告的合法权益及良好商誉受到实际损害。此外，三被告在通过金山毒霸软件变更网络用户浏览器主页过程中实施的区别对待行为，会使网络用户对不同浏览器的使用体验产生差异，不正当地影响原告经营的 2345 浏览器的用户体验和评价。综上，三被告的竞争行为不仅违反了诚实信用原则和公认的商业道德，还违反了平等竞争的原则。据此，判令三被告立即停止实施不正当竞争行为，刊登声明消除影响，并连带赔偿原告经济损失 300 万元及合理费用 13060 元。二审法院判决驳回上诉、维持原判。

回　**案例解析**

该案涉及网络环境下竞争行为正当性的判断，法院认为，适用 1993 年《反不正当竞争法》第二条第一款及第二款认定构成不正当竞争应当同时具备以下条件：一是法律对该种竞争行为未作出特别规定；二是其他经营者的合法权益确因该竞争行为受到了实际损害；三是该种竞争行为因确属违反诚实信用原则和公认的商业道德而具有不正当性或可责性。接下来，着重对后两项适用条件进行分析。

一、原告的合法权益是否因三被告的竞争行为受到实际损害

该案中，法院从原、被告经营的具体业务及其行业状况，即网址导航行业的经营模式和获利因素出发，来判断被告的竞争行为是否会实际损害原告的合法权益。网址导航经营者的商业模式在于向网络用户提供网址链接服务、页面服务（包含搜索、购物、实用信息等服务），向广告主（包括网址类、展示广告类、搜索类等）收取费用。对网址导航经营者而言，用户使用量是其经营之本。被浏览器设置为主页具有基数庞大及稳定性的特点，成为网址导航经营者提升用户使用量的重中之重。通常情况下，浏览器主页一经设置，除非使用不便或其他原因，网络用户不会轻易改变其设置。因此对网址导航经营者来说，与浏览器或软件厂商开展合作，争取在用户浏览器主页中取得更多的装机量是其经营、发展的重要内容。综上，对网址导航经营者而言，其经营链条在于用户使用量、导流量至广告主的商业利益的正比增长，而提升用户使用量的最快、最优模式就是占据更多的浏览器主页。因此法院认定，是否能够更多地占领最终用户的浏览器主页，事关网址导航经营者的重大经济利益，该经营权益属经营者的合法权益。该案中，三被告在金山毒霸软件安装、运行及卸载过程中采取技术措施，变更浏览器主页的行为将使 2345 网址导航经营者的客户使用量减少，使原告遭受重大经济损失，合法权益受到严重损害。关于区别对待行为，在网络用户使用过程中，2345 浏览器如因金山毒霸实施的行为遭受区别对待，不仅将导致用户浏览器主页发生变更，亦会使 2345 浏览器的客户体验及用户评价下降，使用户对 2345 浏览器产品质量产生合理怀疑，继而转投其他浏览器产品，会导致 2345 浏览器的装机量下降，使原告合法权益受到实际损害。

二、三被告的竞争行为是否因确属违反诚实信用原则和公认的商业道德而具有不正当性或可责性

在规范市场竞争秩序的反不正当竞争法意义上，诚实信用原则更多的是以公认的商业道德形式体现出来。公认的商业道德是指特定商业领域普遍认知和接受的行为标准，具有公认性和一般性。具体到个案中的公认的商业道德，应当结合案件具体情形来分析判定。法院认为，对该案中三被告行为是否违反诚实信用原则和公认的商业道德判断，可遵循以下标准：（1）三被告经营的金山毒霸软件系安全类软件，该类软件在计算机系统中拥有优先权限，其应当审慎运用这种"特权"，对用户以及其他服务提供者的干预行为应以"实现其功能所必需"为前提；同时，被告猎豹移动公司是被变更主页后的毒霸网址大全的经营者，被告金山公司则是猎豹浏览器的经营者，均是讼争行为结果的直接获益者；因此三被告事实上身兼多重身份，既是安全软件经营者，又是该案中获益的一般终端软件经营者，在这种拥有技术优势以及用户信任的情形下，应对三被告课以较高标准的诚实信用原则以及公认的商业道德。（2）在另一层面，该案还涉及了网络最终用户的浏览器主页设置问题，法院认为，网络用户对其浏览器主页设定拥有完整的自主决定权，这直接影响到作为消费者的网络用户的使用体验和消费福利；而基于网络用户对金山毒霸作为安全软件的较大信任，在其干涉网络用户对其他一般终端软件的选择时，更应当充分保障最终用户的知情权及选择权。（3）在充分保障网络用户的知情权及选择权的前提下，还需要考察三被告涉案竞争行为的正当性，是否损害了其他经营者的合法权益。

在法院的具体分析中，将三被告的六种不正当竞争行为归为三类情形，一是在未告知网络用户的前提下直接变更用户的浏览器主页设置的情形；二是在虚假弹窗中无论用户是否勾选，均会将浏览器主页变更为毒霸网址大全；三是通过恐吓弹窗行为暗示用户现使用的网址导航可能导致误入恶意网站、欺诈网站以及接触病毒等后果，当用户确认该选择后，实际的操作结果是将用户浏览器原主页 2345 网址导航变更为毒霸网址大全；此外被告还存在区别对待行为。无论上述何种情形，均侵害了用户的知情权及选择权，第二类情形在此基础上，手段更具欺骗性，其恶意更为明显，第三类情形则是利用用户对安全软件的信任误导相关公众。三被告的行为不正当地损害其他企业合法权益，为自己获取非法利益，违反了诚实信用原则和公认的商业道德。

由此可见，该案在判断网络环境的竞争行为是否具有正当性时，着重考虑了软件经营者对用户以及其他服务提供者的干预行为是否以"实现其功能所必需"为前提、是否保障最终用户的知情权及选择权，与"非公益必要不干扰原则"❶ 基本保持一致。该案被告系杀毒软件的经营者，安全类软件在计算机系统中拥有优先权限，但经营者对该种特权的运用应当审慎，对终端用户及其他服务提供者的干预行为应以"实现功能所必需"为前提。然而被告以保障计算机系统安全为名，通过虚假弹窗、恐吓弹窗等方式擅自变更或诱导用户变更其浏览器主页，不正当地抢夺流量利益的行为，不仅损害了其他经营者的合法权益，也侵害了终端用户的知情权与选择权，有违诚实信用原则和公认的商业道德，不具备正当性。

2019 年修订的《反不正当竞争法》（以下简称"2019 年《反不正当竞争法》"）中增加第十二条"网络条款"❷，该条系根据近年来司法实践所总结提炼的、共识度较高的典型互联网不正当竞争行为，为司法认定网络环境下的不正当竞争行为提供了新的依据。此外，《北京高级人民法院关于涉及网络知识产权案件的审理指南》第三十条第一款规定，审理涉及网络不正当竞争纠纷，应依法行使裁量权，兼顾经营者、消费者、社会公众的利益，鼓励商业模式创新，确保市场公平和自由竞争。在判断网络环境下竞争行为正当性时，法官在现有法律和在先判例的基础上，也应具备一定的市场意识，综合评估该行为对竞争的积极和消极效果，衡量各方当事人、消费者与其他竞争者各方之间利益的平衡，妥善地处理好技术创新与竞争秩序维护之间的关系。

（撰稿人：吴瑛曼）

---

❶ 北京市高级人民法院在 2013 年"百度与 360 插标不正当竞争案"的判决中，首次提出"非公益不干扰原则"，即"互联网产品或服务应当和平共处，自由竞争，是否使用某种互联网产品或者服务，应当取决于网络用户的自愿选择。互联网产品或服务之间原则上不得相互干扰。确实出于保护网络用户等社会公众的利益的需要，网络服务经营者在特定情况下不经网络用户知情并主动选择以及其他互联网产品或服务提供者同意，也可以干扰他人互联网产品或服务的运行，但是，应当确保干扰手段的必要性和合理性。否则，应当认定其违反了自愿、平等、公平、诚实信用和公共利益优先原则，违反了互联网产品或服务竞争应当遵循的基本商业道德，由此损害其他经营者合法权益，扰乱社会经济秩序，应当承担相应的法律责任"。

❷ 2019 年《反不正当竞争法》第十二条规定："经营者利用网络从事生产经营活动，应当遵守本法的各项规定。经营者不得利用技术手段，通过影响用户选择或者其他方式，实施下列妨碍、破坏其他经营者合法提供的网络产品或者服务正常运行的行为：（一）未经其他经营者同意，在其合法提供的网络产品或者服务中，插入链接、强制进行目标跳转；（二）误导、欺骗、强迫用户修改、关闭、卸载其他经营者合法提供的网络产品或者服务；（三）恶意对其他经营者合法提供的网络产品或者服务实施不兼容；（四）其他妨碍、破坏其他经营者合法提供的网络产品或者服务正常运行的行为。"

电影名称构成知名商品特有名称的条件

——评"泰囧"不正当竞争纠纷案

◻ **关键词**

电影名称　知名商品特有名称　构成要素

◻ **裁判要点**

电影的知名度能够使电影名称发挥区别商品来源的作用，属于知名商品特有名称，受到反不正当竞争法的保护。在判断电影是否构成知名商品时，应当注重考察电影作品投入市场前后的宣传情况，所获得的票房成绩包括制作成本、制作过程与经济收益的关系，相关公众的评价以及是否具有持续的影响力等综合因素，而不应过分强调持续宣传时间、销售时间。

◻ **相关法条**

1993 年《反不正当竞争法》第五条第（二）项

◻ **案件索引**

一审：（2013）高民初字第 1236 号

二审：（2015）民三终字第 4 号

◻ **当事人**

上诉人（一审被告）：北京光线传媒股份有限公司（以下简称"光线传媒公司"）、北京光线影业有限公司（以下简称"光线影业公司"）、北京影艺通影视文化传媒有限公司（以下简称"影艺通公司"）、北京真乐道文化传播有限公司（以下简称"真乐道公司"）、徐某

被上诉人（一审原告）：武汉华旗影视制作有限公司（以下简称"华旗公司"）

◎ **基本案情**

华旗公司享有《人在囧途》电影、剧本和音乐的著作权，拥有《人在囧途》的一切知识产权。《人在囧途》于 2010 年上映后，获得了业界的广泛认可。此后，华旗公司开始筹拍电影《人在囧途 2》，并就此与田某生签订了剧本委托创作合同，依约对所创作的剧本享有全部知识产权。2010 年 9 月 4 日，华旗公司职员王某萱将《人在囧途 2》大纲通过电子邮件发给徐某。同年 11 月，华旗公司向国家广播电影电视总局（以下简称"国家广电总局"）申报电影《人在囧途 2》时，发现北京奇天大地影视文化传播有限公司（以下简称"奇天大地公司"）申报了《人在囧城》，编剧署名为徐某、杨某。华旗公司对此提出异议，国家广电总局随后向湖北省广播电影电视局发函，决定对两个项目暂不公示。后奇天大地公司作出了撤销立项的声明。徐某应当知道上述事实。2011 年 5 月，华旗公司申报的《人在囧途 2》通过审核，并取得了摄制电影许可证。2012 年 12 月，光线传媒公司投资的电影《人再囧途之泰囧》公映，该影片由光线影业公司、影艺通公司、真乐道公司、黄渤工作室出品，徐某任导演和编剧。

华旗公司诉称：（1）"人在囧途"为知名商品的特有名称，五被告将电影名称从"泰囧""人再囧途"变更为"人再囧途之泰囧"，属于使用与"人在囧途"特有名称相同或相近似名称的行为，容易导致相关公众混淆、误认，构成仿冒行为。（2）光线影业公司、徐某等在宣传过程中，将电影名称从"泰囧""人再囧途"变更为"人再囧途之泰囧"，并在各种场合明示、暗示其为《人在囧途》的续集、"升级版"、"全面升级"、"品牌的延续"、"组合的延续"，构成虚假宣传行为。（3）光线影业公司、徐某等在《人再囧途之泰囧》电影的宣传中暗示甚至明示《人再囧途之泰囧》是《人在囧途》的"升级版"，贬损了华旗公司的商誉以及《人在囧途》的声誉，属于商业诋毁行为。（4）华旗公司的电影《人在囧途》获得商业上的成功不仅得益于立意新颖、片名独特，还得益于内容策划和故事情节安排上的独特性，光线影业公司、徐某等在知晓华旗公司筹拍电影《人在囧途 2》的情况下，仿冒华旗公司电影名称，进行虚假宣传、商业诋毁、选取基本相同的演员和电影元素拍摄《人再囧途之泰囧》，直接将《人在囧途》获得的成果据为己有，不公平地占有了华旗公司的市场优势和商业机会，违反了 1993 年《反不正当竞争法》第二条第一款规定的公平原则、诚实信用原则和公认的商业道德，属于搭便车的不正当竞争行为。综上，华旗公司认为五被告构成共同侵权，请求判令五被告停止侵权，消除影响并赔礼道歉，连带赔偿经济损失及诉讼合理开支一亿元。

◎ **判决结果**

一审判决：五被告停止涉案不正当竞争行为、公开消除影响并赔偿经济损失 500 万元。

二审判决：驳回上诉，维持原判。

◎ **裁判理由**

电影作为综合艺术，兼具文化品与商品的综合属性，作为商品一旦投入文化消费市场，即具有商品的属性。根据原告提交的证据，可以证明电影《人在囧途》在先具有一定的知名度。"知名商品特有名称"的"特有"，指能够识别商品或者服务来源的显著特征，"人在囧途"可以概括反映出的电影商品《人在囧途》题材内容、喜剧特点及公路片类型，使该名称具有识别电影来源的能力。相关证据也表明，"人在囧途"经过大量使用、宣传，能够实际上发挥识别商品来源的作用。被告故意变更电影名称为《人再囧途之泰囧》，主观上具有通过使用相近似的电影名称攀附电影《人在囧途》已有商誉的意图，客观上造成了相关公众的混淆误认，损害了华旗公司基于《人在囧途》的成功所拥有的竞争利益，属于 1993 年《反不正当竞争法》第五条第（二）项规定的"仿冒知名商品特有名称"的行为。同时，考虑到被告电影《人再囧途之泰囧》与原告电影《人在囧途》属于同类型电影，影片的主要演员基本相同，被告在使用相近似的电影名称基础上，多次公开发表《人再囧途之泰囧》是《人在囧途》"升级版"等言论，违反了市场经营活动中应该遵循的公平原则、诚实信用原则，违反了 1993 年《反不正当竞争法》第二条第一款的规定，构成不正当竞争，应当承担相应的民事责任。该案中，被告行为未构成 1993 年《反不正当竞争法》第九条第一款规定的"引人误解的虚假宣传"、第十四条规定的"损害竞争对手的商业信誉、商品声誉"。

◎ **案例解析**

该案涉及《人在囧途》和《泰囧》两部深受观众喜爱的电影，该案判决在厘清大量相关事实的基础上，准确运用反不正当竞争法及其相关司法解释，分析电影《人在囧途》是否构成知名商品、"人在囧途"是否为知名商品的特有名称、《人再囧途之泰囧》电影名称的使用是否造成相关公众的误认，逻辑清晰，论证充分，对构成知名商品特有名称的电影名称给予有力保护，为规制行业竞争行为提供了有益的范例。除关于认定电影名称构成知名商品的特有名称外，该案同时还涉及关于不正当竞争纠纷中"经营者"认定、赔偿数额确定等问题，因篇幅有限，本文将集中论述通过反不正当竞争法保护电影名称的相关问题。

1993 年《反不正当竞争法》第五条第（二）项规定，经营者不得采用下列不正当手段从事市场交易，损害竞争对手：擅自使用知名商品特有的名称、包装、装潢，或者使用与知名商品近似的名称、包装、装潢，造成和他人的知名商品相混淆，使购买者误认为是该知名商品。

一、电影名称是否构成"知名商品的特有名称"

该案中，由于所涉及的商品是电影，是否能通过认定知名商品来进行保护是双方争议的问题。首先需要判断电影作为一部文学艺术作品能够构成商品。该案中，法院认为，电影作为综合艺术，兼具文化品与商品的综合属性，既具备文化规律和社会效益，也具备经济规律与经济利益，其作为商品一旦投入文化消费市场，即具有商品的属性。扩展至所有文学艺术作品，作品本身只是文字、符号的表达，是一种无体物，不构成商品，但当一部作品进入了商业市场，有了承载其内容的外在载体，作品才可能成为"商品"。

接下来需要考虑的是，文学艺术作品的名称能否作为"特有名称"。"知名商品特有名称"的"特有"，指能够识别商品或者服务来源的显著特征。判断某个名称是否具有显著特征，与名称本身、所使用商品、相关公众的认知习惯、商品所属行业的实际使用情况等因素相关。该案中，"人在囧途"作为电影商品的名称，并未仅直接表示电影的固有属性。电影作品在商品化过程中，如知名电影的特有名称对相关公众在电影院线及其他市场交易渠道挑选和购买发挥识别来源作用，知名电影的特有名称就应受到反不正当竞争法的保护。尤其是当一个知名电影的特有名称可能反映了电影商品的题材延续性、内容类型化、叙事模式相对固定等特点，其他经营者使用相同或者近似的电影名称，以同类型的题材和内容，采用近似的叙事模式从事电影活动，容易使相关公众对商品的来源产生误认，或者认为经营者之间具有特定联系。由此，电影的知名度能够使电影名称发挥区别商品来源的作用，进而受到反不正当竞争法的保护。

需要特别注意的是"知名度"在这里的重要意义，根据著作权法的要求，作品名称难以达到具有独创性的高度，因而难以得到著作权法的保护，一般不宜禁止他人创作和使用相同或者近似作品名称表达相同或者近似的作品题材和类型。但一旦一部作品在商业市场中具有了一定的知名度，这种知名度能够在相关公众中使该作品的名称与作品形成了对应关系，发挥了指代特定商品或服务来源的功能、承载特定的商誉，则作品名称可以成为知名商品的特有名称。

二、知名电影的判断因素

《最高人民法院关于审理不正当竞争民事案件应用法律若干问题的解释》第一条规

定："在中国境内具有一定的市场知名度，为相关公众所知悉的商品，应当认定为反不正当竞争法第五条第（二）项规定的'知名商品'。人民法院认定知名商品，应当考虑该商品的销售时间、销售区域、销售额和销售对象，进行任何宣传的持续时间、程度和地域范围，作为知名商品受保护的情况等因素，进行综合判断。"

该案的特殊意义在于在司法解释的基础上，为判断电影是否构成知名商品提供细化的指引。电影作为商品具有时效性和独创性等一定特性，并非如普通商品一样可进行简单复制生产、流通销售，通常电影制作完成需要制作参与各方的共同努力，在市场化的过程中也发展出各种营销手段。电影上映一般在特定的档期集中播放，档期结束后出品方不会再组织大规模的宣传，且一般情况下多数人不会重复观看一部电影，因此，在认定电影作品是否属于知名商品时，不应过分强调持续宣传时间、销售时间等，而应当注重考察电影作品投入市场前后的宣传情况、所获得的票房成绩包括制作成本、制作过程与经济收益的关系、相关公众的评价以及是否具有持续的影响力等相关因素综合判断。

该案中，虽然被告根据2010年、2011年内地电影票房总排行榜以及国内知名电影节及奖项等证据，主张《人在囧途》票房不高、奖项也不多，不能构成知名商品，但是二审法院特别指出，由于电影商品的文化特点，特别是票房的高低与营销手段、渠道、环境、档期等有很大关系，不宜单纯凭借票房的排名或者奖项的多少来认定电影是否属于知名商品，而是应当综合考察上述各项因素。原告在该案中提交了票房证据、报刊、电视台等媒体报道，所获荣誉，《人再囧途之泰囧》的出品方、制片人及导演徐某、演员黄某等在接受采访时对《人在囧途》的市场知名度的认可，以及网友对《人在囧途》给予高度评价等相关证据和事实，上述证据可以认定《人在囧途》为"知名商品"。

三、相关公众的混淆误认

《最高人民法院关于审理不正当竞争民事案件应用法律若干问题的解释》第四条第一款规定："足以使相关公众对商品的来源产生误认，包括误认为与知名商品的经营者具有许可使用、关联企业关系等特定联系的，应当认定为反不正当竞争法第五条第（二）项规定的'造成和他人的知名商品相混淆，使购买者误认为是该知名商品'。"

依据1993年《反不正当竞争法》第五条第（二）项规定，擅自使用知名商品特有名称或近似名称且使购买者误认为是知名商品构成对知名商品的混淆。这一条款对于混淆的规定遵循狭义混淆的思路，存在使反不正当竞争法的适用范围大大受限的可能。而上述司法解释对此予以调整，将对混淆行为要件的要求放宽，不再要求"混淆"必须导致"误认为知名商品或他人的商品",而扩展为"引人误认为与知名商品经营者具有特定联系"。

对于是否构成混淆误认的判断,应当根据相关公众的一般认识,综合考虑所涉及电影名称之间的近似程度、主张保护名称的市场声誉、使用商品的相关性、商品销售渠道、使用名称的主观意图等进行综合考量。具体到该案,无论是两个电影名称的含义、还是被告的主观意图、相关公众混淆的客观事实、还是原告权益受到的损害的角度,在案证据都可以证明被告在明知《人在囧途》知名度的情况下,仍继续使用甚至更名称变更为《人再囧途之泰囧》,并在宣传中强调是《人在囧途》的续集、升级版等,相关行为已客观上导致相关公众的混淆误认,至少是认为在后电影的出品与在先电影存在特定联系,违反 1993 年《反不正当竞争法》第五条第(二)项规定。

与著作权法、商标法等知识产权专门法的保护相比,反不正当竞争法的保护是以遏制不正当竞争行为,规范市场竞争秩序为目的,维护其他经营者和消费者的合法权益。反不正当竞争法的保护是在知识产权专门法保护之外提供的有益补充。依据著作权法,作品名称难以单独构成著作权法上的作品,而在商业市场上具有一定知名度的"商品化"的作品的名称可以起到区别来源的作用,承载一定的商誉,这时无论是从维护市场秩序的角度还是从违反诚实信用原则的角度出发,仿冒行为应该被禁止。该案为知名电影名称乃至被"商品化"的知名作品名称提供另一种保护路径和具体裁判标准。

(撰稿人:吴瑛曼)

关于经济学分析报告的证据采信

——评腾讯公司诉世界星辉公司不正当竞争纠纷案

◎ **关键词**

商业道德　社会总福利　消费者利益

◎ **裁判要点**

向用户提供带有过滤功能的浏览器的行为，不仅有违公认的商业道德，同时此类行为如长期存在亦会对社会总福利具有明显的损害。

◎ **相关法条**

1993 年《反不正当竞争法》第二条

◎ **案件索引**

二审：（2018）京 73 民终 558 号

◎ **当事人**

上诉人（一审原告）：深圳市腾讯计算机系统有限公司（以下简称"腾讯公司"）
被上诉人（一审被告）：北京世界星辉科技有限责任公司（以下简称"世界星辉公司"）

◎ **基本案情**

腾讯公司一审诉称：腾讯公司系"腾讯视频"网站（网址为 www.qq.com）的合法经营人，对该网站依法享有经营收益权。"世界之窗浏览器"软件系世界星辉公司开发经营，该浏览器设置有广告过滤功能，用户使用该功能后可以有效屏蔽腾讯公司网站在播放影片时的片头广告和暂停广告。世界星辉公司的上述行为使得腾讯公司不能就网站影片的片头及暂停广告获取直接收益，使腾讯公司遭受了经济上的损失。而世界星辉公司屏蔽广告的行为，提升了其用户的使用体验度，获得其商业价值的提升，其行为违反了诚实信用原则及公认的商业道德，极大地损害了腾讯公司的合法权益。

世界星辉公司一审辩称：腾讯公司所主张"免费+广告"的经营模式不属于法律所保护的利益。通过浏览器过滤广告的行为未侵害网站经营者的利益，用户没有观看广告的义务，广告拦截也不必然导致视频网站商业利益的减损，即使利益受损也属于正常商业竞争的结果。视频过滤广告的行为不违反诚实信用原则及公认的商业道德，世界星辉公司研发的屏蔽广告技术，并非针对腾讯公司，而是将是否屏蔽广告的选择权交给了用户。

一审法院对世界星辉公司开发、经营涉案具有选择性过滤、屏蔽广告功能的浏览器的行为认定不足以构成不正当竞争行为。判决驳回腾讯公司的全部诉讼请求。

腾讯公司不服一审判决，向北京知识产权法院提起上诉。

二审法院对于一审判决所查明事实予以确认，并补充查明了视频网站收入结构、广告过滤功能相关的经济学分析报告等事实。

◎ 判决结果

二审判决：撤销一审判决，世界星辉公司赔偿腾讯公司经济损失 100 万元，诉讼合理支出 896708 元。

◎ 裁判理由

一审法院认为腾讯公司与世界星辉公司之间虽然存在竞争关系，但反不正当竞争法具有行为法的属性，世界星辉公司运营的浏览器页面上没有任何的过滤广告的显示、提示，获取"广告过滤"功能不是直接和简单的操作过程。主观上不存在故意损坏他人的利益，因此不应具有不正当性。涉案具有过滤、屏蔽广告功能的浏览器，不具有对腾讯公司经营造成直接针对性的、无任何可躲避条件或选择方式的特定性损害。

浏览器具有广告过滤功能是行业的惯例。"免费+广告"并非互联网视频网站唯一或主要的生存模式，含有屏蔽软件的制作、使用是经营者出于市场利益最大化而进行的经营行为，同时也是为网络用户自愿选择提供的合理机会。

反不正当竞争法同样具有社会法的属性，网络用户对视频网站的经营者不承担任何义务，即不负有必须观看网络广告的义务。从客观实际上讲，网络用户对具有广告屏蔽功能的浏览器具有现实需求。

就互联网领域中具有选择性屏蔽广告功能浏览器而言，其不针对特定视频经营者的行为；网络用户对浏览器广告屏蔽功能的使用，虽造成广告被浏览次数的减少，但此种减少并不构成法律应予救济的"实际损害",只损害竞争对手的部分利益、影响部分网络用户的选择,还达不到特定的、影响其生存的程度,则不存在对市场的干扰、构不成对腾讯公司利益的根本损害。一审法院对世界星辉公司开发、经营涉案具有选择性过滤、屏蔽广告功能的浏览器的行为认定不足以构成不正当竞争行为。

二审法院认为,原国家工商行政管理总局公布的《互联网广告管理暂行办法》第十六条第(一)项规定,"互联网广告活动中不得有下列行为:(一)提供或者利用应用程序、硬件等对他人正当经营的广告采取拦截、过滤、覆盖、快进等限制措施。"这一禁止性规定足以说明主管机关已将此类行为认定为违反公认商业道德的行为。

上诉人提交的证据显示,其六部热播电视连续剧的购买价格已达 5.59 亿元。上诉人显然并无义务在用户不支付任何对价的情况下免费向其提供视频,在该案并无证据证明其所附加广告违反现有相关规定的情况下,其采用广告方式回收成本属于正当经营活动。被上诉人向用户提供具有过滤广告功能的被诉浏览器的行为违反了上述规定,相应地,其亦违反了公认的商业道德。且商业道德与经营行为是否发生在互联网领域,以及其是否符合用户的现阶段需求均并无关系。

符合公认商业道德的竞争行为通常应有利于社会总福利。反不正当竞争法中所考虑的社会公共利益(或社会总福利)既包括消费者利益,亦包括经营者利益。

虽然视频广告过滤功能看似有利于消费者利益,但其至多仅限于现阶段利益,对于长远利益则可能存在以下两方面不利影响:其一,就短期来看,视频网站的主要商业模式可能因此而产生变化,从而对消费者利益产生影响。其二,就长期来看,这一情形可能导致视频网站丧失生存空间,相应地,其必然会最终影响到消费者利益。

□ **案例解析**

影视商业化推动着视频播放网站的发展,这一领域也成为广告投放的重要渠道。视频网站通过在免费视频片头、片中插入广告获取广告费,视频网站不仅以此抵扣高昂视频版权费用,还为企业创造了收益,这已经成为视频网站很重要的经营模式。观看广告必然要付出时间成本,在快节奏生活的当下,有部分互联网浏览器开发者以"消费者利益"为出发点提供具有屏蔽广告功能的浏览器。由此便产生了各方利益的冲突。

该案中,腾讯公司以不正当竞争为由起诉世界星辉公司。一审、二审争议的焦点问题均在于:世界星辉公司提供具有屏蔽广告功能的浏览器的行为是否违反 1993 年《反不正当竞争法》第二条的规定。

1993 年《反不正当竞争法》第二条规定,"经营者在市场交易中,应当遵循自愿、平等、公平、诚实信用的原则,遵守公认的商业道德。本法所称的不正当竞争,是指经营者违反本法规定，损害其他经营者的合法权益，扰乱社会经济秩序的行为。"

一般而言，只有在该行为违反公认的商业道德时，才宜将其认定为不正当竞争行为。同时，因反不正当竞争法保护的是健康的社会经济秩序，而健康的社会经济秩序通常有利于社会总福利，因此，在判断某类行为是否违反 1993 年《反不正当竞争法》第二条时，亦可通过其是否有利于社会总福利进行量化分析。

（一）公认的商业道德的认定

该案中，虽然现行法律、法规没有对视频广告过滤行为的性质认定，但是二审法院依据 2016 年 9 月 1 日施行的由原国家工商行政管理总局公布的《互联网广告管理暂行办法》中对此有所涉及，其第十六条第（一）项规定："互联网广告活动中不得有下列行为：（一）提供或者利用应用程序、硬件等对他人正当经营的广告采取拦截、过滤、覆盖、快进等限制措施。" 用以论证广告过滤行为已经被相关主管机关认定为违反公认商业道德。同时北京市高级人民法院在审理 "百度奇虎插标案" 中，提出了 "非公益必要不干涉原则"。● 该案在二审判决中认为 "被诉行为对视频广告的过滤使得上诉人免费视频加广告这一经营行为不能依据其意愿原样呈现，被诉行为显然属于一种主动采取措施直接干涉、插手他人经营的行为。而在市场经营中，经营者的合法经营行为不受他人干涉，他人不得直接插手经营者的合法经营行为"。笔者认为二审法院的上诉论证与司法创设的原则有异曲同工之处。

（二）是否有损社会总福利的认定

反不正当竞争法中所考虑的社会公共利益（或社会总福利）既包括消费者利益，亦包括经营者利益。而其中的经营者，则不仅包括该案双方当事人，亦包括其他同业或相关经营者。

对于一审判决及被上诉人均着重考虑的消费者利益，虽然视频广告过滤功能看似有利于消费者利益，但其至多仅限于现阶段利益，对于长远利益则可能存在以下两方面不利影响。

其一，就短期来看，视频网站的主要商业模式可能因此而产生变化，从而对消费者利益产生影响。

结合腾讯公司提交的经济学分析报告，在以十年为期且屏蔽率上限为 30% 这一设定条件下，该报告得出的结论为：相较于 "维持现状"（即屏蔽率 13%），"立即放开" 广告过滤功能，消费者利益仅仅会在第一年上涨约 5%，但自第二年开始一直处于下降

● 北京市高级人民法院（2013）高民终字第 2352 号民事判决书。

趋势，其中第二年比"维持现状"下降约 7%。之后呈逐年下降态势，在第七年会降至最低点 20%，直至第十。从目前来看，视频网站主流的商业模式主要为：免费视频加广告模式；收费模式。其中，免费视频加广告的模式是视频网站最为主要的商业模式，在这一模式下，用户需要支付一定时间成本观看广告，但无须支付经济成本。视频网站之所以允许用户免费观看视频，并非因为视频网站不具有营利目的，而是因为广告收入可以在一定程度上抵销网站购买视频的费用以及其他经营成本，如果法院对于提供具有视频广告过滤功能浏览器的行为合法性予以确认，则很可能意味着视频网站难以获得广告收入，从而使得其主要商业模式由免费视频加广告变为收费模式。这一变化将使得用户观看视频所支付的对价由原来的可选择性地支付时间成本或经济成本变为只能支付经济成本，这一变化很难说对用户有利。

其二，就长期来看，这一情形可能导致视频网站丧失生存空间，相应地，其必然会最终影响到消费者利益。

在市场经济中，经营者对于其商业模式的选择不能脱离消费者的接受程度，消费者难以接受的商业模式很难使得经营者的经营活动得以维系。对于视频网站而言，虽然免费视频加广告的商业模式并非视频网站可以采用的唯一方式，但就目前情形看，消费者对于收费模式的接受程度有限，视频网站的收入相当部分仍来源于广告。如果视频网站无法使用免费视频加广告这一模式，而网络用户较难接受收费模式，则在未来一段时间内，将很可能出现整个视频网站行业难以维系的局面。虽然用户在互联网上获得视频的渠道不仅仅来源于视频网站，但这一情形的出现，必然会使得用户在互联网上获得视频内容的机会大大减少，从而客观上导致用户的利益受到损害。

上述分析结论与上诉人提交的艾瑞咨询公司报告可相互印证。该报告中记载，在现有视频网站（而非仅涉及腾讯视频）的收入结构中，以 2017 年为例，其广告收入约占总收入的一半，而用户付费仅占 24.8%，并非如被上诉人所称用户付费已超出广告收入。而在广告收入中，贴片广告则占 63.8%，亦并非如被上诉人所述仅占广告收入的一小部分。由此可见，至少在相当长的一段时间内，视频广告的过滤对于视频平台的利益会产生重大损害。

上诉人提交的经济分析报告亦佐证了广告过滤功能对于视频网站利益的损害。在以 30% 为广告拦截覆盖率上限，并设定 25 元为用户付费价格上限，且综合考虑视频平台的收入结构的情况下，该报告得出的结论为：如果"立即放开"广告过滤，视频平台将一直处于亏损状态。

上诉人提交的经济分析报告不仅分析了放开广告过滤功能的情况下对社会总福利的影响，同时亦提供了禁止广告过滤功能情况下的相应分析数据，其结论为：相较于

"维持现状",如果"立即禁止"广告过滤行为,则消费者福利仅在第一年会短暂下降约 5%,但在第二年则会相较于"维持现状"上升 5%。在第七年直至第十年基本处于高 15% 的状态。而对于视频平台而言,则其约在第 3 年达到收支平衡,此后将处于持续盈利状态。由此可知,至少上述分析结果说明禁止广告过滤功能反而有利于消费者福利及视频平台福利。

视频广告过滤功能不仅对于消费者利益及视频平台利益均具有明显损害,其亦不会必然导致广告投放者及浏览器经营者利益的增加。

对于广告投放者而言,如果其在视频平台的广告无法被用户观看,其必然会寻求其他渠道投放广告,这一情形很可能会增加成本,但却并不会增加收益。经济分析报告中亦认为,广告过滤软件使得广告投放渠道减少,广告主对于广告机会的争夺更加激烈,投放的成本更高,对消费者来说这些成本最终会被包含在商品价格中,由消费者买单。

被诉行为不仅有违公认的商业道德,且此类行为如长期存在亦会对社会总福利具有明显损害,因此,被诉行为属于 1993 年《反不正当竞争法》第二条所禁止的行为。

(撰稿人:韩璎男)

利用网络爬虫技术获取他人数据的正当性认定

——评谷米公司与元光公司等不正当竞争纠纷案

◙ **关键词**

实时信息数据　不正当竞争　网络爬虫技术

◙ **裁判要点**

（1）公交车作为公共交通工具，其实时运行路线、运行时间等信息虽系客观事实，但当此类信息经过人工收集、分析、编辑、整合并配合 GPS 精确定位，作为公交信息查询软件的后台数据后，其凭借预报的准确度和精确性就可以使权利人的 App 软件相较于其他提供实时公交信息查询服务同类软件取得竞争上的优势。存储于权利人 App 后台服务器的公交实时类信息数据，因具有实用性并能够为权利人带来现实或潜在、当下或将来的经济利益，已经具备无形财产的属性，应当属于受反不正当竞争法保护的法益。

（2）不正当竞争行为的认定与具有竞争关系的商品或者服务其本身的市场份额占有率并不具有直接关系，是否构成不正当竞争，其评定标准是竞争方式是否符合同业者遵循的商业惯例，是否违背公认的商业道德。

（3）在市场竞争环境中，用户黏性强弱是衡量产品或服务竞争力的重要评价指标。软件实时公交信息数据虽系免费提供公众查询，但获取数据的方式须以不违背该软件权利人意志的合法方式获取。未经权利人许可，利用网络爬虫技术进入权利人的服务器后台的方式非法获取并无偿使用权利人的实时公交信息数据的行为，实为一种"不劳而获""食人而肥"的行为，且具有非法占用他人无形财产权益，破坏他人市场竞争优势，并为自己牟取竞争优势的主观故意，违反诚实信用原则，扰乱竞争秩序，应认定构成不正当竞争行为。

（4）在有证据证明公司员工受公司指派实施针对权利人的不正当竞争行为，属于执行任职单位的工作任务，且行为利益归属公司的情况下，应认定员工个人的行为不构成不正当竞争行为。

（5）在酌定被诉者因实施窃取他人大数据的不正当竞争行为需承担的赔偿数额时，权利人有证据证明的直接损失、被诉者实施侵权行为的主观过错、侵权行为的持续时间、侵权获取数据的范围以及权利人必要的合理维权开支，均应当作为考量的因素。

◎ **相关法条**

1993 年《反不正当竞争法》第二条，《民事诉讼法》第六十四条第一款

◎ **案件索引**

一审：（2017）粤 03 民初 822 号

◎ **当事人**

原告：深圳市谷米科技有限公司（以下简称"谷米公司"）

被告：武汉元光科技有限公司（以下简称"元光公司"）、邵某霜、陈某、刘某红、刘某朋、张某

◎ **基本案情**

谷米公司是"酷米客公交 iPhone 版软件 V1.0.6"和"酷米客公交 Android 版软件 V1.0.5"（以下简称"酷米客"）的计算机软件著作权人。因"酷米客"App 软件的后台运行需要公交车实时信息数据的支持，故谷米公司与深圳市东部公共交通有限公司签订《谷米 GPS 设备安装协议》，约定在该公司所属深圳市内行驶路线的所有公交车上安装 GPS 设备用于获取公交车运行线路、到站时间等数据信息。

元光公司是"车来了实时公交查询软件 V1.0"（以下简称"车来了"）的计算机软件著作权人。谷米公司与元光公司各自开发的"酷米客"App 软件和"车来了"App 软件均为用户提供定位、公交路线查询、路线规划、实时公交信息地理位置等服务。

2015 年 11 月至 2016 年 5 月，时任元光公司法定代表人的邵某霜和技术总监陈某为了提高元光公司"车来了"App 软件在中国市场的用户量及信息查询的准确度，更好地保证公司经营，由邵某霜授意陈某，指使公司员工刘某红、刘某朋、张某利用网络爬虫软件获取谷米公司服务器中的实时数据，日均 300 万至 400 万条。元光公司在获取"酷米客"App 软件的实时公交信息数据之后，将数据用于自己开发的"车来了"App 软件并对外提供给公众进行查询。

深圳市南山区人民法院作出的（2017）粤 0305 刑初 153 号刑事判决书查明，经评估，谷米公司因被非法侵入计算机信息系统所造成的直接经济损失为 24.43 万元。同时，该生效判决认定：邵某霜、陈某、刘某红、刘某朋、张某违反国家规定，采用其他技术手段，获取计算机信息系统中储存的数据，情节特别严重，其行为已构成非法获取计算机信息系统数据罪。

谷米公司认为，元光公司通过技术手段非法获取其"酷米客"App 软件后台的实时公交信息数据，削减了其竞争优势及交易机会，攫取其相应市场份额，并给其造成了巨大经济损失，已构成不正当竞争。因此，请求判令：（1）元光公司立即停止获取、使用谷米公司实时公交位置数据的不正当竞争行为；（2）连带赔偿谷米公司经济损失人民币 3000 万元；（3）连带赔偿谷米公司因制止不正当竞争行为所支付的合理费用人民币 100 万元；（4）连带在新浪、腾讯等网站和《深圳特区报》《楚天都市报》首页显著位置发表声明，公开向谷米公司赔礼道歉，以消除影响、恢复名誉；（5）连带承担该案全部诉讼费用。

◉ **判决结果**

一审判决：第一，元光公司于判决生效之日起七日内向谷米公司赔偿经济损失及合理维权费用 50 万元；第二，驳回谷米公司的其他诉讼请求。

◉ **裁判理由**

该案涉及以下四个争议焦点：

一、关于原告谷米公司及被告元光公司是否系反不正当竞争法中的经营者及两公司之间是否存在竞争关系

谷米公司和元光公司均系经过企业登记部门合法核准成立的商品或服务的提供者，属于我国反不正当竞争法中规定的"经营者"。判断某相关市场主体是否系经营者，并不以其所提供的某项商品或者服务是否具有营利性为标准。谷米公司和元光公司各自开发的"酷米客"App 软件和"车来了"App 软件，均系为用户提供定位、公交路线查询、路线规划、实时公交信息地理位置等服务，二者用途相同，故谷米公司和元光公司在提供实时公交信息查询服务软件的服务领域存在竞争关系。

二、关于被告元光公司利用网络爬虫技术获取原告谷米公司"酷米客"软件的实时公交信息数据的行为，是否构成对原告的不正当竞争

基于谷米公司指控的侵权事实发生于现行反不正当竞争法修订之前，故该案应当适用修订前的反不正当竞争法。由于该案被诉行为不属于 1993 年《反不正当竞争法》第五条至第十五条所规定的各类不正当竞争行为的法定情形，故应援引 1993 年《反不正当竞争法》第二条第一款、第二款的规定对该案被诉行为进行认定："经营者在市场交易中，应当遵循自愿、平等、公平、诚实信用的原则，遵守公认的商业道德。本法所称的不正当竞争，是指经营者违反本法规定，损害其他经营者的合法权益，扰乱社会经济秩序的行为。"该案中，认定被诉行为是否构成不正当竞争，关键在于该行为是否违反了诚实信用原则和公认的商业道德，并损害了原告的合法权益。法院对此分述如下。

首先，公交车作为公共交通工具，其实时运行路线、运行时间等信息仅系客观事实，但当此类信息经过人工收集、分析、编辑、整合并配合 GPS 精确定位，作为公交信息查询软件的后台数据后，其凭借预报的准确度和精确性就可以使"酷米客"App 软件相较于其他提供实时公交信息查询服务同类软件取得竞争上的优势。因此，该公交实时类信息数据具有实用性并能够为权利人带来现实或潜在、当下或将来的经济利益，其已经具备无形财产的属性。谷米公司系"酷米客"软件著作权人，相应地，也就对该软件所包含的信息数据的占有、使用、收益及处分享有合法权益。未经谷米公司许可，任何人不得非法获取该软件的后台数据并用于经营行为。

其次，被告元光公司还主张其经过深圳市交委许可，享有"酷米客"软件数据的使用权，但被告未提交与深圳市交委签订的协议或由深圳市交委出台的文件等证据予以证明。退一步而言，即使元光公司获得案外人的许可，可以大量使用谷米公司"酷米客"软件的数据，其亦未提交证据证明该案外人已经获得谷米公司的许可使用该软件的数据，且该被许可人可以再授权他人使用。

第三，谷米公司"酷米客"软件实时公交信息数据虽然系免费提供公众查询，但获取数据的方式须以不违背该软件著作权人即谷米公司意志的合法方式获取，而非未经谷米公司许可，利用网络爬虫技术进入谷米公司的服务器后台的方式非法获取。

第四，谷米公司的"酷米客"软件实时公交运行信息数据可为公众制订公共交通工具出行计划提供参考和帮助。在同类查询软件中，查询结果越准确，用户对该款软件的使用满意度就越高，相应的，用户对软件的依赖度也就越高，此即被告爬取"酷米客"数据而用于其"车来了"软件的原因所在。在市场竞争环境中，用户黏性强弱是衡量产品或服务竞争力的重要评价指标。该案中，被告元光公司利用网络爬虫技术大量获取并且无偿使用原告谷米公司"酷米客"软件的实时公交信息数据的行为，实为一种"不劳而获""食人而肥"的行为，具有非法占用他人无形财产权益，破坏他人市场竞争优势，并为自己牟取竞争优势的主观故意，违反了诚实信用原则，扰乱了竞争秩序，构成不正当竞争行为。此外，不正当竞争行为的认定与具有竞争关系的商品或者服务其本身的市场份额占有率并不具有直接关系，是否构成不正当竞争，其评定标准是竞争方式是否符合同业者遵循的商业惯例，是否违背公认的商业道德，不能排除在某时期市场占有率高的一方采取不正当行为方式针对市场占有率低的一方实施竞争行为的可能性，更不能排除市场占有率高的原因是以不正当手段牟取自身竞争优势所致的可能性。

三、关于五自然人被告在该案中有关其被诉行为系履行职务行为的抗辩能否成立

邵某霜作为元光公司的法定代表人，其指使其他人获取谷米公司数据的目的，是为公司利益而非其个人利益，其行为亦是以公司名义为之，故邵某霜的行为应认定属于公司行为。陈某、刘某红、刘某朋、张某的涉案行为均系由元光公司指派，属执行其任职单位的工作任务，其行为利益归属于被告元光公司，故该四人的案涉行为应认定为职务行为。因此，邵某霜、陈某、刘某红、刘某朋、张某的涉案被诉行为，均不构成针对谷米公司的不正当竞争行为。

四、关于被告元光公司构成对原告谷米公司的不正当竞争所应当承担的法律责任

鉴于元光公司的侵权行为已经停止，再行判令元光公司停止侵权已无必要，故对谷米公司有关判令元光公司停止侵权的诉讼请求，法院不予支持。

谷米公司要求元光公司赔礼道歉应以该公司对其商誉造成损害作为前提条件。由于谷米公司在该案中没有提交证据证明元光公司的涉案行为对其造成负面影响或对其声誉造成损害，因此对其要求元光公司赔礼道歉的诉讼请求，法院不予支持。

关于元光公司的侵权行为给谷米公司所造成的经济损失的确定问题。

首先，按照"谁主张，谁举证"的原则，谷米公司作为原告自当负有举证证明自身所受实际损失的义务。谷米公司在该案中要求法院对其损失进行评估，实为懈怠、转移自身本应积极履行的举证义务，应为此承担相应的法律后果。而且，元光公司获取的数据也并未保存于服务器中，该类数据的范围和数量无法确定，因此亦不具有在该案中开展评估的条件。

其次，关于谷米公司请求参照元光公司向广州交通信息化建设投资营运有限公司（乙方）支付的"数据费"220万元作为计算该案经济损失依据的问题。法院认为，上述合同项下的数据技术维护服务费与谷米公司在该案中所受经济损失并不具有同一性质，上述款项数额不能用于确定谷米公司经济损失数额的参考。

再次，更为准确及时的后台信息系谷米公司实时公交软件相对于同类产品的竞争优势，元光公司使用了谷米公司的后台数据后，势必削弱谷米公司的竞争优势，进而造成"酷米客"软件App的流量减少，投放于谷米公司"酷米客"软件App的广告收

入减少，"酷米客"软件品牌价值降低等后果，因此，谷米公司要求元光公司赔偿因其不正当竞争行为造成经济损失的诉讼请求符合法律规定，法院予以支持。

最后，元光公司侵权行为的发生与谷米公司是否向深圳市交委提交数据，以及是否故意提交延时数据的行为之间并不具有因果关系，并不符合《侵权责任法》第二十六条所规定的"过失相抵"情形的适用条件。

鉴于谷米公司未能提供证据证明其自身损失的具体数额，也未提供证据证明元光公司的侵权获利，法院综合考虑以下因素来确定元光公司的赔偿数额：（1）谷米公司该案存在直接损失 24.43 万元；（2）元光公司获取数据的范围系深圳东部公交集团下属公交车的实时运行数据；（3）元光公司侵权行为的持续时间系自 2015 年 11 月至 2016 年 5 月，长达 7 个月、获取数量日均 300 万至 400 万条；（4）谷米公司虽然未提交其维权支出的相关证据，但其委托律师出庭，必然会对此支出相关费用；（5）元光公司具有明显的不正当竞争的主观恶意。据此，法院酌情确定元光公司赔偿谷米公司经济损失及合理维权费用共计 50 万元。

回　案例解析

该案系 2018 年中国法院 50 件典型知识产权案例之一。广东省深圳市中级人民法院在该案中指出，公交车作为公共交通工具，其实时运行路线、运行时间等信息虽系客观事实，但当此类信息经过人工收集、分析、编辑、整合并配合 GPS 精确定位，作为公交信息查询软件的后台数据后，其凭借预报的准确度和精确性就可以使权利人的 App软件相较于其他提供实时公交信息查询服务同类软件取得竞争上的优势。其因具有实用性并能够为权利人带来现实或潜在、当下或将来的经济利益，已经具备无形财产的属性，应当属于受反不正当竞争法保护的法益。未经权利人许可，利用网络爬虫技术进入权利人的服务器后台的方式非法获取并无偿使用权利人的此类信息的行为，实为一种"不劳而获""食人而肥"的行为，且具有非法占用他人无形财产权益，破坏他人市场竞争优势，并为自己牟取竞争优势的主观故意，违反诚实信用原则，扰乱竞争秩序，应认定构成不正当竞争行为。在此，我们将重点探讨这一焦点问题。

一、信息数据权益的反不正当竞争法保护

信息时代，数据资源价值日益凸显，其已然成为一种商业资本、一种进行市场竞争的工具，可以用来谋求市场竞争优势进而创造新的经济利益。因此，保护信息数据权益已经形成共识，但如何进行保护仍是一个值得探讨的问题。鉴于民法总则并未直接明确地确立信息数据权，且数据权益中的具体利益结构较为复杂和具有不确定性，

通过反不正当竞争法来进行保护遂成为一种重要的诉讼选择和保护途径。❶ 进一步地，实践中涉及信息数据权益的案例表明，其法律依据大多援引 1993 年《反不正当竞争法》第二条的相关规定，该案即是其中一例。

1993 年《反不正当竞争法》第二条规定："经营者在市场交易中，应当遵循自愿、平等、公平、诚实信用的原则，遵守公认的商业道德。本法所称的不正当竞争，是指经营者违反本法规定，损害其他经营者的合法权益，扰乱社会经济秩序的行为。本法所称的经营者，是指从事商品经营或者营利性服务（以下所称商品包括服务）的法人、其他经济组织和个人。"这一条同时规定了市场竞争的基本原则、不正当竞争行为的定义以及经营者的界定。从功能上看，一方面它是总则条款，是整部法律的基本规定和一般规定，可以作为具体条款理解和适用的指引；另一方面，它具有一般条款功能，即司法据以认定未列举不正当竞争行为的开放性适用条款。❷ 该案中，法院认为被诉行为不属于 1993 年《反不正当竞争法》第五条至第十五条所规定的各类不正当竞争行为的法定情形，故援引 1993 年《反不正当竞争法》第二条的规定对该案被诉行为进行认定，且指出"认定被诉行为是否构成不正当竞争，关键在于该行为是否违反了诚实信用原则和公认的商业道德，并损害了原告的合法权益。"这正是 1993 年《反不正当竞争法》第二条一般条款的意义所在：毕竟不正当竞争行为的种类繁多且形式多变，其不可能为制定法的具体规范所穷尽，一般条款外延广且具有灵活性，能够长期适应市场规律的变化，依照该条规定认定新类型不正当竞争行为乃是应有之义。当然，在适用时需把握其适用条件和考量因素。最高人民法院在山东省食品进出口公司等与青岛圣克达诚贸易有限公司等不正当竞争纠纷再审案中提出，适用 1993 年《反不正当竞争法》第二条认定构成不正当竞争应当同时具备以下条件：（1）法律对该种竞争行为未作出特别规定；（2）其他经营者的合法权益确因该竞争行为而受到了实际损害；（3）该种竞争行为因确属违反诚实信用原则和公认的商业道德而具有不正当性。❸

二、网络爬虫技术获取他人信息数据的法律分析

网络爬虫是互联网时代一项运用非常普遍的网络信息搜索技术，其最早应用于搜索引擎，随着各种商业模式的不断创新，经营者运用爬虫技术开发的应用场景和商业模式也越来越多。事实上，从网络爬虫技术本身来看，其技术创新具有推动社会经济发展的积极意义，但该技术存在被恶意使用的风险。例如，运用技术破解其他经营者

---

❶ 孔祥俊. 反不正当竞争法新原理总论 [M]. 北京：法律出版社，2019：331.

❷ 孔祥俊. 反不正当竞争法新原理总论 [M]. 北京：法律出版社，2019：220.

❸ 最高人民法院（2009）民申字第 1065 号民事裁定书。

服务器端获取数据并使用的行为、超越协议越权爬取竞争对手服务器数据的使用行为、通过爬虫软件截取其他经营者的用户流量导致广告收入受损等行为。●

分析而言，在反不正当竞争领域，网络爬虫技术所引发的法律风险主要在于判断技术使用的具体方式、所获取信息数据本身的特性及数据后续的具体使用情况。该案中，谷米公司和元光公司在提供实时公交信息查询服务软件的服务领域存在竞争关系。在谷米公司的实时公交信息数据通过技术手段控制并阻止他人抓取的情况下，元光公司未经谷米公司许可，擅自攻破其加密系统并利用网络爬虫技术进入谷米公司的服务器后台非法获取上述数据，且将其用于自己开发的智能公交 App 软件"车来了"并对外提供给公众进行查询，以此来提高自己"车来了"软件产品的信息准确度和使用满意度，其行为即具有明显的不正当竞争性。

三、该案利用网络爬虫技术非法获取他人数据的行为已构成不正当竞争

该案中，依据 1993 年《反不正当竞争法》第二条的相关规定，法院在认定被告元光公司利用网络爬虫技术获取原告谷米公司"酷米客"软件的实时公交信息数据的行为是否构成对原告的不正当竞争时，将是否损害原告谷米公司的合法权益作为了判断不正当竞争行为的要素之一。具体而言，法院在该案中首先阐述了原告谷米公司"酷米客" App 后台服务器存储的公交实时类信息数据具有实用性并能够为原告谷米公司带来现实或潜在、当下或将来的经济利益，已经具备无形财产的属性，应当属于受反不正当竞争法保护的法益，原告谷米公司对该信息数据的占有、使用、收益及处分享有合法权益。在此前提下，进一步表明未经原告谷米公司许可，任何人不得非法获取"酷米客"软件的后台数据并用于经营行为，而该案被告元光公司利用网络爬虫技术大量获取并且无偿使用原告谷米公司"酷米客"软件的实时公交信息数据的行为，实为一种"不劳而获""食人而肥"的行为，具有非法占用他人无形财产权益，破坏他人市场竞争优势，并为自己牟取竞争优势的主观故意，违反了诚实信用原则，扰乱了竞争秩序，构成不正当竞争行为。据此，鉴于原告谷米公司未能提供证据证明其自身损失的具体数额，也未提供证据证明被告元光公司的侵权获利，法院综合考虑原告谷米公司有证据证明的直接损失，被告元光公司的主观过错，获取数据的范围，侵权行为持续时间，获取数据的数量以及原告谷米公司必要的合理维权开支等因素酌情确定被告元光公司赔偿原告谷米公司经济损失及合理维权费用共计 50 万元。

（撰稿人：董　欣）

● 李慧敏，孙佳亮. 论爬虫抓取数据行为的法律边界 [J]. 电子知识产权，2018（12）.